생성형 AI를 활용한 게임 개발

: ChatGPT, Tensor.Art, Udio

정금호 지음

생성형 AI를 활용한 게임 개발
: ChatGPT, Tensor. Art, Udio

지은이 정금호 **1쇄 발행일** 2024년 12월 12일

펴낸이 임성춘 **펴낸곳** 로드북 **편집** 홍원규 **디자인** nuːn(표지), 심용희(본문)

주소 서울시 동작구 동작대로 11길 96-5 401호

출판 등록 제 25100-2017-000015호(2011년 3월 22일)

전화 02)874-7883 **팩스** 02)6280-6901

정가 27,000원 **ISBN** 979-11-93229-30-9 93000

이메일 chief@roadbook.co.kr **블로그** www.roadbook.co.kr

생성형
AI를
활용한
게임 개발
: ChatGPT, Tensor.Art, Udio
MUSIC
PHOTOS

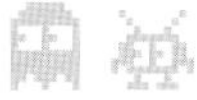

추천사를 의뢰받고 책의 원고를 보고 나서 퍼스트 펭귄이 떠올랐다. 퍼스트 펭귄은 펭귄 무리 중에서 가장 먼저 물에 뛰어드는 펭귄을 말한다. 물속에는 펭귄을 먹잇감으로 노리는 바다사자 같은 포식자들이 숨어 있을 수 있다. 그래서 펭귄 무리는 한 마리가 먼저 물에 뛰어 든 다음에 포식자가 없다는 것이 확인되고 나면 그제서야 무리의 나머지 펭귄들이 물에 뛰어든다. 펭귄이라면 물에 뛰어드는 일은 쉽게 할 수 있는 일이지만 처음으로 물에 뛰어드는 일은 대단한 용기를 필요로 하는 일이다.

이 책은 챗GPTChatGPT로 게임 시나리오를 만들고, Tensor.Art로 캐릭터를 디자인하며, Udio로 배경음악을 제작하는 전 과정을 담고 있다. 이렇게 하면 잘될 거라고 말하는 성공의 비결을 가르쳐주는 그런 책이 아니라, 새로운 분야에 처음으로 뛰어든 퍼스트 펭귄의 기록같은 책이다. 게임 시나리오부터 캐릭터와 배경음악까지, 아직 사람이 다닌 흔적도 별로 없고 이정표도 제대로 없는 길을 가면서 겪었던 시행착오의 기록이기도 하다.

생성형 AI를 활용해서 게임을 만들고자 하는 이들에게 저자가 했던 시행착오를 겪지 않게 하려는 간절함이 묻어 있다. 특히 혼자서도 게임을 만들 수 있는 방법과 설정, 제작에 대한 실전적인 조언들이 돋보인다. 더욱 주목할 만한 점은 게임물관리위원회의 심의 과정에서 겪은 경험까지 상세히 다루고 있어서, 단순히 게임 제작에서 그치는 것이 아니라 실제 상업적 출시까지 이르는 전 과정을 빠짐없이 안내하고 있다는 것이다. 저자가 자신의 경험을 바탕으로 생성형 AI로 게임을 만드는 강좌에서 가르치는 일을 하기도 했기 때문에 그런 가르치는 이의 친절함까지도 느껴진다.

아직은 생성형 AI로 "오! 이렇게 멋진 게임을 만들 수 있다니 놀랍다"라고 말할 수 있는 단계라기보다는 미흡하거나 부족한 것들이 군데 군데 보인다. 이 분야의 기술이 너무도 빠르게 발전하고 있다 보니 이 책이 나오는 시점에서 보면 책에 언급된 기술적인 단점이 극복된 더 나은 기술이 이미 활용되고 있을 수도 있다.

하지만 얼추 30년 전으로 돌아가 보면 온라인 게임의 초창기에 나온 넥슨의 〈바람의 나라〉도 그랬다. 당시 듣보잡 게임 회사인 넥슨이 출시한 〈바람의 나라〉를 보고 "아마추어가 발로 만들어도 이것보다 잘 만들겠다"며 혹평했었다. 하지만 결과는 다들 잘 알다시피 넥슨은 자산 총액이 10조 원이 넘는 세계적인 게임 회사가 되었다. 새로운 물결이 다가오고 새로운 것들이 등장할 때 이미 성공적으로 자리잡은 시스템의 관점으로 보면 어설프게 보이는 게 당연한 일이다. 그래서 많은 이들이 변화의 타이밍을 놓치게 된다.

저자가 혼자서 생성형 AI로 게임을 만들어 보겠다고 용감하게 뛰어들고, 개발부터 심의, 출시까지 모든 과정에서 얻은 실전적인 노하우와 값진 시행착오의 경험들을 이 책을 통해 나누어 주는 것에 감사한다. 이 책을 통해 누구나 AI의 도움을 받아 자신만의 게임을 기획하고, 개발하고, 더 나아가 실제로 출시까지 할 수 있게 되기를 기대한다.

GenAI Korea 운영자, 전 펄어비스 AI 연구원

김성완

최근 나는 ML(머신러닝) 엔지니어와 함께 몇 가지 ML 프로젝트를 진행해왔다. 그 덕에 어떻게 ML 모델을 만들고 서비스에 적용할 수 있는지 알게 되었고, ML 모델을 사용하면 어떤 부분에서 강점이 있는지, 어떤 부분에서는 적용이 어려운지 깨달을 수 있었다. 그런 경험이 있는데도, 같이 일하는 개발팀의 동료들이 챗GPT를 구독까지 해가며 업무에 적극적으로 활용을 하고 있는 것과는 달리 나는 2023년에 들어서야 겨우 챗GPT를 조금씩 활용하는 수준에 불과했다.

그러다가 2023년 10월경, 우연히 유튜브에서 Tensor.Art라는 서비스에 대한 소개 영상을 본 것이 계기가 되어, 생성형 AI에 입문하게 되었다. 아무 생각 없이 Tensor.Art에 접속해서 이것저것 테스트해보다가 토요일 아침부터 다음날 새벽까지 꼼짝도 않고 컴퓨터 앞에 앉아 있을 정도로 몰입하게 되었다. 이때 수천 장의 이미지를 직접 생성해보면서 생성형 AI가 무엇인지, 그리고 생성형 AI를 어떻게 활용하면 되는지를 비로소 깨달았다. 내가 이렇게 집중하면서 시간 가는 줄 모르게 무언가를 한 것은 정말 오랜만의 일이었다.

지난 25년 가까이 게임을 개발해오면서 가장 어려웠던 일은 캐릭터 디자이너를 구인하는 일이었고, 그 다음 어려웠던 일은 그렇게 힘들게 찾은 캐릭터 디자이너와 끝까지 함께 게임을 완성하는 일이었다. 내가 만들어왔던 20~30종의 게임들의 경우, 캐릭터 디자이너가 프로젝트에 기여하는 비중이 약 60~70%에 달했기 때문에 가장 많은 시간과 비용, 노력이 투자되어야 했다. 그래서 결과물의 품질이 중요했지만 무엇보다 중요했던 것은 프로젝트 완수 능력이었고, 캐릭터 디자이너가 프로젝트 중간에 빠지게 되면 해당 프로젝트는 무조건 취소될 수밖에 없었다.

하지만 이미지 생성형 AI를 사용해봄으로써, 예상치 못한 곳에서 내가 오랫동안 풀기 힘들었던 문제에 대한 힌트를 얻게 된 것이다. 그것이 현실적으로 가능한지 테스트해보기 위해서, 20년 전에 만들었던 게임의 리메이크REMAKE 버전을 이미지 생성형 AI를 이용해서 만들어 보기로 결정했다. 그리고 2개월 후인 2023년 12월 24일, 완성된 리메이크 버전을 구글 플레이 스토어와 원스토어에 출시함으로써 그것이 가능하다는 것을 입증할 수 있었다.

생성형 AI를 이용한 두 번째 게임은 이미지뿐만 아니라 BGM도 생성형 AI를 활용했고, 시나리오 작업에 챗GPT를 활용하여 오리지널 게임을 처음부터 끝까지 직접 만들었다. 24년 전에

는 5~6명의 게임 개발팀을 이끌고 3개월에 게임 하나씩 만들어 출시했는데, 지금은 나 혼자서 당시 만들었던 게임보다 더 풍부한 콘텐츠를 가진 게임을 2~3개월에 하나씩 만들 수 있게 된 것이다. 우여곡절이 있기는 했지만 2024년 5월말 두 번째 게임도 원스토어에 출시했다.

어느 일요일 아침, 날씨 좋은 창 밖의 경치를 감상하며 친한 ML 엔지니어와 메시지를 주고받으면서 동시에 이미지 생성형 AI로 수십 장의 이미지를, 음악 생성형 AI로 캐릭터별 BGM을 생성하면서 커피를 마시고 있었다. ML 엔지니어와 생성형 AI에 대한 이야기를 주고받다가 이런 이야기를 들었다.

"앞으로는 창작은 인공지능이 하고 조율만 사람이 하게 될 수도 있겠네요"

생성형 AI가 이미지와 음악을 생성하는 것을 지켜보며 나는 다음과 같이 답변을 했다.

"앞으로가 아니라 현재 가능합니다."

이 책은 현시점에 생성형 AI를 이용해서 혼자 게임을 만드는 방법에 대해 다룬다. 또한 이미 다양한 종류의 생성형 AI가 나와 있지만, 직접 네 개 이상의 게임을 개발하면서 유용하게 활용하고 있는 검증된 서비스를 소개하여 바로 게임 개발에 활용할 수 있도록 도울 것이다.

여기서 소개하는 Tensor.Art, udio.com, 챗GPT는 구독을 하지 않아도 충분히 활용할 수 있는 것도 장점이다. 안드로이드/아이폰용 게임 앱 샘플 소스 코드를 제공하기 때문에, 생성형 AI로 만든 시나리오, 이미지나 음악을 손쉽게 적용해서 실행해볼 수 있도록 하는 것 또한 이책의 큰 이점이라고 할 수 있을 것이다.

관련자료는 다음 사이트에서 다운로드할 수 있다.

- 안드로이드/아이폰 공용 예제 게임 리소스
  - https://github.com/nashorn74/GenAIGameResource
- 안드로이드용 예제 게임 소스
  - https://github.com/nashorn74/GenAIAndroidGameExam

- 안드로이드용 예제 게임 다운로드(원스토어)
  - https://m.onestore.co.kr/mobilepoc/apps/appsDetail.omp?prodId=0000777279

이 책에서 사용하는 개발 도구는 다음과 같다. 모두 무료로 사용할 수 있으며, 내 경우에는 챗GPT와 Tensor.Art만 구독해서 사용하고 있다.

용도	이름	버전
이미지 생성	Tensor.Art	웹 서비스
음악 생성	Udio	웹 서비스(베타)
스크립트 생성	ChatGPT	4o
안드로이드 앱 개발 IDE	Android Studio	Koala | 2024.1.1 Giraffe | 2022.3.1 Patch 3
아이폰 앱 개발 IDE	XCode	15.4(iOS SDK 17.5)
이미지 편집	GIMP	2.10.38
스크립트 편집	Google Spreadsheet	웹 서비스
SQLite 데이터베이스 관리	DB Browser for SQLite	3.12.2

학습하면서 궁금한 점이 생기면, 아래 네이버 카페에서 질의를 할 수 있다.

- 네이버 카페 주소: cafe.naver.com/codefirst

자, 이제 시작이다. 여러분들이 생성형 AI를 잘 활용해서 혼자서 게임을 개발하고 그 게임을 판매까지 해보자.

2024년 12월

저자 정금호

06장. 생성형 AI를 활용한 게임 프로젝트 진행하기

일러두기

이 책의 본문을 보다 보면 프롬프트의 질문 내용이 영어와 한글, 두 언어로 되어 있다. 그렇지만 실제로 게임을 개발할 때에는 프롬프트를 영어로만 작성했다. 이는 독자들이 프롬프트를 빠르게 이해하는 데 도움이 될 것 같아 편의상 적용한 부분이다. 이 부분을 참고하기 바란다.

생성형
AI를
활용한
게임 개발
MUSIC
PHOTOS

생성형 AI 소개

우리의 목적은 생성형 AI의 도움을 얻어 혼자서 게임을 쉽게 개발할 수 있게 하려는 데 있다. 나홀로 게임을 개발하려고 할 때 코딩은 할 수 있는데, 캐릭터나 시나리오 등을 개발할 때는 어려울 때가 많다. 이때 생성형 AI의 도움을 받으면 좋다. 1장에서는 본격적인 게임 개발에 앞서 생성형 AI가 무엇인지, 게임을 개발할 때 생성형 AI에게 어떤 도움을 받을 수 있고, 현재 생성형 AI의 부족한 부분은 무엇이고, 저작권 이슈는 무엇이 있는지까지 알아본다.

생성형 AI란 무엇인가

생성형 AIGenerative AI는 데이터를 기반으로 새로운 콘텐츠를 생성하는 AI 기술을 뜻한다. 생성형 AI는 기존 데이터를 학습하고 그 패턴을 이해하여, 그와 유사한 형태의 새로운 데이터를 만들어낸다. 생성형 AI를 사용하면 텍스트, 이미지, 오디오, 비디오 등 다양한 콘텐츠를 처리할 수 있으며, 예술 작품을 만들어 내거나 소설 집필, 음악 작곡, 코드 작성, 게임 개발 등의 분야에서 응용할 수 있다.

생성형 AI는 주로 딥러닝Deep Learning 기술을 기반으로 동작하며, 데이터를 학습하여 새로운 콘텐츠를 생성하는 과정에서 다양한 기술과 여러 종류의 모델을 사용한다. 어떤 모델을 사용하는지 공개된 서비스도 있지만, 어떤 기술과 모델을 사용하는지 공개되지 않은 서비스도 있기 때문에 모든 생성형 AI를 체계적으로 분류하기는 쉽지 않다. [표 1-1]은 현재 공개된 주요 생성형 AI 모델을 정리한 목록이다.

개인적으로 챗GPTChatGPT보다 더 인상적이었던 것은 2021년초에 공개된 DALL-E에 의해 생성된 'Avocado chair'였다. 간단한 텍스트를 입력하면 그것을 이미지로 표현해준다는 것은 무척이나 흥미롭고 신기한 일이었지만, 나와는 직접적인 상관이 있을 것이라는 상상은 하지 못했다. 하지만 불과 3~4년 후 나는 이미지 생성형 AI를 이용해서 2만 장에 가까운 이미지를 능숙하게 생성하면서, 게임을 마치 공장에서 찍어내듯 만들고 있다.

모델 이름	설명	생성형 AI
기초 모델 (FM, Foundation Models)	광범위한 일반 데이터와 레이블이 지정되지 않은 데이터를 대상으로 훈련된 대규모 모델이다.	• **챗GPT** • CLIP(이미지 설명 및 검색) • T5(텍스트 생성 및 변환)
생성형 적대 신경망 (GAN, Generative Adversarial Networks)	생성자와 판별자가 경쟁하면서 학습하는 과정을 통해 현실감 있는 데이터를 생성한다.	• **StyleGAN(가짜 인물 사진 생성)** • DCGAN(이미지 생성) • Pix2Pix(이미지-이미지 변환)
변환기 모델 (Transformers Model)	시퀀스 데이터를 처리하고 다음 항목을 예측하는 데 특화된 구조다. 자연어 처리(NLP, Nature Language Processing)에 사용한다.	• **챗GPT** • 버트(문장 이해) • T5(텍스트-텍스트 변환) • 달리
확산 모델 (Diffusion Model)	이미지 생성에 탁월한 성능을 발휘하는 생성형 모델이다.	• **스테이블 디퓨전** • Imagen • Midjourney V4 이하

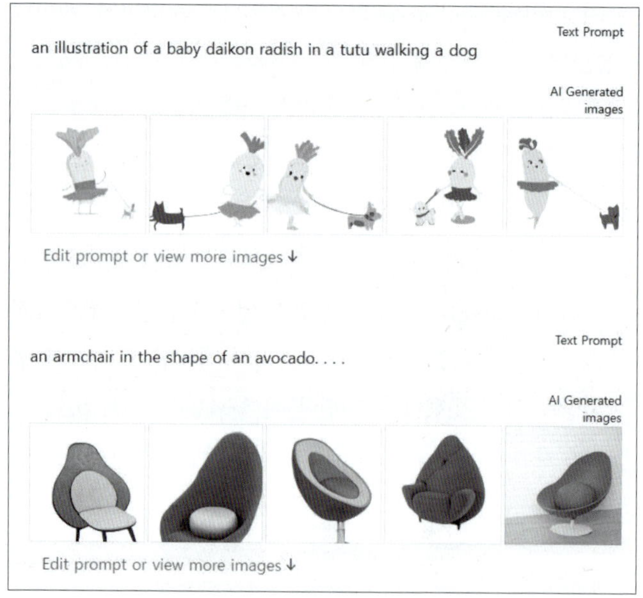

▲ **그림 1-1** 달리에서 텍스트 프롬프트를 통해 만든 이미지 예시[1]

---

1 출처: https://openai.com/index/dall-e/

이 장에서는 어떤 종류의 생성형 AI가 있는지, 그리고 현재 생성형 AI의 수준은 어느 정도인지를 살펴볼 것이다. 이 책 전체 내용 중에 가장 빠르게 업데이트가 되어야 하는 부분도 바로 이 장일 것이다. 지금 이 책을 집필하는 이 순간에도 AI와 관련된 수많은 기사가 쏟아지고 있고, 어제까지는 사실이었던 내용이 오늘은 거짓이 될 수 있는 분야이기 때문이다.

2024년 6월 10일, 드디어 공개된 '애플 인텔리전스Apple Intelligence'는 AI 대중화의 신호탄을 쏘아 올렸다. "AI for the rest of us(우리 모두를 위한 AI)"라는 슬로건에 맞게 애플 생태계를 이루는 모든 제품 구석구석에 온디바이스 AI를 적용함으로써, 평소 불편하게 느꼈던 부분을 모두 해결했을 뿐만 아니라 우리 일상 생활에 AI를 어떻게 활용할 수 있는지에 대한 명확한 대답을 해주었다. 예를 들어, 매일 쏟아지는 이메일의 자동 분류, 스마트폰에 저장된 수많은 사진의 자동 관리는 우리가 평소에 느끼던 불편함을 AI를 이용해서 해결해주는 방법이다. 하지만 텍스트를 이용해서 원하는 사진을 검색하거나 선택한 사진들로 동영상을 자동으로 만들어주는 것은 AI가 없으면 상상하기 힘든 기능이다.

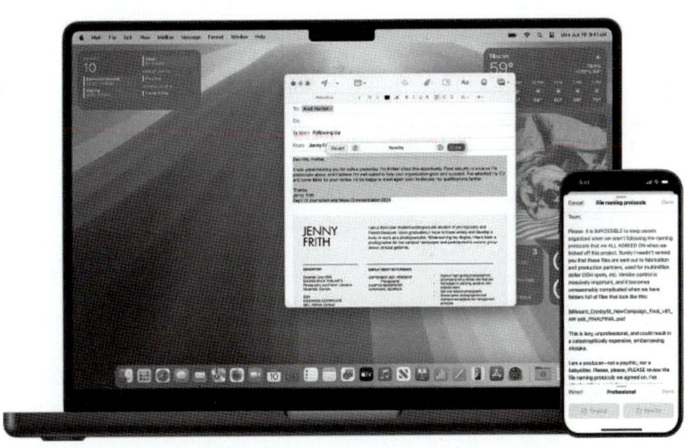

▲ **그림 1-2** 어디에서든 사용할 수 있는 글쓰기 AI 도구

나는 베를린에 살면서 일을 하기 때문에 회사 업무 이외에도 변호사나 병원, 관청, 임대인(회사) 등에 이메일을 영어나 독일어로 보내야 한다. 짧은 메일은 구글 지메일의 문법 체크 기능의 도움을 받아서 직접 작성한 다음, 구글 번역기로 역번역만 해보고 문제 없으면 보낸다. 그러나 중요한 메일의 경우에는 내가 작성한 초안을 챗GPT로 체크를 해보고 좀더 나은 문장을 추천받아서 보완한 후 보낸다. 그런데 이제 맥이나 아이폰에서 메일을 보낼 때는 이 모든 일들을 따로 할 필요 없이 한번에 처리할 수 있게 된 것이다.

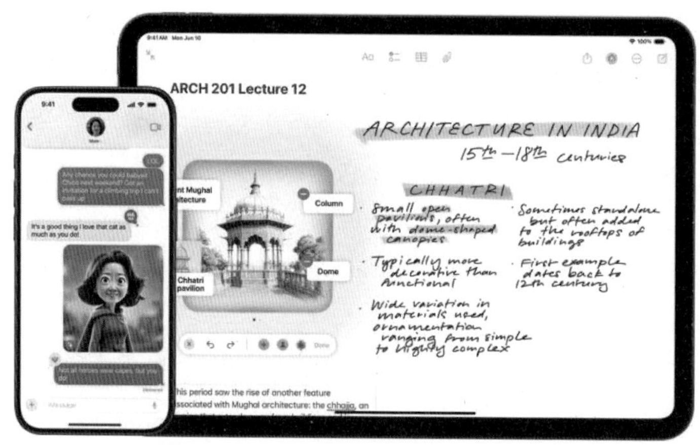

▲ **그림 1-3** 어디서든 사용할 수 있는 이미지 생성형 AI

더욱 놀라웠던 것은, 메신저나 노트 앱과 같이 다양한 종류의 앱에서 필요한 이미지를 프롬프트나 사진을 바탕으로 손쉽게 생성해서 사용할 수 있다는 점이다. 제한된 숫자와 종류의 이모티콘만으로는 표현할 수 없는 나의 마음이나 생각을 생성형 AI를 이용해서 새로운 이미지나 이모티콘으로 만들어 자유롭게 표현할 수 있게 되었다. 지금도 이미지 생성형 AI를 가지고 취미 삼아 이런저런 이미지를 만드는 사람들이 일부 있지만, 이렇게 스마트폰이나 태블릿, 컴퓨터에서 작업하는 모든 곳에서 이미지 생성형 AI를 활용하게 되는 것은 전혀 다른 차원이 되는 것이다.

▲ 그림 1-4 새로운 시대가 열린 음성 비서 '시리'

2011년에 음성 비서로 선보였던 '시리Siri'는 여전히 많이 사용하고 있지만, 챗GPT 와 같은 대규모 언어 모델LLM, Large Language Model이 급격하게 발전할수록 조롱거리로 전락하고 말았다. 최신 AI 기술 수준에 못미치는 성능 때문이었는데, 'WWDC24Apple WorldWide Developers Conference 24'에서 공개된 시리는 진정한 음성 비서라고 불릴 수준으로 달라졌다. 지난 몇 년간 애플이 공들여온 애플 실리콘 기반의 온디바이스 AI 방식으로 강력하게 개인 정보를 보호하면서도 강력한 AI 기능을 사용할 수 있게 된 것이 가장 큰 특징이다. 또한 폐쇄적인 애플 생태계에서 예외적으로 챗GPT 4o가 외부 연동됨으로써, 강력한 외부 AI 서비스를 함께 이용할 수 있게 된 점도 주목할 만하다.

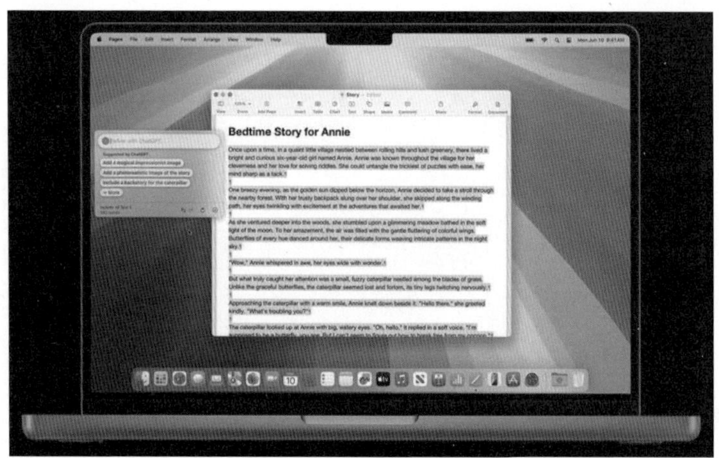

▲ **그림 1-5** 애플 생태계에 통합된 챗GPT

1년은 고사하고 몇 개월만에 시장 자체가 급격하게 바뀌는 생성형 AI가 애플 인텔리전스를 시작으로 2024년 하반기부터는 스마트폰과 컴퓨터에 접목되어 자연스럽게 사용되기 시작할 것이다. 스마트폰이 전 세계 사람들의 삶의 스타일을 바꾸는 데 불과 몇 년이 걸리지 않았다는 것을 생각해보면, 의식하지 못하는 사이에 우리 생활에 AI가 밀접하게 연동이 된다면 또 얼마나 큰 변화를 가져올지, 기대가 되면서 동시에 우려가 되는 것은 사실이다.

생성형 AI 종류

여기서 소개할 생성형 AI들의 출시일을 살펴보면 금방 알 수 있지만, 2018년에 등장한 대규모 언어 모델Large Language Models(이하 LLM)을 제외한, 대부분의 이미지, 비디오, 오디오 생성형 AI는 등장한지 얼마 안 되었다. 물론, 예외적으로 2016년부터 서비스를 제공하여 전자 작곡가로 인정받은 AIVAArtificial Intelligence Virtual Artist가 있기는 하지만 여기서 다루는 생성형 AI들과는 조금 다른 스타일이다. 즉, 지금부터라도 생성형 AI를 제대로 활용만 할 수 있다면, 여러분들은 이미 빠르게 변화하는 기술의 한복판에 서 있는 셈이 된다. 영상 생성형 AI는 아직 본격적인 서비스가 준비되지 않았으나, 조만간 이미지나 음악 생성형 AI처럼 대중화될 것으로 기대한다.

2023년을 기준으로 국가별 생성형 AI에 대한 관심도에 대한 리포트(그림 1-6)를 보면, 캐나다(2213점), 오스트레일리아(1902점), 노르웨이(1599점), 영국(1546점), 미국(1187점), 프랑스(1046점), 독일(757점) 등에 비해 한국(268점), 일본(210점), 러시아(195점), 인도(185점) 등이 현저하게 관심이 낮은 것을 볼 수 있다. 텍스트, 이미지, 오디오, 비디오 생성형 AI별로, 관심도 높은 국가 순위에도 한국은 여전히 존재하지 않는다.

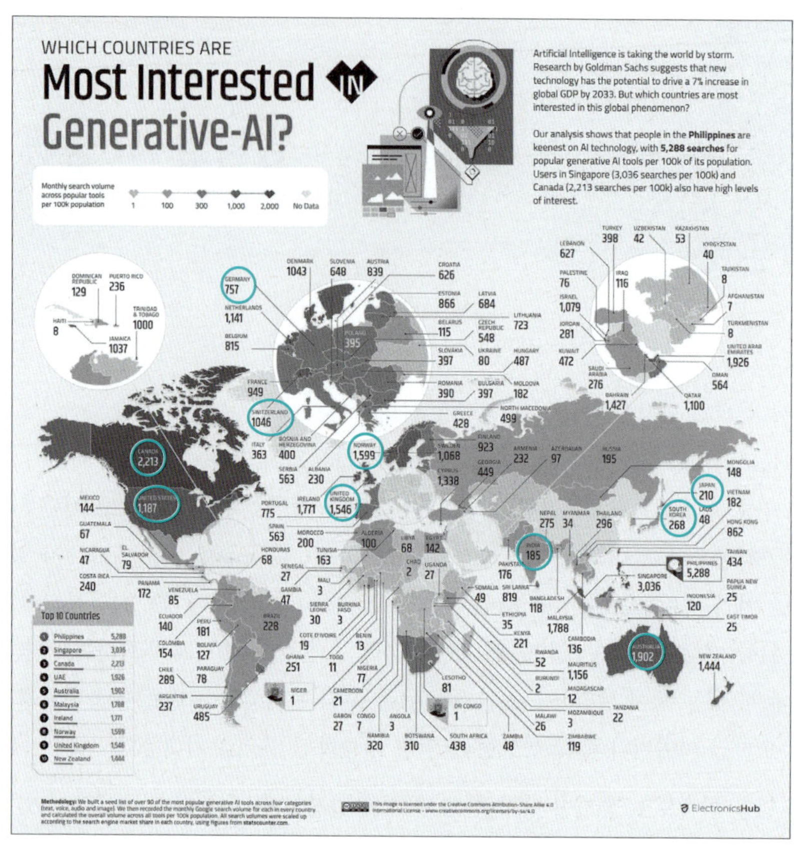

▲ 그림 1-6 국가별 생성형 AI 관심도[2]

2023년 12월 기준, 정보통신정책연구원KISDI의 '생성형 AI 사용 경험' 조사 결과를 보면, 생성형 AI를 사용해 본 경험이 있는 한국인은 40%가 안 되고, 그마저도 대부분은 사회적으로 이슈가 된 챗GPT가 80%를 차지하고 있다. 이미지 생성형 AI의 경우에는 10% 미만의 사용자만이 해당 경험을 했을 뿐이다.

---

2 출처: ElectronicsHub(https://www.electronicshub.org/generative-ai-global-interest-report-2023/)

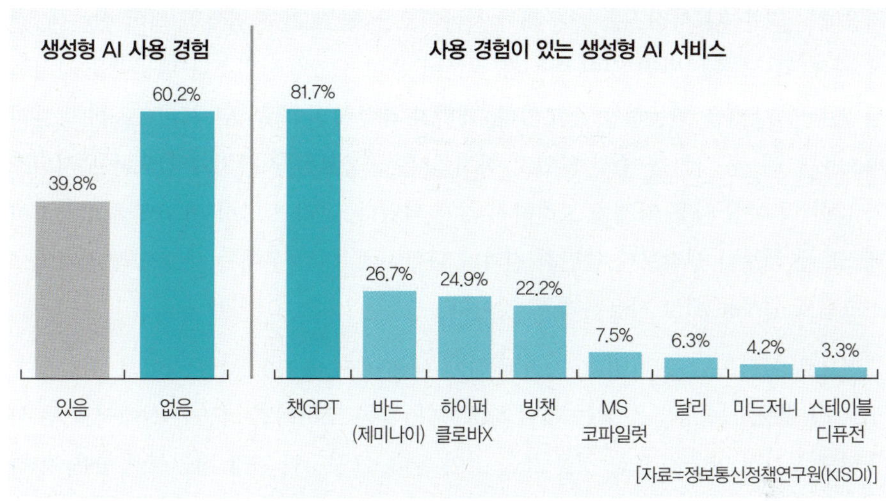

▲ **그림 1-7** 한국인의 생성형 AI 사용 경험[3]

1.2.1   대규모 언어 모델

생성형 AI 전문가들은 LLM 방식의 대화형 AI를 사용할 때 필요한 유용한 팁을 제공해준다. 예를 들면 다음과 같은 내용이다.

- 성능의 차이가 크기 때문에, 무료 버전 대신 유료 구독 버전을 사용하라.
- 각각 특성과 장점이 다르기 때문에 하나의 AI만 사용하지 말고 여러 개의 AI를 다중으로 사용하라.
- 셋 이상의 AI 답변이 동일한지 크로스 체크하라.

만일, 우리가 대화형 AI를 이용해서 의심할 수 없는 정확한 결과를 얻어야 한다면 맞는 말이다. 하지만 이 책에서 우리는 LLM을 시나리오 스크립트 생성용 AI로 사용할 것이기 때문에 '정확성'은 크게 중요하지 않다. 그렇기 때문에 성능이 조금 떨어지는 무료 버전을 쓰는 것도 큰 문제가 될 일이 없고(물론, 무료 버전을 사용하면 결과물의 품질은 달라질 수 있다) 가장 마음에 드는 것 하나만 써도 무방하다.

---

3 출처: 아주경제(https://www.ajunews.com/amp/20240428134557013)

처음에는 작문 AI 서비스를 이용해서 시나리오를 써 보려고 검토한 적이 있는데, 결국 자체 AI 모델을 가진 것이 아니라 작문이 용이하도록 서비스나 템플릿을 구성해서 외부의 LLM을 연동하는 구조였다. 게다가 대부분의 작문 AI 서비스들은 충분히 테스트를 해 볼 기회를 주지 않았고 적지 않은 구독료를 지나치게 강요하는 서비스가 많아 더 이상 사용 자체를 고려하지 않게 되었다. 그리고 다시 챗GPT를 이용해서 테스트를 해보니 생각보다 쓸만한 결과가 나왔기에, 내 경우에는 챗GPT를 시나리오 스크립트 생성용 AI로 사용하게 된 것이다.

그러므로 여러분도 부담 없이, 가장 편하게 사용할 수 있는 LLM을 찾아서 필요한 용도로 잘 활용하는 방법을 찾는 것이 중요하다. 물론 그러려면 가능한 선에서 모두 사용해보고 가장 마음에 드는 것을 쓰는 것이 좋다. 그렇지만 가장 접근성이 좋은 것 하나를 선택해서 꾸준히 사용하는 것도 나쁘지 않을 것이다. 모든 도구에는 장단점이 있기 때문이다.

[표 1-2]에 대표적인 LLM을 목록으로 정리했다.

▼ 표 1-2 대표적인 LLM 목록

종류	출시업체	출시년도	특징	장점	단점	작동 원리
챗GPT	오픈AI	**2018년**	대화형 AI 모델	자연스러운 대화를 생성한다. 다양한 주제에 대한 지식이 방대하다. 적응성이 좋다.	정확도와, 이해력에 한계가 있다. 윤리적 문제가 발생할 수 있다.	변환기 모델이다. 대규모 학습 데이터에 기반한다.
코파일럿	마이크로소프트	2023년	대화형 AI 모델	다양한 작업을 지원한다. 정확도가 높다. 통합성이 좋다.	비용, 복잡성, 인터넷에 대한 의존성이 크다.	변환기 모델이다. 대규모 학습 데이터에 기반한다.
제미나이	구글	2023년	AI 기반 데이터 분석과 예측 플랫폼	분석 기능이 강력하다. 모델링 예측이 높다. 사용자 친화적이다.	데이터 품질이 낮고 데이터에 대한 의존성, 복잡성, 비용 등이 크다.	머신러닝 알고리즘이다. 데이터 파이프라인에 기반한다.
클로드	엔트로픽	2023년	안전성과 윤리성을 중시하는 대형 언어 모델	정교한 대화 능력이 있다. 활용성이 광범위하다. 안전한 AI를 사용할 수 있다.	인터넷 접근, 모델과 기술의 안정성, 기능 등에 제한적이다.	윤리적인 AI다.

모든 종류의 서비스는 만든 사람들의 성향(철학, 취향, 주관 등)을 그대로 반영한다. 내가 사용하는 모든 제품이나 서비스는 그것을 고려해서 선택하고 있고, 대부분의 경우 오랫동안 꾸준히 사용하게 되는 이유가 된다. 그런 면에서 개인적으로 호감을 가지고 있는 클로드Claude에 대해 간략하게 살펴보겠다.

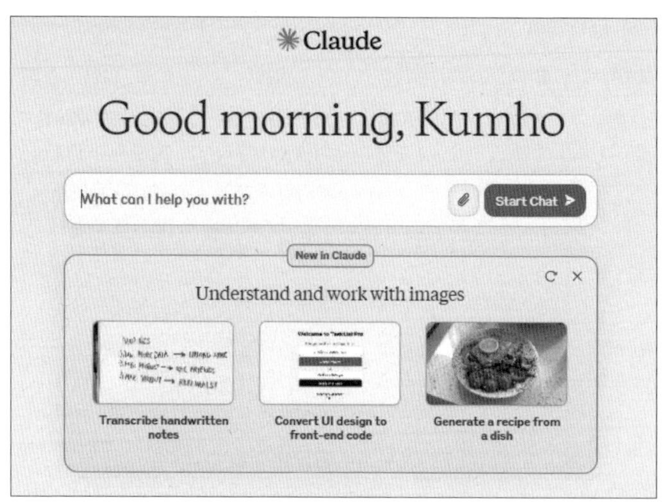

▲ **그림 1-8** 클로드 초기 화면

가장 최신 버전인 클로드 3는 세 가지 모델로 구성되어 있는데, 해당 모델마다 성능, 속도, 비용 등의 차이가 존재한다. 클로드 3 중에서 가장 지능이 높은 모델은 '오푸스 Opus'로, 전문지식, 수학 능력, 추론 능력 등의 다양한 벤치마크에서 GPT-4를 앞지르기도 했다. 이 모델은 전문 분야(의료, 법률, 금융 등)에서 인간 수준의 성과를 낼 수 있다. 두 번째 모델인 '소네트 Sonnet'는 기업 업무에 최적화되어, 데이터 검색, 업무 자동화, 코드 생성 등에 유용하다. 경량 작업에 최적화된 '하이쿠 Haiku'는 챗봇, 음성 어시스턴트, 이미지 분류 등에 활용될 수 있는 빠르고 경제적인 모델이다.

클로드는 다른 AI 서비스들과 동일하게 구글 계정만 있으면 손쉽게 계정을 만들수 있다. 계정을 생성하면 풀 네임을 입력하게 하고, 나를 어떻게 부를지 묻는다. 그리고 클로드 AI 서비스의 정책에 대해 안내하고, 클로드 AI를 사용할 때 주의해야 할 점을 안내한다. 이러한 방식이 나름 세심하게 느껴진다. 클로드는 챗GPT처럼 다국어 지원이 되기 때문에 한국어를 사용할 수 있고, 텍스트나 시각적인 정보에 대한 이해 능력이 뛰어난 것이 장점이다. 하지만 내가 호감을 갖는 또 다른 이유는 다른 AI 서비스에 비해 'AI의 윤리성'에 초점을 맞추기 때문이다.

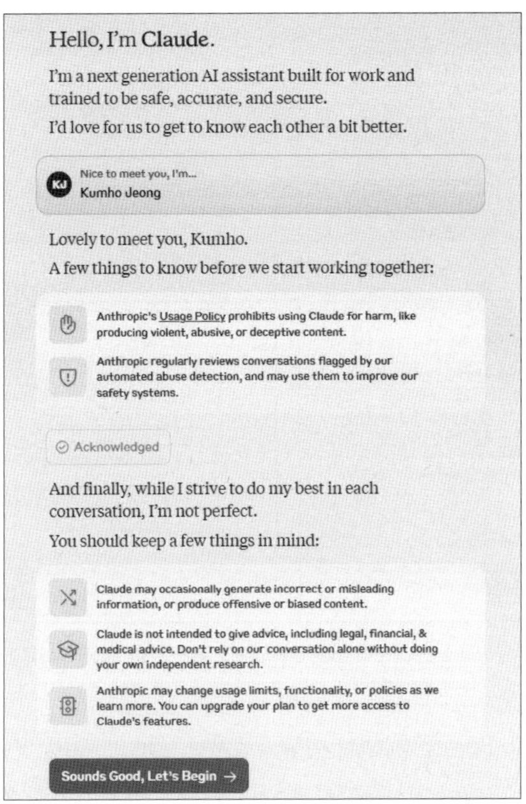

▲ **그림 1-9** 클로드 계정을 생성한 후 이름을 묻고, 정책을 안내하고, 고려할 점을 언급하는 화면

2024년 6월 시점에서 클로드의 아쉬운 점은 (실시간 정보 검색이 불가능하기 때문에) 2023년 8월까지 학습된 데이터를 기반으로 답변을 한다는 점이다. [그림 1-10]은 오늘 베를린 날씨에 대한 질문을 받자 2023년 4월까지의 데이터 기준으로 2024년 6월의 날씨 정보 예상치를 알려주고 있다. 반면, 챗GPT 4o는 인터넷에서 실시간으로 수집한 데이터를 바탕으로 날씨 정보를 제공해주고, 오늘 친구와 야외에서 축구 경기를 보면서 맥주 한잔을 마시는 것에 문제가 없다고 답변해준다.

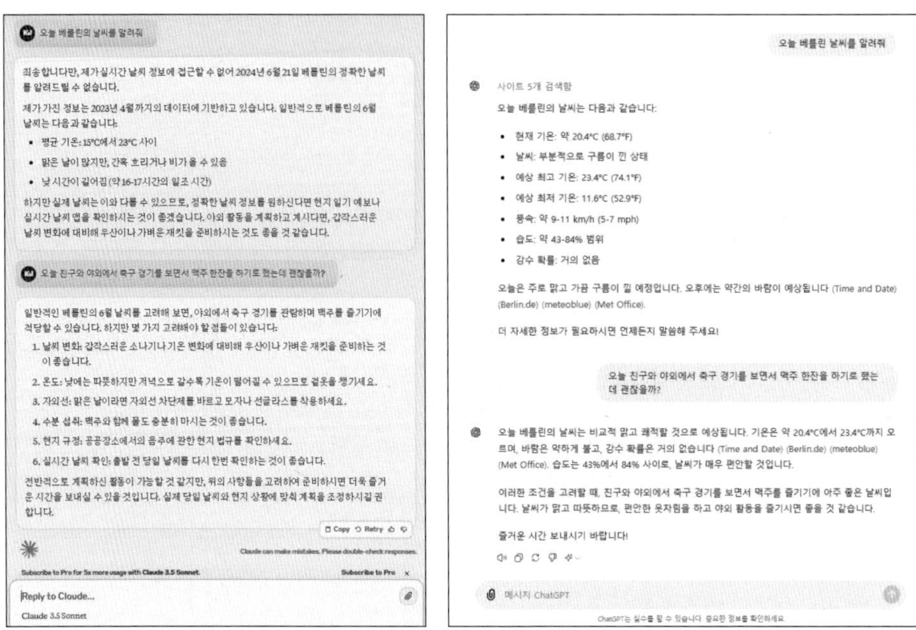

▲ **그림 1-10** 오늘 날씨를 묻는 질문에 대한 클로드 3.5 소네트 답변(왼쪽)과 챗GPT 4o 답변(오른쪽)

클로드 AI도 곧 실시간으로 검색이 연동되겠지만, 챗GPT 3가 처음 나왔을 때 내가 몇 번 질문을 해보고 더이상 사용하지 않았던 이유가 바로 실시간으로 정보를 연동하지 않고 1~2년 전까지 학습된 데이터를 바탕으로 답변을 했기 때문이다. AI 대중화가 되면 가장 먼저 검색엔진이 AI로 대체될 것이라고 생각하기 때문에, 현재 시점에서 실시간 정보 검색이 안 되는 문제는 치명적이라고 판단한 것이다.

이처럼 LLM 서비스마다 장점과 단점이 존재하기 때문에, 어떤 목적으로 이용하느냐에 따라 적합한 서비스가 달라질 수 있다. 예를 들어 마이크로소프트 코파일럿Copilot은 챗GPT와 연동하여 다양한 작업이나 활동에서 개인 설정에 맞는 지원을 제공하는 AI 기반 디지털 도우미를 목표로 하는 서비스다. 단순히 챗GPT를 마이크로소프트의 제품군에 연결만 하는 것이 아니라, LLM의 기능을 '마이크로소프트 365'를 비롯한 주요 제품에 결합해서 더욱 생산성을 높이는 도구로 만들려고 하는 것이다. 따라서 이미 마이크로소프트 제품을 사용하고 있던 사용자 입장에서는 많은 노력을 들이지 않고도 기존 작업 방식이나 결과물을 개선할 수 있게 되는 셈이다. 이는 애플 생태

계에 애플 인텔리전스를 도입함으로써, 모든 제품군에서 AI 기능으로 더 나은 사용성
과 새로운 콘텐츠 생성의 용이함을 제공하려는 것과 같은 개념이다.

1.2.2 텍스트-이미지 모델

내가 챗GPT를 본격적으로 업무나 취미 활동에 활용하기 시작한 것도 2023년 하반
기쯤일 것이다. 2023년을 뜨겁게 달구던 이미지 생성형 AI 경쟁에는 관심이 없었다.
서문에서 밝힌 것처럼 우연히 유튜브를 통해 알게된 Tensor.Art라는 서비스를 통해
서 이미지 생성형 AI를 간접적으로 사용하기 시작했고 나중에서야 그것이 스테이블
디퓨전Stable Diffusion 기반의 모델이라는 것을 알게 된 정도다. 내 입장에서는 '게임용
이미지 생성에 얼마나 도움이 되느냐'가 가장 중요했지, 어떤 모델이냐는 별로 중요
한 것이 아니었기 때문이다. 그래서 내가 만드는 게임들도 2022년에 나온 스테이블
디퓨전 1.5를 기반으로 만들어진 모델을 이용해서 대부분의 게임용 이미지를 생성하
고 있는 것이다.

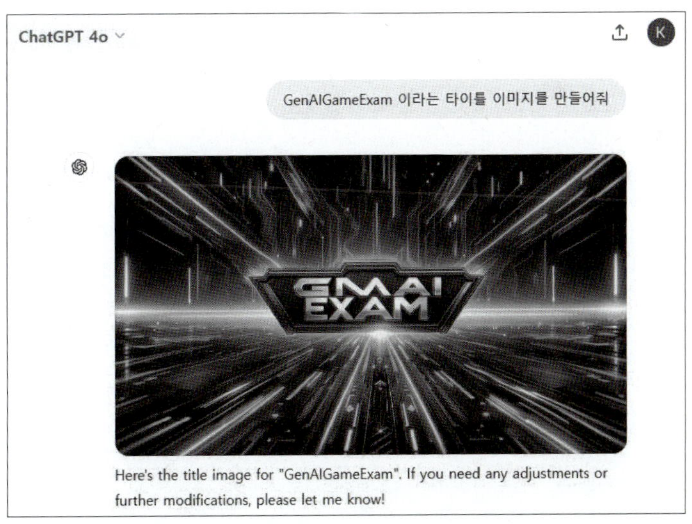

▲ **그림 1-11** 챗GPT에서 프롬프트로 손쉽게 이미지를 생성할 수 있는 달리

영국인 동료가 DALL-E를 이용해서 이미지를 만드는 것을 한번 구경했는데, 생성된 이미지가 내 스타일이 아니라 관심을 껐고, 지금껏 디스코드Discord를 사용하지 않았기에 굳이 번거롭게 미드저니Midjourney를 사용할 이유도 없다. 하지만 여러분들의 취향이 나와 같지 않으니 이미지 생성형 AI 역시 자신의 취향대로 선택해서 사용할 필요가 있다. 아무리 성능이 뛰어나더라도 내 마음에 들지 않는 도구는 결국 쓰지 않게 되기 때문에 앞으로 꾸준히 사용하려면 내 손에 딱 맞는 도구를 찾아야 한다.

[표 1-3]에 대표적인 이미지 생성 모델을 목록으로 정리했다.

▼ **표 1-3** 대표적인 이미지 생성 모델 목록

종류	출시년도	출시업체	특징	장점	단점	작동 원리
달리	2021년	오픈AI	고품질의 현실적 이미지를 생성한다.	고품질 이미지를 생성할 수 있다. 창의성 등 활용이 광범위하다.	비용이 많이 든다. 접근성이 제한된다. 저작권 등 윤리적 문제가 발생할 가능성이 높다.	변환기 모델과 훈련 데이터에 기반한다.
미드저니	2022년	인공지능 연구소	커뮤니티 기반의 예술적 이미지를 생성한다.	사용자 친화적이다. 예술적 창의성이 높다. 피드백을 적극적으로 받을 수 있다.	품질을 제어하기가 힘들다. 기능이 제한되어 있다. 비용이 많이 든다.	변환기 모델에 기반하고 기타 딥러닝 기법을 사용한다.
스테이블 디퓨전	2022년	스테빌리티 AI	고해상도 이미지를 생성한다.	고품질 이미지를 생성할 수 있다. 오픈소스이므로 유연하게 사용할 수 있다.	사용하기에 다소 복잡하다. 자원 소모가 크다. 데이터 품질이 좋지 않다.	확산 모델과 훈련 데이터에 기반한다.

기존에 출시된 예전의 음악 생성형 AI들을 테스트해보고 실망을 해서인지 당분간 쓸 일이 없다고 생각했다. 그러다가 혜성처럼 등장한 udio.com의 베타 서비스를 만난 후 음악 생성형 AI에 대한 인식을 바꾸고 잘 활용하게 되었다. 악보를 볼 수 있고 직접 악기를 다룰 수 있는 사람이라면 다른 음악 생성형 AI를 사용하는 게 더 적합할 수 있겠지만, 나처럼 음악을 전혀 모르지만 게임 음악을 직접 만들기를 원하는 사람에게는 이 서비스가 적합했다. 이런 나조차도 손쉽게 게임용 음악을 생성할 수 있게 만들어준 것이 바로 udio였다.

한창 물이 오른 LLM이나 이미지 생성형 AI에 비하면 음악 생성형 AI는 선택의 폭이 그다지 넓지 않다. '편집' 기능까지 제공하는 AIVA the AI Music Generation Assistant의 방식보다는 수노 AI Suno AI[4]와 Udio가 요즘 트렌드에 맞는 생성형 AI라고 본다. 원하는 스타일의 음악이 만들어질 때까지 동일한 프롬프트로 반복적으로 생성해서 가장 마음에 드는 것을 찾아서 사용하는 것이, 더 효율적인 생성형 AI 활용법이라고 보기 때문이다. 내 피드백을 받고 알아서 수정해줘야 생성형 AI답지 않겠는가!

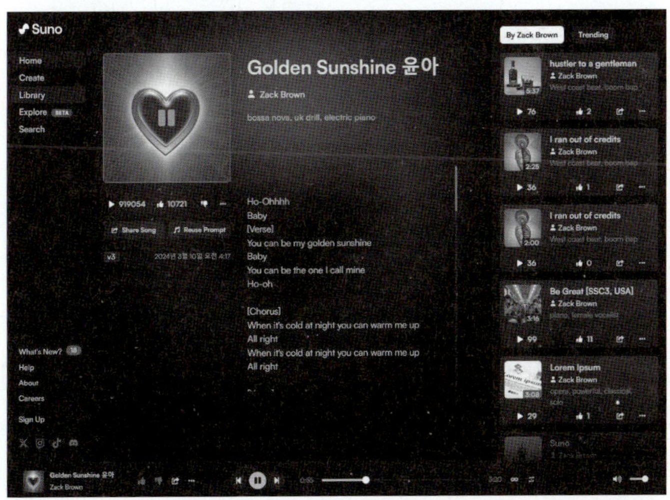

▲ 그림 1-12 수노 AI의 인터페이스

---

4   간단한 프롬프트로 원하는 음악을 쉽게 만들수 있는 AI다. 기존 음악 생성형 AI에 비해 보컬의 질이 좋은 편이다.

[표 1-4]에 대표적인 음악 생성형 AI 모델을 목록으로 정리했다.

▼ **표 1-4** 대표적인 음악 생성 모델 목록

종류	출시년도	출시업체	특징	장점	단점	작동 원리
AIVA	2016년	아이바 테크놀로지	250개 이상의 음악 스타일을 지원하고 편집할 수 있다.	고품질의 음악을 만들 수 있다. 사용자 정의가 가능하다. 비용면에서 효율적이다.	창의성이 부족하다. 음악 스타일이 제한적이다. 무료 플랜에 제한적이다.	사전 설정 스타일과 사용자 입력을 반영한다.
수노 AI	2023년	Suno	다양한 장르와 사용자가 원하는 음악을 만들어준다.	맞춤형 음악을 만들 수 있다. 고품질 사운드와 다양한 스타일을 지원한다. 음성 및 가사도 생성한다.	데이터 세트를 공개하지 않는다.	Bark와 Chirp라는 두 가지 주요 AI 모델을 사용하여 보컬 및 비보컬 요소를 생성한다.
Udio	2024년	구글 딥마인드	다양한 장르와 사용자가 원하는 음악을 만들어준다.	맞춤형 음악을 만들 수 있다. 고품질 사운드와 다양한 스타일을 지원한다. 음성 및 가사도 생성한다.	데이터 세트를 공개하지 않는다.	공개되지 않았다.

1.2.4 텍스트-비디오 모델

아직 제대로 서비스가 되는 게 없지만 2024년 2월에 오픈AI가 공개한 '소라Sora'는 동영상 생성형 AI도 곧 현실화될 것이라는 기대를 안겨주기에 충분했다. 콰이KWAI에서 발표한 동영상 생성 모델 클링KLING도 오픈AI의 소라 수준으로 자연스러운 동영상을 만들 수 있게 되었다. 불과 1년 전만 해도 생성된 영상의 품질 때문에 좋지 않은 쪽으로 이슈가 되었다. 소라와 클링 외에도 구글의 Veo, 루마 AI의 Dream machine 등이 공개되면서 조만간 다양한 동영상 생성형 AI들이 선보일 것으로 보인다.

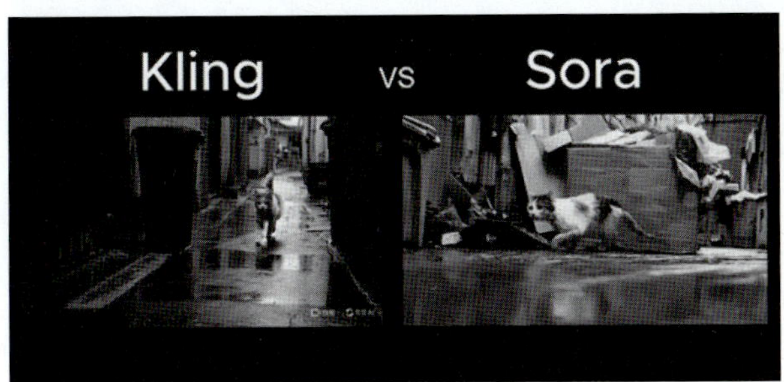

▲ 그림 1-13 벌써부터 비교 영상이 나오기 시작한 클링과 소라[5]

그리고 2024년 6월 17일 런웨이runway는 'Gen-3 Alpha'를 공개했고, 동영상 생성형 AI로서는 처음으로 가장 먼저 유료/무료 서비스를 시작했다. Gen-3 Alpha는 프롬프트로 텍스트뿐만 아니라 이미지나 영상을 사용할 수 있고, 10초 길이의 고품질 영상을 90초 이내에서 생성할 수 있다. 이 책의 개정판을 출시할 시점이 되면 소라를 이용하여 오프닝, 엔딩 동영상을 만들어서 게임에 적용하는 챕터를 추가할 수 있을 것으로 기대한다.

▲ 그림 1-14 Gen-3 Alpha로 생성한 동영상들[6]

---

5 출처: https://x.com/AngryTomtweets/status/1799787185966551283
6 출처: https://runwayml.com/blog/introducing-gen-3-alpha/

생성형 AI의 현재

2024년 5월 13일, 챗GPT 4o가 놀라운 데모 영상을 가지고 돌아왔다. 영화 〈Her〉에서는 2025년에 인격을 가진 AI와 사랑에 빠지는 인간의 모습을 그리는데, 오픈AI는 그보다 1년 전인 2024년에 그와 비슷한 상황을 챗GPT 4o가 만들어낼 수 있음을 연출한 것이다.[7]

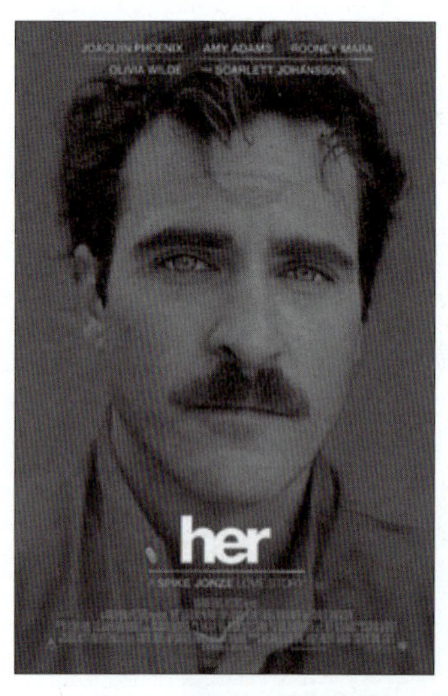

▲ **그림 1-15** 영화 〈Her〉의 포스터

이후 블라인드 A/B 테스트로 챗봇의 성능을 비교하는 사이트인 Chatbot Area에서 LLM에 대한 리더보드를 공개했는데 챗GPT 4o가 1위에 올랐다. 이 순위는 전반적인 LLM의 성능이 높아진 상황에 맞춰 어려운 문제만 선정해서 성능을 평가한 벤치마크다. 불과 얼마 전까지 경쟁 LLM의 비약적인 발전으로 챗GPT의 최신 버전 출시에 대한 압박이 있었는데, 챗GPT 4o의 발표로 또다시 다른 모델들과의 성능 격차를 다시 한번 증명해보인 셈이다.

---

7 출처: https://openai.com/index/hello-gpt-4o/

Rank* (UB)	Model	Arena Elo	95% CI	Votes	Organization	Licens
1	GPT-4o-2024-05-13	1287	+4/-4	26899	OpenAI	Propri
2	Gemini-1.5-Pro-API-0514	1268	+5/-4	20181	Google	Propri
2	Gemini-Advanced-0514	1267	+4/-4	22132	Google	Propri
4	Gemini-1.5-Pro-API-0409-Preview	1258	+3/-3	55731	Google	Propri
4	GPT-4-Turbo-2024-04-09	1256	+3/-3	58147	OpenAI	Propri
5	GPT-4-1106-preview	1252	+2/-3	78286	OpenAI	Propri
6	Claude-3-Opus	1248	+3/-3	118351	Anthropic	Propri
6	GPT-4-0125-preview	1246	+3/-2	71547	OpenAI	Propri
9	Yi-Large-preview	1239	+3/-4	30787	01 AI	Propri
9	Gemini-1.5-Flash-API-0514	1232	+4/-6	18317	Google	Propri
11	Bard (Gemini Pro)	1208	+7/-5	11853	Google	Propri

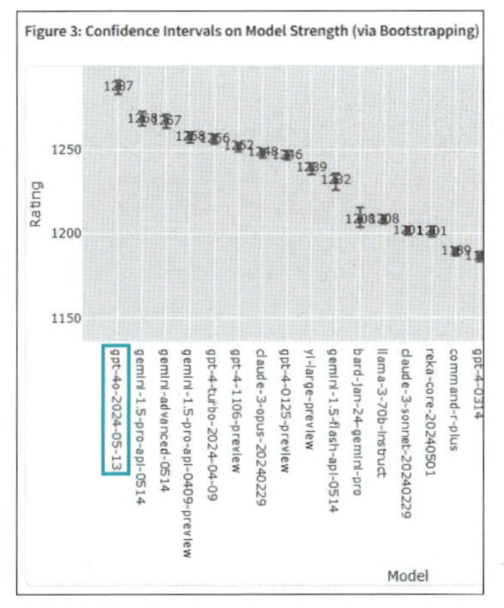

Figure 3: Confidence Intervals on Model Strength (via Bootstrapping)

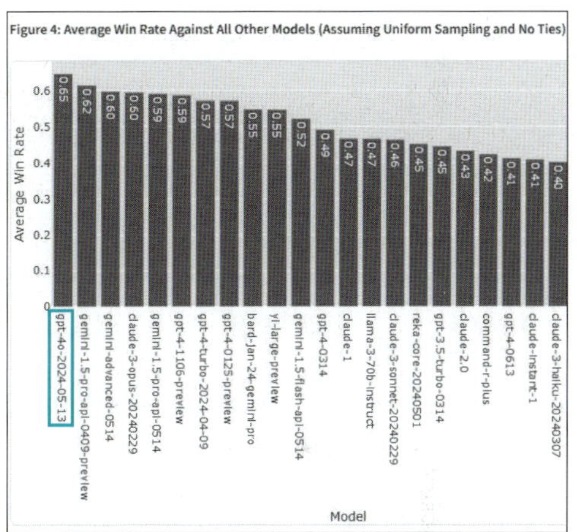

Figure 4: Average Win Rate Against All Other Models (Assuming Uniform Sampling and No Ties)

▲ **그림 1-16** LMSYS Chatbot Arena Leaderboard(2023-05-27)[8]

수학, 물리학, 역사, 법률, 의학, 윤리 등의 57개 주제를 복합적으로 활용해서 LLM 의 지식과 문제 해결 능력을 평가하는 테스트인 MMLU Massive Multitask Language Understanding의 성능 평가 그래프를 살펴보면 그야말로 놀랍다. LLM의 성능은 지난 4 년간 두 배가 넘게 성장했고, 이제는 다양한 분야에 걸쳐 대학 수준의 문제까지도 풀 수 있는 수준이 된 것이다. 더 이상 LLM의 성능에 대한 의심을 가질 필요가 없는 세 상이 되어 버렸다.

---

8 출처: https://chat.lmsys.org/?leaderboard

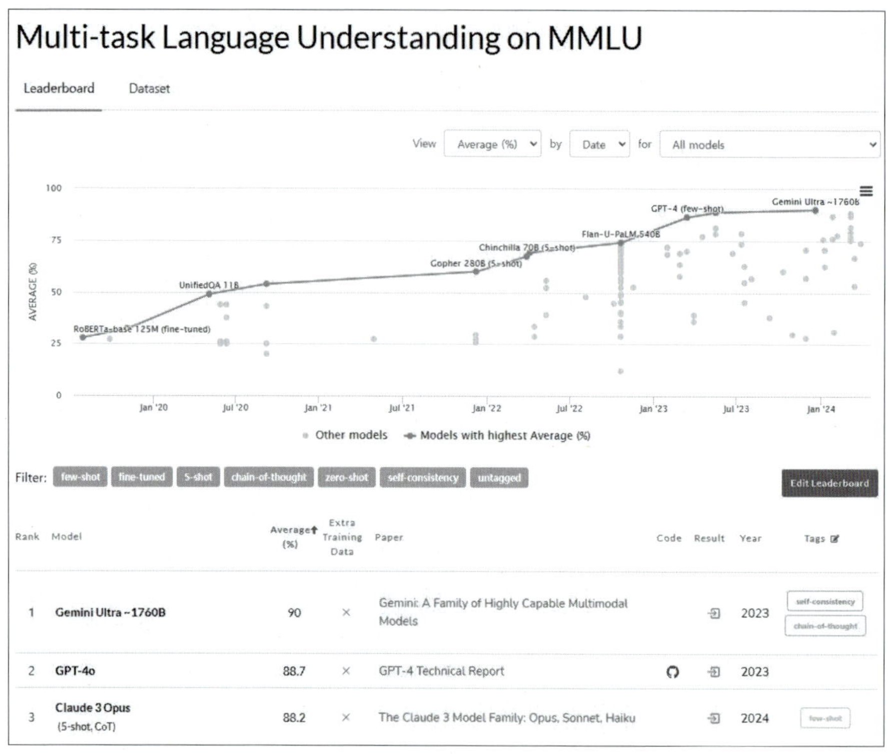

Rank	Model	Average (%)	Extra Training Data	Paper	Code	Result	Year	Tags
1	Gemini Ultra ~1760B	90	×	Gemini: A Family of Highly Capable Multimodal Models			2023	self-consistency chain-of-thought
2	GPT-4o	88.7	×	GPT-4 Technical Report			2023	
3	Claude 3 Opus (5-shot, CoT)	88.2	×	The Claude 3 Model Family: Opus, Sonnet, Haiku			2024	few-shot

▲ 그림 1-16 MMLU 벤치마크 결과[9]

2024년 5월 21일에는 LLM의 내부 작동을 해석했다는 의미있는 연구가 발표되었다. 지금까지 AI는 어떻게 동작되는지 알 수 없고 위험하기까지 하다는 말을 해왔는데, 상용 대형 모델에서 구체적인 결과가 나온 것은 처음이다. 모델의 뉴런 활성화 패턴을 수백만 개의 개념으로 식별하고 추출하는 방식으로 내부 상태에 대한 개략적인 개념 지도를 만들어서 인간이 이해할 수 있도록 시각화한 것이다. 이를 통해 모델 내부 작동 방식을 이해할 수 있으므로 모델의 예측과 행동을 설명할 수 있고, 잠재적인 문제를 사전에 인지할 수 있다고 한다.

---

9 출처: https://paperswithcode.com/sota/multi-task-language-understanding-on-mmlu

이는 AI가 만드는 결과를 인간이 의도한 목표나 선호도에 맞게 조정하거나 윤리적 원칙에 따르도록 조정하는 'AI 정렬AI alignment'을 하려면 그동안 학습 데이터를 통해서 사후에 조정하는 방법을 써왔는데, 앞으로는 사전에 모델이 가진 개념들을 명시적으로 이해한 후 직접 개입해서 결과에 영향을 줄 수 있게 되었다는 의미다.

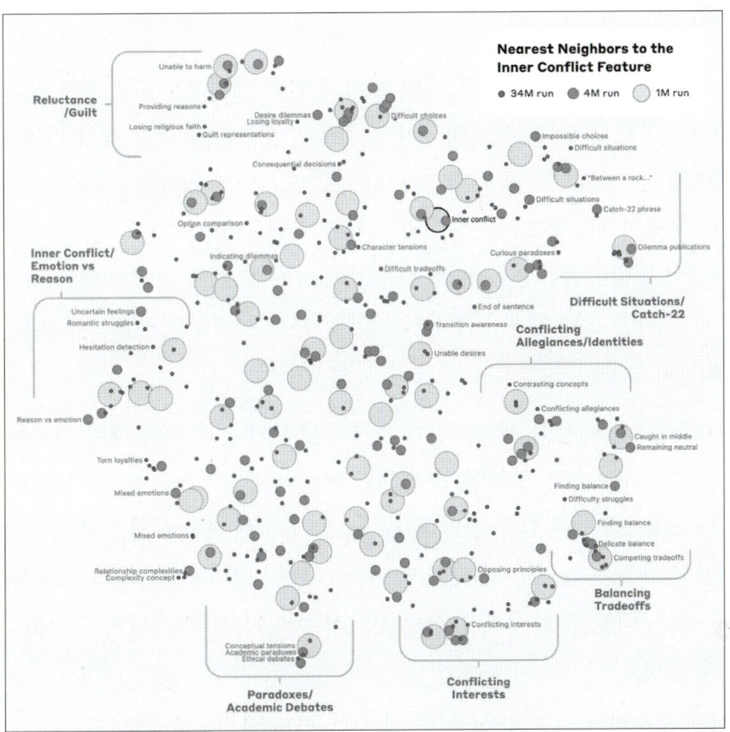

▲ **그림 1-17** 균형 조정, 딜레마 상황 등에 관련된 클러스터가 포함된 내적 갈등 특성 주변의 특징 지도[10]

최근 오픈AI의 Super alignment 팀의 해체로 인해, 'AI 정렬' 문제에 대한 우려가 있었는데, 이러한 해결 방법은 그러한 걱정을 잠재울 수 있을 만한 소식이라고 할 수 있다. 즉, 우리가 알고 있는 AI에 대한 상식 또한 굉장히 빠르게 바뀌는 중이다.

---

10 출처: https://www.anthropic.com/news/mapping-mind-language-model

2024년 6월 6일에는 오픈AI에서도 LLM의 신경망 내부를 들여다 보는 것에 성공했다는 발표를 했다. LLM은 방대한 텍스트 데이터로 훈련되어 다양한 개념을 이해하고 표현할 수 있지만, 이러한 개념은 모델 내부에 암묵적으로 저장되어 있어서 접근이나 응용하는 것이 쉽지 않다. 그래서 지금껏 우리는 '블랙 박스'라고 불렀던 것이고, 자동차처럼 모든 구성요소를 엔지니어들이 직접 설계하고 제작하는 과정을 볼 수 없다는 의미였던 것이다.

GPT-4의 내부 표현을 1,600만 개의 해석 가능한 패턴으로 분해하는 새로운 방법을 소개하며, 이를 통해서 AI 모델의 내부 작동 방식을 이해하고 해석 가능성을 높일 수 있다고 말하고 있다. 현재 진행 중인 대규모 오토인코더Auto Encoder를 이용한 훈련은 최첨단 모델의 개념을 더 잘 이해하기 위한 첫걸음이라고 할 수 있지만 여전히 한계가 많다. 이전처럼 발견된 특징 중 다수는 해석이 어렵고, 모델의 한 지점에서 특징을 찾을 수 있지만 모델 해석을 위한 한단계일 뿐이라 제대로 이해하려면 더 많은 작업이 필요하기 때문이다.[11]

객관적인 데이터를 이용한 벤치마킹이 가능한 LLM과 달리, 주관성이 개입될 수 있는 이미지 생성형 AI나 음악 생성형 AI에 대한 별도의 벤치마크 자료는 아직 없다. 달리, 미드저니, 스테이블 디퓨전은 동일한 프롬프트에 의해 만들어지는 결과물의 차이가 크고, 어떤 결과물이 더 좋은 품질을 담보했느냐는 개인 취향에 따라 크게 달라질 수 있기 때문이다. 대신 활용 사례를 살펴보면 각 이미지 생성형 AI의 강점을 간접적으로 엿볼 수 있다.

[표 1-5]에 이미지 생성형 AI의 활용 사례를 정리했다.

---

11 출처: https://openai.com/index/extracting-concepts-from-gpt-4/

▼ **표 1-5** 이미지 생성형 AI의 활용 사례

종류	활용 사례	특징
달리	① 디지털 아티스트의 온라인 아트 갤러리에 활용된다. ② 교육자들이 교육 콘텐츠를 생성한다.	① 예술가들이 AI를 이용해서 창의성의 경계 확장 가능성을 제시할 수 있다. ② 풍부한 시각 자료를 제공하여 학습 경험을 향상할 수 있다.
미드저니	① 광고 대행사에서 독특한 광고 비주얼 제작한다. ② 패션 디자이너가 혁신적인 디자인을 한다.	① 대중의 관심 끌기 위한 매력적인 시각 요소를 생성할 수 있다. ② 패션 디자인의 창의성과 독창성을 위한 새로운 길을 발견할 수 있다.
스테이블 디퓨전	① 소규모 가구 디자인 회사에서 신제품 디자인에 적용한다. ② 부동산 중개인이 부동산 시뮬레이션 이미지를 생성한다.	① 설계 프로세스를 개선하고 시간과 비용을 절감할 수 있다. ② 부동산 마케팅에 소요되는 시간과 자원을 절약할 수 있고 고객에게 만족감을 줄 수 있다.

◀ **그림 1-18** 동일한 프롬프트를 사용해서 생성된 이미지 비교[12]

---

12 출처: Dall-E 3 VS MidJourney 5.2 VS Stable Diffusion XL Same Prompt, Different Results(https://generativeai.pub/dall-e-3-vs-midjourney-5-2-vs-stable-xl-same-prompt-different-results-a68ae19b223e)

이미 수천 가지의 생성형 AI를 이용한 제품들이 등장했기에, 무엇을 어떻게 써야 하는지 알아내는 것 또한 큰 부담이 되는 일이다. 그러므로 웹 트래픽을 분석하고, 월간 방문자나 월간 활성 사용자 수를 기준으로 선정된 상위 100위의 생성형 AI 제품 순위를 참고하면 큰 도움이 된다.

불과 반 년도 안 되어 기존 순위 목록 중에 40%가 신규 서비스로 대체되었을 만큼 꽤나 경쟁적으로 성장하고 있는 시장이라고 할 수 있다. 챗GPT는 월간 웹 방문 수가 20억 건으로 여전히 압도적인 1위를 차지하고 있는데, 2위인 제미나이에 비해 다섯 배나 높은 숫자다.

The Top 50 Gen AI Web Products, by Unique Monthly Visits

1.	ChatGPT	11.	IIElevenLabs	21.	PhotoRoom	31.	PIXAI	41.	MaxAI.me
2.	Gemini*	12.	Hugging Face	22.	YODAYO	32.	ideogram	42.	Craiyon
3.	character.ai	13.	Leonardo.AI	23.	Clipchamp	33.	invideo AI	43.	OpusClip
4.	liner	14.	Midjourney	24.	runway	34.	Replicate	44.	BLACKBOX AI
5.	QuillBot	15.	SpicyChat	25.	YOU	35.	Playground	45.	CHATPDF
6.	Poe	16.	Gamma	26.	DeepAI	36.	Suno	46.	PIXELCUT
7.	perplexity	17.	Crushon AI	27.	Eightify	37.	Chub.ai	47.	Vectorizer.AI
8.	JanitorAI	18.	cutout.pro	28.	candy.ai	38.	Speechify	48.	DREAMGF
9.	CIVITAI	19.	PIXLR	29.	NightCafe	39.	phind	49.	Photomyne
10.	Claude	20.	VEED.IO	30.	VocalRemover	40.	NovelAI	50.	Otter.ai

*formerly Bard

Charts are for informational purposes only and should not be used for investment decisions. Past performance is not indicative of future results. None of the above should be taken as investment advice; see a16z.com/disclosures.

a16z Consumer

▲ 그림 1-19 가장 인기있는 생성형 AI 웹 서비스 순위(2024년 1월 기준)[13]

---

13 출처: https://a16z.com/100-gen-ai-apps/

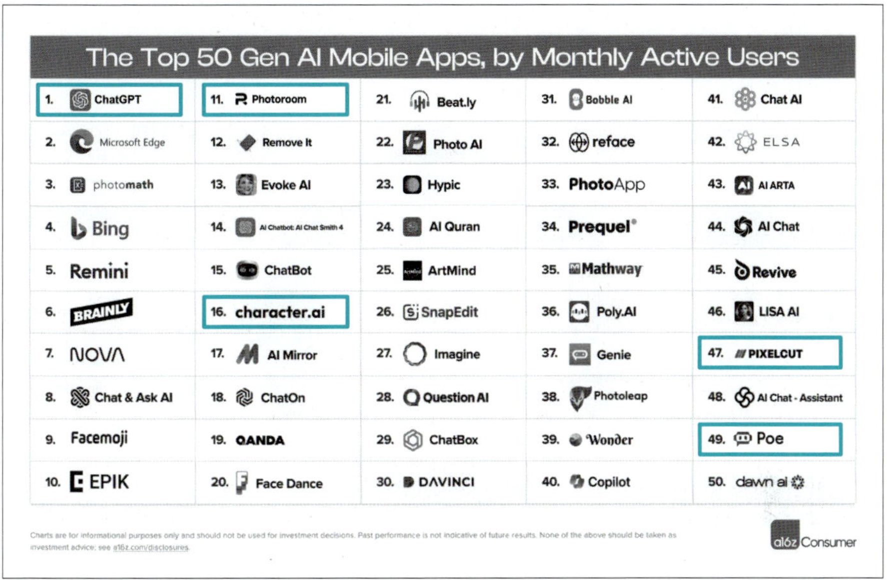

▲ 그림 1-20 가장 인기있는 생성형 AI 앱 순위(2024년 1월 기준)[14]

모바일에서도 챗GPT는 여전히 1위를 고수하고 있지만, 2위인 마이크로소프트 에지 Microsoft Edge나 3위인 Photomath보다 약 2.5배의 활성 사용자를 보유하고 있다. 챗 GPT는 물론 Character.ai, Poe, Photoroom, Pixelcut 등의 회사들은 웹과 모바일 양쪽에서 모두 상위 50위 안에 드는 크로스오버 제품을 보유한 것도 인상적이다.

---

14 출처: https://a16z.com/100-gen-ai-apps/

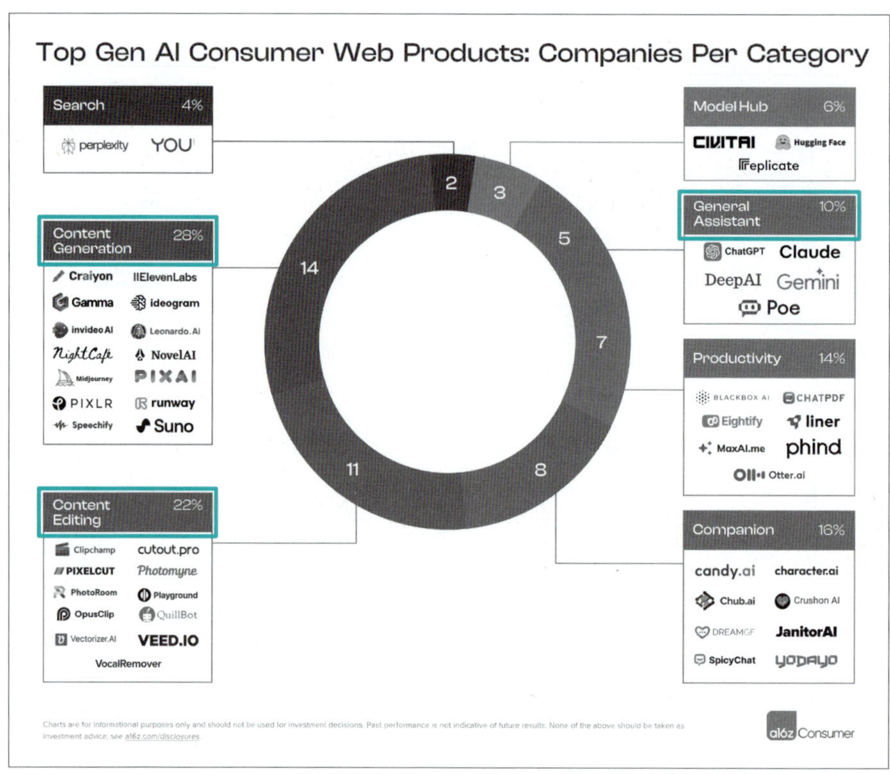

▲ 그림 1-21 상위 생성형 AI 제품 카테고리[15]

2023년 6월 정도만 해도 웹 트래픽의 대부분을 LLM 기반의 'General Assistant' 가 차지했지만, 2024년 1월에는 콘텐츠 생성(음악)과 생산성 카테고리 역시 트래픽 이 증가했다. 게다가 콘텐츠 생성(28%)과 콘텐츠 편집(22%)을 합치면 절반이나 되 는 상위 AI 웹서비스들이 이 두 개의 카테고리에 속하는 것을 볼 수 있다. 이것은 모 바일 앱에서도 두 카테고리를 합치면 48%나 되어, 모바일 앱에서 강점을 보이는 'General Assistant'의 26%보다 훨씬 높다.

---

15 출처: https://a16z.com/100-gen-ai-apps/

상위권 생성형 AI 웹 서비스의 절반 이상, 모바일 앱은 30% 미만이 미국에서 개발되었고, 아시아와 유럽, 중동에서도 개발되었다. 이번에 웹 서비스 4위에 랭크된 라이너 Liner가 한국 스타트업인 점은 주목할 만하고, 중국, 홍콩, 인도, 말레이시아, 파키스탄, 싱가포르, 베트남 등 아시아에서는 주로 모바일 앱 위주로 개발되고 있다.

생성형 AI의 미래와 우리의 자세

본격적으로 서비스된 지 몇 년이 지나지 않았지만, 생성형 AI는 다양한 분야에서 이미 혁신적인 변화를 가져왔다. AI 분야에서 일하고 있는 머신러닝 엔지니어들조차도 감을 잡지 못할만큼 빠르게 영향을 주고 있고, 앞으로 그 격차를 더욱 깊고 넓게 만들 것이다. 생성형 AI에 긍정적인 입장에서 누구나 이야기하는 미래는 다음과 같이 정리해볼 수 있다.

- 누구나 쉽게 창작 활동을 할 수 있다.
- 개인화된 콘텐츠 생성이나 마케팅/영업에 특화될 것이다.
- 의료 및 헬스케어 분야에 혁신을 가져올 것이다.
- 맞춤형 학습을 통해 학습 효율성을 극대화할 것이다.
- AI는 반복적이고 단순한 작업을 자동화하고, 인간은 창의적이고 전략적인 업무에 집중할 수 있게 될 것이다.
- 비용 절감을 하면서도 고객에게 더 나은 서비스를 제공할 수 있을 것이다.
- 사용 패턴을 분석하여 식별함으로써 효율적인 서비스를 할 수 있을 것이다.
- 제품의 연구, 개발 시간을 단축하고 프로세스를 개선할 것이다.

이 중 일부는 생성형 AI 등장 이전부터 꾸준히 이야기해왔던 미래라는 것은 새롭지 않다. 그렇지만 현재의 발전 속도라면 생성형 AI가 예전부터 모두가 소망해왔던 문제를 어느 정도 해결해줄 수 있을 것이라고 기대할 수 있다. 특히 2024년부터 소개되고 있는 동영상 생성형 AI의 본격적인 등장은 이미지/텍스트/음성 생성형 AI보다 몇 배는 더 큰 영향력을 끼칠 것으로 본다.

하지만 이러한 생성형 AI의 장밋빛 미래에 대한 경계론도 나오기 시작했다.[16]

- 엄청난 양의 텍스트를 학습하며 동작하는 LLM이 추가로 훈련할 데이터가 부족하다.
- 다양한 AI 모델의 성능 격차가 줄어들고 있다는 것은 혁신이 느려지고 있다는 증거다.
- 특정 회사의 무료 모델이 타사의 유료 AI 모델을 따라잡고 있다.
- AI 실행 비용이 지나치게 비싸다.
- 업계가 AI 버블에 빠졌다.
  - 900억 달러의 기업 가치를 가진 오픈AI의 2023년 매출은 20억 달러에 불과하다.
  - 기술업계는 2023년 AI 훈련을 위해 엔비디아 반도체 구매에 500억 달러를 지출했지만, 관련 매출은 30억 달러에 그쳤다.
- 생각보다 유료 AI 적용 범위가 좁다.
  - 사무직 노동자 4명 중 3명이 직장에서 AI를 사용한다.
  - 기업의 약 3분의 1이 최소 하나의 AI 도구에 비용을 지불하고 있다.

물론, 이러한 문제들이 장기적으로 생성형 AI가 우리 삶이나 산업 전체에 변화를 주지 않는다는 뜻은 아니지만, 현재까지 AI 분야에 막대한 투자가 진행된 것은 AI에 대한 지나친 낙관론 때문이라는 지적이 있는 것이다. 그동안 우리가 들어왔던 것과 달리, 생성형 AI가 생산성 향상에 큰 도움이 되지 않을 수도 있다. 따라서 지금까지 등장했던 모든 기술이 그랬던 것처럼, AI 역시 맹목적으로 추종하기보다는 현재 상황과 흐름을 정확하게 이해하고 유용한 도구로써 활용할 수 있도록 꾸준히 업데이트하는 것이 중요하다.

또한 1920년에 처음 쓰인 '로봇(Robot)'이라는 단어가 100년 후 산업용 로봇으로 발전하여 많은 산업 분야에서 적용되면서 드러난 결과처럼 생성형 AI 역시 꿈과 같은 미래만을 보장해줄 수 있는지에 대해서는 진지하게 고민해봐야 한다. 판타지/SF 작가이자 게임광Video game enthusiast인 조안나 마체예브스카의 말을 인용해보겠다.

---

16 출처: https://www.etoday.co.kr/news/view/2366012

나는 이것이 생성형 AI와 우리 자신의 미래 모습 중 하나가 될 수 있을 것이라고 생각한다. 불과 6~7년 전만 해도 화가, 작가, 작곡가, 만화가 등 창작 활동을 하는 직업은 AI가 대체하기 힘들 것이라고 예상했지만, 생성형 AI의 등장으로 이미 이 직업들이 크게 타격을 받고 있는 것이 현실이기 때문이다. 단순 노동은 AI가 탑재된 로봇에게 맡기고, 인간은 창의적이고 생산적인 일만 하고 사는 것을 꿈꾸었지만 현실은 반대로 가고 있는 것이다.

자동화 대체 확률 높은 직업		자동화 대체 확률 낮은 직업	
순위	직업	순위	직업
1	콘크리트공	1	화가·조각가
2	정육원·도축원	2	사진작가·사진사
3	고무·플라스틱 제품 조립원	3	작가 및 관련 전문가
4	청원경찰	4	지휘자·작곡가·연주자
5	조세행정사무원	5	애니메이터·만화가
6	물품이동장비 조작원	6	무용가·안무가
7	경리 사무원	7	가수·성악가
8	환경미화원·재활용품수거원	8	메이크업아티스트·분장사
9	세탁 관련 기계조작원	9	공예원
10	택배원	10	예능 강사
11	과수작물재배원	11	패션디자이너
12	행정·경영지원 관련 서비스	12	국악 및 전통 예능인
13	주유원	13	감독·기술감독
14	부동산 중개인	14	배우·모델
15	건축도장공	15	제품디자이너

(자료: 한국고용정보원)

▲ 그림 1-22 2018년에 예상했던 자동화 대체 확률이 낮은 직업 순위[18]

---

[17] 원문과 출처는 다음과 같다.
"I want AI to do my laundry and dishes so that I can do art and writing, not for AI to do my art and writing so that I can do my laundry and dishes."
https://x.com/AuthorJMac/status/1773679197631701238

[18] 출처: https://www.kmib.co.kr/article/view.asp?arcid=0924006455

내가 '창작 영역에서의 생성형 AI'와 '제조업에서의 산업용 로봇'을 동일한 선상으로 보는 이유는 먼저, 이 두 가지 기술은 '생산성 향상'과 '비용 절감'이라는 장점을 극대화하는 것과 동시에, 일자리 상실과 윤리적/사회적인 문제 발생이라는 단점을 동일하게 동반하기 때문이다. 이미 널리 알려진대로 전 세계 제조업에서 산업 로봇의 밀도는 급속하게 증가하고 있고, 한국 제조업에서의 로봇 밀도는 전 세계 평균의 7배에 달한다. 이러한 이유로 20세기에 대량 생산을 위해 많은 인력을 고용하여 안정적인 일자리를 제공하던 제조업은 산업용 로봇을 적극 도입했고, 그로 인해 매년 퇴직자에 비해 정규직 신규 고용이 크게 감소하게 되었다.[19]

▼ **표 1-6** 산업용 로봇과 생성형 AI를 도입했을 때의 장단점 비교

구분	장점	단점
산업용 로봇 도입	• 생산성 향상 • 비용 절감 • 안전성 증가 • 일관된 품질	• 일자리 상실 • 윤리적 및 사회적 문제 • 초기 투자 비용 증가 • 유연성 부족
생성형 AI 도입	• 생산성 향상 • 비용 절감 • 개인화된 경험 제공 • 새로운 비즈니스 기회 창출	• 일자리 상실 • 윤리적 및 사회적 문제 • 기술 의존성 증가 • 고비용 및 복잡성
가사 로봇 도입	• 시간 절약 및 효율성 향상 • 고령자 및 장애인 지원 • 건강 및 위생 개선	• 비용 및 기술적 한계 • 의존성 및 기술 격차 • 프라이버시 및 보안 문제

최근 국내 보드 게임 업계에서도 생성형 AI를 활용하여 보드 게임을 만들어 판매하고 있다. 그런데 업계 관계자가 시나리오 작가와 일러스트 작가를 고용해서 좋은 보드 게임을 만들기 위한 프로젝트를 진행하는 업체를 향해 다음과 같이 질문했다고 한다.

> "AI로 일러스트와 스토리로 만들어도 보드 게이머에게 300~600개씩 팔 수 있는데,
> 굳이 사람이 그린 그림을 쓰는 이유가 무엇인가?"

---

19 출처: https://ifr.org/ifr-press-releases/news/robot-density-nearly-doubled-globally

하지만 사람이 열심히 그린 일러스트와 사람이 최선을 다해 쓴 시나리오로 만들어진 보드 게임이, 생성형 AI로 만들어진 보드 게임에 비해 판매량이 적다고 해서 가치가 없는 일이라고 단정 지을 수 없다. 그렇지 않아도 한국 사회는 창작자에 대우가 좋은 편이 아닌데, 사람이 생성형 AI보다 낫다는 것을 증명까지 해야 한다면 과연 누가 살아남을 수 있을지 궁금하다.

다음으로, 산업용 로봇과 달리, 모든 사람이 직접적인 혜택을 받을 수 있는 '가사 로봇'의 발전은 여전히 더디다. 이런 상황에서 생성형 AI가 산업용 로봇과 같이 창작 영역에서까지 사람을 본격적으로 대체하기 시작한다면, 조안나 마체예브스카의 말처럼 우리가 할 수 있는 일은 당분간 상용화가 요원해보이는 가사 로봇 대신 빨래와 설거지를 하는 것말고 무엇이 있을까. 생성형 AI가 몰고 올 미래는 피할 수 없겠지만, 그 미래를 어떻게 받아들일지는 우리 몫이라고 생각한다. 이 책에서 생성형 AI를 이용해서 혼자 게임을 만드는 방법을 다루는 이유 중에 하나가 바로, 생성형 AI와 어떻게 하면 조화롭게 협업을 할 수 있는가에 대한 자신만의 길을 찾기 위함이다.

마지막으로, 생성형 AI 서비스 역시 '서비스 장애'에서 자유롭지 못하다는 고질적인 문제가 있다. 한국에서도 카카오 서비스 장애로 인해 사용자들이 직간접적으로 피해를 겪었다. 미국 시간으로 2024년 6월 4일 아침에 대표적인 AI 서비스인 챗GPT, 제미나이, 클로드 등에서 동시에 장애가 발생했다. 1억 명이라는 가장 많은 사용자를 가진 챗GPT에서 유료화한 후 첫 번째 대규모 장애가 발생했고 다른 AI 서비스로 트래픽이 몰리면서 연쇄적으로 문제가 생긴 것으로 보인다. 곧 장애를 해결했지만 정확한 원인은 알지 못하며, 그로 인해 AI 서비스를 사용할 수 없게 되면 어떤 상황이 발생하는지를 모두가 체감할 수 있던 기회가 되었다.[20]

이미 우리는 AI 서비스를 위해 엄청난 양의 전력이 소모된다는 것을 알고 있다. 오픈AI의 챗GPT의 경우 하루 약 2억 건의 요청에 응답하는 데 50kWh(킬로와트시) 이상의 전력을 사용한다. 이는 미국 가정에서 매일 평균적으로 사용하는 전력량(약 29kWh)에 비하면 무려 17,000배 이상을 사용하는 셈이다. 다른 생성형 AI 서비스에서 소모하는 전력량까지 합치면 상상을 하기 힘든 규모다.

---

[20] 출처: https://www.tomsguide.com/news/live/ChatGPT-is-down-in-massive-outage

국제에너지기구IEA, International Energy Agency에 따르면 생성형 AI가 본격적으로 개발되고 상용화된 2022년에 세계의 데이터 센터가 썼던 연간 전력량은 460TWh(테라와트시)에 달했는데, 이는 2015년(200TWh)에 비하면 두 배 이상으로 늘어난 용량이라고 한다. IEA는 2026년 데이터 센터들이 전 세계적으로 2022년의 두 배가 넘는 1,000TWh 이상 전력을 소비할 것으로 추정했다.[21]

AI 서비스의 장애는 대규모 정전 사태 때문일 수도 있고 인간의 사소한 실수 때문에 벌어질 수도 있다. 앞으로 생성형 AI 서비스에 더 의존할 수밖에 없는 산업 분야에서는 과연 AI 도입으로 인한 '생산성 향상과 비용 절감'이라는 장점만을 바라볼 수 있을지 의문을 품을 수 있다. 짧은 기간 동안 놀라운 성과를 보여준 AI는 여전히 발전하는 중이며 아직까지도 충분한 신뢰를 얻기 어려운 부분이 많다. 그럼에도 1~2년 후에 AI가 어떤 모습을 보여줄 것인가에 대해서는 기대를 하지 않을 수 없다. 이미 이 책을 통해 우리가 살펴볼 수 있는 것처럼, 생성형 AI는 이미 물리적으로 불가능했던 일들을 가능하게 만들어주고 있기 때문이다.

---

[21] 출처: https://www.digitaltoday.co.kr/news/articleView.html?idxno=508974,
https://magazine.hankyung.com/business/article/202404243333b

저작권 이슈

생성형 AI를 사용하는 데 있어서 가장 민감하고 신경써야 하는 문제가 바로 '저작권'이다. 이미 AI 사업자들이 의도적으로 저작권을 침해하는 부분에 대한 문제제기가 계속되고 있고, 전 세계에서 AI 사업자의 저작권 침해 방지를 위한 적극적인 움직임이 진행되고 있는 상황이다.

2023년 12월, 문화체육관광부는 「AI 저작권 가이드 라인」을 발표했다. AI 저작권에 대한 국내의 첫 번째 가이드 라인으로, AI 사업자와 이용자, 저작권자를 위한 안내 사항과 생성형 AI 산출물에 대한 저작권 등록 기준을 포함하고 있다. 이 책에서 다루는 생성형 AI 사용자로서 주의할 점은 다음과 같다.[22]

- 저작권 등록 범위는 인간의 사상이나 감정이 표현된 창작물에 대해서만 인정한다.
- 인간의 창의적 개입이 없는 AI 산출물에 대한 저작권은 등록할 수 없다.
- AI 이용자는 원하는 산출물을 만들기 위해 입력하는 텍스트, 이미지, 오디오 등의 데이터가 타인의 저작권을 침해하거나 침해를 유도하지 않도록 유의해야 한다.
- 콘텐츠 제작자가 AI 기술을 이용해 콘텐츠를 제작한 경우 그 사실을 표시하도록 규정하고 있다.[23]

이러한 추세는 한국뿐만 아니라 전 세계적으로 동일할 것으로 예상되므로, 앞으로 우리가 게임 개발을 하려고 생성형 AI를 이용해서 만드는 이미지, 음악, 스크립트에 대한 저작권은 없다고 생각하면 된다. 즉, 게임 안에 포함된 생성형 AI로 만든 이미지, 음악, 스크립트에 한해서는 누군가가 임의로 사용할 수도 있다는 의미다.

---

22 출처: https://www.aitimes.com/news/articleView.html?idxno=156140
23 2023년 5월 발의된 「콘텐츠산업 진흥법」 개정안

개인적으로는 이 부분이 큰 문제가 된다고 보지 않는다. 내가 한 달 걸려서 직접 그린 일러스트 하나, 석 달이 걸려 직접 만든 게임 자체는 당연히 저작권으로 보호받아야 하지만, 특정한 목적을 위해 큰 노력 없이 불과 몇 초, 몇 분만에 생성형 AI로 만든 결과물까지 모두 저작권으로 보호 받을 필요는 없다고 생각하기 때문이다.

또한 내 게임을 위해 생성형 AI로 만든 600~1,200장의 이미지나 20~30곡의 음악은 내가 만든 게임이 아닌 다른 곳에서는 별다른 의미를 가지지 못하기 때문에 굳이 저작권으로 보호 받을 이유도 없다. 생성된 그 자체로 최종 결과물이 될 수 있는 그림, 음악, 소설 등과 달리, 게임은 '종합 예술'이라고 불리는 것처럼 여전히 생성형 AI와 사람이 함께 협업을 하지 않으면 만들어질 수 없다. 나중에 제대로 된 '게임 생성형 AI'가 나오기 전까지는 말이다.

내가 생성형 AI를 이용하여 만든 게임은 어떤 모델과 로라를 이용해서 이미지를 생성했는지와 Udio로 음악을 만들고 챗GPT로 스크립트 작업에 도움을 받았다는 것을 메인 화면이나 크레딧에 명시하고 있다. 물론, 게임 사용자들은 게임의 스크린숏만 봐도 생성형 AI를 이용해서 만들었다는 것을 금방 알아챈다. 아무리 다양한 방식을 조합해서 개성 있는 캐릭터 이미지를 생성해낸다고 해도, 기본적인 생성 패턴을 벗어나지 못하기 때문에 AI가 만든 이미지라는 것을 숨기는 것이 힘들기 때문이다.

명확하게 생성형 AI로 만든 이미지, 음악을 사용하고, 스크립트 작업에 AI의 도움을 받았음을 명시하면서, 그렇게 만들어진 게임 리소스를 이용해서 사용자가 재미있게 즐길 수 있는 게임을 기획하고 만들어내는 일에 집중하는 것이 더 바람직하지 않을까 생각한다. 지금 내가 생성형 AI를 이용해서 열심히 게임을 만드는 가장 큰 이유는, 사용자가 재미있게 즐길 수 있는 게임을 만들기 위해서이기 때문이다.

챗GPT 4o의 놀라운 발표 이후, 스칼렛 요한슨은 〈스카이Sky〉라는 AI의 목소리를 듣고 충격과 분노를 느꼈다는 성명서를 발표했다. 오픈AI의 샘 알트만은 영화 〈Her〉와 유사한 스카이의 목소리 때문에 2023년 9월에 스칼렛 요한슨과 만났고, 스칼렛 요한슨은 거절했다. 그런데 2024년 5월 13일에 공개된 스카이의 목소리가 자신의 목소리와 유사함을 발견했고 오픈AI에 해명을 요구한 것이다. 샘 알트만은 이것은 의도된 바가 아니고, 스칼렛 요한슨과 만나기 전부터 스카이 목소리의 성우를 캐스팅한 상태라고 밝혔다. 이것이 충분한 의사소통을 하지 못해 발생한 사소한 오해일지라도, AI 기술이 저작권/초상권에 얼마나 신중하게 접근을 해야하는지에 대한 좋은 예라고 생각한다.

"Last September, I received an offer from Sam Altman, who wanted to hire me to voice the current ChatGPT 4.0 system. He told me that he felt that by my voicing the system, I could bridge the gap between tech companies and creatives and help consumers to feel comfortable with the seismic shift concerning humans and AI. He said he felt that my voice would be comforting to people.

After much consideration and for personal reasons, I declined the offer. Nine months later, my friends, family and the general public all noted how much the newest system named "Sky" sounded like me.

When I heard the released demo, I was shocked, angered and in disbelief that Mr. Altman would pursue a voice that sounded so eerily similar to mine that my closest friends and news outlets could not tell the difference. Mr. Altman even insinuated that the similarity was intentional, tweeting a single word "her" - a reference to the film in which I voiced a chat system, Samantha, who forms an intimate relationship with a human.

Two days before the ChatGPT 4.0 demo was released, Mr. Altman contacted my agent, asking me to reconsider. Before we could connect, the system was out there.

As a result of their actions, I was forced to hire legal counsel, who wrote two letters to Mr. Altman and OpenAI, setting out what they had done and asking them to detail the exact process by which they created the "Sky" voice. Consequently, OpenAI reluctantly agreed to take down the "Sky" voice.

In a time when we are all grappling with deepfakes and the protection of our own likeness, our own work, our own identities, I believe these are questions that deserve absolute clarity. I look forward to resolution in the form of transparency and the passage of appropriate legislation to help ensure that individual rights are protected. "

▲ **그림 1-23** 스칼렛 요한슨의 성명서 원문[24]

지금은 전 세계의 모든 창작자가 AI로부터 자신의 작업물, 저작권, 초상권과 정체성을 보호하기 위해 고군분투하고 있는 시대다. 대표적 AI 기업인 오픈AI조차 이러한 민감한 부분에 대해 경솔하게 접근하고 있는 것처럼, 기술 발전이라는 명목 아래 타인의 저작권을 경시하고 함부로 다루는 것을 지양해야 한다. 산업혁명 이후 대량 생산 시대가 도래함으로써 '노동착취'라는 인권 침해가 만연했던 것처럼, AI 시대에 들어섬으로써 또 다른 형태의 인권 침해가 여기저기서 벌어지고 있다. 기술의 발전은 예외없이 모든 사람들에게 혜택을 주기 위해 이루어져야 하고, 그 어느 누구 한 명에게도 희생을 강요해서는 안 된다는 것을 명심했으면 좋겠다.

---

24 출처: https://x.com/BobbyAllyn/status/1792679435701014908,
https://openai.com/index/how-the-voices-for-ChatGPT-were-chosen/

생성형 AI를 이용해서 게임용 이미지 생성하기

앞서 생성형 AI가 무엇이고, 어떤 종류의 생성형 AI가 있는지 살펴봤다. 이론적으로는 생성형 AI가 무엇인지 이해했다고 해도, 아직 생성형 AI를 어떻게 사용해야 하는지에 대해서는 감이 잡히지 않을 것이다. 2장에서는 다양한 생성형 AI 중에서 이미지 생성형 AI인 스테이블 디퓨전의 사용법을 알아보는데, 스테이블 디퓨전은 Tensor.Art를 통해서 사용한다는 점에 유의해야 한다. 이제 스테이블 디퓨전으로 내가 원하는 이미지를 어떻게 생성할 수 있는지 살펴보자.

2.1 Tensor.Art 소개

우리가 사용한 이미지 생성형 AI는 스테이블 디퓨전Stable Diffusion인데 이 AI는 오픈소스 프로젝트이다보니, 자신의 데스크톱의 성능이 좋을 경우에는 로컬에 직접 설치해서 사용하거나 고성능 클라우드 서비스에 설치해서 사용하는 경우가 많다. 내 경우에는 게임에 사용할 이미지를 손쉽게 생성하는 것이 중요하기 때문에 굳이 직접 설치를 해서 운용할 필요까지는 없었다. 따라서 데스크톱에 직접 설치하지 않고 일반 웹서비스처럼 이용할 수 있는 Tensor.Art를 선택했고 이 책에서도 Tensor.Art를 활용해서 스테이블 디퓨전으로 이미지를 생성할 것이다.

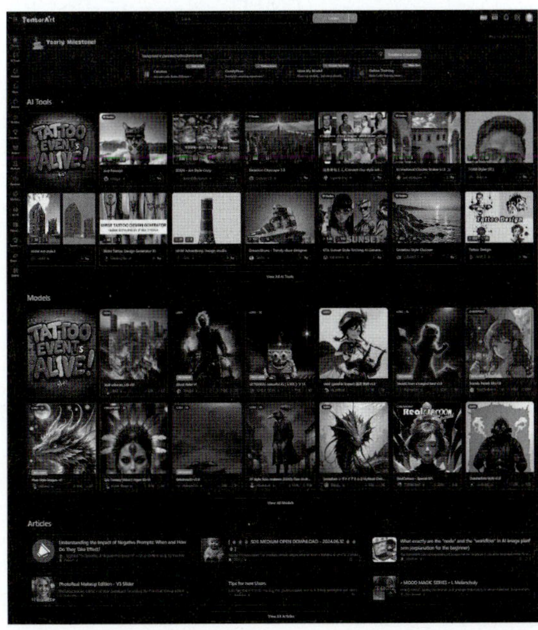

◀ **그림 2-1** Tensor.Art 초기 화면

Tensor.Art를 사용하면 다음처럼 여러 장점을 얻을 수 있다.

첫 번째는 스테이블 디퓨전을 번거롭게 설치하고 실행할 필요 없이, 구글 계정으로 로그인만 하면 어렵지 않게 이미지를 생성할 수 있다는 점이다. 그리고 매일 무료로 100~300크레딧을 충전해주기 때문에 매일 무료로 60~100장 정도의 이미지를 생성할 수 있다(해상도와 설정에 따라 이미지 생성에 사용되는 크레딧이 달라진다는 점에 유의하자). 그리고 구독료가 저렴해서 게임 개발과 같이 특정한 목적이 있는 경우 유료로 사용한다고 해도 큰 부담이 없다. 나는 2주 정도 무료로 충분히 테스트해보고 구독을 결정했으며, 6개월간 약 2만 장의 이미지를 생성했다. 좋은 GPU를 가진 컴퓨터가 없는데도 비용 부담 없이, 원하는 만큼의 이미지를 거의 무제한적으로 생성할 수 있었다.

두 번째 장점은 다른 사용자가 생성한 이미지들을 카테고리별로 쉽게 찾아볼 수 있다는 점이다. 마음에 드는 이미지에 어떤 '체크포인트'와 'LoRA_{Low-Rank Adaptation}'(뒤에서 설명한다)가 사용되었고 '프롬프트'는 어떻게 작성되었는지를 볼 수 있는 것은 물론이고, 동일한 설정으로 직접 이미지를 생성할 수 있다. 그 덕에 매뉴얼이나 튜토리얼 없이도, 생성형 AI로 이미지를 생성하는 방법을 배울 수 있다. 내가 가장 원하는 스타일에 맞는 '포스트_{Post}'를 찾고, 약간의 프롬프트만 수정하는 것으로 손쉽게 이미지를 생성할 수 있는 것이다. 물론, 내가 생성한 이미지들도 포스트로 작성해서 다른 사용자와 공유할 수 있다. Tensor.Art에서 생성한 이미지들은 최대 2개월까지만 보관할 수 있기 때문에, 장기적으로 보관하고 싶은 이미지가 있을 경우에는 포스트로 작성해두면 나중에 언제든지 다시 해당 설정과 프롬프트를 재사용할 수 있다는 추가적인 장점도 얻을 수 있다.

메뉴	내용
AI 도구	인물 사진 생성/편집 도구, 다양한 필터를 적용하여 이미지 시각적 효과를 변화시키는 도구, 얼굴을 다른 사진에 합성하거나 교체하는 도구, 로고/배너/포스터 디자인 도구, 의류 디자인 및 가상 피팅, 가상 메이크업 도구 등을 조회한다.
모델	등록된 모든 모델(체크포인트)을 조회하고 사용한다.
포스트	사용자들이 생성한 이미지들과 사용한 체크포인트, LoRA, 프롬프트를 조회한다.
이벤트	AI 이미지 생성과 창작 활동을 장려하는 이벤트를 조회하고 참여한다.
기사	AI 이미지 생성과 관련된 주제에 대한 기사를 조회한다.
리더보드	가장 인기가 많은 모델, 창작자, 포스트 등을 조회한다.
채널	애니메이션, 인물, 현실, 삽화, SF 등으로 분류된 포스트, 모델, AI 도구를 조회한다.

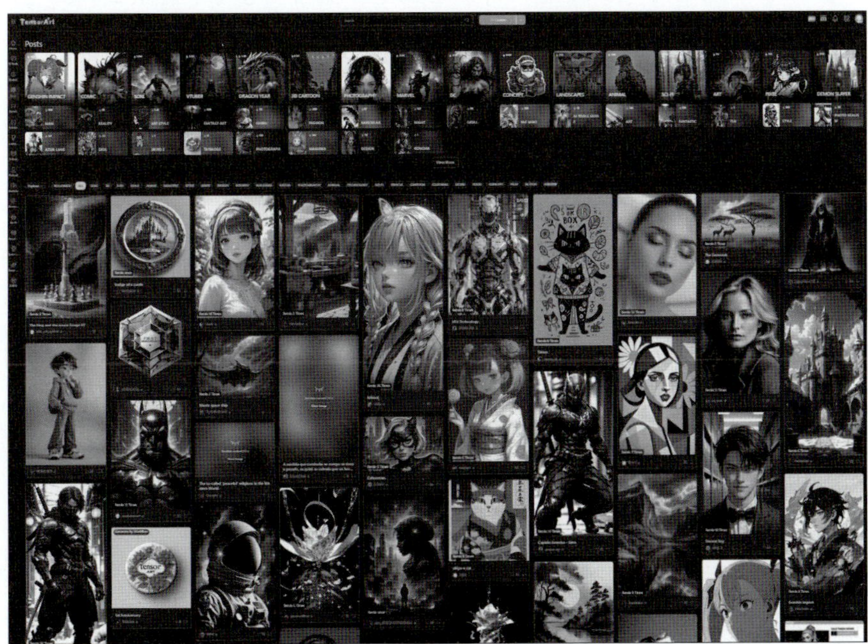

▲ 그림 2-2 Tensor.Art의 포스트 메뉴[1]

---

[1] https://tensor.art/posts

앞서 언급했던 것처럼 스테이블 디퓨전은 오픈소스로 공개된 AI 모델이기 때문에 개발자들이 공개된 모델을 학습시켜 자신만의 모델을 개발할 수 있다. 이처럼 특정 스타일의 이미지를 생성할 수 있는 상태(가중치, 매개변수 등)를 저장한 것을 '체크포인트Checkpoint'라고 부르며 원하면 배포할 수 있다. 이러한 체크포인트는 학습한 데이터 종류에 따라 생성할 수 있는 이미지의 스타일과 화풍에 차이가 생기게 된다. 스테이블 디퓨전의 체크포인트를 검색하고 다운로드할 수 있는 대표적인 사이트로 Hugging Dace나 CivitAI 등이 있는데, Tensor.Art도 그중 하나다. 체크포인트마다 허용하는 사용 범위가 제한되어 있기 때문에, 특정 체크포인트를 선택해서 사용할 때에는 주의해야 한다.

'LoRALow-Rank Adaptation'는 스테이블 디퓨전 모델을 세부 조정하기 위한 학습 기법으로, 기본 모델에 작은 변경을 가해서 이미지의 스타일을 변경하는 역할을 한다. LoRA는 단독으로 사용할 수 없으며 반드시 기본 모델과 함께 사용해야 한다. 그리고 필요하다면 여러 개의 LoRA를 함께 사용할 수도 있다.

▼ **표 2-2** Tensor.Art 유료/무료 기능 비교

구분	유료 버전	무료 버전
일일 충전 크레딧	300크레딧	100크레딧
일반 생성 태스크 수	10태스크	2태스크
우선 생성 태스크 수	3태스크	없음
한 번에 실행되는 최대 이미지	4개	2개
최대 해상도	8.3메가픽셀(3840×2160)	1.57메가픽셀(1536×1024)
최대 샘플링 스텝	60스텝	25스텝
최대 Hires.fix 스텝	60스텝	25스텝
최대 LoRA + ControlNet 개수	6개 모델	3개 모델
이미지 보관 기간	60일	2주
실행 모델 혼자 보기	가능	불가능
일일 포스팅 제한	20포스트	10포스트
병렬 훈련 태스크 수	2태스크	1태스크

Tensor.Art는 비용을 지불하지 않고도 매일 충전되는 크레딧을 이용해서 이미지를 생성할 수 있다. 무료 크레딧을 이용해서 충분히 테스트를 해보고, 충전되는 크레딧이 충분하지 않은 경우에만 구독을 하거나 필요한 만큼 크레딧을 구매하는 것이 효과적이다. 월 단위, 분기 단위(3개월), 년 단위(1년) 구독 모델이 있고, 크레딧만 별도로 구매해서 사용할 수 있다.

매일 크레딧이 제공되는 대신에 사용하지 않은 크레딧은 이월되지 않고 다음날에는 전날 사용한 크레딧을 제외한 크레딧만큼만 충전되기 때문에, 나는 매일 충전되는 300크레딧을 헛되이 낭비(?)하지 않도록 매일 매일 이미지를 생성해야 한다는 부담을 늘 가지고 있다.

베를린 시간대를 기준으로 오전 7시쯤 충전이 되는데, 아침에 일어나자마자 접속해서 300크레딧이 충전되었는지를 확인하는 것이 일과가 되었다. 한창 개발 중인 게임이 있다면 게임용 이미지를 생성하는 데 사용하면 되지만, 만일 게임 개발이 마무리되어 당장 생성해야 할 이미지가 없는 경우에도 일부러 새로운 모델이나 LoRA를 테스트하거나 새로 만들 게임의 캐릭터 설정용 이미지를 만드는 등 충전되는 크레딧만큼 채워서 이미지를 생성하게 되는 부작용(?)이 생겼다.

이제 Tensor.Art에서 한글 프롬프트를 사용할 수 있는지 알아보자. LLM의 경우에는 한글 프롬프트의 사용 여부를 확인하는 것이 어색할 정도로 한글을 지원한다. 그러나 우리가 이미지를 생성하려고 사용하는 스테이블 디퓨전의 경우에는 한글 프롬프트를 사용할 수 없다. 그러면 스테이블 디퓨전을 이용해서 이미지 생성을 하는 Tensor.Art에서는 어떨까?

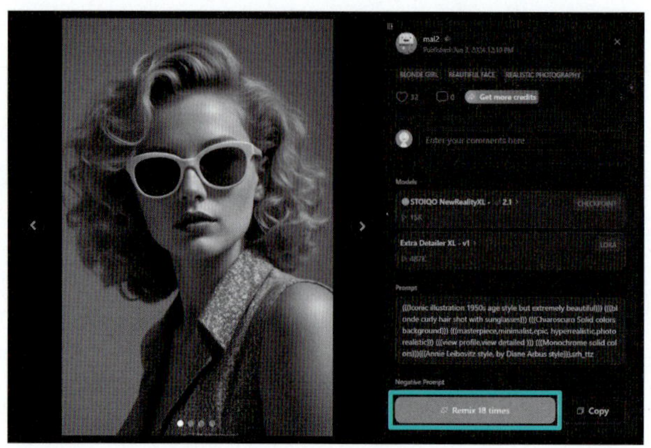

▲ **그림 2-3** 영문 프롬프트로 생성된 이미지

[그림 2-3]을 보자. 오른쪽 옆에 있는 [Remix] 버튼을 눌러서 사용한 체크포인트, LoRA, 프롬프트 및 설정을 그대로 가져온 다음, 프롬프트 내용을 한글로 번역한 내용으로 변경하면 [그림 2-4]처럼 영어가 아닌 언어가 인식되었다며 영어로 번역된 텍스트를 사용하라는 메시지가 뜬다.

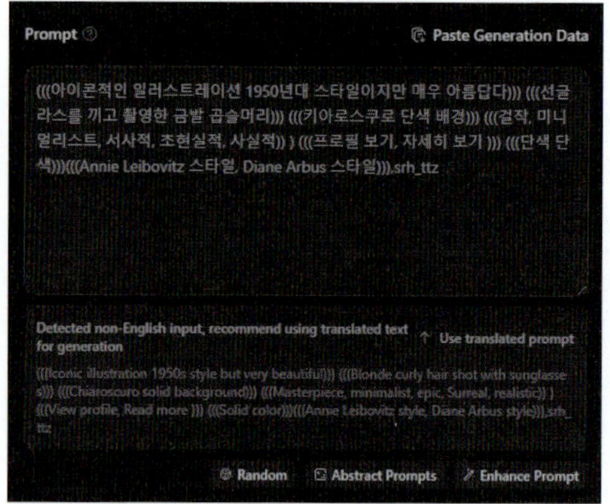

▲ **그림 2-4** 한글 입력 시 영어 프롬프트 사용을 권장하는 메시지

메시지를 무시하고 한글 프롬프트를 입력한 상태에서 [Generate] 버튼을 누르면, [프롬프트 답변 2-1]처럼 입력한 프롬프트에 맞는 이미지가 생성된다. 그러나 이것

은 스테이블 디퓨전이 자체적으로 한글 프롬프트를 지원하는 것이 아니라, Tensor. Art에서 영어가 아닌 프롬프트를 입력했을때, 자동으로 영어로 번역해서 이미지 생성을 실행하는 것으로 보인다.

여기서 스테이블 디퓨전의 프롬프트 기본 문법을 먼저 살펴보면 다음과 같다.

- 프롬프트는 쉼표(,)로 구분한다.
- ( )로 프롬프트에 가중치를 높이거나 [ ]로 가중치를 줄일 수 있다.
- (프롬프트:가중치) 형식으로 특정 프롬프트에 가중치 값을 지정해줄 수 있다. 가중치는 0.1~1.8 사이 값을 넣는다.

따라서 아래에 (((선글라스를 끼고 촬영한 금발 곱슬머리)))라는 프롬프트는 가중치 1.3을 준다는 뜻이 된다. 가중치가 높으면 이미지를 생성할 때 우선적으로 반영될 확률이 높아진다.

(((아이콘적인 일러스트레이션·1950년대 스타일이지만 매우 아름답다)))(((선글라스를 끼고 촬영한 금발 곱슬머리)))(((키아로스쿠로 단색 배경)))(((걸작, 미니멀리스트, 서사적, 초현실적, 사실적)))(((프로필 보기, 자세히 보기)))(((단색, 단색)))(((Annie Leibovitz 스타일, Diane Arbus 스타일)))

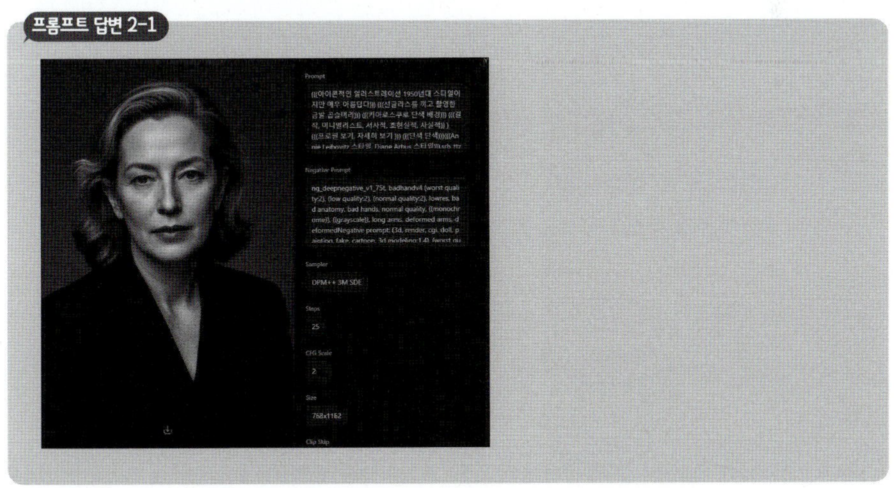

그러므로 챗GPT처럼 공식적으로 한글 프롬프트를 지원하기까지는 스테이블 디퓨전을 이용하여 이미지를 생성할 때는 영문 프롬프트의 사용을 권장한다. 요즘은 번역기 서비스나 챗GPT 같은 LLM의 번역 성능이 무척 좋기 때문에, 이들 소프트웨어의 도움을 받아서 영문 프롬프트를 작성하는 것은 더 이상 어려운 일이 아니다.

이러한 이유로 이 책에서는 Tensor.Art에서 사용하는 프롬프트는 영문으로 작성했다.

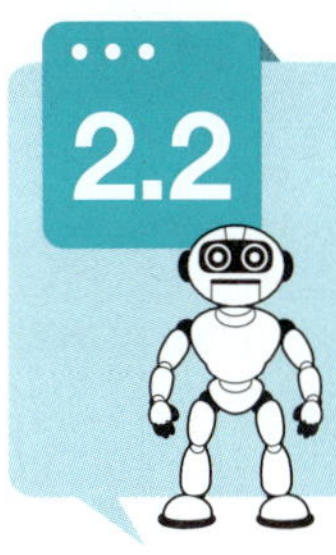

2.2 적당한 체크포인트, LoRA 선택 및 프롬프트 찾기

Tensor.Art에는 다음과 같은 다양한 종류의 모델(체크포인트)들이 등록되어 있다. 따라서 각각의 모델이 가진 특징을 이해하고, 그중에서 내가 만들 게임에 가장 적합한 모델을 찾는 것이 가장 중요하다.

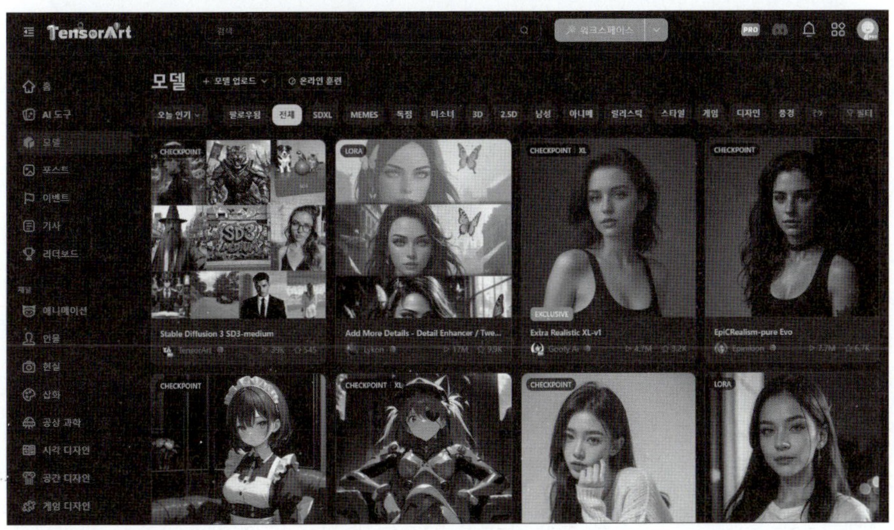

▲ 그림 2-6 Tensor.Art의 모델 메뉴[2]

---

[2] https://tensor.art/models

모델 메뉴의 목록에서 하나의 모델을 클릭하거나 상단의 검색 창에서 모델을 이름으로 검색하면, 특정 모델로 만들어진 샘플과 상세 정보를 조회할 수 있다. 'Extra Realistic XL'이라는 모델의 경우 사실적인 이미지를 생성하기 위해 사용되는 스테이블 디퓨전 XL(SDXL 1.0)을 베이스 모델로 만들어졌고, 2023년 11월에 마지막 업데이트가 되었으며 4백만 번이 넘게 이미지 생성에 사용되었음을 알 수 있다. 그러므로 대부분의 모델들이 SDXL 1.0 또는 스테이블 디퓨전 1.5(SD 1.5)를 베이스로 만들어졌는데, Tensor.Art를 이용하면 굳이 내 컴퓨터에 해당 모델들을 설치하지 않고도 이미지를 생성할 수 있다는 장점도 생긴다.

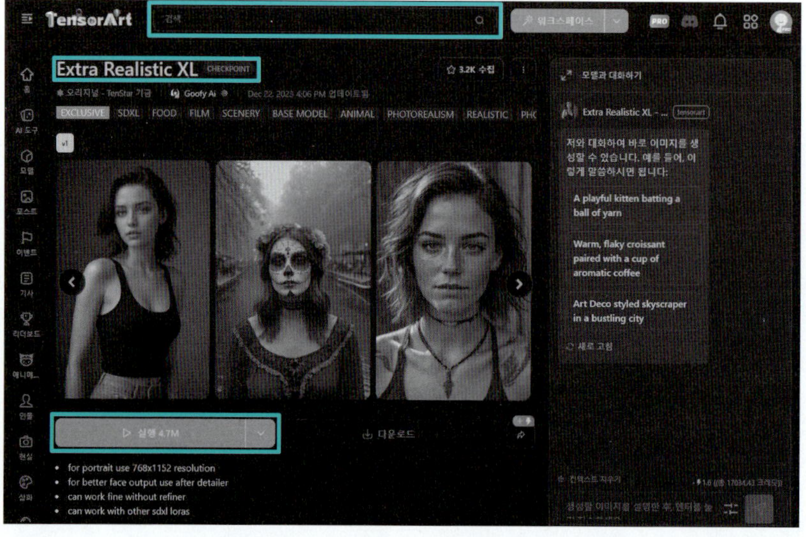

▲ 그림 2-7 Extra Realistic XL 체크포인트 상세 화면

아래쪽으로 스크롤을 해보면 해당 모델을 이용하여 다른 사용자가 생성한 이미지들이 최신순으로 표시된다. 생성된 이미지들을 클릭하면 어떤 프롬프트를 사용했는지, 어떤 LoRA를 같이 사용했는지 등을 확인할 수 있고, 동일한 프롬프트와 선택 옵션을 사용해서 이미지를 직접 생성해볼 수도 있다.

▲ **그림 2-8** Extra Realistic XL을 사용해서 생성된 이미지들

모델 상세 정보(그림 2-7)에 있는 [실행(Run)] 버튼을 누르면 다음과 같이 해당 모델이 선택된 상태에서 프롬프트를 입력할 수 있는 창이 뜬다. 왼쪽에는 프롬프트 입력 창, 선택된 모델(체크포인트)과 LoRA 창, 이미지 설정 정보 창이 배치되고, 오른쪽에는 사용자가 생성한 이미지들이 표시된다.

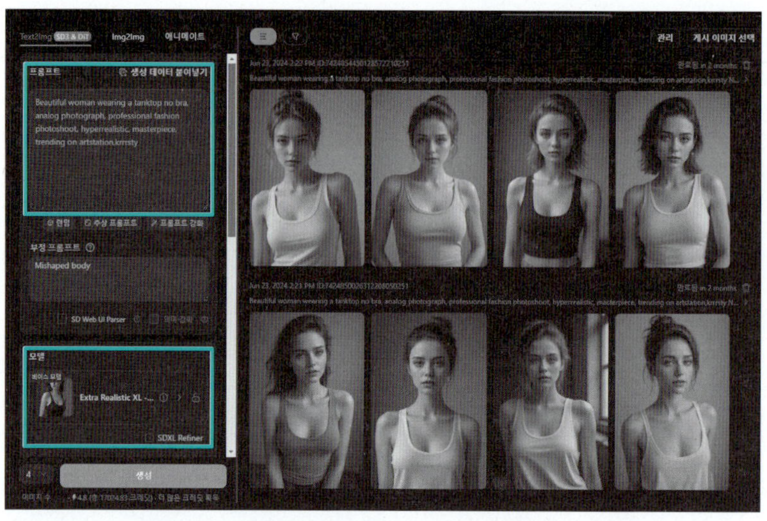

▲ 그림 2-9 선택한 모델(체크포인트)에 프롬프트를 작성하는 화면

일단 동일한 프롬프트를 여러 모델에서 사용하면서 모델마다 어떻게 다른 결과를 만드는지 살펴보자. Tensor.Art의 모델 메뉴에 등록된 모델(체크포인트) 중에서 마음에 드는 모델을 선택한 다음, 해당 모델로 이미지 생성을 하기 위해 [실행(Run)] 버튼을 누른다.

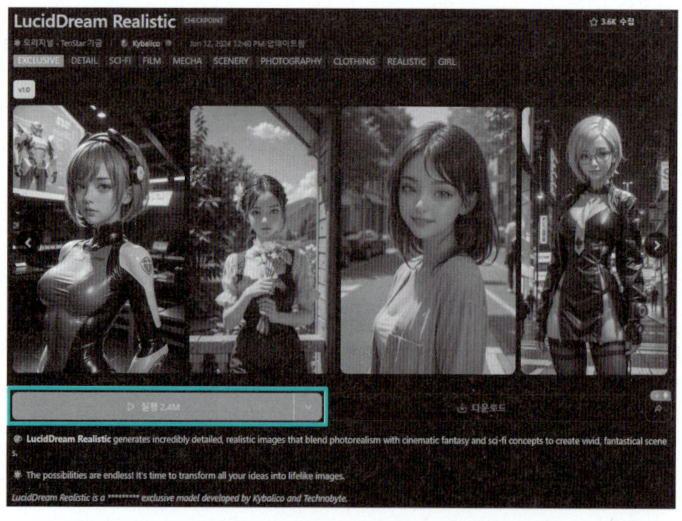

▲ 그림 2-10 원하는 모델(체크포인트)에서 [실행(Run)] 버튼 누르기

블라우스와 청바지를 입은 20세 여성이 공원을 배경으로 크게 웃고 있는 이미지를 생성하기 위해 다음과 같은 프롬프트를 만들어 보겠다.

- **masterpiece, best quality:** 이미지 품질 관련 프롬프트다.
- **solo, 1girl:** 여성 한 명이라고 지정하는 프롬프트다.
- **looking at viewer:** 이미지를 보는 사람을 쳐다보도록 시선을 조정하는 프롬프트다.
- **20yo:** '20 years old'라는 프롬프트의 줄임말로, 나이를 지정하는 프롬프트다.
- **beautiful face, blouse, jeans, big smile:** 외모와 의상, 표정에 대한 프롬프트다.
- **sky, park background:** 배경에 대한 프롬프트다.

모델 정보 화면 오른쪽에 있는 [실행(Run)] 버튼을 누르고 다음과 같이 프롬프트를 입력해보자. 다른 옵션은 신경쓰지 말고 모델만 선택하고 프롬프트를 입력한 다음, [생성(Generate)] 버튼을 누르면 바로 이미지가 생성될 것이다.

프롬프트 질문 2-2

masterpiece, best quality, solo, looking at viewer, 1girl, 20yo, beautiful face, blouse, jeans, big smile, sky, park background

명화, 최고 품질, 혼자, 보는 사람, 소녀 한 명, 20세, 아름다운 얼굴, 블라우스, 청바지, 활짝 웃는, 하늘, 공원 배경[3]

다음은 동일한 프롬프트를 서로 다른 모델들을 이용하여 4개씩 이미지를 생성해본 결과다. 얼핏 보기에도 모델마다 다른 스타일의 이미지를 생성해주는 것을 확인할 수 있다. 앞서 언급한 대로 무료 버전에서는 동시에 2개씩, 유료 버전에서는 4개씩 이미지를 생성할 수 있다.

---

[3] 실제 프롬프트는 영문으로만 작성했다. 그렇지만 독자들이 프롬프트를 빠르게 이해하는 데 도움이 될 것 같아 한글 번역문을 함께 실었다. 이후부터 모두 적용되는 내용이다.

▲ **그림 2-11** 서로 다른 체크포인트에 동일한 프롬프트로 생성된 여성 이미지

이번에는 프롬프트를 남성에 맞게 조금 수정해서 다시 이미지를 생성해보자. 역시 확연하게 차이가 나는 결과가 나왔다.

프롬프트 질문 2-3

masterpiece, best quality, solo, looking at viewer, 1boy, 20yo, handsome face, t-shirts, jeans, big smile, sky, park background

명화, 최고 품질, 혼자, 보는 사람, 소년 한 명, 20세, 잘 생긴 얼굴, 티셔츠, 청바지, 활짝 웃고 있는, 하늘, 공원 배경

▲ **그림 2-12** 서로 다른 체크포인트에 동일한 프롬프트로 생성된 남성 이미지

이러한 차이로 인해 게임에서 사용될 캐릭터 이미지를 생성하는 모델 선택은 무엇보다 중요하다. 내가 만들고자 하는 게임에 가장 적합한 스타일이어야 할 뿐만 아니라, 원하는 동작이나 표정을 제대로 표현하는 것이 가능한지 등도 충분히 테스트해야 한다. 가장 쉽게 비교해볼 수 있는 것이 나이다. 앞서 사용한 프롬프트에서 '나이'만 20세에서 50세(왼쪽), 70세(오른쪽)로 바꿔서 생성해보면 [그림 2-13]과 같은 결과물을 얻을 수 있다. 두 모델 모두 SDXL 1.0을 베이스로 만들어졌지만 애니메이션 스타일의 모델 쪽이 연령이 높은 인물을 표현하는 것에 불리하다는 것을 쉽게 알 수 있다.

▲ **그림 2-13** 서로 다른 체크포인트에 나이만 변경해서 새로 생성한 이미지(왼쪽: 50세, 오른쪽: 70세)

이런 예시를 통해 모델에 따라서는 충분한 학습 데이터가 없는 탓에 다양한 배경과 개성을 가진 게임 캐릭터들을 표현하는 것이 쉽지 않은 경우가 있음을 알 수 있다. 따라서 게임 프로젝트 초반에 많은 이미지를 생성해보면서 설정한 게임 캐릭터들을 가장 잘 표현해낼 수 있는 모델을 선택해야 한다. 한창 게임을 개발하는 도중에 모델 자체를 바꾸는 것은 쉽지 않은 일이기 때문이다.

물론, 상황에 따라서는 캐릭터별로 다른 모델을 사용하는 것도 방법이 될 수 있다. 캐릭터 디자이너들과 함께 일할 때도, 게임에 등장하는 캐릭터가 많으면 어쩔 수 없이 여러 명의 디자이너가 캐릭터들을 나누어 작업을 해야 할 경우가 있다. 이렇게 되면 디자이너마다 그림 스타일이 다르기 때문에 어쩔 수 없이 전체적인 일관성은 깨지지만, 정해진 기간 안에 계획한 작업 분량을 완성할 수 있게 된다.

기본 모델과 프롬프트를 사용하여 이미지를 생성해봤으니, 이번에는 LoRA를 추가해보자. LoRA_{Low-Rank Adaptation}는 스테이블 디퓨전 모델을 세부 조정하기 위한 학습 기법으로, 기본 모델에 작은 변경을 가해서 이미지의 스타일을 변경하는 역할을 한다. LoRA는 단독으로 사용할 수 없다. 반드시 기본 모델과 함께 사용해야 하며, 필요하다면 여러 개의 LoRA를 함께 사용할 수도 있음을 다시 한번 강조한다.

▲ **그림 2-14** [Add LoRA] 버튼에 마우스를 올리면 뜨는 팝업 설명

선택된 기본 모델 아래 쪽에 [Add LoRA] 버튼을 눌러주면, [그림 2-15]와 같이 해당 기본 모델에서 사용할 수 있는 LoRA 목록이 뜬다.

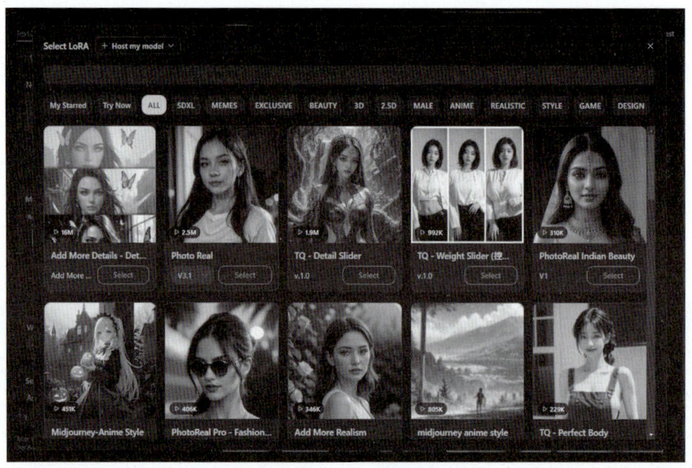

▲ **그림 2-15** LoRA 검색 창 화면

LoRA 검색 창에 'ghibli style'[4]이라고 입력하면 2개의 LoRA가 검색되는데, 첫째 것을 선택해보겠다. 참고로 현재 선택된 체크포인트에 따라서 검색되는 LoRA의 종류는 달라질 수 있다. [그림 2-15]의 LoRA들은 스테이블 디퓨전 1.5(SD 1.5)의 체크포인트를 사용할 때 검색되는 결과다.

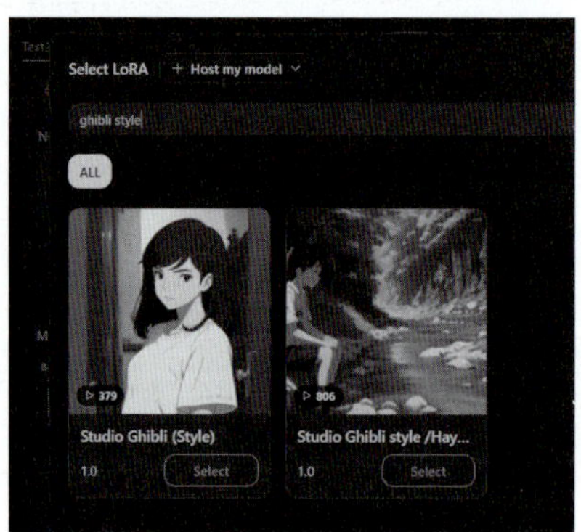

▲ **그림 2-16** 검색 결과 화면

---

4 일본이 대표 애니메이션인 지브리 스튜디오에서 제작한 이미지와 유사한 스타일이라고 생각하면 쉽다.

[그림 2-17]은 SD 1.5 베이스인 세 가지 모델에 ghibli style LoRA를 적용해서 이미지를 생성한 모습이다. LoRA를 적용하지 않았을 때와 비교해보면 금방 차이를 알 수 있다. 모델마다 LoRA가 영향을 주는 정도가 다를 뿐만 아니라, 잘 어울리지 않는 경우도 눈에 띈다.

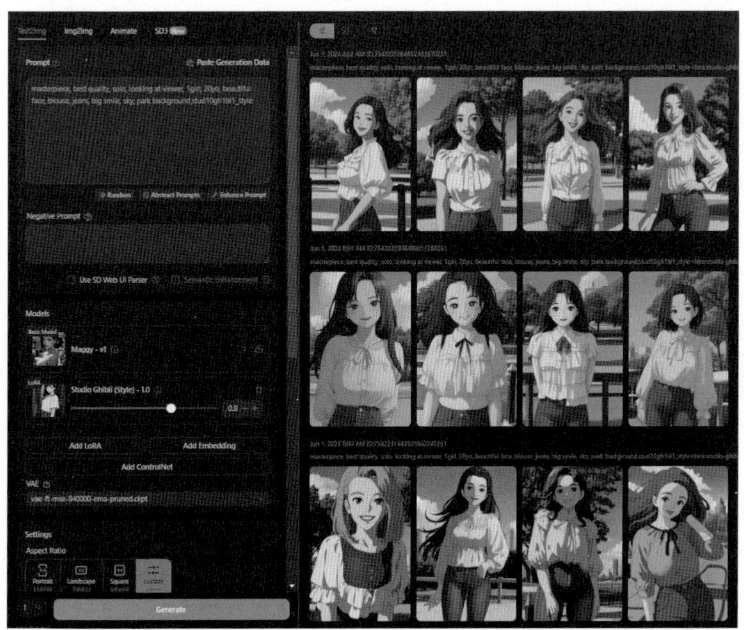

▲ **그림 2-17** 동일한 LoRA를 다른 종류의 모델에 적용했을 경우의 결과 모습

2.3 생성된 이미지를 게임에서 사용할 때의 문제점

이미지 생성형 AI는 너무나도 쉽게 놀라운 결과를 만들어 준다는 점은 확실하다. 하지만 심심풀이로 이미지를 생성하는 것이 아니고 게임 개발과 같이 특정한 목적을 위해 이미지를 생성하는 것이라면 몇 가지 이슈에 대비해야 한다.

2.3.1 생성된 이미지 후처리 이슈

첫 번째 이슈는 가장 널리 알려진 문제로, SDXL 1.0, SD 1.5 기반 모델 모두에 공통적으로 해당하는 손가락 문제다. 운이 좋으면 손가락이 정상적으로 표현되지만, 전체적인 부분이 의도한대로 잘 만들어졌다고 해도 손가락만은 아쉬운 경우가 많이 발생한다.

2만 장 가까이 이미지를 생성하면서 손가락 때문에 하도 고생을 하다 보니, 영화를 볼 때에도 배우들의 손가락을 유심히 지켜보는 습관까지 생길 정도다. 손가락이 인체 중에 가장 가늘고 작은 신체 부위라서 제대로 학습시키기 어렵기 때문에 이런 결과가 나오는 것이라고 한다. 직접 그림을 그리는 사람이라면 누구나 동의하겠지만, 사람이 그릴 때에도 손가락은 그리기에 쉽지 않은 부분이기는 하다.

▲ **그림 2-18** 잘못 그려진 손가락 이미지 예시

따라서 생성된 이미지를 게임에 사용하려면 이미지 편집 프로그램을 이용하여 부족한 손가락을 그려 넣거나, 더 있는 손가락을 지워주는 등의 보정 작업을 해줘야 한다. 게임용 이미지 해상도에 맞게 이미지를 잘라내야 할 때 잘못 표현된 손가락 부분을 같이 잘라내는 방법도 있고, 보정 작업을 하고 싶지 않다면 최대한 많은 이미지를 생성한 다음 보정 작업이 필요 없는 좋은 이미지들만 골라서 게임에 사용하는 방법도 있다.

팔, 다리의 경우에는 손가락보다 덜하기는 하지만 가끔씩 팔이 3개이거나 다리가 하나인 이미지가 생성되기도 한다. 이런 경우에는 무조건 버려야 하지만, 정말 괜찮은 이미지라면 팔 하나를 지워버리거나 다리 하나를 더 넣는 등의 보정 작업을 할 수도 있다.

▲ 그림 2-19 3~4개의 팔로 인해 부자연스러운 이미지

실제 게임에는 600~1,200장 정도의 이미지를 선별하고 이를 보정한 이미지만 사용하지만, 이 작업을 하려고 3,000~10,000장 정도의 이미지를 생성하게 되는 이유 중 하나가 바로 이러한 문제 때문이다. 이러한 문제는 프롬프트를 아무리 정교하게 작성한다고 해서 해결할 수 있는 문제가 아니다. 이미지 생성형 AI를 사용한다는 것은 한 번에 완벽한 결과물을 만드는 게 아니고 최대한 많은 이미지를 생성한 후 그중에서 가장 적합한 결과물을 선택한다는 의미와 같다. 지금까지의 생성형 AI 발전 속도를 감안하면 이러한 문제가 앞으로 꾸준히 개선될 것으로 기대할 수 있지만, 이 정도의 이슈는 다른 장점으로 충분히 덮을 수 있을 정도의 문제다.

2.3.2 일관성 유지 이슈

게임에 등장하는 캐릭터 한 명에 50~100장 정도의 이미지를 사용하게 되는데, 상황에 따라서는 동일한 옷을 입고 있는 이미지들이 필요한 경우가 있다. 그래서 옷의 색상과 종류까지 상세하게 프롬프트로 지정해서 이미지를 생성한다. 그런데도 색깔로 표현되거나 다른 종류의 옷으로 만들어지는 경우가 많다. 또한 같은 색상의 같은 종류의 옷이라고 하더라도 미묘하게 다른 옷으로 생성되기 때문에 완벽하게 일관성을 유지하는 것이 쉽지 않다. 같은 프롬프트로 생성하는 이미지들의 얼굴이나 체형이 종종 다르게 표현되는 경우도 있어서, 이런 경우에는 부득이하게 제외해야 한다.

다음은 생성형 AI로 만들어 출시한 게임의 캐릭터 이미지를 생성하기 위해서 실제 사용한 프롬프트다.

masterpeace, best quality, highres, 1 girl, solo, narrow_waist, thighs, perfect face, perfect light, (((hair up, black hair, black eyes))), realistic, pale skin, ((small breasts, cleavage,curvy:1.2)), looking at viewer, smile, (masterpiece, high quality:1.2), 18 years old girl, (attractive posing), perfect anatomy, perfect proportion, bokeh, depth of field, hyper sharp image, (attractive emotion, seductive smile:1.2), sensual gaze, (((restaurants background, tank top, hot pants))), parted lips, blush, makeup, glow, bare shoulders, collarbone, sunbeam, sunlight, wind

마스터피스, 최고 품질, 고해상도, 소녀 한 명, 솔로, 좁은_허리, 허벅지, 완벽한 얼굴, 완벽한 빛, (((머리 위로, 검은 머리, 검은 눈))), 사실적인, 창백한 피부, (((작은 가슴, 분열, 곡선:1.2)), 보는 사람, 미소, (걸작, 고화질:1.2), 18세 소녀, (매력적인 포즈), 완벽한 해부학, 완벽한 비율, 보케, 신도, 초 선명한 이미지, (매력적인 감정, 매혹적인 미소:1.2), 관능적인 시선, (((레스토랑 배경, 탱크톱, 핫팬츠))), 갈라진 입술, 블러셔, 메이크업, 광채, 맨 어깨, 쇄골, 햇살, 햇빛, 바람

해당 프롬프트로 생성된 12개의 이미지는 다음과 같다. 팔이 3개인 이미지도 하나 들어 있고, 얼굴은 거의 유사하지만 일부 이미지의 얼굴 스타일이 미묘하게 다른 이미지도 1~2개가 있다. 옷의 경우에는 색깔이나 모양이 저마다 다른 것도 쉽게 볼 수 있다. 그러므로 이 중에서 3분의 1 정도는 게임에 사용하지 못한다.

▲ **그림 2-20** 동일한 모델, LoRA, 프롬프트로 생성된 이미지들

처음 생성형 AI를 이용해서 게임을 만들 때는, 이전처럼 한 장면에 여러 장의 이미지를 사용하는 방식으로 스크립트를 작성했다. 그런데 이렇게 일관성 유지가 어려운 문제가 있어서 두 번째 생성형 AI로 만든 게임에서는 특별한 경우가 아니라면, 하나의 이벤트 스크립트에서는 한 장의 이미지만 사용하도록 변경했다. 대신, 이벤트 스크립트의 양을 늘리는 방법으로 게임성을 보완했다.

2.3.3 군중신 표현의 어려움

게임 플레이 도중 발생하는 이벤트 중에는 다수의 캐릭터가 동시에 등장하는 경우가 있을 수 있다. 최소한 2명 이상의 캐릭터가 한 화면에 같이 나와야 하는 경우, 일반적으로 사용하는 프롬프트로는 이를 표현하기가 쉽지 않다. 아주 운이 좋게 딱 원하는 이미지가 생성될 수도 있지만, 이 장면을 위해서 쓸 수도 없는 불필요한 이미지까지 엄청나게 생성해야 하는 부작용이 있다.

먼저, 주요 캐릭터가 포함되지 않는 군중신 이미지를 생성해보겠다. 다음 프롬프트는 'Multiple Girls Group'이라는 LoRA를 사용해서 마법학원의 강당에 다수의 여성 마법사를 표현하기 위해 작성했다.

8k masterpiece, UHD, highly detailed, best quality, beautiful light, ((((10 magician girls, multiple girls)))), (((fantasy setting, medieval spacious auditorium of magic school background:1.3)))

8k 걸작, UHD, 매우 섬세한, 최고의 품질, 아름다운 빛, ((((마술사 소녀 10명, 여러 소녀)))), (((판타지 설정, 중세의 넓은 마법 학교 배경의 강당:1.3))))

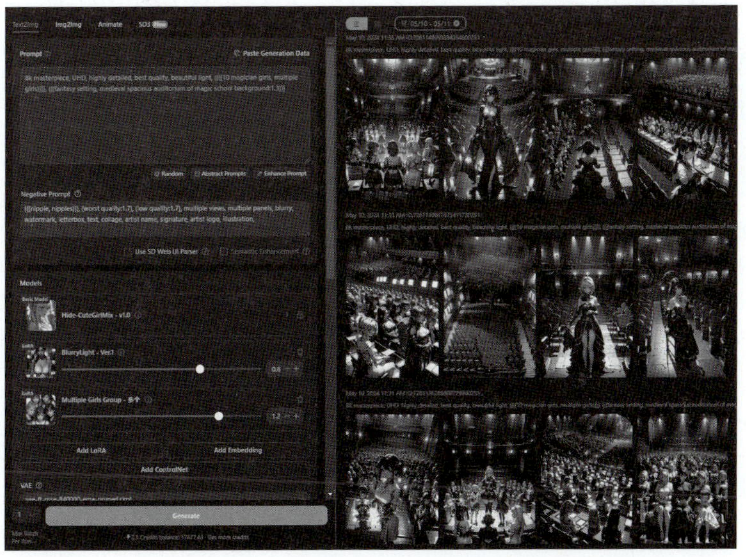

▲ 그림 2-21 LoRA와 프롬프트로 생성된 군중신 이미지

이 프롬프트로 생성한 12장의 이미지 중에 게임에서 쓸 수 있는 이미지는 4장 정도다. 그리고 이 프롬프트가 만들어질 때까지 28장의 이미지를 테스트로 생성해야 했지만 그 이미지들은 사용할 수 없는 수준이었다. 즉, 4장의 군중신 이미지를 얻기 위해 40장의 이미지를 생성했다는 뜻이다. 이 정도면 운이 좋은 편에 속한다고 할 수 있다. 100장이나 생성했지만 원하는 이미지를 단 한 장도 못 건지는 경우도 가끔씩 생긴다.

게임의 주요 캐릭터가 2명 이상 같이 등장하기 위해서는 과정이 이보다 더 복잡해진다. 키스 장면이나 포옹 장면의 경우에는 반드시 2명이 등장해야 하는데, 기존에 생성된 각각 캐릭터들의 이미지와 일관성도 있어야 한다. 그래서 다음과 같이 여성과 남성에 대한 세부적인 설명을 프롬프트 내용에 최대한 반영했다.

highres , masterpiece, best quality, absurdres, ultra-detailed, BREAK, happy kiss, 1girl, 1boy, girl1(((mature woman, blonde bun hair, hair up, yellow eyes, natural big sized breasts, formal women suit, white shirts, black jacket, black mini skirts, black Pantyhose))), boy1(((black short hair, black color eye, shirts, pants))), bedroom background background, (attractive posing), perfect anatomy, perfect proportion, bokeh, depth of field, hyper sharp image, sensual gaze,

고해상도, 걸작, 최고 품질, 부조리, 매우 디테일, BREAK, 행복한 키스, 소녀 한 명, 소년 한 명, 여성 한 명(((성숙한 여성, 금발 단발머리, 헤어 업, 노란 눈, 자연스러운 큰 가슴, 격식있는 여성 정장, 흰색 셔츠, 검은 자켓, 검은색 미니스커트, 검은색 팬티스타킹))), 소년 한 명(((검은 단발머리, 검은색 눈, 셔츠, 바지))), 침실 배경,(매력적인 포즈), 완벽한 해부학, 완벽한 비율, 보케, 심도, 초 선명한 이미지, 관능적인 시선,

신경써서 프롬프트를 작성했음에도 해당 프롬프트로 생성한 8장의 이미지 중 3장은 키스 장면이 아니라 제외했다. 그리고 다른 3장은 남성 캐릭터의 머리색이 검정색이 아니라서 제외했더니 겨우 2장이 남는다. 남은 2장의 여성 캐릭터 이미지는 문제가 없어 보였지만, 다시 보니 남성 캐릭터의 머리 모양이 여성 캐릭터와 동일했다. 따라서 2장 중 1장의 이미지를 선택한 다음, 김프gimp(포토샵과 유사한 오픈소스 이미지 편집 도구)를 사용해서 보정 작업을 한 후 마무리했다(생성된 이미지의 후처리 방법에 대해서는 뒤에서 좀 더 구체적으로 다루고 있으므로 여기서는 생략한다). 물론 동일한 프롬프트로 더 많은 이미지를 생성하면 더 나은 이미지를 얻을 확률이 올라가겠지만, 생성해야 하는 이벤트 장면이 한둘이 아니기 때문에 한 장면만을 얻기 위해 수십 장의 이미지를 매번 생성하는 것은 쉬운 작업이 아니다.

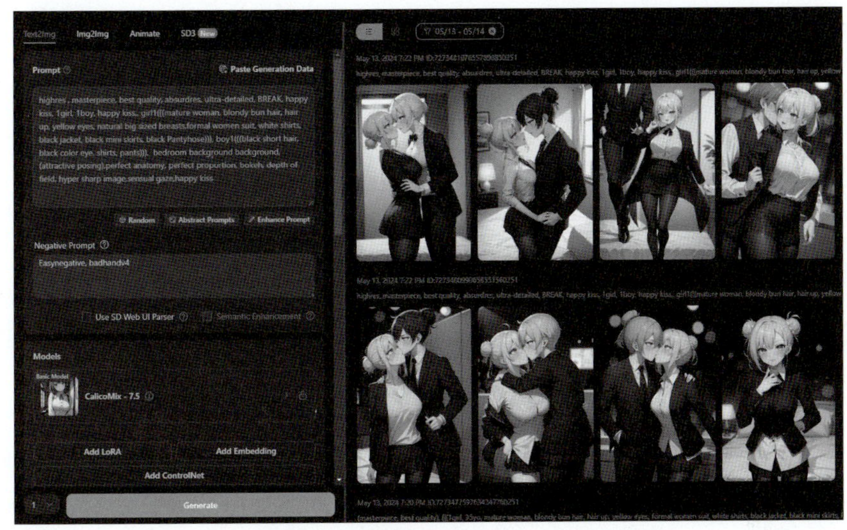

▲ **그림 2-22** 프롬프트로 생성된 키스신 이미지

2.3.4 등급 분류의 이슈

두 번째 생성형 AI로 만든 게임을 출시하면서 의외의 부분에서 고생했는데, 그것은 바로 게임의 등급 분류 때문이었다. 구글 플레이스토어나 원스토어 같은 앱 마켓에서 등록된 게임 앱을 검수할 때에는 「게임물관리위원회 오픈마켓 자율등급분류제」 심의 기준을 준용하고, 자체 검증 가이드 라인을 바탕으로 등급 판정을 하게 된다.

1998년부터 지금까지 수십 종의 게임을 출시해오면서 게임물관리위원회에서 직접 등급분류를 받기도 했고, 오픈마켓의 자율등급분류를 받기도 했기 때문에 이 부분에 대해서는 나름 경험이 많다고 방심했던 것이 실수였다. 일부러 선정적인 의상을 사용하려고 하지 않아도, 이미지 생성형 AI가 학습에 사용한 이미지들의 선정도가 높은 편이라면 그 결과물 또한 의도와 상관 없이 선정적이라고 판단될 수 있기 때문이다.

▲ **그림 2-23** 15세 이용가 게임 검수 시 반려된 수영복 이미지

15세 이용가 게임을 검수하는 과정에서 수영장을 배경으로 한 장면이 문제가 되었다. 이 이미지에서 캐릭터들이 비키니 수영복을 입고 있는데, 이 부분이 선정적이라고 지적을 받았다. 그래서 원피스 수영복으로 수정해서 다시 등록을 신청했다. 그런데 원피스 수영복 역시 선정적이라는 지적을 받았다.

이런 과정을 통해 생성형 AI를 이용해서 선정적이지 않은 건전한 수영복으로 이미지를 생성하기가 쉽지 않다고 판단해서 모든 캐릭터의 수영장 장면에서 수영복이 아닌 일상복을 입도록 수정했고 그제서야 검수를 통과할 수 있었다.

게임 하나를 만들기 위해 1만 장에 가까운 이미지를 생성해서 사용하다 보면, 이러한 디테일을 놓칠 수 있다. 생성형 AI를 이용해 만드는 게임의 타깃 연령층에 맞는 이미지를 생성하는 것도 주의해야 할 점 중 하나다. [표 2-3]에 게임물관리위원회의 등급 분류 세부 기준을 정리했다. 좀 더 자세하게 내용은 다음 링크에서 참고하기 바란다.

- 등급분류제도 안내 – https://www.grac.or.kr/Institution/EtcForm01.aspx

▼ **표 2-3** 등급 분류 세부 기준[5]

구분	전체 이용가	12세 이용가	15세 이용가	청소년 이용 불가
선정성	선정적 내용 없음	성적 욕구를 자극하지 않음	가슴과 둔부가 묘사되지만 선정적이지 않은 경우	선정적인 노출이 직접적이고 구체적 묘사
폭력성 및 공포	폭력, 혐오, 공포 등의 요소가 단순하게 표현	폭력, 혐오, 공포 등의 요소가 경미하게 표현	폭력, 혐오, 공포 등의 요소가 사실적으로 표현	폭력, 혐오, 공포 등의 요소가 과도하게 표현
범죄 및 약물	범죄 및 약물 내용 없음	범죄 및 약물을 묘사한 부분이 경미	범죄 및 약물을 간접적으로 묘사하 경우	범죄 및 약물을 구체적, 직접적으로 묘사
언어	저속어, 비속어 없음	저속어, 비속어가 있으나 표현이 경미	저속어, 비속어가 있으나 표현이 경미	언어 표현이 청소년에게 유해하다고 인정되는 경우
사행성	사행행위 모사가 없거나 사행심 유발 정도가 청소년에게 문제가 없는 경우	사행심 유발 정도가 12세 미만의 사람에게 유해한 경우	사행심 유발 정도가 15세 미만의 사람에게 유해한 경우	사행심 유발 정도가 청소년에게 유해한 영향을 미칠 수 있는 경우

2.3.5 남성 캐릭터 이미지 생성의 어려움

게임에는 여성 캐릭터만 등장하는 것이 아니라, 남성 캐릭터도 등장하기 때문에 남성 캐릭터의 이미지를 생성해야 한다. 데이터 학습량의 차이인지 모르겠지만, 남성 캐릭터의 경우에는 여성 캐릭터에 비해 원하는 스타일로 생성하기가 의외로 쉽지 않다. 분명히 '남성'이라고 프롬프트에 명시를 해도, 남성 데이터로 만들어진 LoRA를 적용해도, 중간중간에 여성 캐릭터로 생성되는 경우가 자주 발생한다.

---

5 선정성, 폭력성, 범죄 및 약물, 부적절한 언어, 사행성의 다섯 가지 요소를 종합적으로 고려한 등급 분류다

[그림 2-25]는 역사 시뮬레이션 게임을 위해 남성 캐릭터 이미지를 생성하던 중 의도치 않게 생성된 이미지들이다. 프롬프트에는는 '여성'이라는 단어를 입력하지 않았는데도 여성 복장을 하거나 여성 얼굴에 수염이 그려지기도 하고, 아예 여성 이미지로 생성되는 경우가 종종 있다. 이것은 프롬프트를 수정한다고 해결되지 않기 때문에, 이런 이미지들이 중간중간에 끼어있으면 삭제하는 수 밖에 없다. 일부러 시간과 비용을 들여서 이미지를 생성하는 것인데도 이렇게 잘못된 이미지가 같이 생성될 수 없는 것 또한 생성형 AI를 사용할 때 유의할 점이다.

▲ **그림 2-25** 남성 캐릭터용 프롬프트로 생성한 이미지

다시 한번 강조하자면, 완벽한 프롬프트를 만들어서 한 번에 원하는 게임 이미지를 "척"하고 생성해내는 것이 생성형 AI를 제대로 활용하는 방법이 아니다. 가장 적절한 체크아웃, LoRA를 선택하고 그것에 맞는 명료한 프롬프트를 작성하여 원하는 스타일에 맞는 이미지를 최대한 많이 생성해낸 다음, 게임에서 연출하고자 하는 장면에 가장 적합한 이미지를 골라서 사용하는 것이 바람직한 이미지 생성형 AI의 활용법이다.

때로는 버려지기 아까운 이미지도 있기는 하지만, 아깝다고 억지로 사용하는 것이 좋은 게임을 만드는 데 도움이 되는 방법일지 생각해보면 금방 답이 나올 것이다.

생성형 AI를 이용해서 게임용 BGM 생성하기

이미지 생성형 AI를 이용하여 이미지를 생성하면서, 생성형 AI를 사용한다는 것이 어떤 것인지 직접 체험했다. 사람이 그림을 그리는 것이나 음악을 작사, 작곡 및 연주를 하는 것이 다른 것처럼, 생성형 AI를 이용해서 이미지를 생성하는 방법과 음악을 생성하는 방법에는 차이가 있다. 3장에서는 음악 생성형 AI인 Udio를 사용하는 방법을 알아보고, 내가 원하는 음악을 어떻게 생성할 수 있는지 다룬다.

Udio.com 소개

나는 개인적인 취향이 명확해서, 아무리 인기가 많고 게임에 많이 쓰이는 음악이라고 해도 내 마음에 들지 않으면 그 음악을 사용하지 않는다. 그동안 다른 음악 생성형 AI 를 테스트해보면서 여러 이유로 음악 생성형 AI를 사용하지 못하고 있었다.

음악을 어떻게 만드는지 알지 못하면 음악을 생성하는 것이 쉽지 않은 AI이거나, 구독하기 전에 충분히 테스트를 해보고 판단할 시간을 주지 않으면서 구독을 강요하는 AI 서비스 등이 대부분이었기 때문이다.

그런데 2024년 4월 10일에 출시된 Udio는 챗GPT처럼 짧은 프롬프트만 입력하면 내가 원하는 음악을 손쉽게 생성해줄 뿐만 아니라, Tensor.Art처럼 구독하지 않고 도 매일/매월 충전되는 크레딧을 이용해서 충분히 사용해볼 수 있게 하는 정책을 제 공했다.

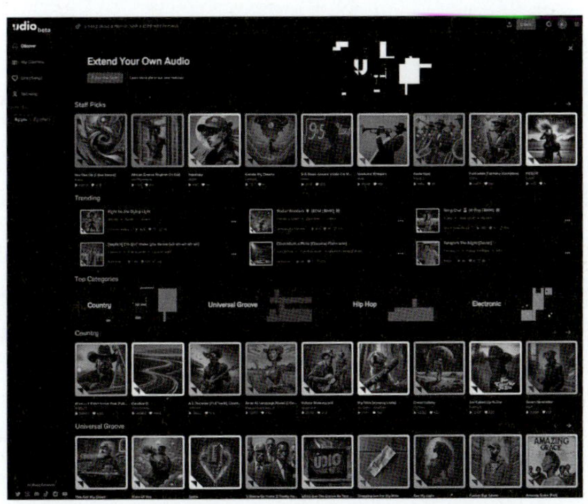

▲ 그림 3-1 Udio.com 초기 화면

게임 하나를 만들기 위해서 수백 장에서 수천 장의 이미지를 생성해야 하는 것과 달리, 음악인 경우에는 20곡 이내면 충분하기 때문에, 전문적으로 매일 수십 곡씩 생성하는 것이 아니라면 Udio를 무료로 사용하는 것만으로 충분하다. 이런 이유 때문에 게임을 개발할 때, Udio로 인해 가장 먼저 완성되는 것은 캐릭터별 테마 BGM이나 주제가, 엔딩곡 등이다. 하루에 한 곡씩 만들어도 한 달도 안 되는 기간 동안에 모두 생성할 수 있기 때문이다. 반면, 게임용 이미지나 스크립트는 게임 프로젝트를 시작할 때부터 끝날 때까지 계속 생성하고 수정 및 보완을 해야 하기 때문에 훨씬 많이 사용해야 한다는 차이가 있다.

▼ **표 3-1** Udio 무료/유료에 따른 기능 비교

구분	무료 버전	표준 버전	프로 버전
크레딧	일 10크레딧 제공, 월별 100크레딧 추가 제공	월 1,200크레딧 제공, 일일 사용 한도 없음	월 4,800크레딧 제공, 일일 사용 한도 없음
대기열	표준 처리 대기열	우선 처리 대기열	우선 처리 대기열
트랙 생성	최대 2개 동시 생성 (4개 트랙)	최대 3개 동시 생성 (6개 트랙)	최대 4개 동시 생성 (8개 트랙)
트랙 확장	트랙 리믹스 및 확장 가능	트랙 리믹스 및 확장 가능	트랙 리믹스 및 확장 가능
추가 기능	없음	인페인팅, 맞춤형 커버아트, 맞춤형 사용자 아바타	인페인팅, 맞춤형 커버아트, 맞춤형 사용자 아바타

Udio 웹사이트에는 다른 사용자들이 생성해서 공개한 수많은 음악이 등록되어 있다. 특정 음악을 선택하면 어떤 프롬프트를 이용해서 어떤 음악 스타일의 음악으로 생성되었는지를 살펴 볼 수 있고, 멋진 '커버아트Cover Art'와 가사가 있는 경우에는 가사까지 보면서 음악을 들어 볼 수 있다. Udio를 이용해서 직접 생성한 음악을 듣다 되면, 마치 내가 좋아하는 아티스트들의 음악을 플레이 리스트로 만들어서 듣는 것처럼, 생성형 AI로 만든 음악이지만 어느샌가 즐기며 듣고 있는 나 자신을 발견하게 된다.

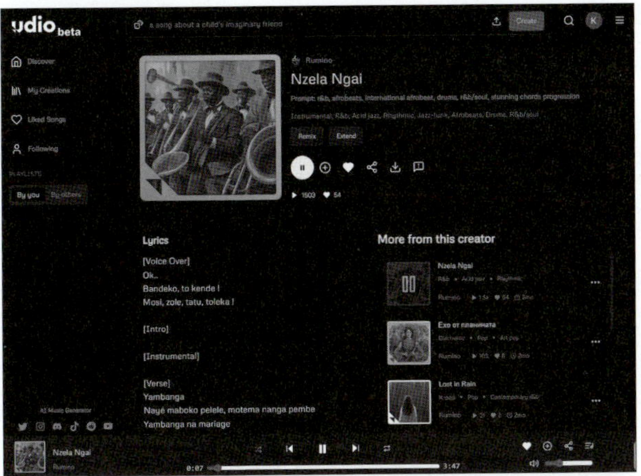

▲ 그림 3-2 Udio 음악 상세 페이지

Udio에서 제공되는 기능 중에 '리믹스Remix'는 이미 생성한 30초짜리 클립을 미묘하게 변형하는 기능이다. 변형variance 영역의 슬라이더를 이용하면, 기존 클립의 리믹싱 효과의 강도를 제어할 수 있다. 왼쪽에 가까우면 거의 변경되지 않고, 오른쪽에 가까우면 큰 변화를 주어 원본과 거의 다른 결과가 만들어지게 된다.

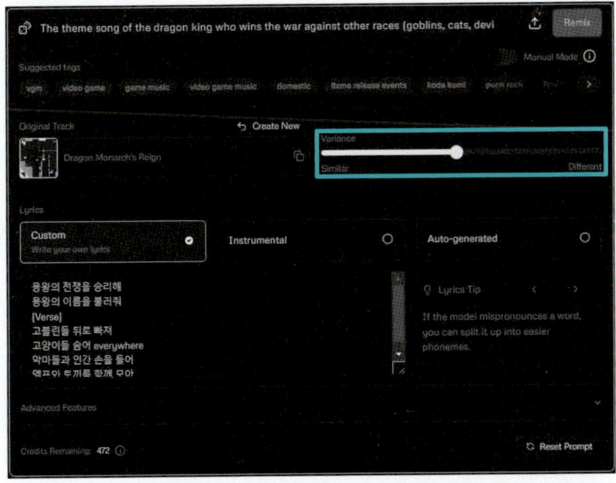

▲ 그림 3-3 리믹스 프롬프트 박스 화면

유료 구독자에게만 제공하는 기능 중 하나인 '인페인팅Inpainting'은 생성한 트랙의 작은 오류를 수정하거나, 전체 음악 구조를 유지하면서 일부만 편집하고 싶은 경우에 사용할 수 있다. 작업 영역 내에서 최대 4개의 인페인팅 영역을 추가할 수 있는데, 이렇게 지정한 인페인팅 영역은 다른 모든 항목과 트랙의 나머지 부분을 동일하게 유지하면서, 오디오를 새로 생성하는 부분을 뜻한다.

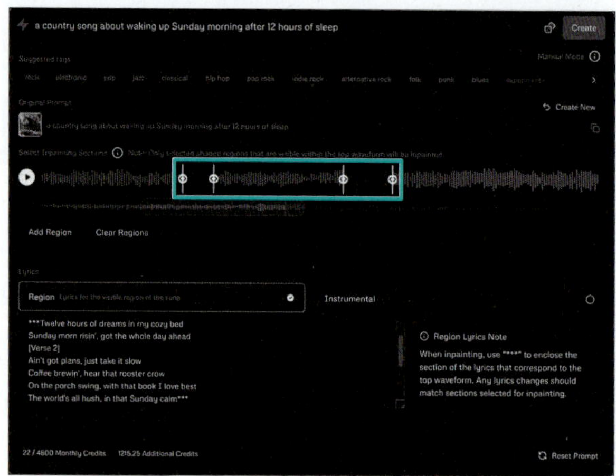

▲ 그림 3-4 인페인팅 프롬프트 박스 화면

2024년 7월 24일에 Udio 1.5로 업그레이드되면서 가장 큰 변화는 2분짜리 클립을 생성해주는 udio-130 모델이 추가되었다는 것이다. 2크레딧을 소모하는 udio-32 모델과 달리 udio-130 모델은 4크레딧을 사용하고 udio-130 전용 크레딧까지 써야 하지만, 한 번에 2분짜리 가사 있는 주제가를 생성하는 데 무척 유용하다. 무료 버전의 경우 하루에 udio-130 전용 크레딧이 3개씩 충전되기 때문에, 최대 6곡의 2분짜리 클립을 생성하는 것이 가능해졌다.

가사가 있는 노래 만들기

Udio의 경우는 프롬프트 작성이 상당히 쉽다. 물론 우리가 원하는 음악이나 노래를 만들기 위해서는 좀더 디테일하게 프롬프트를 작성해야 한다. 하지만 어떤 음악을 원하는지를 정확히 명시하는 것만으로도 다양한 후보곡을 생성한 다음 골라서 쓸 수 있기 때문에 완벽한 프롬프트를 작성하기 위해 많은 노력을 들일 필요가 없다.

이 책에서 우리가 음악 생성형 AI를 사용하는 이유는 완벽한 하나의 음악을 만드는 것이 아니라, 우리가 만들 게임의 BGM과 캐릭터의 테마 음악, 게임 주제가 등이라는 것을 명심하자.

오래 전에 내가 만들어서 출시했던 게임의 설명을 가사로 활용해서 노래를 만들었다.

프롬프트 질문 3-1

수능? 대학? 우린 모르는 이야기!
우리가 되고 싶은 것은 오직 정상에서 빛나는 스타.
그 꿈을 위해 오늘도 불태운다!
연기나 노래, 댄스 등 온갖 분야에서 뛰어난 인재를 배출하기 위해 피나는 노력을 해야 하는
예술고등학교에서의 냉정한 경쟁의 세계.
하지만 그 안에서도 비밀스럽게 피어나는 우정과 사랑의 이야기.
오로지 자신의 재능 하나만을 믿고 세상의 단 한 명, 모두가 원하는 스타가
되기 위한 꿈을 불태우는 끼 많은 아이들이 모두 여기에 모였습니다!

요즘 AI 서비스는 한국어를 기본으로 지원하는 경우가 많지만, 일단 영어로 프롬프트를 작성해보자. 한글을 영어로 번역하기 위한 여러 방법이 있지만, 내 경우에는 여전히 구글 번역기를 (습관적으로) 쓰고 있다. 종종 챗GPT를 사용하기도 한다.

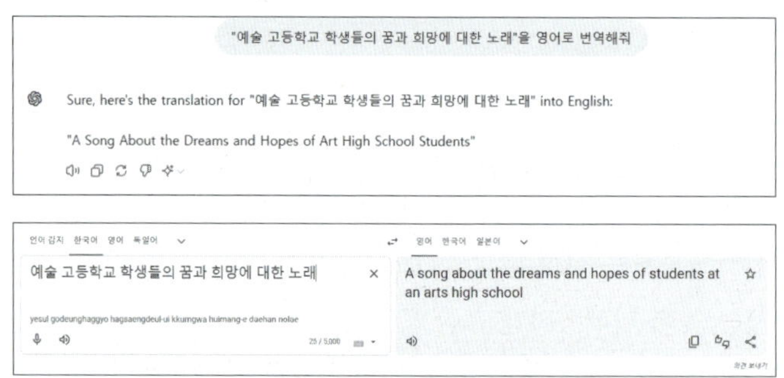

▲ **그림 3-5** 챗GPT(위)나 구글 번역기(아래)를 이용하여 생성한 영문 프롬프트

일단 "A song about the dreams and hopes of students at an arts high school"이라는 간단한 프롬프트를 사용해서 노래를 생성하겠다. 뒤에 k-pop과 game이라는 단어를 추가한 후 게임에서 사용되는 k-pop 스타일로 만들어 달라고 주문한다. '가사(Lyrics)' 항목에서 'Custom'을 선택한 다음, 앞서 이야기한 게임 설명을 가사로 넣어줬다.

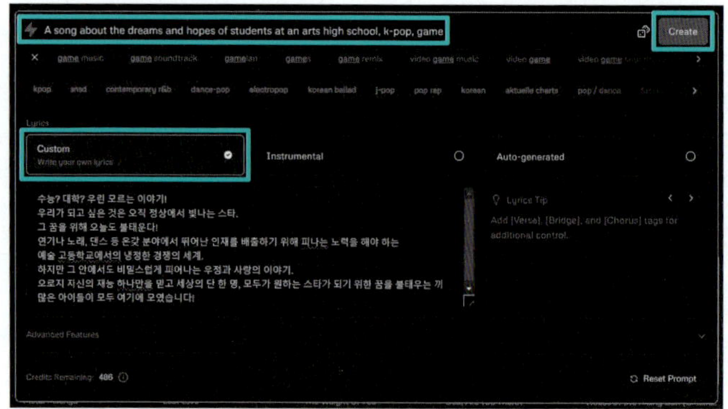

▲ **그림 3-6** 영문 프롬프트와 한글 가사를 입력한 프롬프트 박스 화면

이 정도만 지정한 다음 [Create] 버튼을 클릭하면, [그림 3-7]과 같이 2개의 30초 짜리 후보곡이 생성 중이라고 표시된다. 둘 다 k-pop, game이라는 키워드를 포함했지만, 뒤에 Dance-pop이 자동으로 붙은 것을 볼 수 있다. 그리고 후보곡에는 자동으로 영문 제목을 붙여주었다. 이 제목은 내가 입력한 프롬프트를 바탕으로 그럴듯하게 붙여준 것이다.

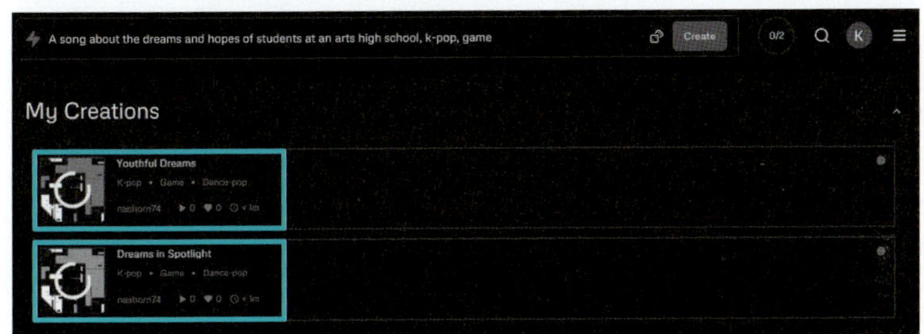

▲ 그림 3-7 2개의 트랙이 동시에 생성 중인 화면

Udio는 항상 2개의 후보를 생성해서 사용자가 마음에 드는 것을 선택하도록 해준다. 때로는 둘 다 마음에 들지 않는 경우가 있는데, 이럴 때는 새로 2개의 후보곡을 더 생성하면 된다. 앞으로 반복적으로 강조하겠지만, 생성형 AI를 사용한다는 것은 한 번에 완벽한 결과를 만드는 것이 아니라 수많은 후보를 대량으로 생성해서 그중에서 가장 마음에 드는 결과를 선택하는 것이다.

겨우 한 줄의 프롬프트를 가지고 [그림 3-8]과 같은 결과를 만들어냈다. 내가 입력한 가사를 여성 래퍼가 랩하는 결과물이 불과 몇십 초만에 생성되었고, 생각보다 들을 만한 품질에 놀랍기만 하다. 다음 URL로 접속하면 이렇게 생성된 음악을 들어볼 수 있다. 참고로 가사는 30초에 350자까지 넣을 수 있다.

- https://www.udio.com/songs/9BcrXG7B3Fr9Dt8a9GPj9p

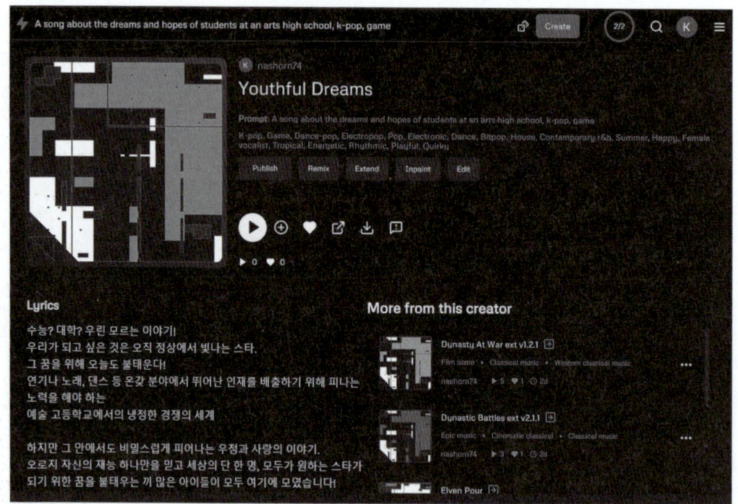

▲ 그림 3-8 생성된 트랙의 상세 화면

이번에는 k-pop, game이라는 단어 대신, 동일한 프롬프트에 j-pop, anime라고
바꿔서 생성해보자. j-pop이라고 변경한 탓인지 이번에 생성된 2개의 후보곡에서는
한글 가사를 제대로 발음하지 못하고 국적불명의 언어로 웅얼거리는 결과물이 나왔
다. 그래서 'korean language'라는 내용을 프롬프트에 추가하고 다시 생성을 해봤
다. 그랬더니 결과는 좀더 낫게 나왔지만, 제목에 깨진 글자가 표시되는 것을 확인할
수 있다. 한글 가사는 괜찮은데 한글 제목은 깨지는 문제가 있는 것으로 보인다(참고
로 이 기능은 아직 베타 서비스다).

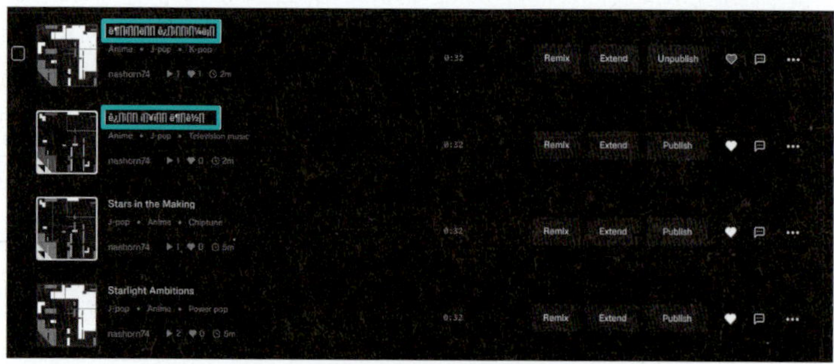

▲ 그림 3-9 한글 제목이 깨진 트랙의 목록

비록 제목은 깨져서 표시되지만, 앞서 만들었던 후보곡과는 같은 가사의 곡으로 다른 스타일의 결과물이 생성되었다. 어느 쪽이 더 나은지는 직접 들어보고 판단하길 바란다.

- https://www.udio.com/songs/tA7Nt6Ts1PRDqyuWaFM1MA

다음은 각각 첫 번째 곡과 두 번째 곡에 자동으로 생성된 키워드다.

- **첫 번째 곡 키워드:** K-pop, Game, Dance-pop, Electropop, Pop, Electronic, Dance, Bitpop, House, Contemporary r&b, Summer, Happy, Female vocalist, Tropical, Energetic, Rhythmic, Playful, Quirky
- **두 번째 곡 키워드:** Anime, J-pop, K-pop, Dance-pop, Electropop, Pop, Electronic, Dance, Bitpop, House, Contemporary r&b

우리가 구체적으로 스타일을 지정하지 않아도 적절한 음악 스타일로 생성해주기 때문에, 만들어진 결과물을 들어보고 나중에 선택해도 문제되지 않는다.

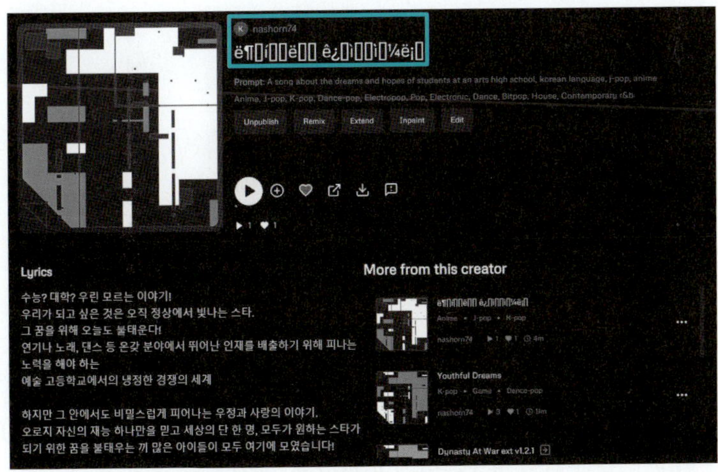

▲ 그림 3-10 한글 제목이 깨진 트랙의 상세 화면

이번에는 챗GPT로 가사를 생성해달라고 해서, 그것으로 곡을 생성해보자. "예술 고등학교 학생들의 꿈과 희망에 대한 노래" 가사를 만들어 달라고 하면, 알아서 verse, chorus, bridge, outro까지 구분해서 가사를 생성해준다.

"예술 고등학교 학생들의 꿈과 희망에 대한 노래" 가사를 만들어줘.

Sure, here's an English translation for a song about the dreams and hopes of students in an art high school:

Verse 1:

In the hallways filled with colors,
Where dreams are painted bright,
We chase the dawn with our brushes,
Creating stars in the night.

Chorus:

Dreams take flight in every stroke,
Hopes arise with every note,
In this place where passions soar,
Artful hearts dream even more.

Verse 2:

Dancing through the echoes,
Of melodies we compose,
Each step, a future unfolding,
In a canvas no one knows.

Chorus:

30초짜리 곡에는 350자만 들어가기 때문에, 생성된 영문 가사를 350자 이내로 줄여달라고 해서 custom lyrics로 생성해보자. 이번 프롬프트에는 k-pop, j-pop 같은 단어를 빼고 다음과 같이 요구사항에 대해서만 적었다.

"A Song About the Dreams and Hopes of Art High School Student"

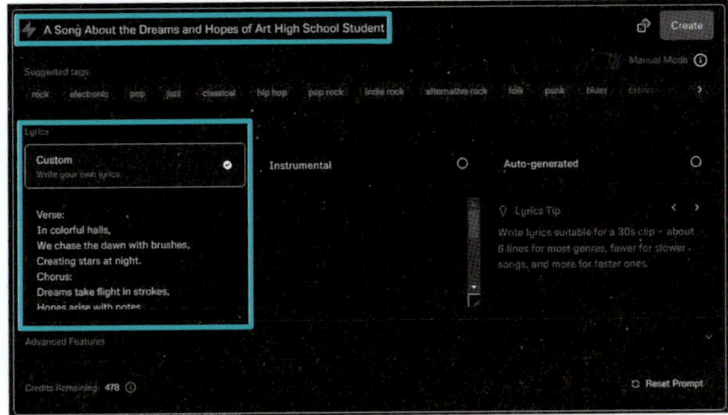

▲ 그림 3-12 영문 프롬프트와 영문 가사를 입력한 프롬프트 박스 화면

어떤 스타일의 음악인지를 명시하지 않았더니, 가사 내용을 참고해서 다음과 같은 키워드를 선택해서 곡을 생성해줬다.

- **생성 키워드:** Indie rock, Alternative rock, Rock, Post-punk revival, Dance-punk, Optimistic, Male vocalist, Uplifting, Rhythmic, Melodic, Playful

- https://www.udio.com/songs/mfjwKUHE4rjndGYNovM8a5

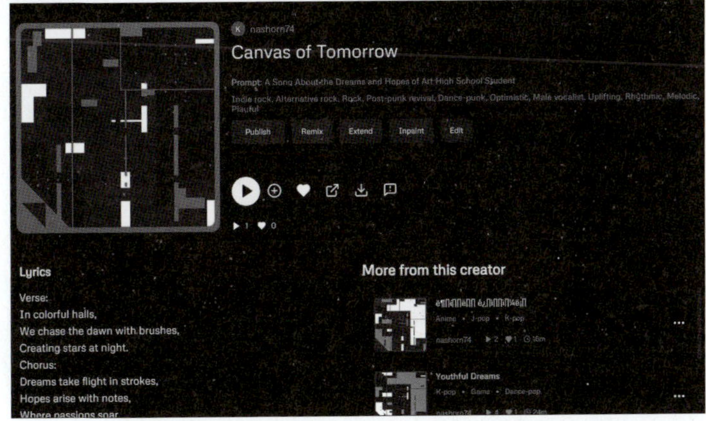

▲ 그림 3-13 음악 스타일을 일부러 지정하지 않고 생성한 트랙

나름 흥겹기는 한데 내가 원하는 스타일은 아니다보니 개인적으로 좋아하는 영화 〈페임〉의 주제가와 같은 스타일로 만들어라는 조건을 제시해서 다시 요청했다.

"A Song About the Dreams and Hopes of Art High School Student. In a style similar to the theme song from the movie Fame."

그랬더니 마음에 쏙 드는 건 아니지만 훨씬 더 괜찮은 결과가 나왔다(생성형 AI가 〈페임〉이라는 영화를 알고 있는 것인지 약간 의심이 들기는 하지만 말이다).

* https://www.udio.com/songs/5tJNZGAGX9R9igYouUNiQD

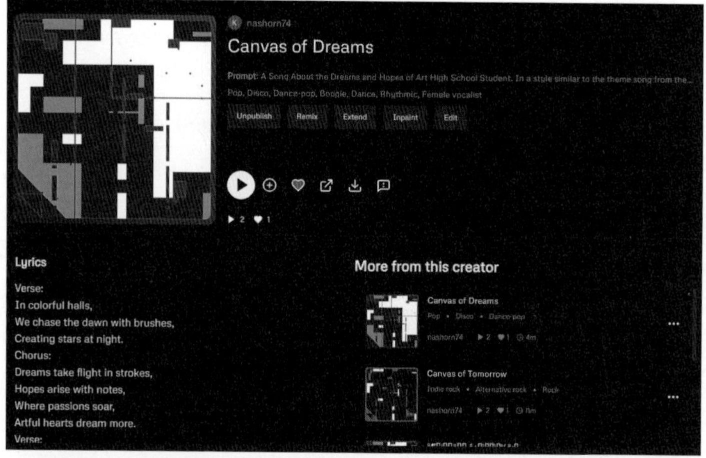

▲ 그림 3-14 영화 주제가와 동일하게 해달라고 프롬프트에 추가해서 생성한 트랙 화면

동일한 프롬프트를 사용하되, 가사까지 생성형 AI가 만들도록 해봤다. 지금까지는 '가사(Lyrics)' 항목에서 'Custom'을 선택하고 한글/영문 가사를 직접 넣었지만, 오른쪽 끝에 있는 자동 '생성(Auto-generated)'를 선택하고 가사를 그냥 생성해봤다.

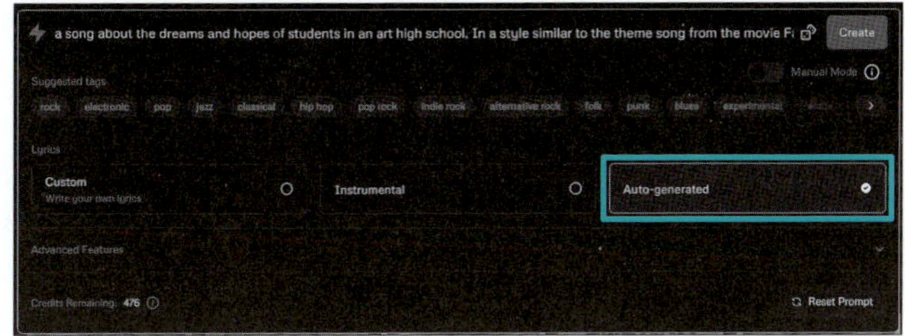

▲ 그림 3-15 가사 자동 생성을 선택한 프롬프트 박스 화면

챗GPT가 생성한 가사나 Udio가 생성한 가사 중 어떤 것이 더 마음에 드는지는 개인의 취향에 따라 다르므로, 여러 테스트를 직접해보면서 가장 마음에 드는 것을 선택하면 될 것이다. 지금까지 본 것처럼 원하는 스타일의 30초짜리 샘플을 만드는 데 우리가 들인 노력은 별로 없다는 것이 꽤나 놀랍다.

- https://www.udio.com/songs/cR3Cj5ExSDCCRL9agET5ws

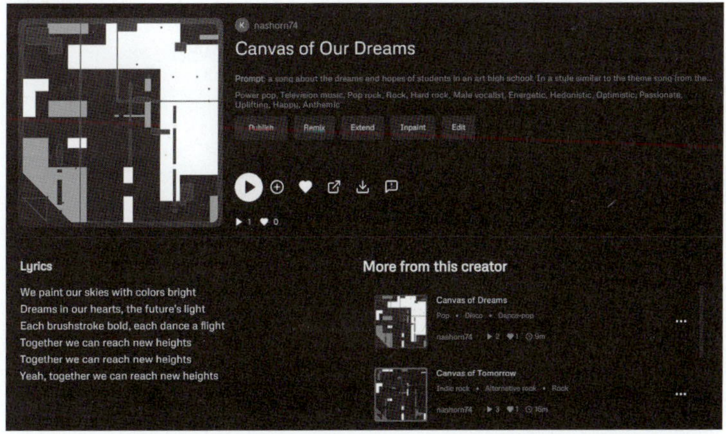

▲ 그림 3-16 프롬프트 내용에 맞게 자동 생성된 가사를 가진 트랙

그럼 이제 Udio에서 한글 프롬프트를 사용할 수 있는지 알아보자. 솔직히 틀린 영어 문법으로 영어 문장을 작성해도 잘 알아듣기는 하지만, 아무래도 한글로 입력할 수 있다면 확실히 편한 것이 사실이기 때문이다. "예술 고등학교 학생들의 꿈과 희망을 담은 노래입니다. 영화 Fame의 주제가와 비슷한 스타일입니다"라는 역시 간결한 프롬프트를 작성하고, 가사를 자동 생성하도록 선택해서 만들어봤다.

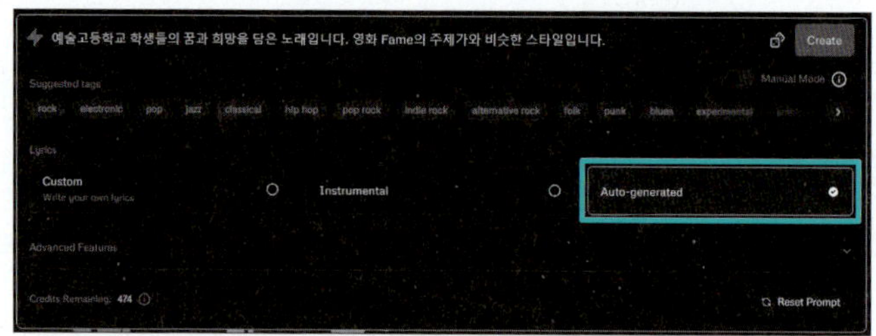

▲ **그림 3-17** 한글 프롬프트를 입력한 프롬프트 박스 화면

내가 원한 스타일은 아니지만, 마치 한국 뮤지컬에 나오는 노래처럼 그럴 듯한 곡이 만들어졌다. 가사 또한 적절한 내용으로 생성되었는데, 역시나 제목은 알 수 없는 글자로 표기된다. 또한 Udio의 생성형 AI가 영화 〈페임〉을 모르는 것도 확실하다.

- https://www.udio.com/songs/rnQH4yedRPAKBSfMQxTWhD

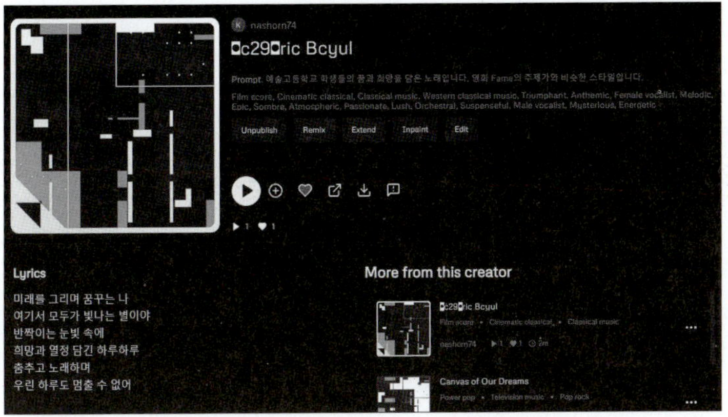

▲ 그림 3-18 한글 프롬프트로 생성된 트랙 화면

지금까지는 30초짜리 샘플곡만 만들었는데, 만일 생성된 곡이 마음에 들면 앞 뒤에 30초씩 더 붙여서 도입부, 중간부, 후반부 등을 확장할 수 있다. 3분짜리 한곡을 만들려면 여섯 번을 생성하고 확장해주면 된다는 뜻이다. 생성된 곡 중 마음에 드는 곡의 [Extend] 버튼을 눌러보자.

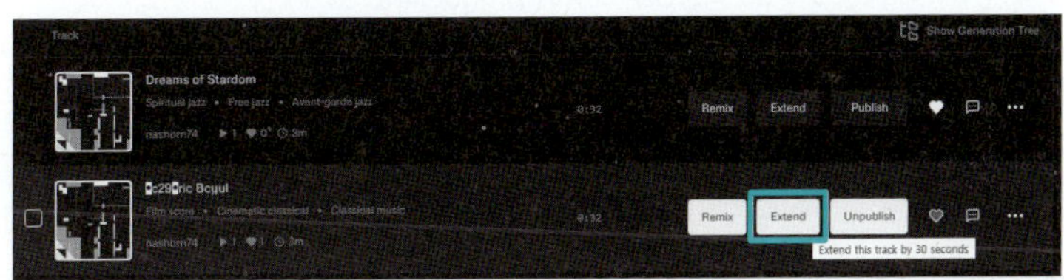

▲ 그림 3-19 특정 트랙의 [Extend] 버튼에 마우스를 가져다 댄 화면

그럼 최초에 음악을 생성할 때 사용했던 프롬프트와 가사 옵션이 동일하게 선택되어 있지만 'Extension Placement'라는 항목이 추가된 것을 볼 수 있다. Intro(도입부), Outro(후반부)는 해당 곡의 맨 앞과 맨 끝을 만들어 주는 것이고, Add Section(섹션 추가)은 처음 생성된 것과 같은 30초짜리 섹션을 앞이나 뒤에 추가할 수 있다. 여기서는 뒤에 섹션을 추가하는 것을 선택하고, [확장(Extend)] 버튼을 누른다.

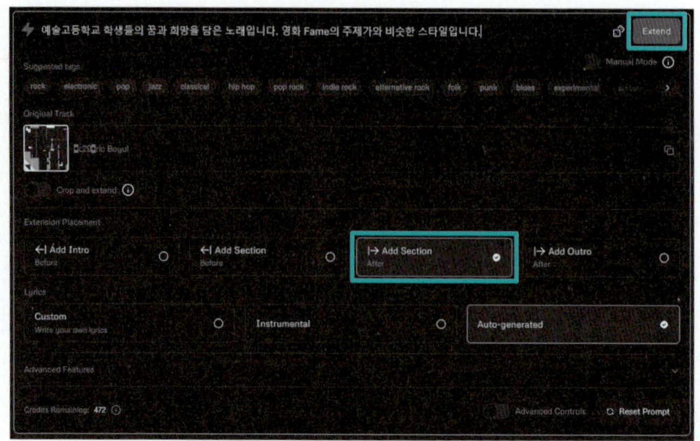

▲ 그림 3-20 특정 트랙에 대한 확장을 위한 프롬프트 박스 화면

이번에도 2개의 후보곡이 생성되어 각자 다른 가사와 음악으로 만들어지게 된다. 도입부나 후반부는 후보곡 사이의 차이를 나름 쉽게 느낄 수 있어서 선택이 어렵지 않은데, 섹션 추가의 경우에는 그 차이가 미묘한 경우가 있어서 몇 번씩 들어봐야 할 때도 있다.

- https://www.udio.com/songs/8JAS3kVPpmg5G4t1t75V33

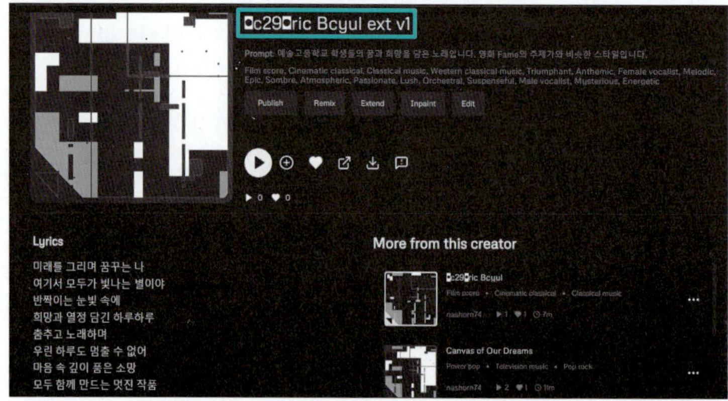

▲ 그림 3-21 30초 트랙이 추가된 확장 트랙의 화면(첫 번째 안)

첫 샘플곡에서 확장한 곡의 경우에는 제목에 ext vX.X.X와 같은 형식으로 확장된 곡임을 알수 있게 표기해준다. 한 번 확장을 하게 되면 '제목 ext v1'과 '제목 ext v2'가 만들어지고, 만일 두 번째 버전이 마음에 들어서 한 번 더 확장을 하게 되면 '제목 ext v2.1'과 '제목 ext v2.2'와 같이 어떻게 확장되어 왔는지까지 알 수 있게 이름을 짓는다.

- https://www.udio.com/songs/9PzRcKWsVfE1JH2oT5LZrN

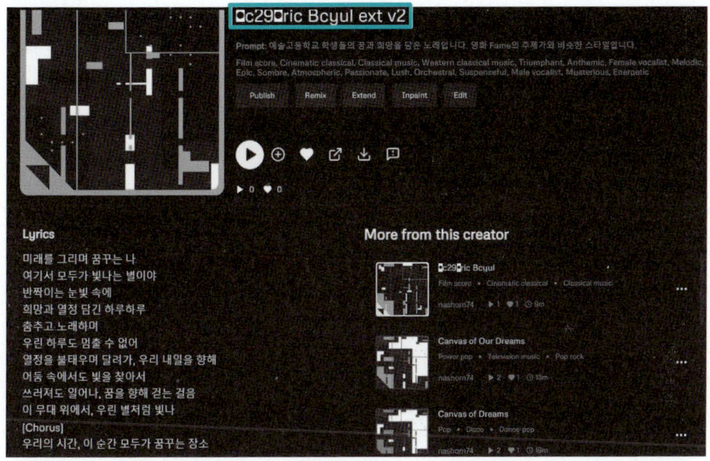

▲ **그림 3-22** 30초 트랙이 추가된 확장 트랙의 화면(두 번째 안)

뒤에서 다룰 가사 없는 BGM과 달리, 가사가 있는 경우에 유의해야 할 점은 30초 단위로 확장할 때 음악이 이어지는 부분의 가사가 뭉개지거나 겹쳐지는 경우가 발생할 수 있다는 것이다. 그래서 충분히 들어보고 자연스러운 결과물이 나올 때까지 반복해서 생성을 해봐야 한다. 이미지 생성형 AI도 그렇지만, 음악 생성형 AI 역시 일관성을 유지하면서 완벽한 결과물을 만드는 것이 쉽지 않은 편이다. 장점이 많은 생성형 AI지만, 당연히 이러한 단점이 있을 수밖에 없으니 감안해서 잘 활용하는 것이 바람직하다.

예전에 내가 만드는 게임의 주제가를 전문 음악 스튜디오에 맡긴 적이 있다. 3분 분량 주제가의 작사, 작곡 및 녹음까지 맡겨서 만들었던 경험인데, 주제가가 만들어지는 과정도 놀라웠고, 만들어진 결과물도 아주 마음에 들었다. 하지만 그만큼 여러 사람의 많은 노력이 투자되어야 하는 일이라 그에 맞게 시간과 비용을 들여야 했다.

지금 사용하는 Udio를 이용하면 3분 분량의 주제가를 불과 몇십 분만에 금방 만들 수 있지만 그때 만들었던 주제가 수준의 품질은 애초에 기대하기 힘들다. 그래도 노련한 전문가가 만드는 것의 50~60%의 수준은 되므로 일반 게임에 사용하기에는 충분하다. 따라서 Udio를 활용하여 게임용 음악을 만드는 것은 충분히 가치가 있는 일이다.

가사가 없는 BGM 만들기

게임을 플레이할 때, 특정 캐릭터와 이벤트가 발생하면 해당 캐릭터의 BGMBack Grond Music이 플레이되면서 스크립트가 실행되어야 한다. 이러한 BGM은 게임 플레이 중에 계속 흘러나와야 하기 때문에 당연히 가사가 없어야 하며, BGM이 없으면 허전하지만 그렇다고 해서 지나치게 튀어서도 안 된다는 조건이 있다.

등장하는 캐릭터의 메인 테마 BGM뿐만 아니라 특정 장소에서 나오는 BGM도 필요한 경우가 있다. 예를 들어, 주인공 방과 같이 수시로 등장하며, 현재 게임 정보를 조회하고 게임을 저장하는 기능이 있는 화면에서는 주인공 방에서만 플레이되는 BGM이 따로 있는 것이 좋다. 마을 안에서 이동할 때나 시내를 이동할 때도 서로 다른 BGM이 나오면 좋다.

나는 Udio를 이용하여 BGM을 만들때 주로 1분 30초(3개 트랙, 3.75MB)나 2분(4개 트랙, 5MB)짜리를 선호한다. 주제가나 엔딩곡과 달리 반복적으로 플레이되는, 말 그대로 배경음악이기 때문에 길이가 길 필요가 없고, 등장 캐릭터가 10명만 되어도 2분짜리 캐릭터별 BGM를 수록하면 용량이 50MB나 되기 때문이다. 모바일 게임의 경우, 전체 게임 앱의 용량을 고려해서 개발할 필요가 있는데, 적절한 크기는 200MB 이내다(구글 플레이스토어 기준).

이 절에서는 특정 캐릭터의 이벤트 발생 시 플레이되는 2분짜리 BGM을 만들어본다. 예전에 만든 게임에 '정하림'이라는 주인공이 나온다. 이 주인공의 설정을 이용하겠다.

평범하고 소심하지만 연기에 대한 뜨거운 열정을 가슴속에 감춘 조용한 소년. 종종 멍하니 생각에 빠지거나 희곡을 읽는 것을 좋아해 괴상한 아이 취급을 받지만, 특유의 낙천성으로 이겨내는 전형적인 외유내강 스타일. 워낙 눈에 띄지 않아 연극부 공연에서는 '시체 3' 이상으로 대사가 많은 역할을 맡아 본 적이 없지만, 남은 고교 1년 동안 자신의 숨은 재능을 남김없이 펼쳐 보이고 싶어 한다.

챗GPT 4o를 이용해서 영어로 번역하면 다음과 같다.

A quiet boy who is ordinary and shy but harbors a burning passion for acting deep within his heart. Often considered a strange child for his tendency to daydream or read plays, he overcomes this with his characteristic optimism, embodying the typical gentle-on-the-outside, strong-on-the-inside personality. He has never played a role with more lines than "Corpse 3" in the drama club performances, as he is usually unnoticed. However, during his remaining year in high school, he wishes to fully showcase his hidden talents.

참고로 클로드 3 소네트를 이용해서 영어로 번역하면 다음과 같다.

An ordinary and shy boy who keeps a burning passion for acting hidden inside his heart. He is often lost in thought or enjoys reading plays, earning him the reputation of being a strange kid. However, he overcomes this with his characteristic optimism and resilience - a classic example of being unassuming on the outside but strong within. So unnoticeable that in theater club performances, he has never been given a role with more than a few lines as 'Body #3'. But for his remaining year of high school, he yearns to fully unleash his hidden talents on stage and show everyone what he's capable of.

어떤 AI의 번역이 더 나은지에 대한 판단은 각자 다르겠지만, 어차피 우리는 이것을 프롬프트로 사용해서 음악을 생성하려고 하는 것이기 때문에 원하는 결과만 잘 나오면 충분하다. 경험상, Udio의 프롬프트에 길게 설명하지 않아도 원하는 분위기의 음악을 만들 수 있으므로 맨 첫줄만 사용할 것이고 차분한 성격의 캐릭터이기 때문에 클래식 음악으로 생성해보겠다.

다음과 같이 간결하게 프롬프트를 작성해서 입력하고, '가사(Lyrics)' 항목에서 'Instrumental'을 선택해서 악기로만 연주되는 음악 생성을 지정한다.

A quiet boy who is ordinary and shy but harbors a burning passion for acting deep within his heart, classical, piano

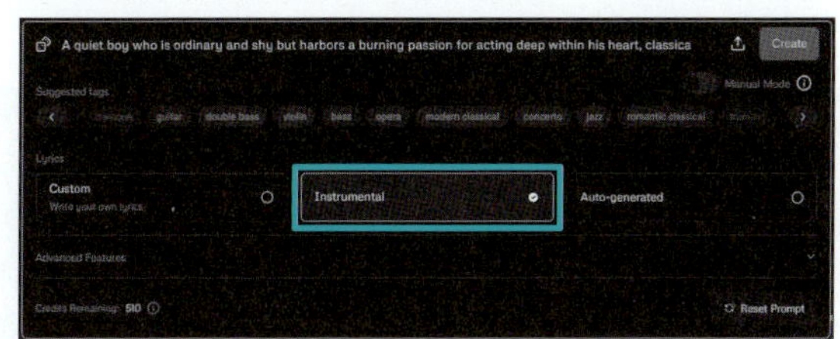

▲ **그림 3-23** BGM 생성을 위한 프롬프트 상자 화면

프롬프트 내용을 바탕으로 Hidden Flames, Silent Dreams라는 제목을 가진 두 종류의 트랙이 생성되었다. 생성된 트랙을 몇 번 들어봤는데, 기대보다 경쾌한 느낌의 피아노 연주곡이라 캐릭터의 BGM으로 사용하기에는 적절하지 않다고 판단했다.

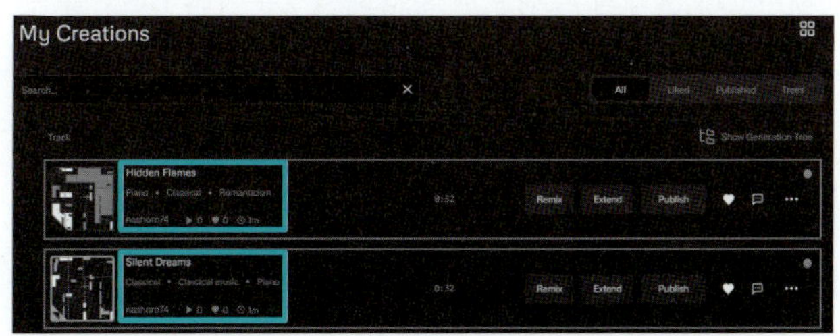

▲ **그림 3-24** 피아노로만 연주된 클래식 BGM 목록

그래서 이번에는 피아노 대신 첼로를 사용하도록 프롬프트를 변경했다.

A quiet boy who is ordinary and shy but harbors a burning passion for acting deep within his heart, classical, cello

이번에 생성된 2개의 트랙 제목도 'Hidden Flames'으로 똑같다. Udio가 제목을 만드는 데 있어서 창의성은 부족한 듯하다.

첫 번째 트랙은 피아노와 바이올린으로, 두 번째 트랙은 첼로와 바이올린으로 연주한 곡을 생성했다. 매번 이렇게 2개씩 트랙을 생성해주는 탓에 마음에 드는 트랙을 선택하기 위해 몇 번이고 들어봐야 한다. 이번에도 둘 다 마음에 안 들면 또 다시 생성하면 되지만, 둘 다 비슷하게 괜찮으면 선택이 꽤나 어렵다.

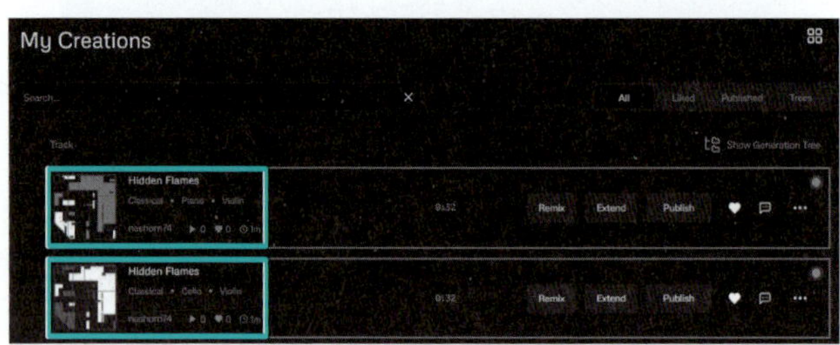

▲ 그림 3-25 피아노, 바이올린, 첼로로 합주한 클래식 BGM 목록

신중하게 2개의 트랙을 몇 차례 들어본 결과, 피아노와 바이올린으로 연주한 트랙이 적합하다고 판단했다. 프롬프트에 첼로를 넣었는데 결국 선택하는 것은 피아노와 바이올린이라니 재미있다. 4개의 트랙으로 확장해서 2분짜리 BGM을 만들 것이기 때문에, 앞에서 했던 것처럼 마음에 드는 트랙의 [Extend] 버튼을 눌러준다.

▲ 그림 3-26 [Extend] 버튼 누르기

생성했던 트랙의 뒤쪽으로 30초를 늘려서 1분짜리로 만들기 위해 'Add Section'을 선택하고, 역시 'Instrumental'을 선택해서 가사가 추가되지 않도록 주의한다. 가끔 'Instrumental'을 선택했는데도 가사가 들어가는 경우도 있다.

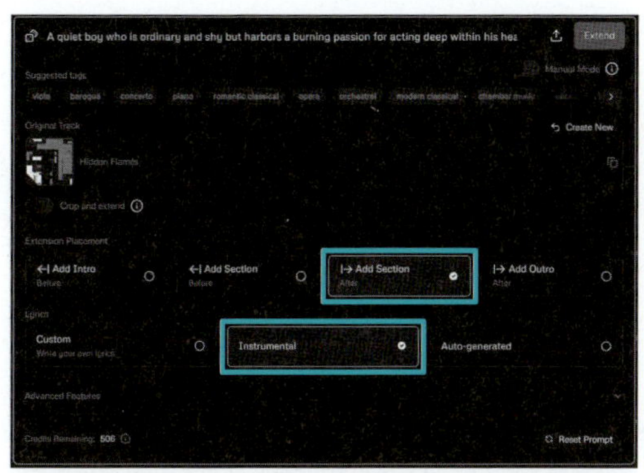

▲ 그림 3-27 트랙 확장을 위한 프롬프트 상자 화면

이렇게 확장해서 새로 생성된 1분짜리 트랙들은 원래 제목 뒤에 ext v1, ext v2이 붙어서 확장되었음을 표시해준다. 이미지 생성형 AI의 경우에는 수십 장을 생성했는데도 마음에 쏙 드는 이미지가 없거나, 마음에 드는 이미지가 있어도 손가락이 잘못되었거나 팔다리가 하나씩 더 있는 이유 등으로 곤란하게 만드는데, 역설적으로 음악 생성형 AI의 경우에는 만들어준 2개의 트랙 중에 어떤 것이 더 나은지 판단하기 어려워서 곤란하게 만든다.

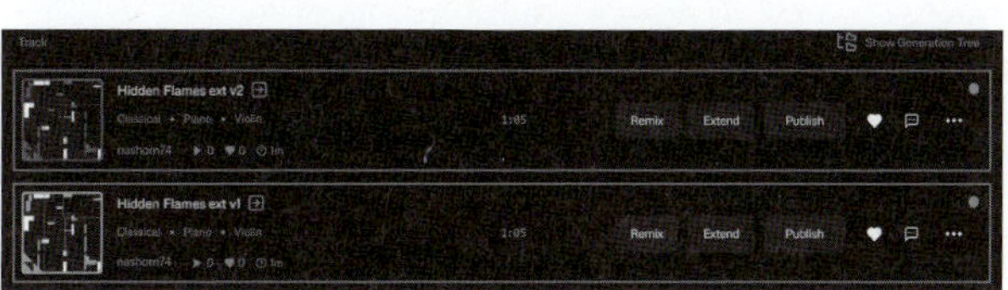

▲ 그림 3-28 생성된 확장 트랙 목록

몇 번이고 다시 들으며 비교해보니 'Hidden Flames ext v1'이 좀더 마음에 들어서, 이제는 초반부를 추가해보기로 하겠다. 이번에는 확장할 곳으로 'Add Intro'를 선택한 다음 역시 'Instrumental'을 선택한 다음 [Extend] 버튼을 누른다. Lyrics는 항상 'Auto-generated'가 기본으로 선택되어 있으니, 반드시 'Instrumental'로 지정해줘야 한다.

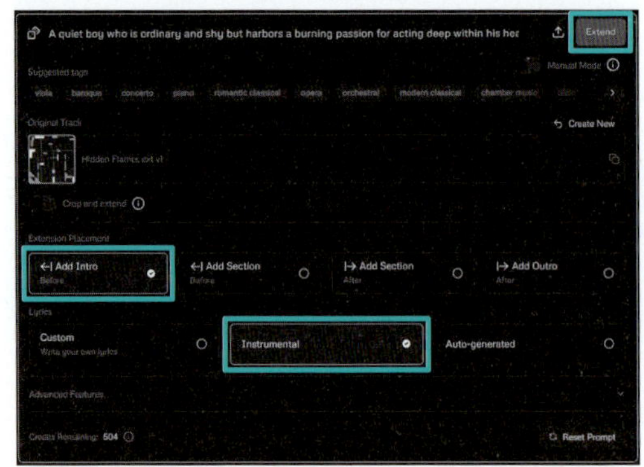

▲ 그림 3-29 초반부를 확장하기 위한 프롬프트 상자 화면

'Hidden Flames ext v1'을 베이스로, 두 번째로 확장했기 때문에 제목 뒤에 v1.1과 v1.2가 붙었다. 간혹 둘 다 마음에 들지 않아 다시 생성하는 경우는 있어도, 초반부와 후반부의 경우에는 그 차이가 쉽게 비교되기 때문에 생성된 트랙 중 마음에 드는 트랙을 찾는 것이 상대적으로 수월하다. 이번에는 운이 좋게 한 번만 듣고도 v1.1을 선택할 수 있었다.

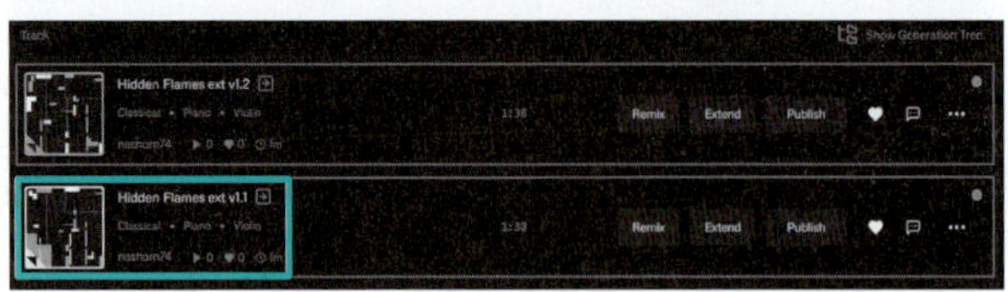

▲ 그림 3-30 생성된 초반부 확장 트랙 목록

가사가 있는 음악을 생성할 때는 확장되는 부분이 자연스럽게 연결되는지가 중요한데, 가사가 없는 경우에는 확장 부분의 연결은 크게 문제되지 않는다. 게임용 BGM은 게임 플레이 도중에 반복적으로 계속 연주되는 배경음악이기 때문에, 오히려 이전 후반부와 다음 초반부의 연결이 더 중요하다. 완벽하게 연결되기는 힘들어도 가급적 자연스럽게 연결될 수 있도록 후반부를 잘 선택하는 것이 중요하다. v1.1 트랙의 [Extend] 버튼을 누른 다음, 'Add Outro'와 'Instrumental'을 선택해주고 후반부를 생성해보자.

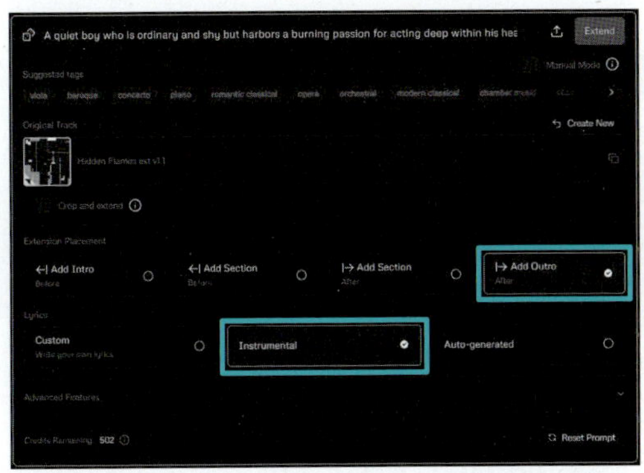

▲ **그림 3-31** 후반부를 확장하기 위한 프롬프트 상자 화면

세 번째 확장이기 때문에 제목에 각각 v1.1.1과 v1.1.2라고 표시가 되어 세 번째로 확장된 첫 번째 트랙과 두 번째 트랙이라는 것을 쉽게 알 수 있다. v1.1.2의 후반부는 금방 알아챌 정도로 대충 마무리되는 느낌이라, 의도치 않았지만 v1.1.1의 제목을 가진 트랙을 최종 BGM으로 선택할 수 있었다.

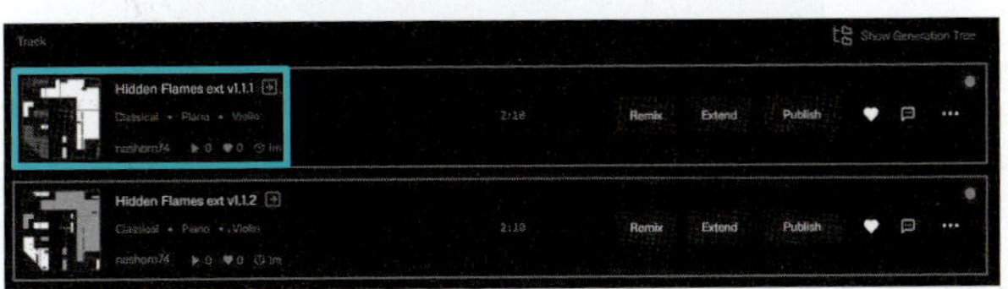

▲ **그림 3-32** 생성된 후반부 확장 트랙 목록

이로써 한 명의 캐릭터에 대한 BGM 음악을 완성했고, 상세 페이지에 들어가면 어떤 프롬프트를 사용했는지와 음악 스타일에 대한 키워드를 볼 수 있다. 지금 생성한 BGM의 URL을 첨부했으니 직접 접속해서 들어봐도 좋다.

- https://www.udio.com/songs/6FartPeyKSc9Xzx7LQrJpm

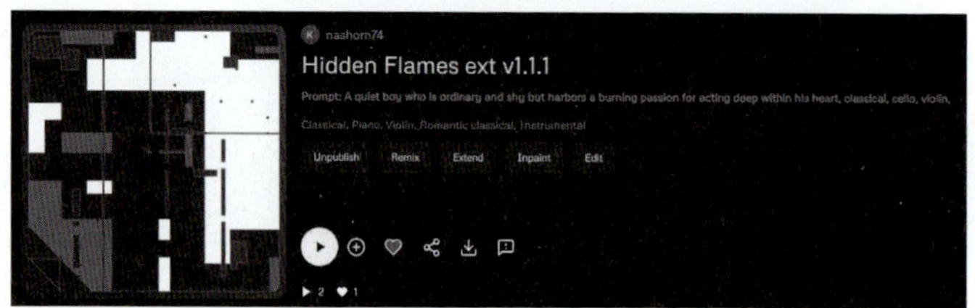

▲ 그림 3-33 완성된 BGM의 상세 화면

다운로드 아이콘을 클릭하면 MP3, WAV 파일은 물론 비디오 파일로도 다운로드할 수 있다. 우리가 만드는 모바일 게임에서는 MP3 파일을 사용할 수 있기 때문에 MP3 파일을 다운로드하는 것만으로 충분하지만, 원한다면 WAV 파일을 다운로드한 다음 OGG와 같이 원하는 포맷으로 인코딩해서 사용해도 된다.

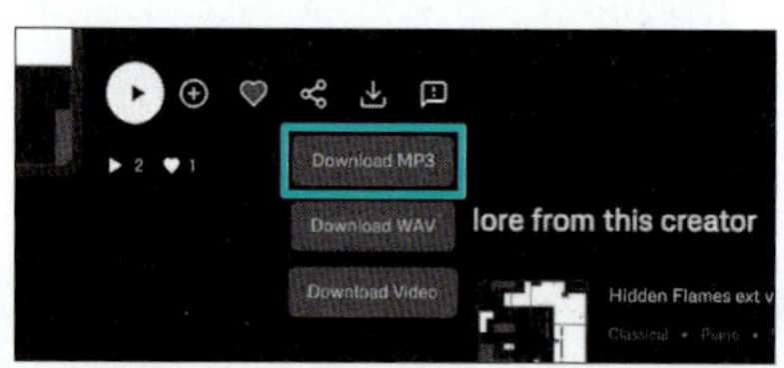

▲ 그림 3-34 완성된 BGM 파일 다운로드 화면

이렇게 다운로드한 MP3 파일은 게임 프로젝트의 리소스 파일로 등록해서, 게임 앱에서 플레이할 수 있다.

▲ **그림 3-35** 노트북에 다운로드한 MP3 파일

Udio에서는 'Show generation tree' 기능을 제공하는데, 지금까지 하나의 BGM을 만들기 위해 생성한 트랙을 트리 형태로 조회할 수 있다.

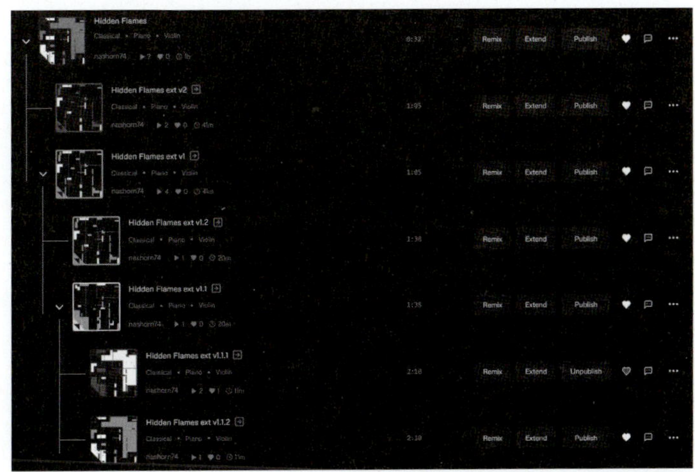

▲ **그림 3-36** 완성된 BGM의 생성 트리 화면

지금까지 살펴본 것처럼, Udio를 이용하면 가사가 있는, 주제가든, 가사가 없는 캐릭터 테마 BGM이든 어렵지 않게 생성할 수 있다는 것을 살펴봤다. 게다가 게임 음악은 하나의 게임에 10~20개 정도만 들어가면 되기 때문에, 수백 장에서 수천 장을 생성해야 하는 이미지와 달리 Udio의 무료 기능만으로도 충분히 처리할 수 있다.

이전에는 그림을 잘 그리지 못하거나 음악을 모르면 시도조차 해볼 수 없는 일이었는데, 이미지 생성형 AI와 음악 생성형 AI를 활용하면 쉽게 그림을 그리고 곡을 만들 수 있다는 현실이 이제 실감날 것이다.

챗GPT를 이용해서 게임 시나리오 생성하기

이미지 생성형 AI와 음악 생성형 AI를 이용하여 이미지와 음악을 직접 만들어 보면서, 생성형 AI를 사용한다는 것이 어떤 것인지 직접 경험해봤다. 게임용 시나리오를 생성하는 것은 개별 이미지나 음악을 생성하는 것에 비해 난이도가 높기 때문에, LLM과 같은 고성능 AI가 필요하다. 4장에서는 대표적 LLM인 챗GPT의 사용 방법을 알아보고, 내가 원하는 게임 시나리오를 어떻게 생성할 수 있는지 다룬다.

챗GPT로
콘텐츠 만들기

오픈AI에서 챗GPT 서비스를 처음 오픈했을 때, 나는 호기심에 챗GPT를 실행했다가 느린 반응성과 몇 가지 질문에 별 의미 없는 답변을 보고 한동안 신경을 끄고 살았다. 그러다 어느 날, 독일 회사의 개발팀 동료들이 이미 구독까지 하면서 챗GPT를 업무에 적극적으로 활용하고 있다는 것을 알게 되었다.

마침 새로 시작된 프로젝트에 참여하게 되고, 이전과는 다른 새로운 개발 환경을 구축해서 작업하기로 한 김에 나 역시 챗GPT를 업무에 활용하면서 챗GPT를 본격적으로 사용하는 계기가 되었다. 그리고 다시 챗GPT를 사용해보니 챗GPT를 통해 만든 코드가 제대로 동작되는지 따로 검증을 해야 하는 것은 어쩔 수 없다고 하더라도, 구글링으로 관련 내용을 찾는 것보다 더 빠르고 나은 결과가 나오는 것은 인정해야 했다. 사실, 구글링으로 관련 내용을 찾을 때도 해당 내용이 제대로 동작하는지 확인해야 하므로 그렇게까지 단점이라고 얘기하기도 애매하다.

챗GPT는 새로운 기능에 대한 코드 생성뿐만 아니라, 기존에 작성한 코드의 리팩터링retactoring이나 로직 개선 등에도 큰 도움이 되었다. 작성한 코드가 최신 파이썬Python 버전의 코딩 스타일에 맞는지, 타입스크립트Typescript 코드인지를 체크해주고 좀더 나은 방법으로 개선할 수 있는 코드를 제시해주는데, 새로운 버전이 계속 업데이트되는 프로그래밍 언어를 이용해서 더 나은 코드를 작성하는 데 있어서 큰 도움이 되었다. 그렇다고 해도 가끔은 믿을 수 없는 결과물을 계속 만들어내는 바람에 불필요하게 시간을 낭비하게 만드는 경우가 있어서, 챗GPT를 꽤나 적극적으로 활용하던 동료 한 명은 너무 화가 나서인지 구독을 취소하고 한동안 사용하지 않는 경우도 있었다.

물론, 코드를 직접 작성하는 것 외에도 큰 도움이 되는 부분이 있는데, 그것은 바로 어쩌다 한 번씩 하게 되는 개발 환경 구축이나 인프라 구성 등의 업무다. 예를 들어 깃랩GitLab CI/CD 파이프라인을 이용한 린팅linting, 자동화된 테스트, 빌드 및 배포 등을 수행하기 위한 스크립트 작성 등에 필요한 참고 자료는 생각보다 많지 않다. 대부분은 도움이 되는 자료를 직접 찾지 못하고, 탐정처럼 단편적으로 발견되는 단서만을 근거로 해결 방법을 직접 찾아야 하는 경우가 많다. 그런데 이런 부분에 있어서 챗GPT는 도움이 되는 방법을 신속하게 제시하곤 한다. 잘못된 설정 때문에 희귀한 문제를 만났을 때도 마찬가지다.

이렇게 개발 업무용으로만 사용하던 챗GPT를 게임 시나리오 생성을 위해 사용하는 것에 대해 고민을 시작한 것은, Tensor.Art를 이용해서 매일 수백 장씩 게임용 이미지를 생성하면서부터였다. 기존 시나리오를 이용해서 리메이크 게임을 만드는 경우에는 시나리오를 작업하는 데 큰 부담이 없지만, 신규로 개발하는 게임일 경우에는 시나리오 작가가 시나리오 작업을 하는 속도보다 훨씬 빠르게 대량의 게임용 이미지를 생성할 수 있으므로 오히려 시나리오 작업 때문에 병목이 일어나는 경우가 많다.

따라서 게임용 이미지나 음악의 생성 속도를 따라가기 위해서는 AI의 지원이 필요하게 되었고, 시중에 나와 있는 작문용 AI 서비스를 테스트해보기 시작했다. 이미지 생성형 AI나 음악 생성형 AI에 비해, 작문용 AI 서비스는 이미 다양한 용도로 많이 활용되고 있기 때문인지 무료 버전으로 충분히 테스트해 볼 수 있는 방법이 없었다. 그래서 이미 사용을 하고 있던 챗GPT를 시나리오 생성용으로 사용해보기 위해 이런저런 테스트를 해보았고 여러 포인트에서 충분한 가능성을 발견할 수 있었다.

무료로 사용할 수 있는 챗GPT 3.5는 일반적인 용도로 사용하는 데 지장이 없기 때문에, 본격적인 시나리오 작업 전에 이 버전으로 충분하게 테스트해 볼 것을 권장한다. 물론, 유료 버전에서 사용할 수 있는 챗GPT 4o와 눈에 띄게 성능 차이가 나고, 챗GPT 채팅 창에서 프롬프트로 달리를 이용한 이미지 생성도 유료 버전에서만 사용할 수 있다는 한계는 분명히 있다. 하지만 이런 부분을 감안하더라도, 매월 일정 비용을 지불하며 사용할만한 가치가 있는지를 판단하는 기준은 각자가 다를 것이다.

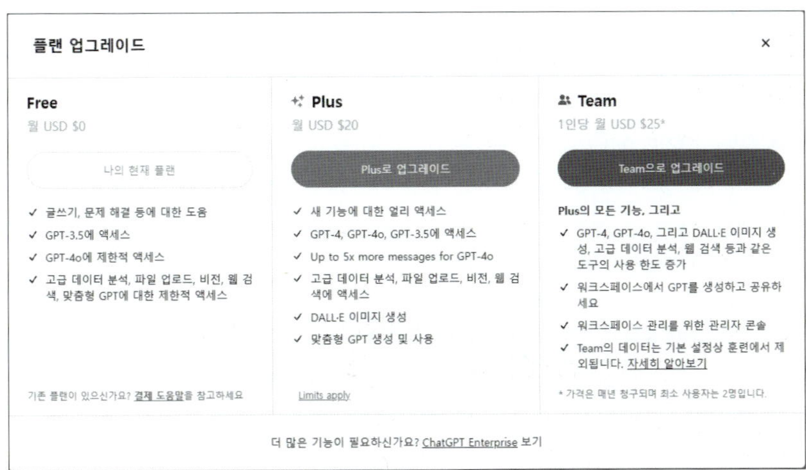

▲ **그림 4-1** 챗GPT의 무료, 유료 플랜 비교

또한 챗GPT 4o 이후에 발표된 클로드 3.5 소네트의 경우에는 무료 버전인데도 유료인 챗GPT 4o를 능가하는 성능을 내기 때문에 챗GPT 3.5를 대체할 수 있는 좋은 대안이 될 수 있다. 다만 클로드 3는 달리와 같은 이미지 생성형 AI를 내장하고 있지 않다는 점을 감안해야 한다. 앞으로 챗GPT에서 이미지를 생성하는 부분은 유료 버전인 챗GPT를 사용해서 만든 결과이며, 무료 버전인 챗GPT 3.5나 클로드 3.5 소네트에서는 이미지가 생성되지 않거나 이미지를 생성할 수 없다는 답변을 받게 될 것이다.

본격적인 시작에 앞서 인터넷에 공개되어 있는 '교육 만화책 만들기 프롬프트'[1]를 이용해서, 챗GPT로 어떻게 콘텐츠를 생성할 수 있는지 먼저 살펴보려고 한다. 다음 프롬프트는 이미지를 생성하기 위해 유료 버전에서만 제공되는 달리를 사용하기 때문에, 무료 버전 챗GPT를 사용하는 경우에는 텍스트만 생성될 것이라는 점을 다시 한 번 강조한다.

---

1 https://x.com/golbin/status/1802622093387001998

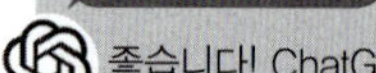

챗GPT에 대한 설명 만화를 만들어줘.

전체 개념을 10개의 이미지로 설명해야 해.
10개의 주제를 먼저 나열하고 멈춰야 해.

다음이라고 말하면 순서대로 각 주제에 대한 설명을 작성해줘.
설명이 끝나면 그 설명에 맞는 장면을 그려줘.
한 주제의 장면을 그리고 나면 멈춰.
그리고 이것을 10개의 주제를 다 그릴 때까지 계속해.

설명 만화에서 볼 수 있는 내레이션 상자를 각 이미지 하단에 텍스트로 넣어줘.
반드시 한글로 작성해줘.

프롬프트를 실행하면 다음처럼 챗GPT를 설명하는 만화에 대한 열 가지 주제 목록을 나열해서 보여준다. 우리가 직접 발표용 프레젠테이션을 만들 때처럼 정의, 역사와 배경, 활용 예시, 한계, 발전 방향, 사용 방법 등의 순서대로 주제를 잡아주는 것을 볼 수 있다. 이것은 챗GPT가 우리가 만들고자 하는 콘텐츠가 무엇인지를 이해했고, 그 것을 위해 무엇을 보여주어야 하는지를 알고 있다고 볼 수 있다.

좋습니다! ChatGPT에 대한 설명 만화를 10개의 이미지로 구성할 주제를 먼저 나열하겠습니다.

1. ChatGPT의 정의
2. ChatGPT의 역사와 배경
3. ChatGPT의 학습 과정
4. ChatGPT의 활용 예시 (일반 대화)
5. ChatGPT의 활용 예시 (업무 지원)
6. ChatGPT의 활용 예시 (창작 지원)
7. ChatGPT의 한계
8. ChatGPT의 윤리적 고려 사항
9. ChatGPT의 발전 방향
10. ChatGPT를 사용하는 방법

이제 다음이라고 말씀해주시면, 첫 번째 주제부터 설명을 작성하고 이미지 장면을 그리겠습니다.

이후에는 "다음"이라고 메시지를 입력할 때마다 각 주제에 대한 설명, 장면, 내레이션 상자와 설명에 맞는 이미지를 생성해주는 것을 확인할 수 있다. 챗GPT 유료 버전에서는 달리를 이용해서 이미지를 생성해준다. 10개의 주제에 대해 생성된 텍스트와 이미지를 살펴보면 텍스트의 경우에는 문제가 없지만 생성된 이미지의 경우에는 다음처럼 몇 가지 문제를 발견할 수 있다(챗GPT 무료 버전에서는 달리를 이용한 이미지를 생성할 수 없다).

- 10가지 주제를 위해 생성된 이미지의 그림 스타일에 일관성이 없다.
- 이미지에 한글이 있는 경우, 글자를 알아볼 수 없다.

1. ChatGPT의 정의

설명:

ChatGPT는 OpenAI에서 개발한 인공지능 언어 모델입니다. 이 모델은 사람과 비슷한 방식으로 텍스트를 이해하고 생성할 수 있습니다. 'GPT'는 'Generative Pre-trained Transformer'의 약자로, 사전에 훈련된 생성 모델을 의미합니다.

장면:

ChatGPT 로고와 함께 AI 로봇이 책을 읽고 있는 모습. 로봇의 말풍선에는 "안녕하세요! 저는 ChatGPT입니다."라고 적혀 있음.

내레이션 상자:

ChatGPT는 사람처럼 텍스트를 이해하고 생성할 수 있는 인공지능 언어 모델입니다.

이제 이 설명에 맞는 장면을 그리겠습니다.

내레이션 상자:

ChatGPT는 사람처럼 텍스트를 이해하고 생성할 수 있는 인공지능 언어 모델입니다.
다음 주제로 넘어가겠습니다. '다음'이라고 말씀해주세요.

이렇게 생성한 콘텐츠를 게임에서 사용하려면 그림 스타일의 일관성을 유지하는 것은 매우 중요하다. 단지 교육용으로만 활용하는 것이라면 그림 스타일이 다르더라도 크게 문제될 것이 없다. 텍스트 내용을 이미지로 표현해서 부가 설명을 해주는 용도만으로도 충분하기 때문이다. 그러나 이미지 내에 글자를 알아볼 수 없는 것은 치명적인 문제이므로, 프롬프트를 다음과 같이 수정해서 영어로 생성했다.

프롬프트 질문 4-2

챗GPT에 대한 설명 만화를 만들어줘.

전체 개념을 10개의 이미지로 설명해야 해.
10개의 주제를 먼저 나열하고 멈춰야 해.

다음이라고 말하면 순서대로 각 주제에 대한 설명을 작성해줘.
설명이 끝나면 그 설명에 맞는 장면을 그려줘.
한 주제의 장면을 그리고 나면 멈춰.
그리고 이것을 10개의 주제를 다 그릴 때까지 계속해.

설명 만화에서 볼 수 있는 내레이션 상자를 각 이미지 하단에 텍스트로 넣어줘.
내레이션 상자는 반드시 넣어주고 영어로 작성해 줘.

프롬프트 답변 4-2

1. What is ChatGPT?

설명:
ChatGPT is an AI language model developed by OpenAI. It can understand and generate human-like text based on the input it receives. 'GPT' stands for 'Generative Pre-trained Transformer', highlighting its ability to generate text after being pre-trained on diverse datasets.

장면:
An AI robot reading a book with the ChatGPT logo nearby. The robot's speech bubble says, "Hello! I am ChatGPT." The scene is bright and friendly, with the robot appearing intelligent and approachable. The setting includes bookshelves and a cozy environment to indicate learning and knowledge.

내레이션 상자:
ChatGPT is an AI language model developed by OpenAI, capable of understanding and generating human-like text.

이제 이 설명에 맞는 장면을 그리겠습니다.

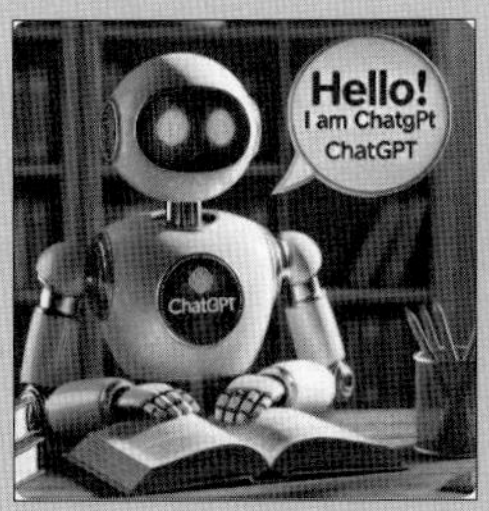

내레이션 상자:

ChatGPT is an AI language model developed by OpenAI, capable of understanding and generating human-like text.

새로 생성된 이미지 내의 영어 텍스트는 문제없이 표현되는 것을 확인할 수 있다. 이렇게 해서 챗GPT에 대한 교육용 콘텐츠를 손쉽게 생성했고, 이것으로 프레젠테이션 문서를 완성해서 발표 자료로 만들 수 있다. 예전 같으면 발표 자료 내용을 직접 작성해야 하는 것은 물론, 필요한 이미지를 찾아서 적절하게 넣어줘야 했는데, 지금은 챗GPT에서 프롬프트 하나만 입력하면 끝나버린 셈이다.

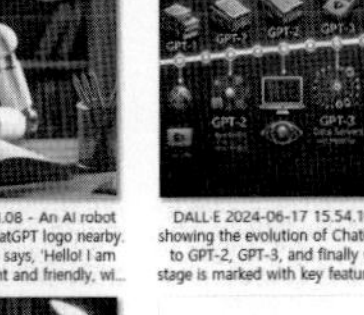

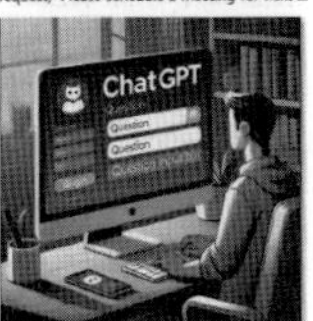

▲ **그림 4-2** 챗GPT로 생성된 교육 만화 콘텐츠용 이미지

클로드에서는 동일한 프롬프트를 실행하면, 챗GPT처럼 이미지를 생성할 수는 없지만 비슷한 결과의 텍스트를 얻을 수 있다. 이를 통해서 챗GPT나 클로드 같은 LLM에 배경 설명을 충분히 해주면 그 설명을 바탕으로 새로운 텍스트 콘텐츠를 생성할 수 있다는 가능성을 엿볼 수 있다.

따라서 게임의 캐릭터와 배경에 대한 설정을 챗GPT에 입력하고, 챗GPT를 이용해서 각 캐릭터별로 발생할 수 있는 이벤트 목록을 만들고, 개별 이벤트별로 대화 스크립트를 작성할 수 있다면 우리에게 필요한 게임용 시나리오 작업 역시 AI로 만들 수 있게 된다.

클로드 3에 대한 설명 만화를 만들어줘.

전체 개념을 10개의 이미지로 설명해야 해.
10개의 주제를 먼저 나열하고 멈춰야 해.

다음이라고 말하면 순서대로 각 주제에 대한 설명을 작성해줘.
설명이 끝나면 그 설명에 맞는 장면을 그려줘.
한 주제의 장면을 그리고 나면 멈춰.
그리고 이것을 10개의 주제를 다 그릴 때까지 계속해.

설명 만화에서 볼 수 있는 내레이션 상자를 각 이미지 하단에 텍스트로 넣어줘.
반드시 한글로 작성해 줘.

알겠습니다. 클로드 3에 대한 설명 만화를 만들겠습니다. 전체 개념을 10개의 이미지로 나타내고 각 이미지 하단에 내레이션 박스를 텍스트로 넣겠습니다. 10개의 주제는 다음과 같습니다:

1. 인공지능의 정의
2. 클로드의 배경
3. 윤리적 AI
4. 유연한 대화 능력
5. 지식 범위
6. 창의성과 분석 능력
7. 투명성과 설명 가능성
8. 안전성과 통제 가능성
9. 제한사항
10. 미래 발전 방향

다음을 말하면 위 순서대로 각 주제에 대한 설명을 작성하고 그에 맞는 장면을 그리겠습니다.

다음

1. 인공지능의 정의

인공지능(AI)은 기계가 인간의 지적 능력을 모방하거나 확장할 수 있도록 프로그래밍된 시스템입니다. 이는 문제 해결, 학습, 계획 수립, 이해, 추론 등의 능력을 포함합니다. AI는 데이터와 알고리즘을 활용하여 복잡한 과제를 수행할 수 있습니다.

[이미지: 로봇 형상이 기어 회로와 함께 그려져 있고, 인공지능이라는 단어가 강조되어 있습니다.]

내레이션: 인공지능은 기계가 인간 지능을 모방하고 확장할 수 있게 해줍니다.

게임의 캐릭터와 배경 설정하기

LLM을 사용하는 데 있어서 프롬프트를 어떻게 작성하느냐에 따라 우리가 얻게 되는 결과물의 차이가 크다. 그렇기 때문에 '프롬프트 엔지니어링'이라는 말이 나올 정도다. 생성형 AI가 정확하고 맥락에 맞는 고품질의 결과를 생성하려면 제대로 된 지침을 제공해야 한다. 그래서 우리는 가급적 원하는 결과를 얻기 위해 충분한 정보를 제공하고, 생성된 결과에 대해 지속적으로 보정 작업을 해서 최종적으로 우리가 원하는 게임 시나리오 스크립트를 얻을 수 있도록 해야 할 것이다.

다음은 우리가 만들고자 하는 게임에 대한 기본 정보를 입력하고 공략 가능한 5명의 캐릭터 목록을 요청하는 프롬프트다.

프롬프트 질문 4-5

나는 연애 시뮬레이션 게임을 만들고 싶어.
게임의 배경은 예술 고등학교야.
주인공은 예술 고등학교 1학년 남학생이고, 5명의 공략 가능한 여성 캐릭터가 등장해.
게임은 1년간 플레이할 수 있고, 같은 반이 되는 것으로 이야기를 시작해.
게임의 엔딩은 연말에 있는 예술 고등학교의 학생 작품 발표회가 배경이고, 이때 가장 호감도가 높은 여성 캐릭터와 해피엔딩을 볼 수 있어.
만일 호감도가 일정 이상 되는 여성 캐릭터가 1명도 없으면 배드엔딩으로 끝나게 돼.
먼저 5명의 공략 가능한 여성 캐릭터에 대한 설정을 해줘.
이름과 나이, 외모, 성격, 취미, 특기, 좋아하는 것과 싫어하는 것, 장래 희망, 고민거리, 컴플렉스 등을 정리해줘.

 연애 시뮬레이션 게임의 설정을 위해 5명의 공략 가능한 여성 캐릭터를 다음과 같이 정리했습니다:

1. 김하은

- 나이: 16세
- 외모: 긴 생머리, 부드러운 눈매, 키는 165cm 정도, 세련된 스타일
- 성격: 온화하고 친절함, 타인에게 잘 배려함
- 취미: 그림 그리기, 독서
- 특기: 수채화, 피아노 연주
- 좋아하는 것: 고양이, 자연, 클래식 음악
- 싫어하는 것: 시끄러운 곳, 무례한 사람
- 장래 희망: 유명한 화가
- 고민거리: 자신의 그림 실력이 충분히 뛰어난지에 대한 불안감
- 컴플렉스: 조금 내성적인 성격으로 인해 자신감 부족

새로운 게임을 기획할 때 가장 어려운 작업인 캐릭터에 대한 설정이 순식간에 끝나 버렸다. 저마다 다른 개성을 가진 5명의 캐릭터 설정이 만들어졌고, 캐릭터별 외모와 성격에 대한 설정을 참고하면 Tensor.Art와 Udio를 이용해서 손쉽게 해당 캐릭터 이미지와 BGM을 생성할 수 있다.

만일, 만들고자 하는 게임의 콘텐츠 볼륨을 늘리고자 한다면, 이런 식으로 공략 가능한 캐릭터의 수를 10명이든 20명이든 어렵지 않게 늘릴 수 있다.

▼ **표 4-1** 챗GPT가 생성해 준 공략 가능한 캐릭터 설정

구분	김하은	박소연	이지은	최윤아	한서영
나이	16세	16세	16세	16세	16세
외모	긴 생머리, 부드러운 눈매, 키는 165cm 정도, 세련된 스타일	짧은 단발 머리, 활발한 인상, 키는 160cm 정도, 스포티한 스타일	웨이브가 있는 중간 길이 머리, 큰 눈, 키는 158cm 정도, 귀여운 스타일	긴 스트레이트 머리, 날카로운 눈매, 키는 170cm 정도, 패셔너블한 스타일	긴 곱슬머리, 부드러운 미소, 키는 162cm 정도, 빈티지 스타일
성격	온화하고 친절함, 타인에게 잘 배려함	활발하고 외향적, 리더십이 강함	상냥하고 긍정적, 때때로 조금 덤벙거림	차분하고 냉정함, 이성적 판단을 중시함	감수성이 풍부하고 예민함, 예술적 재능이 뛰어남
취미	그림 그리기, 독서	춤추기, 운동	베이킹, 영화 감상	패션 디자인, 독서	사진 촬영, 시 쓰기
특기	수채화, 피아노 연주	현대무용, 배구	케이크 장식, 바이올린 연주	옷 디자인, 그림 그리기	포토그래피, 기타 연주
좋아하는 것	고양이, 자연, 클래식 음악	활동적인 일, 스포츠, 춤	달콤한 디저트, 로맨틱 코미디 영화	패션 잡지, 조용한 카페	빈티지 카메라, 고전 문학
싫어하는 것	시끄러운 곳, 무례한 사람	지루한 일상, 거짓말	매운 음식, 공포 영화	소란스러운 장소, 불필요한 드라마	속물적인 사람들, 소셜 미디어
장래 희망	유명한 화가	프로 댄서	유명한 패스트리 셰프	유명한 패션 디자이너	사진작가
고민 거리	자신의 그림 실력이 충분히 뛰어난지에 대한 불안감	춤에 대한 열정은 있지만 부모님의 반대	학업과 취미를 병행하는 어려움	사람들과의 관계 형성에 어려움	예술가로서의 불확실한 미래
컴플렉스	조금 내성적인 성격으로 인한 자신감 부족	작아 보이는 키	지나치게 높은 목소리 톤	타인에게 감정을 잘 표현하지 못함	예민한 성격으로 인해 상처받기 쉬움

게임에는 주인공과 공략 가능한 캐릭터들만 등장하는 게 아니기 때문에 기타 캐릭터도 설정도 필요하다. 그러고보니 아직 학교 이름도 정하지 않았다. 5명의 선생님에 대한 설정과 학교 이름을 요청해보자.

예술 고등학교의 이름과 게임에 등장하는 5명의 선생님들에 대한 설정을 추가해줘.
공략 가능 캐릭터들과 같은 스타일로 설정을 만들어주면 돼.

프롬프트 답변 4-6

좋습니다! 예술 고등학교의 이름과 5명의 선생님들에 대한 설정을 추가하겠습니다.

학교 이름

- 학교 이름: 다빈치 예술 고등학교

선생님들 설정

1. 김민수
- 나이: 38세
- 과목: 미술
- 외모: 짧은 머리, 안경을 쓰고 있음, 키는 175cm 정도, 깔끔한 정장 스타일
- 성격: 친절하고 열정적, 학생들에게 동기부여를 잘함
- 취미: 미술관 방문, 스케치
- 특기: 유화, 조각
- 좋아하는 것: 예술 작품 감상, 커피
- 싫어하는 것: 무례한 태도, 불성실한 학생
- 장래 희망: 학생들에게 예술의 아름다움을 전하는 교육자
- 고민거리: 학생들의 진로 고민을 도와주는 데 어려움을 느낌
- 컴플렉스: 자신의 예술적 능력이 부족하다고 느낄 때가 있음

'다빈치 예술 고등학교'라는 학교 이름이 참신하지는 않지만, 나쁘지 않으니 그대로 써도 될 것 같고, 따로 언급을 하지 않았는데도 선생님 캐릭터 설정에는 '과목'이라는 항목이 추가로 들어 있는 것을 볼 수 있다. 원래 주요 캐릭터 외의 기타 캐릭터에게 굳이 이렇게까지 상세한 설정을 할 필요는 없지만, 기타 캐릭터들 역시 설정이 잘 되어 있으면 캐릭터 이미지를 생성하는 데 큰 도움이 되는 것은 물론이고, 차후에 만들어질 시나리오가 더욱 알차게 되는 장점이 생기게 된다.

▼ **표 4-2** 챗GPT가 생성해 준 선생님 캐릭터 설정

구분	김민수	박지영	이정훈	최수민	한지우
나이	38세	34세	42세	29세	36세
과목	미술	음악	문예 창작	무용	사진
외모	짧은 머리, 안경을 쓰고 있음, 키는 175cm 정도, 깔끔한 정장 스타일	긴 머리를 단정하게 묶음, 키는 165cm 정도, 클래식한 옷차림	중간 길이 머리, 수염 약간 있음, 키는 180cm 정도, 캐주얼한 스타일	짧은 단발 머리, 키는 168cm 정도, 운동복 스타일	긴 곱슬머리, 키는 170cm 정도, 빈티지 스타일
성격	친절하고 열정적, 학생들에게 동기 부여를 잘함	차분하고 따뜻함, 학생들의 이야기를 잘 들어줌	자유롭고 창의적, 학생들에게 영감을 주는 존재	활발하고 에너지 넘침, 학생들에게 열정적으로 지도	예민하고 섬세함, 학생들의 감수성을 키우는 데 중점을 둠
취미	미술관 방문, 스케치	피아노 연주, 오페라 감상	시 쓰기, 여행	현대무용, 요가	사진 촬영, 고전 영화 감상
특기	유화, 조각	피아노, 성악	시, 단편 소설	발레, 현대무용	흑백 사진, 인물 사진
좋아하는 것	예술 작품 감상, 커피	클래식 음악, 꽃	커피, 고전 문학	활동적인 일, 헬스	빈티지 카메라, 예술 영화
싫어하는 것	무례한 태도, 불성실한 학생	소란스러운 환경, 급한 일처리	틀에 박힌 생각, 비판적인 태도	게으름, 부정적인 태도	상업적인 사진, 무성의한 태도
장래 희망	학생들에게 예술의 아름다움을 전하는 교육자	세계적인 음악가를 키우는 교육자	학생들에게 문학의 아름다움을 전하는 작가 겸 교육자	무용을 통해 사람들에게 감동을 주는 안무가	세계적인 사진작가
고민거리	학생들의 진로 고민을 도와주는 데 어려움을 느낌	음악 교육의 중요성을 제대로 전달하기 어렵다고 느낌	학생들이 글쓰기의 즐거움을 느끼지 못하는 것에 대해 고민함	학생들의 체력과 기술 향상을 위해 항상 고민함	학생들이 상업적 성공을 꿈꾸기보다는 예술적 성장을 목표로 삼도록 지도하는 것
컴플렉스	자신의 예술적 능력이 부족하다고 느낄 때가 있음	무대에 서는 것을 두려워 함	자신의 글이 완벽하지 않다고 생각함	본인의 체력이 예전 같지 않다고 느낌	지나치게 예민한 성격

이번에는 배경 설정을 위한 이미지를 몇 장 만들어보자. 실제 게임에 사용할 배경 이미지 역시 Tensor.Art를 이용해서 만들겠지만, 게임 기획서 작성이나 게임용 이미지 생성 작업에 도움을 주는 용도로 만들어보겠다. 게임에 등장하는 캐릭터들에 대한 설정을 너무 마음에 들게 해 줘서, 배경 설정을 위한 프롬프트를 다음처럼 간단하게 작성해봤다. 달리를 이용한 이미지 생성은 앞서 설명한 것처럼 유료 버전의 챗GPT에서만 가능하다.

예술 고등학교의 배경 설정과 연관된 설정 이미지를 몇 개 만들어줘.

여기 예술 고등학교의 배경 설정 이미지가 있습니다. 추가로 다른 설정 이미지를 원하시면 말씀해주세요.

요구사항이 명확하지 않았기 때문에, 학교 전경 이미지 하나만 덜렁 생성되었다. 그래도 게임 내에서 이동 화면에서 쓸 수 있을만한 이미지가 만들어졌다. 의외의 수확을 한 셈이다. 이번에는 좀더 구체적인 장소를 포함해서 프롬프트에 요청해봤다.

교실, 체육관, 미술실, 음악실, 사진실, 무용실의 이미지들도 필요해.

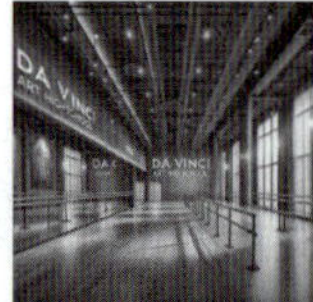

모든 배경에 굳이 '다빈치 예술 고등학교(Davinci Art High School)'라는 텍스트가 들어간 점을 빼면, 역시 게임에 사용할 수 있을 정도의 품질을 담보한 배경 이미지들이 생성되었다. 이 정도면 게임을 만들기 위한 기본 설정은 준비된 것 같다.

챗GPT는 이전 대화에서 언급된 문맥과 정보를 감안하여 새로운 질문에 대한 답변을 생성하도록 되어 있다. 처음에는 어떤 게임인지, 배경과 캐릭터는 어떤지에 대해 자세히 설명을 해줘야 했지만, 그 다음부터는 그것을 알고 있다는 전제로 짧게 프롬프트를 작성해도 되는 것이다. 그렇기 때문에 전혀 다른 용도로 챗GPT를 사용하려면 지금 사용하고 있는 챗(Chat)말고 새로운 챗을 만들고 시작하는 것이 좋다. 한창 게임 설정과 시나리오 작업을 하고 있다가, 갑자기 업무나 학업을 위한 질문을 하면 이전에 남아 있는 게임 관련 대화 히스토리 탓에 원치 않은 결과를 얻을 수도 있기 때문이다.

그렇다면 동일한 프롬프트를 사용해서 무료인 챗GPT 3.5나 무료버전 클로드 3에서 실행하면 어떻게 될까? 생성형 AI로 게임 시나리오 작업을 하기 위해서는 무조건 유료 버전이 필요한 것은 아니다. 무료 버전의 LLM 서비스를 이용해서도 충분히 쓸만한 결과를 만들어 낼 수 있고, 내 경우에도 이미 게임 하나에 들어가는 이벤트 스크립트 텍스트를 챗GPT 3.5를 사용해서 생성했다. [프롬프트 질문 4-9]와 [프롬프트 답변 4-9]는 앞서 사용한 프롬프트 그대로를 무료 버전인 클로드 3에 입력하고 얻은 결과다.

프롬프트 질문 4-9

나는 연애시뮬레이션 게임을 만들고 싶어.

게임의 배경은 예술 고등학교야.
주인공은 예술 고등학교 1학년 남학생이고, 5명의 공략 가능한 여성 캐릭터가 등장해. 게임은 1년간 플레이할 수 있고, 같은 반이 되는 것으로 이야기가 시작해.

게임의 엔딩은 연말에 있는 예술 고등학교의 학생 작품 발표회가 배경이고, 이때 가장 호감도가 높은 여성 캐릭터와 해피엔딩을 볼 수 있어.
만일 호감도가 일정 이상 되는 여성 캐릭터가 한명도 없으면 배드엔딩으로 끝나게 돼.

먼저 5명의 공략 가능한 여성 캐릭터에 대한 설정을 해줘.
이름과 나이, 외모, 성격, 취미, 특기, 좋아하는 것과 싫어하는 것, 장래 희망, 고민거리, 컴플렉스 등을 정리해줘.

프롬프트 답변 4-9

네, 알겠습니다. 5명의 여성 캐릭터를 설정해드리겠습니다.

1. 이름: 서하영 (18세)
외모: 긴 생머리에 큰 눈매, 날씬한 체형. 성격: 온화하고 친절함. 소심하지만 예술에 대한 열정이 높음. 취미: 서예, 독서. 특기: 한국화. 좋아하는 것: 고전문학, 박물관 나들이. 싫어하는 것: 시끄러운 환경, 거짓말. 장래희망: 한국화 작가. 고민거리: 자신감 부족. 컴플렉스: 작은 키

2. 이름: 최유나 (17세)
외모: 단발 갸름머리, 할렘팬츠 패션. 성격: 활기찬 성격, 적극적이고 명랑함. 취미: 댄스, 운동. 특기: 현대무용. 좋아하는 것: 스포츠 관람, 새로운 도전. 싫어하는 것: 무기력한 행동, 게으름. 장래희망: 안무가. 고민거리: 부모님의 기대와 자신의 꿈 사이에서 갈등. 컴플렉스: 없음

설정용 이미지를 생성하는 것을 제외하면, 무료 챗GPT 3.5나 무료 클로드 3 역시 유사한 결과를 생성할 수 있다는 것을 확인할 수 있다. 무료인 클로드 3.5 소네트 역시 내가 만들고 싶은 게임에 대한 정보를 바탕으로 공략 가능 캐릭터와 기타 캐릭터를 만들어 냈고, 유료 챗GPT 4o로 만든 설정을 대신 사용해서 게임을 개발할 수 있는 수준의 결과물을 생성했다. 따라서 무료 버전으로 충분히 테스트를 해보고, 무료 버전의 한계가 명확하게 느껴질 경우에만 유료 구독을 권장한다.

다음은 클로드 3가 생성한 기타 캐릭터 설정 내용이다.

프롬프트 질문 4-10

예술 고등학교의 이름과 게임에 등장하는 5명의 선생님들에 대한 설정을 추가해줘. 공략 가능 캐릭터들과 같은 스타일로 설정을 만들어주면 돼.

알겠습니다. 예술 고등학교 이름과 5명의 선생님 설정을 추가하겠습니다.

예술 고등학교 이름: 서울예술고등학교

1. 이름: 박철민 (33세) – 미술 선생님

외모: 180cm 훤칠한 키에 운동으로 단련된 체격 성격: 엄격하지만 공정함. 학생들에게 열정적임 취미: 등산, 서예 특기: 판화 좋아하는 것: 자연, 순수한 예술 싫어하는 것: 건성, 무례함 고민거리: 현실과 이상 사이의 갈등 컴플렉스: 없음

2. 이름: 김민아 (28세) – 무용 선생님

외모: 아담한 체격에 단정한 차림 성격: 부드럽고 세심함. 때론 머뭇거림 취미: 발레 공연 관람, 요가 특기: 발레 좋아하는 것: 고전음악, 꽃 싫어하는 것: 시끄러운 소음, 좁은 공간 고민거리: 연기력 부족에 대한 자신감 결여 컴플렉스: 작은 키

3. 이름: 최지혜 (35세) – 국어 선생님

외모: 단정한 차림에 안경 쓴 인텔리 스타일 성격: 차분하고 논리적임. 다소 까다로움 취미: 서점 방문, 책 수집 특기: 문학 비평 좋아하는 것: 고전 문학, 토론 싫어하는 것: 사리에 맞지 않는 행동, 부주의 고민거리: 연애 운이 없음 컴플렉스: 안경낀 모습

4. 이름: 김우진 (40세) – 음악 선생님

외모: 약간 볼륨감 있는 체격, 헐렁한 옷차림 성격: 자유분방함. 천진난만한 매력 취미: 밴드 활동, 캠핑 특기: 작곡, 기타 연주 좋아하는 것: 록음악, 미스터리 소설 싫어하는 것: 권위의식, 삭막한 환경 고민거리: 중년의 나이 탓에 세대차이 컴플렉스: 몸무게

5. 이름: 이소영 (31세) – 연기 선생님

외모: 195cm 키에 슬림한 체형, 패셔너블한 옷차림 성격: 유쾌하고 발랄함. 때론 아이같은 천진남 취미: 영화 관람, 패션 블로깅 특기: 연기, 대사 지도 좋아하는 것: 유머, 맛집 탐방 싫어하는 것: 따분함, 독단적인 태도 고민거리: 진지한 이미지 구축 컴플렉스: 키가 크다는 것

이렇게 설정해보았습니다. 선생님들도 각자의 개성과 매력을 가지고 있어서 주인공과의 에피소드를 만들어내기에 좋을 것 같네요.

캐릭터별 이벤트 목록
작성하기

게임에 등장하는 캐릭터와 배경에 대한 설정이 끝나면, 본격적으로 캐릭터별로 발생할 수 있는 이벤트를 정해야 한다. 게임이 3월에 시작해서 12월에 끝난다고 하면, 공략 가능한 캐릭터별로 10개월간 발생할 수 있는 이벤트들을 최대한 뽑아낸 다음 적절하게 배치를 해야 한다. 이 작업이 모두 끝나면, 정해진 이벤트에 맞게 시나리오 스크립트만 작성하면 될 정도로 가장 중요한 부분이라고 할 수 있다.

프롬프트 질문 4-11

주인공과 5명의 공략 가능 캐릭터들과의 처음 같은 반이 된 3월달에 발생할 수 있는 이벤트 목록을 만들어줘.

공략 가능 캐릭터 1명당 10개씩 만들어주되, 평일 학교에서 발생하는 이벤트와 주말 학교 밖에서 발생하는 이벤트를 골고루 섞어서 만들어줘.

공략 가능 캐릭터의 설정을 반영해서 캐릭터마다 개성 있는 이벤트로 만들어줘.

가끔 학교 선생님들도 이벤트에 등장해도 돼.

주인공과 5명의 공략 가능한 캐릭터들과의 3월달 이벤트 목록을 각 캐릭터당 10개씩, 학교와 학교 밖에서 골고루 섞어 만들어보겠습니다.

김하은 이벤트 목록

1. **평일**: 미술 시간에 하은이와 짝을 이루어 같이 그림을 그리는 시간
2. **평일**: 점심시간에 하은이와 도서관에서 만나 같이 독서
3. **평일**: 미술실에서 하은이가 그린 그림을 감상하며 이야기를 나눔
4. **평일**: 학교 후 하은이와 미술관 방문
5. **평일**: 하은이가 피아노 연주를 하며 들려주는 음악 시간
6. **평일**: 하은이와 미술 숙제를 함께 하며 서로의 그림 실력을 비교
7. **평일**: 하은이가 추천해준 클래식 음악을 같이 듣는 시간
8. **주말**: 하은이와 함께 공원에서 그림을 그리며 소풍
9. **주말**: 하은이와 동네 카페에서 미술 작품에 대해 대화
10. **주말**: 하은이와 함께 고양이 카페 방문

일단 3월에 5명의 공략 가능 캐릭터와 발생할 수 있는 이벤트 목록을 요청했다. 평일과 주말을 구분해서 이벤트를 만들어 달라고 하니 10개의 이벤트 중에 7개는 평일 이벤트로, 나머지 3개는 주말 이벤트로 잡아주었다. 챗GPT는 아직 10개월간의 이벤트를 만들어야 하는 것을 인지하고 있지 못하기 때문에 가능한 모든 케이스를 뽑아서 이벤트 목록을 만들어 주었지만, 만일 진짜 게임을 만드는 경우라면 계절별 제약 같은 것을 좀 더 정리해 줄 필요가 있다. 여기서는 3월 한달의 이벤트만 생성하겠다.

▼ **표 4-3** 챗GPT가 생성한 공략 캐릭터별 이벤트 목록

캐릭터	이벤트
김하은	**평일**: 미술 시간에 하은이와 짝을 이루어 같이 그림을 그리는 시간 **평일**: 점심시간에 하은이와 도서관에서 만나 같이 독서 **평일**: 미술실에서 하은이가 그린 그림을 감상하며 이야기를 나눔 **평일**: 학교 후 하은이와 미술관 방문 **평일**: 하은이가 피아노 연주를 하며 들려주는 음악 시간 **평일**: 하은이와 미술 숙제를 함께 하며 서로의 그림 실력을 비교 **평일**: 하은이가 추천해준 클래식 음악을 같이 듣는 시간 **주말**: 하은이와 함께 공원에서 그림을 그리며 소풍 **주말**: 하은이와 동네 카페에서 미술 작품에 대해 대화 **주말**: 하은이와 함께 고양이 카페 방문

캐릭터	이벤트
박소연	**평일**: 체육 시간에 소연이와 같은 팀이 되어 배구 경기 **평일**: 소연이와 점심시간에 교내에서 배드민턴 **평일**: 소연이가 주도하는 댄스 클럽에 참여 **평일**: 소연이와 체육관에서 배구 연습 **평일**: 소연이와 함께 운동장에서 조깅 **평일**: 소연이가 춤을 가르쳐주는 시간 **평일**: 소연이와 함께 학교 체육대회 준비 **주말**: 소연이와 함께 등산 **주말**: 소연이와 스포츠 센터에서 수영 **주말**: 소연이와 함께 피트니스 클럽 체험
이지은	**평일**: 점심시간에 지은이와 함께 베이킹 클럽 참여 **평일**: 음악 시간에 지은이가 바이올린을 연주하는 모습 감상 **평일**: 지은이와 함께 과자 만들기 **평일**: 도서관에서 지은이와 함께 영화 감상 **평일**: 지은이와 함께 교내 카페테리아에서 디저트 시식 **평일**: 지은이와 함께 영어 독서 클럽 참석 **평일**: 지은이와 함께 음악실에서 연주 연습 **주말**: 지은이와 함께 베이킹 클래스 참석 **주말**: 지은이와 함께 영화관에서 영화 감상 **주말**: 지은이와 함께 유명한 디저트 카페 방문
최윤아	**평일**: 미술 시간에 윤아가 디자인한 옷을 감상 **평일**: 윤아와 함께 패션 잡지 탐독 **평일**: 윤아가 패션 디자인에 대해 설명해주는 시간 **평일**: 윤아와 함께 도서관에서 패션 관련 서적 탐독 **평일**: 윤아와 함께 패션 쇼 기획 **평일**: 윤아와 함께 교내 패션 클럽 참여 **평일**: 윤아가 교내 패션쇼에서 옷을 선보이는 시간 **주말**: 윤아와 함께 패션 박람회 방문 **주말**: 윤아와 함께 패션 거리 탐방 **주말**: 윤아와 함께 빈티지 의류 매장 방문
한서영	**평일**: 사진 시간에 서영이와 함께 사진 촬영 **평일**: 서영이가 찍은 사진 감상 후 의견 나누기 **평일**: 서영이와 함께 교내 사진 전시회 준비 **평일**: 서영이와 함께 사진실에서 사진 편집 **평일**: 서영이와 함께 교내 외부 사진 촬영 **평일**: 서영이와 함께 교내 시 쓰기 클럽 참여 **평일**: 서영이와 함께 교내 기타 연주 클럽 참여 **주말**: 서영이와 함께 자연 풍경 사진 촬영 여행 **주말**: 서영이와 함께 예술 서점 탐방 **주말**: 서영이와 함께 사진 갤러리 방문

생성된 캐릭터별 이벤트가 내가 원하는 대로 각 캐릭터의 설정에 맞게 되어 있는 것을 볼 수 있다. 생성형 AI를 사용해서 게임을 개발하는 경우가 아니라면, 이벤트를 너무 많이 만드는 것도 곤란한 일이다. 그만큼 작성해야 하는 이벤트 스크립트가 늘어나는 것도 문제지만, 해당 이벤트에 들어가게 되는 게임용 이미지의 개수가 많아지기 때문이다. 그래서 시나리오 작가는 CG 디자이너들의 작업량에 맞춰서 게임용 이미지를 적절하게 재활용할 수 있게 이벤트를 뽑아야 한다. 하지만 우리는 생성형 AI를 사용해서 게임을 만들기 때문에, 그러한 제약에 대해서 굳이 고민할 필요 없이 원하는 만큼 이벤트를 만들수 있다.

이렇게 캐릭터별 이벤트 목록이 정해지면, 달력에 이벤트를 적절하게 배치하는 작업이 필요하다. 공략 가능한 캐릭터 5명과의 이벤트가 적절한 간격으로 발생해야 공략하는 재미가 있기 때문이다. 생성형 AI로 만들기 때문에 이벤트 개수의 제약이 없다고 해서 모든 캐릭터의 이벤트가 매일 연달아 일어난다고 해서 게임이 무조건 재미있다고 할 수 없다. 특정 조건을 맞춰야만 이벤트가 발생한다든지, 대사 선택 창에서 올바른 대사를 선택해야만 이벤트가 발생할 수 있는 등 캐릭터의 특징에 따라서 이벤트가 발생하는 패턴이 다른 것이 더 나은 방법일 수 있다.

다음 프롬프트를 이용해서 이벤트 달력을 만들어달라고 해보자.

지금 만든 이벤트들을 2024년 3월 달력을 활용해서 적절하게 배치해줄 수 있을까?
달력을 테이블 형태로 만들어서 이벤트가 고르게 배치될 수 있도록 해줘.
평일 이벤트는 달력의 평일에, 주말 이벤트는 달력의 주말에 배치되어야 해.

 좋습니다. 2024년 3월 달력을 활용하여 평일 이벤트와 주말 이벤트를 적절하게 배치하겠습니다. 평일 이벤트는 평일에, 주말 이벤트는 주말에 배치하도록 하겠습니다. 각 캐릭터의 이벤트가 고르게 분포되도록 신경 쓰겠습니다.

2024년 3월 달력

일	월	화	수	목	금	토
					1	2
						소연-등산
3	4	5	6	7	8	9
소연-수영	하은-그림 시간	지은-베이킹 클럽	윤아-디자인 감상	서영-사진 촬영	소연-배구 경기	윤아-패션 박람회
10	11	12	13	14	15	16
지은-디저트 카페	서영-사진 감상	하은-피아노 연주	소연-배드민턴	윤아-패션 쇼 기획	지은-과자 만들기	하은-공원에서 그림
17	18	19	20	21	22	23
하은-동네 카페	소연-현대무용	서영-사진 전시회 준비	지은-영화 감상	하은-미술 숙제	서영-사진 편집	소연-피트니스 클럽
24	25	26	27	28	29	30
윤아-패션 거리 탐방	윤아-패션 잡지	지은-영어 독서 클럽	서영-사진 촬영	소연-조깅	윤아-패션 클럽	서영-예술 서점
31						
지은-베이킹 클래스						

3월 달력에 캐릭터별 이벤트를 골고루 배치해준 것은 좋았지만, 하루에 한 사람 이벤트만 넣어서 50개의 이벤트가 모두 들어가 있지 않다. 그래서 하루에 여러 캐릭터들의 이벤트가 들어가도록 다시 만들라는 프롬프트를 실행했더니 이번에는 중복 이벤트까지 넣어서 50개가 넘는 이벤트가 배치되어 버렸다. 이후 몇 번이고 조정해서 겨우 중복되지 않은 50개의 이벤트가 배치된 2024년 3월의 이벤트 달력을 완성할 수

있었다. 챗GPT를 사용하다보면 종종 이렇게 지시한 대로 안 되어 있는데도 지시한 대로 했다고 하는 경우가 발생한다. 이럴때는 시시콜콜하게 지시해서 수정하도록 해야 한다. 어떤 경우에는 도저히 해결이 되지 않는 경우가 있어서 직접 해결해야 하는 경우도 생긴다.

프롬프트 질문 4-13-1

하루에 한 캐릭터의 이벤트만 배치하다 보니 모든 이벤트가 다 배치되지 못한 것 같아.
하루에 여러 캐릭터들의 이벤트가 함께 들어 있어도 돼.
앞에서 만들어 준 캐릭터 5명의 50개 이벤트 모두가 다 들어간 2024년 3월 달력을 다시 만들어줘.

프롬프트 질문 4-13-2

2024년 3월 이벤트 달력에서 중복된 이벤트가 발생하지 않도록 해줘.
굳이 하루에 2개의 이벤트를 무조건 배치할 필요는 없어.
하루에 1개의 이벤트만 발생하는 날도 있고 2개의 이벤트가 발생하는 날이 있어도 돼.

프롬프트 질문 4-13-3

3월 12일 서영-사진 전시회 준비와 3월 19일 서영-사진 전시회 준비가 중복되었네.
달력에 배치된 이벤트 총수가 50개를 넘으면 안 돼.
중복되지 않도록 배치하되, 중간중간 하루에 2개 이벤트를 배치해서 총 50개의 이벤트가 3월 달력에 적절하게 배치되도록 해줘.

 최종 2024년 3월 달력

일	월	화	수	목	금	토
					1	2
					하은-피아노 연주	소연-등산, 하은-공원에서 그림
3	4	5	6	7	8	9
지은-베이킹 클래스	하은-그림 시간	윤아-패션 잡지	지은-베이킹 클럽	서영-사진 감상	윤아-디자인 감상	소연-배드민턴, 윤아-패션 박람회
10	11	12	13	14	15	16
지은-디저트 카페	서영-자연 풍경 사진	서영-사진 전시회 준비	하은-미술실	하은-피아노 연주, 소연-운동장 조깅	지은-영화 감상, 소연-배드민턴	소연-조깅, 지은-과자 만들기
17	18	19	20	21	22	23
하은-고양이 카페, 하은-동네 카페	소연-체육 시간, 하은-클래식 음악 듣기	윤아-패션 클럽	지은-베이킹, 서영-사진 촬영	서영-사진 감상, 윤아-디자인	소연-현대무용, 지은-바이올린 연주	소연-배드민턴, 지은-영화관
24	25	26	27	28	29	30
윤아-패션 거리 탐방, 서영-예술 서점	하은-미술실, 지은-영화 감상	서영-사진 전시회, 하은-미술 숙제	지은-영화관, 서영-시 쓰기 클럽	하은-피아노 연주, 윤아-패션 쇼 기획	지은-영화관, 윤아-빈티지 의류 매장	서영-예술 서점, 서영-기타 연주 클럽
31						
서영-예술 서점, 소연-피트니스 클럽						

드디어 3월 이벤트 달력이 완성되었으니, 이벤트가 발생하는 장소의 목록을 정리해 보자. 생성형 AI를 사용하지 않을 경우에는 이미지 개수 때문에 이벤트 수나 이벤트 스타일이 제한되는 것처럼 장소 역시 제한적이어야 했다. 게임에 들어가는 배경 이미

지 개수 역시 CG 디자이너들이 그릴 수 있는 수량만큼으로 제한되어야 하기 때문이다. 하지만 이제는 이미지 생성형 AI 덕분에 이러한 제한을 둘 필요가 없는 만큼, 이벤트 목록이 확정된 것에 맞춰서 장소 목록을 추출할 수 있다.

50개의 이벤트가 발생하는 장소를 목록으로 정리해줘.
가급적이면 공통으로 사용할 수 있는 장소를 최대한 고려해줘.

프롬프트 답변 4-14

50개의 이벤트가 발생하는 장소를 목록으로 정리하겠습니다. 공통으로 사용할 수 있는 장소를 최대한 고려하여 정리하겠습니다.

공통 장소 목록

1. **미술실** – 하은의 그림 그리기, 미술 숙제, 윤아의 디자인 감상
2. **도서관** – 하은과 독서, 지은과 영화 감상, 윤아와 패션 잡지 탐독
3. **체육관** – 소연과 배구 경기, 소연의 배드민턴
4. **운동장** – 소연과 조깅
5. **음악실** – 하은의 피아노 연주, 지은의 바이올린 연주
6. **사진실** – 서영의 사진 촬영, 사진 편집
7. **카페테리아** – 지은과 디저트 시식
8. **교내 공원** – 하은과 그림 그리기
9. **교실** – 지은의 베이킹 클럽
10. **댄스 스튜디오** – 소연의 현대무용

50개의 이벤트 장소 목록

1. **미술실** – 하은의 그림 시간

:
:

내가 원한 것은 장소 목록만 따로 정리한 것이었는데, 프롬프트에 충분히 명시를 하지 않아서 공통 장소 목록과 50개 이벤트의 장소 목록을 주르륵 나열해버린다. 그래서 좀더 구체적인 요구사항을 프롬프트에 넣어서 다시 실행했다.

공통 장소와 공통으로 사용할 수 없는 장소만 테이블 형식으로 만들어줘.
장소와 연관된 이벤트는 굳이 명시할 필요 없어.

프롬프트 답변 4-15

공통 장소	공통으로 사용할 수 없는 장소
미술실	고양이 카페
도서관	미술관
체육관	등산
운동장	스포츠 센터
음악실	피트니스 클럽
사진실	베이킹 클래스
카페테리아	유명 디저트 카페
교내 공원	패션 박람회
교실	패션 거리 탐방
댄스 스튜디오	빈티지 의류 매장
	사진 갤러리
	자연 풍경 사진 촬영
	예술 서점

이로써 만들고자 하는 게임에서 5명의 공략 가능한 캐릭터들에 대한 설정, 이벤트 목록과 이벤트 달력이 완성되었다. 더불어 기타 캐릭터에 대한 설정과 게임에 등장하는 장소 목록도 확정했다. 이것을 바탕으로 게임 소개글을 작성해달라고 해봤다.

게임을 앱스토어에 등록할 때 게임 소개글이 필요한데 한글로 작성해줘.
게임 정보를 보는 사용자가 흥미를 느낄수 있도록 해주면 좋을 것 같아.

게임 소개글

다빈치 예술 고등학교에서 펼쳐지는 로맨틱 시뮬레이션!

다빈치 예술 고등학교에 입학한 1학년 남학생으로서, 다채로운 예술적 재능을 지닌 5명의 매력적인 여학생들과 함께 한 해를 보내보세요. 각기 다른 개성과 배경을 가진 캐릭터들과의 다양한 이벤트와 스토리가 여러분을 기다리고 있습니다.

주요 특징:

- **다양한 캐릭터와의 상호작용:** 친절하고 따뜻한 김하은, 활발하고 리더십 강한 박소연, 상냥하고 긍정적인 이지은, 차분하고 이성적인 최윤아, 감수성이 풍부한 한서영 등 개성 넘치는 5명의 여학생들과의 로맨틱한 이야기를 즐기세요.
- **풍부한 이벤트:** 미술실, 도서관, 체육관, 음악실 등 학교 안에서 펼쳐지는 다양한 이벤트와 주말에 즐길 수 있는 외부 활동을 통해 캐릭터들과 더욱 가까워질 수 있습니다.
- **예술 고등학교의 분위기:** 아름다운 예술 고등학교의 배경 속에서 실제 예술가가 된 듯한 경험을 느껴보세요.
- **다양한 엔딩:** 여러분의 선택에 따라 달라지는 스토리와 엔딩! 연말에 열리는 학생 작품 발표회에서 가장 호감도가 높은 캐릭터와 해피엔딩을 맞이하거나, 호감도가 충분하지 않으면 배드엔딩을 맞이할 수도 있습니다.

게임 스토리:

다빈치 예술 고등학교의 새로운 학생이 되어 다양한 예술 분야에서 자신의 재능을 키우고, 매력적인 여학생들과의 관계를 쌓아가며 로맨틱한 한 해를 보내보세요. 과연 여러분은 누구와 함께 해피엔딩을 맞이하게 될까요?

지금 다운로드하고, 예술과 사랑이 가득한 다빈치 예술 고등학교의 이야기를 시작하세요!

클로드 3.5 소네트에서 이벤트 달력을 생성하는 것은 챗GPT 4o보다 훨씬 편했다. 챗GPT의 경우에는 몇 번의 수정을 통해서 원하는 것에 가까운 결과를 만들어냈는데 (여전히 오류가 있음), 클로드 3의 경우에는 두 번째만에 내가 원하는 결과를 생성했다. 이 정도면 눈에 띄게 드러나는 차이라고 볼 수 있다.

알겠습니다. 5명의 캐릭터 이벤트 50개가 모두 포함된 2024년 3월 달력을 다시 만들어드리겠습니다.

Sunday	Monday	Tuesday	Wednesday	Thursday	Friday	Saturday
					서하영 동아리 지우 기타동아리	1 하린 뮤지컬 유나 수영장
3 지우 록밴드 공연 서하영 박물관 나들이	4 지우 음악실만남 유나 체육수업 팀 대화	5 하린 유쾌이야기 민지 독서모습	6 유나 댄스동아리 지우 작곡공연	7 민지 사진동아리 하린 연기수업 지우 선생님수업	8 서하영 한국화 유나 유연몸매	9 유나 플래시몹 민지 영화토론회
10 민지 사진전시회 서하영 작품도와	11 서하영 미술수업 지우 공원기타	12 하린 개그맨공연 민지 공원사진	13 유나 댄스플래시 몹 하린 영화촬영	14 지우 록공연 유나 운동나와 만남	15 민지 국어발표 서하영 캘리그래 피	16 서하영 도서관 지우 busking 공연
17 하린 피크닉	18 유나 스포츠대회 민지 카페비피함	19 서하영 비우산 지우 데뷔공연	20 민지 사진전시회 하린 연극관람	21 유나 공연관람	22 민지 지혜선생님 대화	23 유나 축제공연 서하영 벚꽃데이 트
24 서하영 전시회 만남	25 유나 연습실 만남	26 민지 토론회 주최	27 지우 작곡수업	28 하린 행사초대	29 지우 데뷔공연 초대	30 민지 철민선생님 대화
31 유나 공원 만남 하린 연극관람						

이벤트에 등장하는 장소 목록을 추출하는 것 또한 무료인 클로드 3.5 소네트가 유료인 챗GPT 4o보다 좀더 나은 결과를 만들어냈다. 이것만으로 두 LLM을 비교하는 것은 무리지만, 특정한 작업에 대해서는 장단점이 있다는 것을 알 수 있다.

공통 장소와 공통으로 사용할 수 없는 장소만 테이블 형식으로 만들어줘.
장소와 연관된 이벤트는 굳이 명시할 필요 없어.

알겠습니다. 공통 장소와 공통으로 사용할 수 없는 장소를 테이블 형식으로 만들어 드리겠습니다.

공통 장소:

장소
교실
복도/계단
정원/조경 공간
카페테리아
도서관
공원
카페

공통으로 사용할 수 없는 장소:

장소	캐릭터
미술실	서하영
음악실	김지우
연극실	정하린
무용실	최유나
체육관/운동장	최유나
미술 동아리실	서하영
캘리그래피 동아리실	서하영
기타 동아리실	김지우
댄스 동아리실	최유나

이벤트 스크립트 만들기

공략 가능한 캐릭터 5명의 3월 이벤트 달력을 바탕으로 총 50개의 이벤트 스크립트를 생성해보자. 이벤트 스크립트는 양이 많아서, 지금까지 설정을 한 것보다 단순 반복 작업을 더 많이 해야 한다.

이벤트 하나당 스크립트가 20줄이라면 이것만으로도 1,000줄의 스크립트가 생성되는 것이고, 10개월간의 이벤트 스크립트는 10,000줄이 된다는 것을 의미한다. 거기에 기타 캐릭터들의 이벤트 스크립트나 인트로, 엔딩 스크립트를 추가하면 어렵지 않게 15,000~20,000줄을 생성해야 할 것이다.

일단 첫 번째 공략 캐릭터인 '김하은'의 3월달 10개의 이벤트 스크립트를 다음 프롬프트를 이용해서 생성해보겠다.

프롬프트 질문 4-18

3월에 발생하는 김하은의 이벤트 10개에 대한 이벤트 스크립트를 작성해줘.
앞에서 만든 2024년 3월 최종 이벤트 달력에서 배치한 날짜에 맞게 이벤트가 발생해야 해.
캐릭터별 이벤트에 대한 게임 스크립트를 대화 형식으로 만들어줘.
공략 가능한 캐릭터의 말투는 설정된 것에 맞게 반영되어야 해.
이벤트 스크립트는 최소 20줄 이상이 되어야 해.

다음이라고 말하면 순서대로 다음 이벤트에 대한 스크립트를 작성해줘.
하나의 이벤트 스크립트 작성이 끝나면 멈춰.
그리고 이것을 10개 이벤트의 스크립트를 다 만들 때까지 계속해.

모든 이벤트 스크립트에는 날짜와 장소를 가장 먼저 표시해줘.
반드시 한글로 작성해 줘.

알겠습니다. 2024년 3월 최종 이벤트 달력에 맞추어 김하은의 이벤트 10개를 작성하겠습니다. 첫 번째 이벤트부터 시작하겠습니다.

김하은 이벤트 1

날짜: 3월 1일

장소: 피아노 연주실

하은: (피아노를 연주하며) 안녕! 오늘은 피아노 연주를 좀 해봤어. 들어볼래?

주인공: (미소 지으며) 물론이지, 하은아. 네 연주는 언제 들어도 좋아.

하은: (부드럽게 웃으며) 고마워. 그럼 한 곡 들려줄게. 이건 내가 제일 좋아하는 곡이야.

(하은은 피아노를 연주하기 시작한다. 부드러운 멜로디가 연주실을 가득 채운다.)

주인공: (감동하며) 정말 아름다워, 하은아. 네 연주를 듣고 있으면 마음이 편안해져.

하은: (수줍게) 그렇게 말해주니 기뻐. 너도 피아노를 배우고 싶지 않아?

주인공: 사실 피아노를 배워본 적은 없는데, 하은이한테 배우면 정말 즐거울 것 같아.

하은: (눈을 빛내며) 정말? 그럼 내가 가르쳐줄게! 아주 기초부터 천천히 알려줄게.

주인공: 좋아! 네가 가르쳐주면 잘 배울 수 있을 것 같아.

(하은은 주인공에게 피아노의 기본적인 연주법을 가르쳐준다. 주인공은 처음에는 서툴지만 점점 익숙해진다.)

이벤트 스크립트를 생성할 때마다 "다음"을 입력하기 전까지는 진행을 멈추면서 총 10개의 이벤트 스크립트를 생성해냈다. 생성된 이벤트들의 날짜와 장소가 그럴듯해 보였지만, 앞에서 만든 2024년 3월달 이벤트 달력에 배치된 김하은의 이벤트 발생 날짜와 장소가 다른 것을 발견했다. 그래서 이벤트 달력에서 김하은 이벤트 발생 날짜를 프롬프트로 작성해서 다시 실행해야 했다.

이렇게 프롬프트를 다시 작성하니 이번에는 이벤트 달력에 배치된 날짜에 맞게 이벤트 스크립트가 작성되었다. 그리고 게임 내에서 3월이면 캐릭터들이 이제 겨우 만난 사이여야 하는데, 이미 친한 사이처럼 대화를 나누고 있기 때문에 챗GPT가 생성한 이벤트 스크립트는 수정되어야 한다. 하지만 여기서는 무시하도록 하겠다.

10개의 이벤트가 내용 중복 없이 다양한 대화를 생성해냈지만, 대화 패턴이 비슷한 부분이나 손끝이 오글거리는 대사, CD 플레이어와 같이 시대에 맞지 않는 소재 등이 나오는 부분은 게임용 스크립트 작업을 할 때 후처리를 해줄 필요가 있다.

김하은 이벤트 1
날짜: 3월 1일
장소: 피아노 연주실

하은:(피아노를 연주하며) 안녕! 오늘은 피아노 연주를 좀 해봤어. 들어볼래?
주인공:(미소 지으며) 물론이지, 하은아. 네 연주는 언제 들어도 좋아.
하은:(부드럽게 웃으며) 고마워. 그럼 한 곡 들려줄게. 이건 내가 제일 좋아하는 곡이야.
(하은은 피아노를 연주하기 시작한다. 부드러운 멜로디가 연주실을 가득 채운다.)
주인공:(감동하며) 정말 아름다워, 하은아. 네 연주를 듣고 있으면 마음이 편안해져.
하은:(수줍게) 그렇게 말해주니 기뻐. 너도 피아노를 배우고 싶지 않아?
주인공: 사실 피아노를 배워본 적은 없는데, 하은이한테 배우면 정말 즐거울 것 같아.
하은:(눈을 빛내며) 정말? 그럼 내가 가르쳐줄게! 아주 기초부터 천천히 알려줄게.
주인공: 좋아! 네가 가르쳐주면 잘 배울 수 있을 것 같아.
(하은은 주인공에게 피아노의 기본적인 연주법을 가르쳐준다. 주인공은 처음에는 서툴지만 점점 익숙해진다.)
하은:(칭찬하며) 잘하고 있어, 계속 이렇게 연습하면 금방 늘 거야.
주인공:(웃으며) 고마워, 하은아. 네가 있어서 정말 든든해.
하은:(따뜻하게) 언제든지 내가 도와줄게. 피아노를 통해 더 많은 것을 느낄 수 있을 거야.
(두 사람은 피아노를 연주하며 즐거운 시간을 보낸다.)

| 김하은 이벤트 2
날짜: 3월 2일
장소: 공원 | 하은:(미소 지으며) 안녕! 오늘은 날씨가 정말 좋지 않아? 공원에서 그림 그리자.
주인공:(웃으며) 그래, 정말 좋은 날씨야. 어떤 그림을 그릴까?
하은: 오늘은 공원의 풍경을 그려보는 게 어때? 자연을 그리면 마음이 편안해져.
주인공: 좋은 생각이야! 그럼 나무와 꽃들을 그려볼까?
하은: 응, 나무와 꽃은 색감도 예쁘고 그리기 좋을 거야.
(두 사람은 각자 캔버스를 준비하고, 물감을 섞으며 그림을 그리기 시작한다.)
하은:(물감을 바르며) 이렇게 밖에서 그림을 그리니까 정말 기분이 좋아.
주인공: 맞아, 자연 속에서 그리니까 더 창의적인 느낌이 들어.
하은:(웃으며) 너도 그렇게 생각하니 다행이야. 나는 나무를 그리면서 평화를 느껴.
주인공: 나도 꽃을 그리면서 마음이 차분해져. 하은이도 자연을 좋아하나 봐.
하은: 응, 자연은 나에게 많은 영감을 줘. 너는 어떤가?
주인공: 나도 자연을 좋아해. 자연 속에서 많은 것을 배울 수 있는 것 같아.
하은:(미소 지으며) 그럼 우리 자연을 더 많이 느끼고 표현해보자.
(시간이 흘러 두 사람은 그림을 거의 완성해간다.)
주인공: 하은아, 네 그림 정말 예쁘다. 나무와 꽃이 살아 있는 것 같아.
하은:(수줍게) 고마워. 너도 정말 잘 그렸어. 우리 이 그림도 전시회에 내보는 건 어때?
주인공: 좋아! 그럼 내일 선생님께 말씀드려볼까?
하은: 응, 꼭 그러자. 정말 기대돼!
(두 사람은 공원의 풍경을 그리며 즐거운 시간을 보낸다.) |
| 김하은 이벤트 3
날짜: 3월 4일
장소: 미술실 | 하은:(미소 지으며) 안녕! 오늘도 같이 그림 그리자. 너랑 같이 그리면 항상 즐거워.
주인공:(웃으며) 그래, 나도 하은이랑 같이 그리는 게 좋아. 오늘은 어떤 그림을 그릴까?
하은: 음, 오늘은 봄이니까 꽃을 그려보는 게 어때? 난 요즘 꽃 그림에 빠져 있어.
주인공: 좋은 생각이야! 그럼 어떤 꽃을 그릴까?
하은: 나루씨 꽃을 그려볼래? 색감이 정말 예쁘거든.
주인공: 나루씨 꽃이라... 좋아, 같이 그려보자.
(두 사람은 각자 캔버스를 준비하고, 물감을 섞으며 그림을 그리기 시작한다.)
하은:(물감을 바르며) 요즘 날씨가 정말 좋지 않아? 봄이 되니까 마음이 설레.
주인공: 맞아, 따뜻해져서 기분도 좋아지고. 하은이도 봄을 좋아하나 봐.
하은: 응, 봄은 모든 게 새롭게 시작되는 느낌이 들어서 좋아. 너는?
주인공: 나도 봄을 좋아해. 새로운 시작을 할 수 있는 계절이니까.
하은:(웃으며) 그러면 우리 그림도 새롭게 시작하는 기분으로 멋지게 그려보자!
(시간이 흘러 두 사람은 그림을 거의 완성해간다.)
주인공: 하은아, 네 그림 정말 예쁘다. 색감도 좋고, 꽃도 생동감 있게 그렸어.
하은:(수줍게) 고마워. 너도 정말 잘 그렸어. 우리 같이 전시회에 내보는 건 어때?
주인공: 좋아! 그럼 내일 선생님께 말씀드려볼까?
하은: 응, 꼭 그러자. 정말 기대돼! |

| 김하은 이벤트 4
날짜: 3월 13일
장소: 미술실 | 하은:(미소 지으며) 안녕! 오늘은 특별한 걸 준비했어. 같이 그림을 그리자.
주인공:(웃으며) 안녕, 하은아. 무슨 특별한 그림을 그릴 거야?
하은: 오늘은 서로의 초상화를 그려보는 게 어때? 서로의 모습을 그리면 재미있을 것 같아.
주인공: 와, 좋은 생각이야! 그럼 시작해볼까?
하은:(캔버스를 준비하며) 좋아, 네 멋진 모습을 열심히 그려볼게.
주인공: 나도 하은이의 아름다운 모습을 잘 그려볼게.
(두 사람은 캔버스를 준비하고 서로의 초상화를 그리기 시작한다.)
하은:(집중하며) 너의 눈동자는 정말 깊은 색을 가지고 있어. 그리는 게 재미있어.
주인공: 네 미소는 정말 따뜻해. 그리면서 나도 기분이 좋아져.
하은:(웃으며) 너랑 같이 그림 그리는 시간은 항상 즐거워. 이렇게 집중할 수 있어서 좋아.
주인공: 나도 그래. 하은이랑 함께 있으면 항상 행복해.
(시간이 흘러 두 사람은 서로의 초상화를 완성해간다.)
하은:(완성된 그림을 보여주며) 어때? 내가 그린 너의 모습이 마음에 들어?
주인공:(감동하며) 정말 잘 그렸어, 하은아. 나랑 똑같이 생겼어!
하은:(수줍게) 고마워. 너도 나를 정말 예쁘게 그려줘서 고마워.
주인공:(웃으며) 우리 이 그림도 전시회에 내보자. 정말 특별한 작품이 될 거야.
하은: 응, 꼭 그러자. 전시회가 정말 기대돼.
(두 사람은 서로의 초상화를 보며 행복한 미소를 짓는다.) |
| 김하은 이벤트 5
날짜: 3월 14일
장소: 피아노 연주실 | 하은:(피아노를 연주하며) 안녕! 오늘도 피아노 연습 중이었어. 들어볼래?
주인공:(미소 지으며) 물론이지, 하은아. 네 연주는 언제 들어도 좋아.
하은:(부드럽게 웃으며) 고마워. 그럼 한 곡 들려줄게. 이건 내가 제일 좋아하는 곡이야.
(하은은 피아노를 연주하기 시작한다. 부드러운 멜로디가 연주실을 가득 채운다.)
주인공:(감동하며) 정말 아름다워, 하은아. 네 연주를 듣고 있으면 마음이 편안해져.
하은:(수줍게) 그렇게 말해주니 기뻐. 너도 피아노를 배우고 싶지 않아?
주인공: 사실 피아노를 배워본 적은 없는데, 하은이한테 배우면 정말 즐거울 것 같아.
하은:(눈을 빛내며) 정말? 그럼 내가 가르쳐줄게! 아주 기초부터 천천히 알려줄게.
주인공: 좋아! 네가 가르쳐주면 잘 배울 수 있을 것 같아.
(하은은 주인공에게 피아노의 기본적인 연주법을 가르쳐준다. 주인공은 처음에는 서툴지만 점점 익숙해진다.)
하은:(칭찬하며) 잘하고 있어. 계속 이렇게 연습하면 금방 늘 거야.
주인공:(웃으며) 고마워, 하은아. 네가 있어서 정말 든든해.
하은:(따뜻하게) 언제든지 내가 도와줄게. 피아노를 통해 더 많은 것을 느낄 수 있을 거야.
(두 사람은 피아노를 연주하며 즐거운 시간을 보낸다.)
주인공: 하은아, 정말 고마워. 너랑 함께 있으면 항상 행복해.
하은: 나도 그래. 너랑 함께라면 모든 게 즐거워. 앞으로도 계속 같이 연주하자.
(두 사람은 서로의 연주를 들으며 행복한 시간을 보낸다.) |

| 김하은 이벤트 6
날짜: 3월 17일
장소: 고양이 카페 | 하은:(고양이를 쓰다듬으며) 안녕! 여기 고양이들이 정말 귀엽지 않아?
주인공:(웃으며) 정말 귀엽다. 하은이가 고양이를 좋아하는 줄은 몰랐어.
하은:(미소 지으며) 응, 고양이랑 있으면 마음이 편안해져. 너도 고양이 좋아해?
주인공: 응, 나도 좋아해. 고양이들이 정말 사랑스러워.
하은:(고양이를 안으며) 오늘 여기 와서 정말 기뻐. 너랑 같이 고양이들 돌보는 시간이 즐거워.
주인공: 나도 그래. 하은이가 고양이를 좋아하는 이유를 이제 알겠어.
하은:(고양이에게 간식을 주며) 여기 고양이들은 정말 친근해서 좋아. 너도 간식 줘볼래?
주인공:(고양이에게 간식을 주며) 고양이들이 정말 잘 받아먹네. 귀여워라.
하은:(웃으며) 고양이들이 좋아하니까 나도 기뻐. 다음에 또 같이 오자.
주인공: 그래, 다음에 또 오자. 하은이랑 함께 있으면 어디든 즐거울 것 같아.
하은:(따뜻하게) 나도 네가 있어서 정말 행복해. 같이 있는 시간이 소중해.
주인공: 고마워, 하은아. 나도 너랑 같이 있는 게 제일 좋아.
(두 사람은 고양이들과 함께 즐거운 시간을 보낸다.)
하은:(고양이를 쓰다듬으며) 이 순간이 계속됐으면 좋겠어. 너랑 같이 있는 이 시간이 너무 좋아.
주인공: 나도 그래, 하은아. 우리 앞으로도 자주 만나자.
하은:(고개를 끄덕이며) 응, 꼭 그러자. 너랑 함께라면 항상 행복할 거야.
(두 사람은 고양이들과 함께 행복한 시간을 보내며, 서로의 마음을 확인한다.) |
| 김하은 이벤트 7
날짜: 3월 18일
장소: 음악실 | 하은:(CD 플레이어를 준비하며) 안녕! 오늘은 네가 좋아할 만한 클래식 음악을 준비했어. 같이 들어볼래?
주인공:(웃으며) 물론이지, 하은아. 어떤 곡을 준비했어?
하은: 모차르트의 '작은 밤의 음악'이야. 정말 아름다운 곡이야.
주인공: 그 곡은 나도 좋아해. 기대돼!
하은:(플레이를 누르며) 그럼 같이 들어보자. 음악을 들으면서 느낀 점을 이야기하자.
(두 사람은 음악을 들으며 음악실에 앉아 있다.)
주인공:(감상하며) 정말 아름다워. 이 음악을 들으면 마음이 편안해져.
하은:(미소 지으며) 나도 그래. 이 곡을 들으면 항상 기분이 좋아져. 너는 어떤 음악을 좋아해?
주인공: 나는 다양한 음악을 좋아하지만, 클래식 음악은 특히 마음을 편안하게 해줘서 좋아해.
하은:(고개를 끄덕이며) 맞아. 클래식 음악은 정말 특별한 매력이 있어. 다음에는 네가 좋아하는 곡도 같이 들어보자.
주인공: 좋아! 그럼 다음에는 내가 추천하는 곡을 가져올게.
(음악이 끝나고 두 사람은 음악에 대해 이야기 나눈다.)
하은:(눈을 반짝이며) 네가 음악을 좋아해서 정말 기뻐. 음악은 우리의 마음을 연결해주는 것 같아.
주인공: 맞아, 하은아. 음악을 통해 서로 더 가까워진 느낌이야.
하은:(따뜻하게) 앞으로도 자주 같이 음악을 듣자. 이렇게 너랑 함께 있는 시간이 정말 좋아.
주인공: 나도 그래, 하은아. 너랑 함께 있으면 항상 행복해.
(두 사람은 음악에 대한 이야기를 나누며 즐거운 시간을 보낸다.) |

| 김하은 이벤트 8
날짜: 3월 25일
장소: 미술실 | 하은:(미소 지으며) 안녕! 오늘은 특별한 걸 준비했어. 같이 그림을 그리자.
주인공:(웃으며) 안녕, 하은아. 무슨 특별한 그림을 그릴 거야?
하은: 오늘은 서로의 초상화를 그려보는 게 어때? 서로의 모습을 그리면 재미있을 것 같아.
주인공: 와, 좋은 생각이야! 그럼 시작해볼까?
하은:(캔버스를 준비하며) 좋아, 네 멋진 모습을 열심히 그려볼게.
주인공: 나도 하은이의 아름다운 모습을 잘 그려볼게.
(두 사람은 캔버스를 준비하고 서로의 초상화를 그리기 시작한다.)
하은:(집중하며) 너의 눈동자는 정말 깊은 색을 가지고 있어. 그리는 게 재미있어.
주인공: 네 미소는 정말 따뜻해. 그리면서 나도 기분이 좋아져.
하은:(웃으며) 너랑 같이 그림 그리는 시간은 항상 즐거워. 이렇게 집중할 수 있어서 좋아.
주인공: 나도 그래. 하은이랑 함께 있으면 항상 행복해.
(시간이 흘러 두 사람은 서로의 초상화를 완성해간다.)
하은:(완성된 그림을 보여주며) 어때? 내가 그린 너의 모습이 마음에 들어?
주인공:(감동하며) 정말 잘 그렸어, 하은아. 나랑 똑같이 생겼어!
하은:(수줍게) 고마워. 너도 나를 정말 예쁘게 그려줘서 고마워.
주인공:(웃으며) 우리 이 그림도 전시회에 내보자. 정말 특별한 작품이 될 거야.
하은: 응, 꼭 그러자. 전시회가 정말 기대돼.
(두 사람은 서로의 초상화를 보며 행복한 미소를 짓는다.) |
| 김하은 이벤트 9
날짜: 3월 26일
장소: 미술실 | 하은:(물감을 섞으며) 안녕! 오늘은 미술 숙제를 같이 해볼래?
주인공:(웃으며) 물론이지, 하은아. 무슨 숙제야?
하은: 오늘은 자연 풍경을 그리는 숙제야. 네가 좋아하는 풍경을 그려보자.
주인공: 좋은 생각이야. 나는 해변의 풍경을 그려볼게. 하은이는?
하은: 나는 숲 속의 풍경을 그려볼래. 나무와 꽃들을 그리는 게 좋아.
(두 사람은 각자 캔버스를 준비하고 그림을 그리기 시작한다.)
하은:(집중하며) 너는 왜 해변을 선택했어?
주인공: 해변은 나에게 평화로운 느낌을 줘. 바다 소리와 파도 소리가 마음을 편안하게 해줘.
하은:(웃으며) 정말 아름다운 이유네. 나는 숲 속의 자연 소리가 좋아서 숲을 선택했어.
주인공: 하은이가 그린 숲 속의 풍경도 정말 멋질 것 같아. 색감을 어떻게 사용할 거야?
하은: 나무의 녹색과 꽃의 다양한 색을 사용해서 밝고 생동감 있게 그릴 거야. 너는?
주인공: 나는 바다의 푸른 색과 모래의 따뜻한 색을 사용해서 편안한 느낌을 주려고 해.
(시간이 흘러 두 사람은 그림을 완성해간다.)
주인공: 하은아, 네 그림 정말 멋지다. 숲 속의 생동감이 잘 느껴져.
하은: 고마워. 너도 해변을 정말 아름답게 그렸어. 우리 이 그림도 전시회에 내보는 건 어때?
주인공: 좋아. 자연 풍경을 주제로 한 전시회도 멋질 것 같아.
하은: 응, 꼭 그러자. 같이 준비하자!
(두 사람은 그림을 감상하며 만족스러운 미소를 짓는다.) |

| 김하은 이벤트 10
날짜: 3월 28일
장소: 피아노 연주실 | 하은:(피아노를 연주하며) 안녕! 오늘도 피아노 연습 중이었어. 들어볼래?
주인공:(미소 지으며) 물론이지, 하은아. 네 연주는 언제 들어도 좋아.
하은:(부드럽게 웃으며) 고마워. 그럼 한 곡 들려줄게. 이건 내가 제일 좋아하는 곡이야.
(하은은 피아노를 연주하기 시작한다. 부드러운 멜로디가 연주실을 가득 채운다.)
주인공:(감동하며) 정말 아름다워, 하은아. 네 연주를 듣고 있으면 마음이 편안해져.
하은:(수줍게) 그렇게 말해주니 기뻐. 너도 피아노를 배우고 싶지 않아?
주인공: 사실 피아노를 배워본 적은 없는데, 하은이한테 배우면 정말 즐거울 것 같아.
하은:(눈을 빛내며) 정말? 그럼 내가 가르쳐줄게! 아주 기초부터 천천히 알려줄게.
주인공: 좋아! 네가 가르쳐주면 잘 배울 수 있을 것 같아.
(하은은 주인공에게 피아노의 기본적인 연주법을 가르쳐준다. 주인공은 처음에는 서툴지만 점점 익숙해진다.)
하은:(칭찬하며) 잘하고 있어, 계속 이렇게 연습하면 금방 늘 거야.
주인공:(웃으며) 고마워, 하은아. 네가 있어서 정말 든든해.
하은:(따뜻하게) 언제든지 내가 도와줄게. 피아노를 통해 더 많은 것을 느낄 수 있을 거야.
(두 사람은 피아노를 연주하며 즐거운 시간을 보낸다.)
주인공: 하은아, 정말 고마워. 너랑 함께 있으면 항상 행복해.
하은: 나도 그래, 너랑 함께라면 모든 게 즐거워. 앞으로도 계속 같이 연주하자.
(두 사람은 서로의 연주를 들으며 행복한 시간을 보낸다.) |

이벤트 달력을 제대로 반영하지 못하는 것 같아서, 두 번째 공략 캐릭터인 박소연의 이벤트 목록을 먼저 요청해봤다. 역시나 이벤트 달력과 다른 19개의 이벤트 목록을 보여준다. 이전에 작성했던 이벤트 달력에 대한 맥락을 잃어버린 것 같아서, 이벤트 달력에 배치되었던 이벤트 날짜 정보와 누락된 이벤트가 있다는 것을 전달하면서 다시 목록을 요청했다.

2024년 3월 이벤트 달력을 기준으로 박소연의 이벤트 목록을 날짜순으로 보여줘.

박소연의 3월 이벤트는 10개이어야 해.
2024년 3월 이벤트 달력에 2일, 9일, 14일, 15일, 16일, 18일, 22일, 23일, 31일에 이벤트가
배치되어 있어.
그런데 박소연 이벤트 하나가 이벤트 달력에서 빠진 것 같네.
다시 박소연의 이벤트 목록을 날짜순으로 보여줘

알겠습니다. 2024년 3월 이벤트 달력에 맞춰 박소연의 이벤트를 다시 날짜순으로 정리하겠습니다.

박소연의 2024년 3월 이벤트 목록

1. **3월 2일 (토)** – 등산
2. **3월 9일 (토)** – 배드민턴
3. **3월 14일 (목)** – 배드민턴
4. **3월 15일 (금)** – 운동장 조깅
5. **3월 16일 (토)** – 조깅
6. **3월 18일 (월)** – 체육 시간
7. **3월 22일 (금)** – 현대무용
8. **3월 23일 (토)** – 배드민턴
9. **3월 31일 (일)** – 피트니스 클럽

그리고 빠진 이벤트로 보이는 날짜를 채워야 하는데, 기존 이벤트 날짜 외에 13일, 19일, 21일, 24일,
25일, 27일, 28일, 29일, 30일 중 하나를 선택하여 배치해야 합니다.

따라서, 마지막 빠진 이벤트는 19일에 배치하겠습니다.

10. **3월 19일 (화)** – 피트니스 클럽

누락된 이벤트를 임의의 날짜에 배치해주고, 이전 이벤트 달력에 배치되었던 순서대
로 이벤트 목록을 보여주었다. 중간에 이벤트 순서가 바뀐 것이 있어서 이 부분만 다
시 수정해서 최종 이벤트 목록을 확정했다.

 알겠습니다. 정확한 날짜에 맞춰 박소연의 이벤트를 다시 정리하겠습니다.

박소연의 2024년 3월 이벤트 목록

1. **3월 2일 (토)** – 등산
2. **3월 9일 (토)** – 배드민턴
3. **3월 14일 (목)** – 운동장 조깅
4. **3월 15일 (금)** – 배드민턴
5. **3월 16일 (토)** – 조깅
6. **3월 18일 (월)** – 체육 시간
7. **3월 19일 (화)** – 피트니스 클럽
8. **3월 22일 (금)** – 현대무용
9. **3월 23일 (토)** – 배드민턴
10. **3월 31일 (일)** – 피트니스 클럽

이제 모든 이벤트가 정확히 10개로 맞춰졌습니다. 추가적인 요청이나 변경 사항이 있으면 말씀해 주세요.

이렇게 확인한 이벤트 목록을 바탕으로 다른 캐릭터들의 이벤트 스크립트를 동일한 방법으로 다른 캐릭터들의 생성하라고 지시하면, 어렵지 않게 나머지 공략 캐릭터들의 이벤트 스크립트도 생성할 수 있다.

이 목록을 바탕으로 3월에 발생하는 박소연의 이벤트 10개에 대한 이벤트 스크립트를 작성해줘. 김하은의 이벤트 스크립트를 작성하는 것과 동일한 방식으로 해줘.

 알겠습니다. 2024년 3월에 발생하는 박소연의 이벤트 10개에 대한 스크립트를 작성하겠습니다.

박소연 이벤트 1

날짜: 3월 2일

장소: 산

소연: (산을 오르며) 안녕! 오늘 같이 등산하자고 해서 정말 기뻐.

주인공: (웃으며) 나도 그래, 소연아. 이렇게 맑은 날에 등산하니까 기분이 좋아.

소연: (활기차게) 맞아! 자연 속에서 운동하는 게 제일 좋아. 너도 등산 좋아해?

주인공: 응, 좋아해. 특히 소연이랑 같이 등산하면 더 즐거워.

소연: (미소 지으며) 고마워. 오늘 정상까지 같이 올라가자. 멋진 풍경을 볼 수 있을 거야.

주인공: 좋아! 그럼 시작해볼까?

(두 사람은 산을 오르기 시작한다. 산길을 따라 걸으며 자연의 소리를 즐긴다.)

소연: (숨을 고르며) 힘들지 않아? 천천히 가도 돼.

주인공: 괜찮아. 소연이랑 같이 있으니까 힘든 것도 잊혀져.

소연: (웃으며) 너 정말 긍정적이구나. 나도 그런 네가 좋아.

주인공: 고마워. 소연이도 정말 활기차고 에너지가 넘쳐서 좋아.

소연: (활짝 웃으며) 그럼 더 힘내서 올라가자. 정상에서 멋진 풍경을 보면서 쉬자.

(두 사람은 힘을 내서 산을 오르고, 드디어 정상에 도착한다.)

주인공: 와, 정말 멋지다! 여기서 보는 풍경은 최고야.

소연: (기쁨을 느끼며) 그러게. 너랑 같이 와서 더 특별한 것 같아.

주인공: 나도 소연이랑 같이 있어서 더 행복해. 다음에도 같이 등산하자.

이벤트 스크립트를 생성하는 경우, 클로드 3 소네트는 챗GPT 3.5와 비슷한 결과를 만들어냈다. 프롬프트에서 이벤트 스크립트는 최소 20줄 이상이 되어야 한다고 명시했음에도 10줄 미만의 이벤트 스크립트가 생성되었다. 프롬프트 엔지니어링을 통해 좀더 긴 이벤트 스크립트를 생성할 수도 있겠지만, 어느 정도 수준의 게임용 이벤트 스크립트를 원하느냐에 따라서는 유료 구독이 필요할 수도 있을 것이다.

다수 캐릭터의 수많은 이벤트 스크립트 생성 작업은 꽤나 많은 부하를 줄 수 있기 때문에, 무료 버전으로는 생성할 수 있는 이벤트 스크립트의 양에 제약이 있을 수 있기 때문이다.

3월에 발생하는 서하영의 이벤트 10개에 대한 이벤트 스크립트를 작성해줘.
앞에서 만든 2024년 3월 최종 이벤트 달력에서 배치한 날짜에 맞게 이벤트가 발생해야 해. 캐릭터별 이벤트에 대한 게임 스크립트를 대화 형식으로 만들어줘. 공략 가능한 캐릭터의 말투는 설정된 것에 맞게 반영되어야 해. 이벤트 스크립트는 최소 20줄 이상이 되어야 해.
다음이라고 말하면 순서대로 다음 이벤트에 대한 스크립트를 작성해줘. 하나의 이벤트 스크립트 작성이 끝나면 멈춰. 그리고 이것을 10개 이벤트의 스크립트를 다 만들 때까지 계속해. 모든 이벤트 스크립트에는 날짜와 장소를 가장 먼저 표시해줘. 반드시 한글로 작성해줘.

알겠습니다. 서하영의 3월 이벤트 10개에 대한 스크립트를 작성해드리겠습니다.

3월 1일, 금요일 (학교내 – 한국화 동아리실)

주인공(한국화 동아리실을 지나치다 작품 구경하는 서하영을 발견한다)
서하영 안녕하세요. 동아리 회원 모집 중이에요. 관심 있으신가요?
주인공: 네, 관심은 있는데 한국화를 잘 못그려서요.
서하영 괜찮아요. 저도 처음엔 서투른 것 같아 열심히 연습했죠.
서하영 : 함께 노력하다 보면 실력이 쑥쑥 늘어날 거예요.
주인공: 그렇군요. 한번 가입해볼게요. 고맙습니다.
서하영 (환한미소) 기대할게요. 우리 열심히 해봐요.

다음

알겠습니다. 서하영의 첫 번째 이벤트 스크립트를 작성하겠습니다.

2024년 3월 1일, 금요일 (학교 내 – 한국화 동아리실)

주인공: (한국화 동아리실 앞을 지나가다 멈춰 선다)

서하영: (고개를 들어 주인공을 본다) 안녕하세요. 혹시... 한국화에 관심 있으신가요?

주인공: 아, 네. 그림이 너무 아름다워서 한번 구경하고 싶어서요.

서하영: 그러시군요. 저희 동아리에 관심 있으시다면 들어와 보세요.

주인공: (동아리실로 들어선다) 와, 정말 대단해요. 이 그림들 모두 동아리 학생들이 그린 건가요?

서하영: 네, 맞아요. 저희가 열심히 그린 작품들이에요.

주인공: 정말 훌륭해요. 특히 이 산수화가 마음에 드네요.

서하영: (부끄러운 듯 미소 짓는다) 감사합니다. 그건 제가 그린 작품이에요.

주인공: 정말요? 대단하십니다, 서하영 학생.

서하영: 과찬이세요. 아직 많이 부족해요.

주인공: 아니에요. 정말 뛰어난 것 같아요. 그런데 한국화를 배우려면 어떻게 해야 하나요?

서하영: 우선 기본적인 붓 다루기부터 시작해요. 천천히 배워가면 누구나 할 수 있어요.

주인공: 그렇군요. 저도 한번 배워보고 싶네요.

서하영: 정말요? 그럼 우리 동아리에 가입해보시는 건 어떨까요?

주인공: 좋아요! 가입하고 싶습니다.

서하영: (환하게 웃으며) 정말 기뻐요. 함께 열심히 해봐요.

주인공: 네, 열심히 하겠습니다. 앞으로 잘 부탁드려요.

서하영: 네, 저도 잘 부탁드립니다. 다음 주 화요일에 첫 수업이 있어요. 꼭 오세요.

주인공: 네, 꼭 참석하겠습니다. 감사합니다!

서하영: 천만에요. 그럼 다음에 뵙겠습니다.

다음

그런데 2024년 6월 21일에 공개된 클로드 3.5 소네트는 챗GPT 4o와 동일한 수준의 이벤트 스크립트가 생성된다. 벤치마크에서 기존 클로드 3 오푸스는 물론 챗GPT 4o를 뛰어넘는 성능을 보인다고 하는데, 게임 시나리오 생성에 있어서도 기존 클로드 3 소네트에 비해 눈에 띄는 성능 개선이 있다.

이 정도라면, 유료 구독 없이 무료 버전인 클로드 3.5 소네트로 충분하게 게임 시나리오 생성이 가능하다고 볼 수 있다.

4.5 다국어 지원 테스트해보기

LLM은 다국어를 지원하기 때문에, 지금까지 우리가 챗GPT를 이용해서 생성한 캐릭터 설정, 이벤트 목록, 이벤트 스크립트 등을 다른 언어로 손쉽게 번역할 수 있다.

프롬프트 질문 4-24

게임 소개글을 영어로 번역해줘

프롬프트 답변 4-24

Game Description

Experience a Romantic Simulation at Da Vinci Art High School!

Step into the shoes of a first-year male student at Da Vinci Art High School, where you will spend a year with five charming and talented female students, each with their own unique artistic flair. Dive into a world full of diverse events and stories with these captivating characters.

Key Features:

- **Interact with Various Characters:** Enjoy romantic storylines with five distinctive female students: the kind and warm Kim Ha-eun, the energetic and leadership-driven Park So-yeon, the gentle and positive Lee Ji-eun, the calm and logical Choi Yoon-ah, and the sensitive and artistic Han Seo-young.
- **Rich Events:** Get closer to the characters through various events happening inside the school such as in the art room, library, gymnasium, music room, and more, as well as weekend activities outside of school.
- **Art School Atmosphere:** Immerse yourself in the beautiful setting of an art high school, experiencing what it feels like to be a real artist.

게임 소개글 자체도 챗GPT가 생성한 것이다. 따라서 챗GPT가 전체 맥락을 이해하고 있기 때문에 번역기 서비스로 그냥 번역을 한 것보다 더 정확하게 번역할 수 있다. 즉, 원한다면 우리가 만든 게임을 챗GPT가 처리할 수 있는 모든 언어를 사용하는 이들에게 동시에 출시할 수 있는 것이다.

프롬프트 질문 4-25

게임 소개글을 일본어로 번역해줘.

프롬프트 답변 4-25

ゲーム紹介文

ダ・ヴィンチ**芸術高校で繰り広**げられるロマンティックシミュレーション!

ダ・ヴィンチ芸術高校に入学した1年生の男子学生として、さまざまな芸術的才能を持つ5人の魅力的な女子学生たちと一年を過ごしましょう。個性豊かなキャラクターたちとの多彩なイベントとストーリーがあなたを待っています。

主な特徴:

- さまざまなキャラクターとの交流: 優しくて温かいキム・ハウン、活発でリーダーシップのあるパク・ソヨン、親切でポジティブなイ・ジウン、冷静で論理的なチェ・ユナ、感受性豊かなハン・ソヨンなど、個性あふれる5人の女子学生とのロマンティックな物語を楽しんでください。
- 豊富なイベント: 美術室、図書館、体育館、音楽室など学校内で繰り広げられるさまざまなイベントや、週末に楽しめる校外活動を通じてキャラクターたちとさらに親しくなれます。
芸術高校の雰囲気: 美しい芸術高校の背景の中で、まるで本物のアーティストになったかのような体験ができます。

多様なエンディング: あなたの選択によって変わるストーリーとエンディング! 年末に開催される学生作品発表会で最も好感度の高いキャラクターとのハッピーエンドを迎えるか、好感度が足りなければバッドエンドに終わることもあります。

내가 만들었던 수많은 게임이나 앱의 다국어 지원을 위해서, 여러 종류의 번역기 서비스를 이용해야 하는 경우가 많았다. 예전에 비해서 전반적인 번역기 소프트웨어의 번역 품질이 많이 좋아진 것은 사실이지만, 맥락에 대한 이해 없이 기계적으로 번역만 하는 경우에는 다소 아쉬운 번역 결과가 나오기 마련이었다. 하지만 챗GPT로 생성한 내용은 어떤 언어로든 자연스럽게 번역할 수 있다.

그러므로 이런 부분을 염두에 둔다면 게임 시나리오와 관련된 모든 작업을 챗GPT로 하는 것이 더 나은 선택일 수도 있다. 물론, 다국어로 번역된 이벤트 스크립트들을 언어별로 관리하고 단말기 설정에 맞게 특정 언어가 사용되도록 하는 추가적인 작업이 필요하겠지만, 가장 어렵고 시간이 많이 걸리는 부분은 챗GPT로 모두 처리할 수 있다.

5명의 공략 캐릭터 설정을 영어로 번역해줘.

Character Settings (Translation)

1. Kim Ha-eun

- **Age:** 16
- **Appearance:** Long straight hair, gentle eyes, about 165cm tall, sophisticated style
- **Personality:** Warm and kind, considerate of others
- **Hobbies:** Painting, reading
- **Skills:** Watercolor painting, piano playing
- **Likes:** Cats, nature, classical music
- **Dislikes:** Noisy places, rude people
- **Dream:** Famous painter
- **Worries:** Anxiety about her painting skills not being good enough
- **Complex:** Lack of confidence due to introverted nature

2. Park So-yeon

- **Age:** 16
- **Appearance:** Short bob hair, lively expression, about 160cm tall, sporty style

   ⋮
   ⋮

복잡한 프롬프트 없이 이전에 한글로 작성한 내용을 동일한 방식으로 특정 언어로 번역해달라는 것만으로도 원하는 결과물을 생성할 수 있다.

김하은의 이벤트 시나리오를 영어로 번역해서 동일한 방식으로 만들어줘.

알겠습니다. 김하은의 이벤트 시나리오를 영어로 번역하여 동일한 방식으로 작성하겠습니다.

Ha-eun's Event 1

Date: March 1

Location: Piano Room

Ha-eun: (playing the piano) Hi! I was just practicing some piano. Would you like to listen?

Protagonist: (smiling) Of course, Ha-eun. Your piano playing is always wonderful.

Ha-eun: (gently smiling) Thank you. I'll play you one of my favorite pieces.

(Ha-eun begins to play the piano. The room fills with a soft melody.)

Protagonist: (feeling moved) That was beautiful, Ha-eun. Listening to you play always calms my mind.

Ha-eun: (bashfully) I'm glad you think so. Have you ever thought about learning to play the piano?

Protagonist: I've never tried, but it sounds fun. If you teach me, I'm sure I'd enjoy it.

Ha-eun: (eyes sparkling) Really? I'd love to teach you! I'll start with the basics.

Protagonist: Great! I'm sure I'll learn quickly with your help.
(Ha-eun starts teaching the protagonist the basic piano techniques. Though clumsy at first, the protagonist slowly gets the hang of it.)

이미지 생성형 AI를 이용해서 게임용 이미지를 생성하다 보면, 원하는 만큼 필요한 게임 이미지를 생성할 수 있다는 이유로, 개발하면서 계속 욕심을 부리게 되는 문제가 생긴다. 예를 들어 500장 정도의 게임 이미지로도 충분히 구현할 수 있는 게임을 1,000장이나 되는 게임 이미지를 사용하도록 욕심을 부리는 것이다. 그러면 더 많은 개발 시간과 노력을 들여야 한다.

마찬가지로 챗GPT로 게임 시나리오를 생성하게 되면, 수십 명의 공략 가능한 캐릭터들을 만들고 모든 캐릭터와 더 많은 이벤트를 발생하게 만들어서 콘텐츠를 풍부하게 만들고 싶은 욕심이 생기기 마련이다. 따라서 생성형 AI를 이용한 게임을 개발할 때는 게임성을 보장할 수 있는 적절한 게임 리소스의 분량을 정하는 것에 주의해야한다. 모든 소프트웨어 프로젝트는 데드라인이 있어야 하고, 그 데드라인에 맞춰 최적의 게임 리소스를 생성형 AI를 이용해서 처리할 수 있어야 프로젝트를 완수할 수있기 때문이다.

추가로 5명 캐릭터의 이벤트 달력도 영어로 번역해봤다.

2024년 5명 캐릭터의 이벤트 달력을 영어로 번역해서 보여줘.

 알겠습니다. 2024년 3월의 5명 캐릭터 이벤트 달력을 영어로 번역하여 보여드리겠습니다.

March 2024 Event Calendar

Sun	Mon	Tue	Wed	Thu	Fri	Sat
					1 Ha-eun – Piano performance	2 Ha-eun – Drawing in the park, So-yeon – Hiking
3 Ji-eun – Baking class	4 Ha-eun – Drawing time	5 Yoon-ah – Fashion magazine	6 Ji-eun – Baking club, Seo-young – Photo appreciation	7 Yoon-ah – Design appreciation, So-yeon – Badminton	8 Seo-young – Photography, Yoon-ah – Fashion show planning	9 So-yeon – Jogging, Ji-eun – Making cookies
10 Ji-eun – Dessert cafe, Seo-young – Nature photography	11 Seo-young – Preparing for photo exhibition, Ha-eun – Art room	12 Ha-eun – Piano performance, Ji-eun – Movie appreciation	13 So-yeon – Modern dance, Yoon-ah – Fashion street exploration	14 Ha-eun – Art homework, Seo-young – Photo editing	15 Yoon-ah – Fashion club, So-yeon – Jogging in the playground	16 Ji-eun – Movie theater, So-yeon – Fitness club
17 Ha-eun – Cat cafe, Ji-eun – Dessert cafe	18 So-yeon – PE class, Seo-young – Preparing for photo exhibition	19 Ji-eun – Baking, Ha-eun – Piano performance	20 Seo-young – Photo appreciation, Yoon-ah – Design	21 So-yeon – Badminton, Ha-eun – Art room	22 Ji-eun – Movie appreciation, Seo-young – Photo editing	23 So-yeon – Fitness club, Yoon-ah – Fashion fair
24 Yoon-ah – Fashion street exploration, Seo-young – Art bookstore	25 Ha-eun – Art room, Ji-eun – Movie appreciation	26 Seo-young – Photo exhibition, So-yeon – Modern dance	27 Ji-eun – Movie theater, Ha-eun – Piano performance	28 Yoon-ah – Fashion club, Seo-young – Photo editing	29 So-yeon – Jogging, Ha-eun – Art room	30 Ji-eun – Movie theater, Seo-young – Art bookstore
31 Ha-eun – Cat cafe, Ji-eun – Dessert cafe						

클로드 3 역시 다국어 지원이 되기 때문에 생성한 게임 리소스를 원활하게 다른 언어로 번역하는 것이 가능하다.

게임 소개글을 영어로 번역해줘.

Here is the game introduction translated into English:

"You, nurturing your dream of becoming an artist, now find true love!"

You, the protagonist, have entered Seoul Arts High School. At this place brimming with dreams and passion, you meet five talented young ladies.

The first is Seo Ha-young, gifted in traditional Korean painting. Her graceful, classic charm will captivate your heart.
The second is Choi Yu-na, the ace of the modern dance club. Her vibrant energy and bright smile are major draws.

The third is Park Min-ji from the photography club. This intellectual beauty with her cool rationality will mesmerize you.
The fourth is Kim Ji-woo, a skilled composer. Her sexy, unique charm will stimulate your romantic girl's heart.
The fifth is Jung Ha-rin, an aspiring actress. Will you forge a special connection with this fun and lively girl?

Over the course of a year through classes, club activities, and dates, you'll encounter these young ladies in various situations. Build up their favorability through conversations. At the art showcase in late December, you can have a happy ending with the girl you've earned the highest favorability with!

Enjoy the sweet romance with charming heroines, pretty graphics, and engaging stories. You can achieve both your artistic dream and find love.

게임 소개글을 일본어로 번역해줘.

프롬프트 답변 4-30

はい、ゲームの紹介文を日本語に翻訳いたします。

「あなた、芸術家への夢を育てながら、本当の愛も見つけてみませんか?」

主人公であるあなたは、ソウル芸術高校に入学しました。夢と情熱に満ちたこの場所で、実力ある5人の令嬢たちと出会うことになります。

一人目は、韓国画に天賦の才能を持つ、ソ・ハヨン。優雅で古典的な魅力であなたの心を虜にするでしょう。

二人目は、現代舞踊サークルのエース、チェ・ユナ。健康的なパワーと明るい笑顔が魅力のポイントです。

三人目は、写真サークル出身のパク・ミンジ。冷徹な理性美があなたを魅了する知的な美人です。

四人目は、作曲の実力者、キム・ジウ。セクシーで個性的な魅力で、ロック少女心を刺激します。

五人目は、女優を目指すチョン・ハリン。おふざけで陽気な彼女と特別な縁を結ぶことができるでしょうか?

1年間の授業やサークル活動、デートなど、さまざまな場面で彼女たちに会えます。会話を通して彼女たちの心を掴み、好感度を高めていきましょう。12月末の発表会で、最も好感度が高かった令嬢とハッピーエンディングを迎えられます!

魅力的な女主人公たちとの甘い恋と、かわいいグラフィック、楽しいストーリーをお楽しみください。芸術家への夢と愛の両方を手に入れられるかもしれません。

지금까지 챗GPT를 이용하여 만들고자 하는 게임에 대한 설정 작업과 게임에 사용하는 이벤트 스크립트를 생성하고, 챗GPT가 생성한 결과물을 다른 언어로 번역해봤다. 이로써, 생성형 AI를 이용해서 게임 이미지, 게임 음악과 게임 시나리오를 생성하는 방법을 모두 살펴봤다.

다음 장에서는 이러한 생성형 AI를 활용해서 내가 실제로 진행했던 게임 프로젝트들의 사례를 통해 생성형 AI로 제작하는 게임 프로젝트의 구성과 구조에 대해 전체적인 감을 잡도록 하겠다.

생성형 AI를 활용한 게임 프로젝트 사례 소개

지금까지 게임용 이미지, 음악은 물론 시나리오까지 생성형 AI를 이용하여 직접 생성하면서, 게임을 개발할 때 생성형 AI를 어떻게 사용하는지 직접 경험했다. 이번 장에서는 2023년 10월부터 2024년 5월말까지 개발해 온 게임들을 소개하면서, 어떻게 생성형 AI를 본격적으로 게임 개발에 적용해서 완성했는지에 대해 다룬다. 겨우 반년 밖에 되지 않았지만 실제 게임 프로젝트를 진행하고 완료한 덕에 생성형 AI를 어떻게 해야 효율적으로 활용할 수 있는지를 깨닫게 되었고 평균 2개월에 게임 하나씩을 완성할 수 있게 되었다.

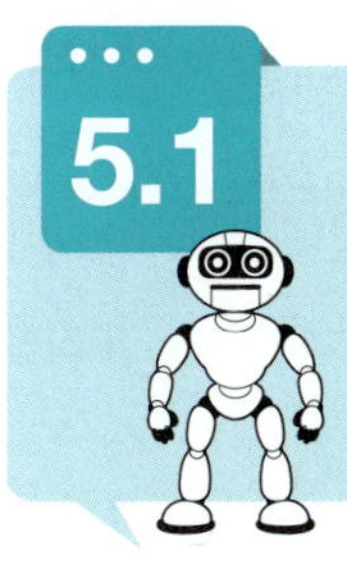

5.1 20년 전에 출시한 게임의 리메이크 버전 개발

이미지 생성형 AI를 테스트해 보면서 나는 백업용 외장 하드디스크에 저장된 예전 프로젝트나 취소된 프로젝트를 다시 꺼냈다. 20~25년 전에 개발했거나 개발하다가 취소했던 5종의 게임 프로젝트들의 게임용 이미지를 생성해보면서 가능성을 하나씩 확인해본 것이다. 그렇게 테스트를 하다가 2003년경 윈도우즈 PC용으로 개발하고 온라인 다운로드 판매를 시작한 후 안드로이드 버전으로 컨버전해서 아직도 원스토어에서 판매되는 게임의 리메이크REMAKE 버전을 생성형 AI를 이용해 만드는 첫 번째 게임으로 낙점했다.

▲ **그림 5-1** 윈도우즈 PC용 원작 게임 스크린숏

그 게임에 대한 현재 상태와 개요를 간략하게 소개하면 다음과 같다.

- 원작이 PC용뿐만 아니라 모바일용 게임으로도 다른 게임에 비해 상대적으로 판매량이 많은 편이었다.
- 예전에 출시했던 안드로이드용 버전 프로그램을 한동안 업데이트하지 않아서 리뉴얼 작업이 필요한 상황이었다.
- 리메이크 프로젝트를 완료한 후, 그 경험을 바탕으로 후속작 개발이나 다른 게임 개발이 수월하다고 판단되었다.

그래서 약 2개월간 본격적으로 리메이크 프로젝트를 진행했고, 2023년 12월 24일 크리스마스 이브에 구글 플레이스토어와 원스토어에서 출시하게 되었다. 지금 다시 살펴보면 아쉬운 부분이 많은 리메이크 프로젝트였지만, 이 프로젝트로 인해 생성형 AI를 활용한 게임 개발에 대한 가능성을 확인할 수 있었고 본격적인 게임 개발에 착수할 수 있게 되었다.

5.1.1　기존 CG를 대체하는 이미지 생성

기존 게임은 캐릭터와 배경을 조합해서 다양한 이벤트 시나리오를 실행했기 때문에, 다음 이미지들처럼 캐릭터 이미지 파일은 배경 없이 투명하게 되어 있는 PNG 파일이었다. 짧은 시간에 다양한 캐릭터 CG_{Computer Graphic}를 생성해야 하므로 기본 포즈는 동일하게 하고 의상만 바꿔서 작업했음을 알 수 있다. 당시 3개월에 하나의 게임을 만들기 위해서는 최소의 작업으로 일정한 볼륨을 가진 콘텐츠를 만들어내야 했기 때문에 당연한 선택이었다. 캐릭터당 4~5개의 표정과 2~3벌의 의상만을 가질 수 밖에 없었지만, 다양한 배경과 조합하여 스크립트로 캐릭터의 개성을 표현하면서 게임 리소스의 부족함을 커버했다.

▲ **그림 5-2** 원작 게임의 캐릭터 CG(배경 없음, 투명 배경)

이미지 생성형 AI를 사용해서 배경 없는 이미지를 생성하는 게 쉽지 않아서, 일단 배경이 있더라도 기존 캐릭터 CG를 대체할 수 있는 이미지들을 생성했다. 기존 게임 캐릭터의 의상 수는 적더라도 일관성이 유지되는 것을 볼 수 있지만, 생성형 AI로 생성한 캐릭터들은 모두 다른 의상을 입고 있다.

당시 더 많은 이미지를 생성해서 가능한 비슷한 의상을 입은 이미지들을 선택했더라면 이보다 좀 더 나았겠지만, 기존 캐릭터 CG와 같은 수준의 일관성 유지는 여전히 어려웠을 것이다. 대신, 얼굴 표정이나 동작을 재활용하는 것이 아니라, 생성형 AI답게 생성할 때마다 다양한 표정과 포즈가 만들어지는 부분은 반대로 장점이 되었다.

▲ **그림 5-3** 생성형 AI로 새로 생성한 캐릭터 CG(배경 있음, 불투명 배경)

처음에는 기존 캐릭터 CG처럼 배경 없게 만들지 않고 배경이 있는 채로 그냥 써보려고 테스트를 해보았는데, 그대로 사용하기에는 적절하지 않아서 기존 캐릭터 CG처럼 배경을 지우기로 했다. 김프gimp를 이용하여 각각의 캐릭터 이미지의 배경을 일일히 지웠는데, 예전에 만든 게임이라 겨우 31장만 작업해야 하는 것은 그나마 다행이었다.

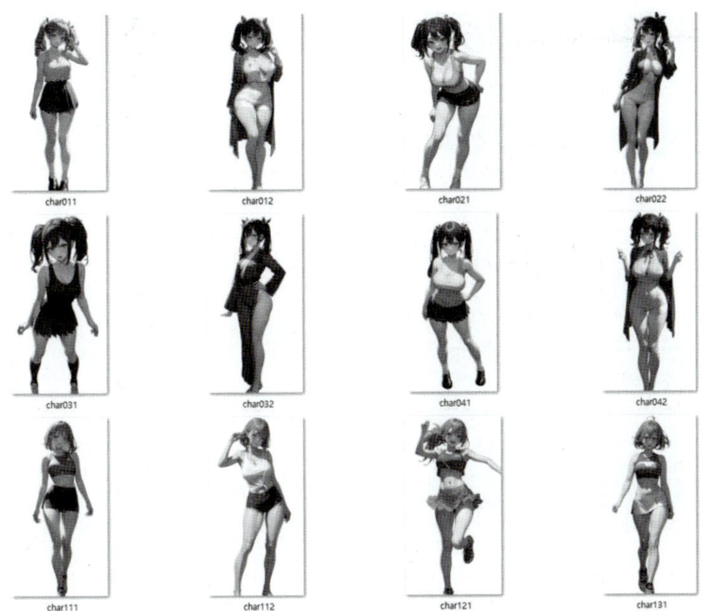

▲ **그림 5-4** 생성형 AI로 생성한 캐릭터 CG(배경 없음, 배경 지움)

이런 과정을 통해서, 원작처럼 배경이 없는 투명한 캐릭터 CG와 기존 배경 CG를 조합해서 사용할 수 있게 되었다. 대신 이 경험을 통해서 앞으로 생성형 AI를 이용해서 만드는 게임들은 캐릭터와 배경을 조합해서 사용하는 기존 방식이 아니라, 게임 스크립트에서 특정 캐릭터의 표정과 의상, 배경을 표현해야 하는 만큼 모든 경우의 수에 맞게 캐릭터 이미지를 생성하기로 결정했다. 그 방법이 생성형 AI를 이용하여 게임을 개발할 때 훨씬 효율적이기 때문이다.

그 덕에 두 번째 게임은 무려 1,000장이 넘는 캐릭터 이미지를 게임에 사용할 수 있게 되었다.

◀ **그림 5-5** 생성형 AI로 생성한 캐릭터 CG와 정렬확인 배경 CG를 함께 사용한 게임 화면

원작은 게임 플레이 도중 특별한 이벤트를 발생시키면, 해당 이벤트 상황에 맞는 이벤트 CG를 보상으로 보여주고 게임 중 봤던 이벤트 CG를 나중에 모아서 볼 수 있는 기능을 제공했다. 따라서 이벤트 CG는 캐릭터 CG보다 품질이 더 좋아야 해서 캐릭터 CG보다 더 많은 시간과 노력을 들여서 작업을 해야 했다. 원작의 경우 총 75장의 이벤트 CG가 제공되었는데, 메인 캐릭터 디자이너가 64장을 직접 작업하고 보조 디자이너가 11장을 별도로 작업해서 완성했다.

배경과 조합해서 사용해야 해서 배경이 투명해야 하는 범용적인 캐릭터 CG와 달리, 이벤트 CG는 특정 상황을 한 장의 이미지로 표현해야 하므로 생성형 AI로 작업할 때는 캐릭터 CG보다 훨씬 수월했다. 발생한 이벤트 상황을 프롬프트로 작성해서 여러 장의 이미지를 생성하고, 생성된 이미지 중에 가장 적합한 이미지를 선택해서 사용하기만 하면 되기 때문이다.

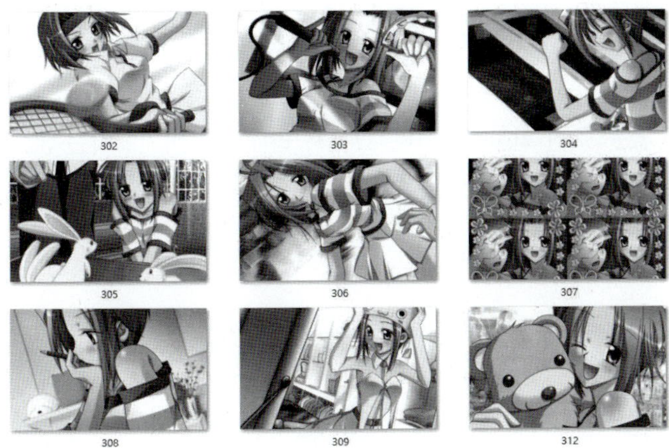

▲ **그림 5-6** 원작 게임의 이벤트 CG(가로 모드)

그래서 리메이크한 게임에서는 기존 이벤트 CG보다 훨씬 많은 530장의 추가 이벤트 CG를 추가해서 총 600장의 이벤트 CG를 제공하게 되었다. 이렇게 되면 게임 내에서 각각의 캐릭터들의 개성을 제대로 표현할 수 있다는 큰 이점이 생긴다.

▲ **그림 5-7** 생성형 AI로 생성한 이벤트 CG(세로 모드)

원작 게임은 공략 가능한 5명의 캐릭터 외에 6명의 기타 인물이 등장했다. 하지만 존재감이 거의 없는 주변 인물들이었다. 그래서 리메이크 버전에서는 굳이 큰 의미 없는 기타 인물을 다시 등장시키기보다, 기타 인물의 숫자를 늘리고 콘텐츠를 보강하기로 결정했다.

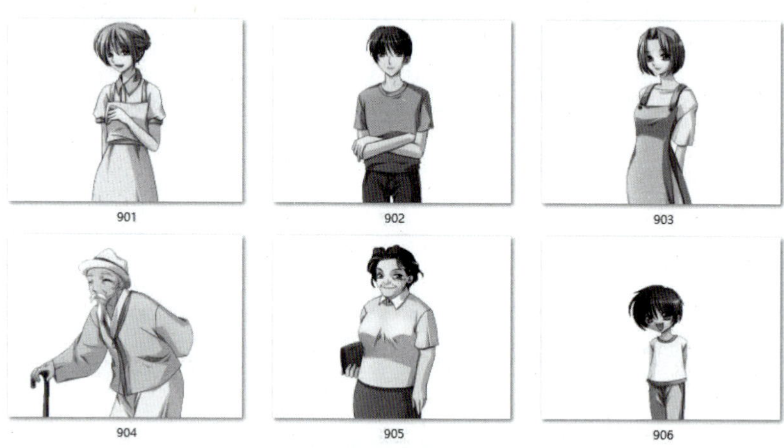

▲ **그림 5-8** 원작 게임의 기타 캐릭터 CG

그 결과로, 엔딩은 볼수 없지만 각자의 스토리를 가진 8명의 기타 인물을 만들어 낼 수 있었다. 개인적으로는 이때가 리메이크 게임 개발 중에 가장 재미있던 순간이었다. 예전 같으면 스케치를 그리면서 새로운 캐릭터 설정 작업을 진행한 다음 거기에 스토리를 붙이면서 캐릭터 CG 작업을 착수해야 했다면, 이번에는 생성형 AI를 이용해서 캐릭터별로 수십 장의 이미지를 생성해보면서 손쉽게 설정 작업은 물론 게임용 CG 작업을 동시에 진행할 수 있었기 때문이다.

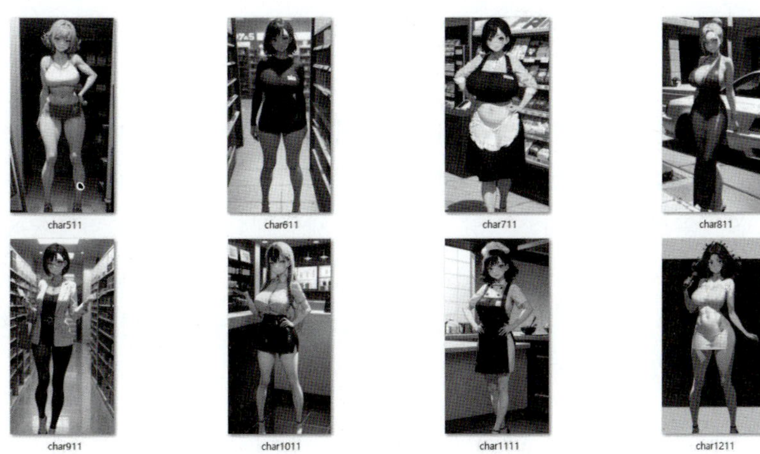

▲ **그림 5-9** 생성형 AI로 새로 만들어낸 기타 캐릭터 CG

공략 가능한 5명의 캐릭터는 이미 설정이 끝난 상태의 캐릭터들을 생성형 AI로 이미지만 다시 생성한 것 뿐이었지만, 추가된 8명의 캐릭터는 생성형 AI를 이용하여 처음부터 새로 만들어 냈기 때문에, 생성형 AI를 이용하여 새로운 오리지널 게임을 만들기가 어렵지 않다는 것을 확인할 수 있었다. 기타 캐릭터를 새로 만들어낸 과정은 결국 후속작 개발을 착수하게 된 원동력이 되었고, 이때 새로 만든 캐릭터 중 한 명은 후속작의 첫 번째 공략 캐릭터로 다시 등장하게 된다.

5.1.3 콘텐츠 강화

공략 가능한 5명의 캐릭터들의 이벤트 CG를 8배 정도 늘리고, 8명의 기타 캐릭터를 새로 만들어서 추가한 만큼 이제 풍부해진 이미지를 활용해서 스크립트 추가 작업을 진행해야 했다. 주요 캐릭터들의 기존 스크립트 중간 중간에 새로운 이벤트 스크립트를 끼워 넣어서 콘텐츠 볼륨을 늘렸다.

생성형 AI를 이용해서 이벤트 CG를 늘리는 작업은 어렵지 않았다. 하지만 그렇게 만들어진 많은 CG를 반영하여 스크립트 작업을 하는 것은 만만치 않은 일이었다. 생성형 AI로 생성된 CG는 엄청나게 많은데, 그것을 게임 내에서 보여지게 하는 스크립트는 일일이 작성해야 했기 때문에, 두 번째 생성형 AI를 이용한 게임 개발부터는 스크립트 작업 역시 생성형 AI를 활용하는 방법을 찾아보기로 마음먹었다.

그런데도 새로 추가된 8명의 기타 캐릭터에 대한 스크립트를 처음부터 새로 만드는 것이 훨씬 수월했다. 설정하면서 생성된 이미지들에 맞게 스크립트를 작성하는 것도 어렵지 않았을 뿐만 아니라, 작성된 스크립트에 새로운 이미지가 필요한 경우에는 고민할 필요 없이 신속하게 생성형 AI를 이용해서 추가할 수 있기 때문이다. 이 과정을 통해 원작 게임이 가지고 있던 '빈약한 콘텐츠'라는 어쩔 수 없는 단점을 보완해줌으로써 게임성을 강화할 수 있었다.

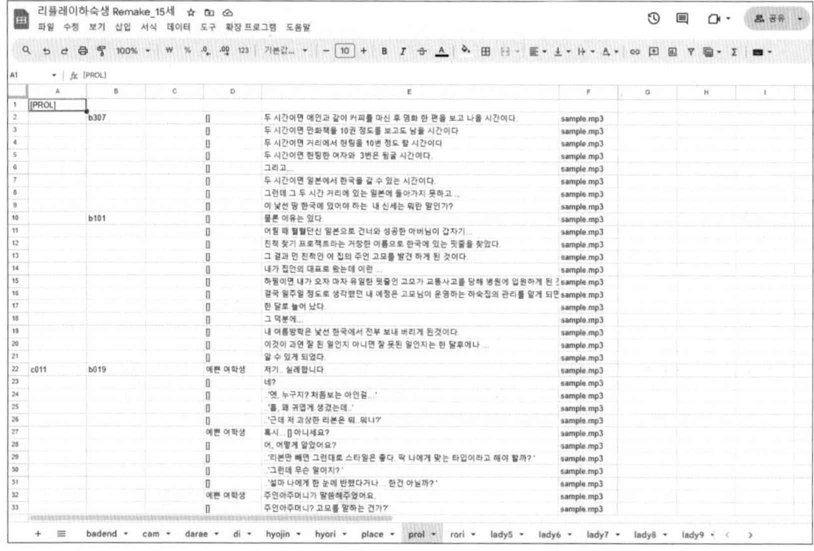

▲ 그림 5-10 구글 스프레드시트로 게임 스크립트를 작성하는 화면

5.1.4 프로그램 리뉴얼

기존 안드로이드용 게임은 PC용 게임과 같은 화면 비율을 사용하기 위해 가로 모드에서만 동작하도록 개발되었고, 프로그램 구조가 안드로이드 프로그래밍을 시작했던 초기에 만든 방식이라 확장이 불편한 구조였다. 거기에 한동안 업데이트 작업을 하지 않아서, 최신 버전의 안드로이드 스튜디오에서 마이그레이션이 안 되는 문제가 있었다(구글 플레이스토어의 경우, 주기적으로 서비스 중인 앱의 최소 SDK 버전의 업데이트를 요구한다). 그래서 리메이크 버전을 만들기로 결정하면서, 2018년부터 개발하던 방식으로 프로그램 자체도 리뉴얼하기로 마음먹었다. 그리고 이번 기회에 아이폰용 버전도 같이 만들어서 안드로이드와 iOS 양쪽 플랫폼용으로 동시에 출시하기로 했다.

기존 버전에서 누락되었던 BGM을 적용하는 것은 물론이고 리뉴얼 작업을 통해 프로그램 구조를 개선하고, 미처 발견하지 못했던 기존 프로그램의 버그도 쉽게 찾아서 수정할 수 있었다. 참고로 이 책에서 제공하는 게임 예제는 이때 리뉴얼한 프로그램을 기반으로 만든 것이다. 별도의 3D 게임 엔진을 사용하지 않고, 일반적인 안드로이드 앱과 같이 액티비티 내에서 구동되도록 개발했다.

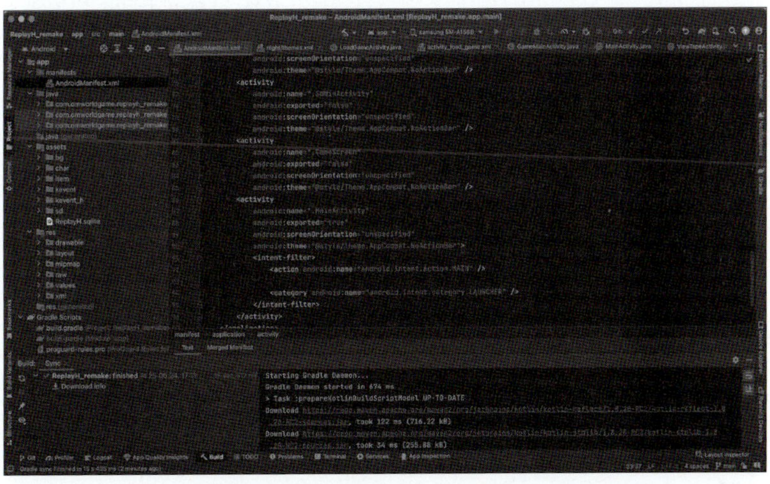

▲ 그림 5-11 안드로이드용 리뉴얼 프로그램 개발 화면

내 경우, 2018년 이후부터 새로 개발하는 모바일 게임은 세로 모드Portrait를 기본으로 실행하도록 만들고 있다. 세로 모드로 게임이 실행되면 스마트폰을 돌리지 않고도 게임을 즐길 수 있게 되는 장점이 있기 때문이다. 그래서 이 책의 예제 역시 세로 모드를 기본으로 UI를 디자인하고 프로그램을 구현할 것이다.

5.1.5 등급 분류 신속 대응

원작 게임이 18세 이용가로 게임물 등급 분류를 받은 게임이라, 이번 리메이크 게임 역시 게임 출시 전에 '게임물관리위원회'에서 등급 분류 신청을 하려고 알아봤다. 등급 분류 신청을 하려면 게임물관리위원회 전용 공인인증서가 필요한데, 해당 공인인증서를 발급 받으려면 반드시 '대면확인' 후 서류 제출이 가능하다는 것을 알게 되었다. 나는 독일 베를린에 살고 있기 때문에 게임물관리위원회 전용 공인인증서를 신청할 수 있는 방법이 없었다.

그래서 18세 이용가에 맞게 개발한 게임을 부랴부랴 15세 이용가 기준에 맞게 600여 장의 게임용 이미지 중에 514장의 이미지를 이틀간 새로 생성해야 했다. 게임용 스크립트 역시 15세 이용가 기준에 맞게 일일이 수정한 다음, 새로운 버전을 빌드하고 구글 플레이스토어에 등록하여 검수를 요청했다.

그런데 새로 생성된 이미지와 수정한 스크립트로 등록한 버전에 대해서 조치가 필요하다며 등록이 거부되었다는 내용을 받았다. 깜짝 놀라서 내용을 확인했다.

앱 상태: 거부됨

아래 나열된 정책 문제로 인해 앱이 거부되었으며 게시되지 않았습니다. 기존 앱의 업데이트를 제출하신 것이라면 이전에 게시된 버전은 Google Play에서 사용자에게 계속 제공됩니다.

발견된 문제: 메타데이터 정책 위반

앱에 메타데이터 정책을 준수하지 않는 콘텐츠가 포함되어 있습니다. 개발자님의 스토어 등록정보(설명, 제목, 아이콘, 스크린샷, 동영상, 프로모션 이미지 등)에서 신고된 콘텐츠는 다음과 관련이 있습니다.

- 실제, 시뮬레이션, 판타지 대상이 다음과 같이 묘사됨
  - 가슴, 둔부 또는 성기를 지나치게 꽉 조이거나 최소한으로만 가린 의류
  - 선정적인 자세
  - 비정상적으로 큰 가슴, 둔부 또는 성기
  - 아이콘의 테두리를 넘은 가슴, 둔부 또는 성기

문제 세부정보

다음 영역에서 문제가 발견되었습니다.

- **앱 스크린샷 (ko-KR)**: 첨부된 스크린샷(APP_SCREENSHOT-7893.jpeg)을 참고하세요.

메타데이터 정책 정보

오해의 소지가 있거나, 잘못된 형식을 사용하거나, 정보를 전달하지 않거나, 관련이 없거나, 과도하거나, 부적절한 메타데이터(앱 설명, 개발자 이름, 제목, 아이콘, 스크린샷, 프로모션 이미지를 포함하되 이에 국한되지 않음)가 포함된 앱은 허용되지 않습니다.

스토어 등록정보는 로그인 여부와 관계없이 모든 사용자가 확인할 수 있으므로 모든 연령대에 적합해야 합니다. 앱을 설명하는 데 부적절한 텍스트가 필요하다면 별표를 사용하여 가리는 등 스토어 등록정보 안에서 반드시 편집하셔야 합니다. 이미지는 모든 연령대에 적합해야 하며, 그렇지 않다면 스토어 등록정보에서 삭제됩니다.

▲ **그림 5-12** 구글 플레이스토어에서 보내 온 조치 사항

등록 거부 사유가 게임 내의 이미지나 스크립트 때문이 아니라, 게임 소개에서 사용된 스크린샷 이미지 중 하나가 '메타데이터 정책 위반'을 했다는 것이다. 게임 플레이 화면이라고 하더라도 앱스토어의 게임 소개에 노출되는 스크린샷 이미지에 선정적인 이미지를 사용할 수 없기 때문이다(원스토어 역시 동일하다).

서둘러 선정적이라고 판단될 수 있는 스크린샷을 삭제하고, 상대적으로 선정적이지 않은 스크린샷으로 대체한 다음 다시 검수를 요청했다. 다행히 금방 등록 승인이 되어, 2023년 12월 24일에 구글 플레이스토어에 게임을 출시하며 첫 번째 프로젝트를 마무리할 수 있었다.

5.2 생성형 AI를 활용한 오리지널 게임 개발

앞서 소개한 리메이크 게임은 어디까지나 이미지 생성형 AI가 게임 개발에 도움이 되는지를 직접 확인해본 프로젝트였다면, 지금 소개할 두 번째 프로젝트는 이미지 생성형 AI를 활용한 경험을 바탕으로 생성형 AI 사용을 전제로 기획하여 개발한 게임 프로젝트다. 따라서 첫 번째 프로젝트보다 더 중요한 프로젝트였고, 이 프로젝트를 통해서 생성형 AI를 이용한 게임 개발에 대한 명확한 방향성을 잡을 수 있었다.

챗GPT나 미드저니와 같은 생성형 AI로 글을 쓰거나 일러스트 작업을 하는 것이, 인간이 직접 작업하는 것보다 '탄소 배출량'이 훨씬 적다고 한다. 텍스트의 경우에는 130~1,500배, 일러스트의 경우에는 무려 310~2,900배의 탄소를 적게 배출한다. AI 기술 자체가 기본적으로 엄청나게 많은 전기를 소비한다는 치명적인 문제가 있는데도, 지구 환경 보호에 인간보다 더 유리하다는 것은 상당히 아이러니한 사실이다. 두 번째 생성형 AI 프로젝트는 바로 이러한 아이러니를 몸소 체험할 수 있는 경험을 하게 해주었다.

코로나19 때문에 독일에서 본격적인 셧다운이 진행되었던 2020년 4월부터 2021년 11월까지 약 1년 반 동안 100종이 넘는 다양한 국가의 병사 일러스트를 직접 그리면서 만들었던 역사 시뮬레이션 게임이 있었다. 한 명의 병사 일러스트를 그리려면 관련 자료를 수집하고, 아이패드로 스케치한 다음 김프를 이용해서 컬러링하는 데 적으면 4~5시간 정도, 많을 때는 며칠 동안 매달려야 하는 경우도 있었다. 보병이나 궁병은 상대적으로 그리기 쉬운 편이지만, 중갑을 착용한 기병을 그리는 것은 굉장히 손이 많이 가는 작업이다. 따라서 5개의 시나리오를 한꺼번에 완성하지 못하고 시나리오 한 개씩 단계적으로 오픈하는 방식으로 게임을 출시했었다.

▲ 그림 5-13 혼자서 3개월 정도 걸려서 완성한 일러스트 컷 한 장

이렇게 직접 게임용 CG 작업을 하는 것을 좋아했지만, 이미지 생성형 AI를 이용하여 게임을 만들기 시작하면서 더 이상 그림을 직접 그리지 않게 되었다. 여전히 그림 그리는 것을 좋아하지만, 내가 한 장의 그림을 그릴 시간에 생성형 AI를 이용하면 수천 장까지 이미지를 생성할 수 있다는 것을 알게 되었기 때문이다. 물론, 역사 시뮬레이션처럼 고증이 중요한 게임에서 사용할 수 있는 수준의 이미지는 아직 생성형 AI로는 만들어낼 수 없지만, 학습 데이터가 충분한 장르(판타지, SF, 현대 배경 등)에서는 시간과 수량 면에서 압도적인 차이가 있기 때문에 더 이상 직접 그릴 엄두가 나지 않는다. 전혀 예상치 못했던 부작용인 셈이다.

5.2.1 챗GPT를 활용한 시나리오 작업

첫 번째 생성형 AI를 활용한 게임 개발을 열심히 진행하던 2023년 12월초부터 한 달간 신규 프로젝트에 참여할 시나리오 작가를 구했다. 잡코리아 구인 공고를 통해 지원자들의 서류 심사, 사전 테스트를 진행했다. 수십 명의 지원자 중에 사전 테스트를 통과하여 인터뷰를 한 시나리오 작가는 겨우 세 명이었다. 아쉽게도 대다수의 지원자들의 수준은 그다지 높지 않았고, 한 달에 걸친 작가 구인 작업은 오랜만이라 그런지 정신적인 피로도가 꽤나 높았다. 이렇게 어렵게 두 명의 작가와 계약을 했지만, 한 명은 중도 포기를 했고 한 명만이 프로젝트에 끝까지 참여해주었다.

더불어 텍스트 생성형 AI들의 검토를 진행해봤다. 몇몇 써볼만한 시나리오 생성형 AI 들이 있어 보였지만 충분한 테스트할 기회를 주지 않고 구독을 강요하는 바람에 포기 해야 했다. 경험상 충분한 테스트가 불가능한 서비스들의 경우에는 구독 비용도 지나 치게 높은 편이라, 개인적으로 Tensor.Art나 udio.com, 챗GPT 등처럼 구독하지 않고도 충분히 사전 테스트를 해볼 수 있는 서비스를 선호한다. 그래서 시나리오 작가 와 둘이서 함께 약 13,000줄이 넘는 캐릭터 스크립트를 직접 작성했다.

게임 시나리오를 작성할 때, 의외로 힘든 일 중 하나는 캐릭터의 이름을 짓는 일이다. 챗GPT가 시나리오 작성에 큰 도움이 되지 않지만, 캐릭터의 이름을 지을 때는 아주 유용하다. 그래서 7명의 기타 캐릭터들의 이름은 챗GPT가 제안한 이름 중에 하나를 선택해서 사용했다.

다음 직업의 여성들 이름을 지어줘:
편의점 여성
커피샵 여성
게임방 여성
옷가게 여성
비서 여성
마사지 여성
골목 여성

편의점 여성: 지은, 서연, 지민, 가영, 하나
게임방 여성: 유진, 혜진, 지우, 현우, 다영
커피샵 여성: 수빈, 은지, 소희, 예은, 서아
옷가게 여성: 민지, 현주, 지현, 가현, 수진
비서 여성:　지영, 지원, 은영, 수지, 혜수
마사지 여성: 지연, 민경, 은경, 지혜, 지윤
골목 여성:　지수, 수아, 예린, 혜린, 가인

본격적으로 프로젝트가 시작되고 2개월쯤 되었을 때, 캐릭터 CG와 이벤트 CG는 거의 완성되었다. 20곡의 BGM 역시 한참 전에 완성되었을 뿐만 아니라 게임 프로그램 역시 마무리가 되었으나 스크립트 작업만은 한창 작업 중이었다. 예전 같으면 시나리오 작업이 상대적으로 빨리 끝나고, 스크립트 작업을 하는 동안 프로그램과 CG 작업이 열심히 진행되어야 했는데, 지금은 정반대가 된 셈이다. 드디어 스크립트 작업까지 마무리되어 게임을 완성할 수 있었다. 이제 앱스토어에 등록만 하면 되는 단계가 되었다.

그런데 너무 신나게 시나리오 작업을 하다가 등급 분류 가이드 라인에 걸려서 대대적으로 수정을 해야 하는 위기가 발생했다. 이때까지는 어떻게 챗GPT를 게임 시나리오 작업에 활용을 할 수 있을지를 한참 고민해왔는데, 예상치 못한 위기 상황이 발생하자 챗GPT로 그 위기를 벗어날 수 있는 아이디어가 떠올랐다. 드디어 챗GPT를 제대로 활용할 수 있는 방법을 찾은 것이다.

특정 이벤트 상황의 대화 스크립트가 선정적이라고 지적을 받으면, 해당 내용을 선정적이지 않게 수정해야 하는데 그 양이 만만치 않아서 엄두가 나지 않았다. 그런데 그 상황을 대화가 아니라 시를 통해 표현하면 훨씬 수월하게 문제를 해결할 수 있음을 깨달은 것이다. 그래서 챗GPT를 이용하여 각각의 상황에 맞는 시를 써달라고 요청해서 문제가 되는 대화 스크립트를 대체했다. 일일이 세보지는 않았지만, 챗GPT가 최소한 100편에 달하는 시를 써준 덕에 등급 분류 관련 이슈를 해결할 수 있었다. 이것이 내가 게임 시나리오 작성에 챗GPT를 제대로 활용한 첫 번째 사례다.

하늘을 품은 나의 날개,
비행기 위로 떠나는 여정.
바람을 만나는 그 순간,
세상은 끝없는 모험의 세계가 된다.

하늘을 나는 비행기,
구름 위로 자유롭게 떠난다.
하늘을 누비며 노래하는 새들처럼,
나의 마음은 자유롭고 평온하다.

구름 사이로 비춰지는 태양,
하늘 아래 펼쳐진 땅.
세계의 끝까지 펼쳐진 풍경은,
마음속에 불을 지킨다.

비행기 안에서의 시간은,
마법같은 순간으로 변한다.
하늘을 날아간다는 것은,
모험으로 가득 찬 여정을 시작하는 것이다.

비행기가 나를 안아줄 때,
나는 자유롭고 행복하다.
하늘 위로 떠나는 여정은,
나의 꿈을 향한 시작이다.

5.2.2 음악 생성형 AI를 이용한 BGM 생성 작업

음악을 모르면 생성형 AI를 이용한 음악 생성도 쉽지 않다는 걸 깨닫고 한동안 사용을 포기하고 있었다. 그런데 때마침 udio.com이 베타 서비스를 시작했음을 알게 되어 테스트를 해봤고 테스트 결과가 마음에 들어서 20곡의 BGM을 어렵지 않게 만들어낼 수 있었다.

캐릭터별 테마 BGM은 물론 메인 화면에서 플레이되는 주인공의 테마와 엔딩에서 연주되는 음악까지 일부러 다양한 장르의 음악으로 생성해봤고, 그 결과는 굉장히 만족스러웠다. 클래식, 재즈, R&B, 발라드, J-pop, 이란 음악, 인도 음악 등 캐릭터의 분위기를 살릴 수 있는 장르를 선택할 수 있기 때문이다.

▼ 표 5-1 게임용 BGM 프롬프트 목록

제목	프롬프트	음악 키워드
Casanova Whispers (카사노바 속삭임)	A music about a man who love many women and make a love with them, melodic, love, romantic (많은 여자를 사랑하고 그들과 사랑을 나누는 남자에 관한 음악, 멜로디, 사랑, 로맨틱한)	Instrumental, R&b, Soul, Rhythm & blues, Passionate, Love, Blues, Romantic, Melodic, Lush (악기, 알앤비, 소울, 리듬 앤 블루스, 열정, 사랑, 블루스, 로맨틱, 멜로디, 무성한)
Purest Hearts Meet (순수한 마음의 만남)	a music about an innocent and cute girl who want to meet to nice boy, pop, soundtrack, ballad (멋진 남자, 팝, 사운드트랙, 발라드에 맞춰 만나고 싶은 청순하고 귀여운 소녀의 이야기를 담은 음악)	Instrumental, Rock, Pop rock, Pop, Melodic, Ballad, Lush, Soundtrack, Uplifting, Happy, Cute (악기, 록, 팝 록, 팝, 멜로디, 발라드, 청량한, 사운드트랙, 고양, 행복, 귀여운)
Elegance In Independence (독립적인 우아함)	A music about a lady who has own business and wealth., melodic, love, romantic (자신의 사업과 부를 가진 여성에 대한 음악, 멜로디, 사랑, 로맨틱)	Instrumental, Pop, Contemporary r&b, R&b, Passionate, Love, Pop soul, Melodic, Rhythmic, Energetic, Romantic, Uplifting, Bittersweet, Sentimental, Hedonistic, Neo-soul, Eclectic (인스트루멘탈, 팝, 컨템포러리 알앤비, 알앤비, 열정, 사랑, 팝 소울, 멜로디컬, 리듬, 활기찬, 로맨틱, 고양, 씁쓸한, 감성, 쾌락주의, 네오 소울, 절충주의자, 일렉트로닉)
Skybound Love (스카이바운드 러브)	a music about the theme of a lesbian couple who is a female airline flight attendant., jazz, soul (여성 항공사 승무원인 레즈비언 커플을 주제로 한 음악, 재즈, 소울)	Instrumental, Jazz, Soul jazz, Soul, Smooth jazz, Vocal jazz (기악, 재즈, 소울 재즈, 소울, 스무스 재즈, 보컬 재즈)
Justice in Heels (힐 속의 정의)	a music about The theme of a female police officer who catches criminals with powerful kicks, soft rock, acoustic rock, j-pop (강력한 발차기로 범인을 잡는 여성 경찰을 주제로 한 음악, 소프트 록, 어쿠스틱 록, 제이 팝)	Instrumental, J-pop, Pop, Pop rock, Rock, J-rock, Melodic, Alternative rock, Energetic, Uplifting, Soft rock (인스트루멘탈, 제이 팝, 팝, 팝 록, 록, 제이 록, 멜로디컬, 얼터너티브 록, 활기찬, 업라이트, 소프트 록)

제목	프롬프트	음악 키워드
Healing Melody (힐링 멜로디)	a music about theme of a nurse who likes to play nurse costumes, j-pop, anime (간호사 의상, 제이 팝, 애니메이션을 좋아하는 간호사를 주제로 한 음악)	Instrumental, J-pop, Pop, Television music, Anime, Energetic (기악, 제이 팝, 팝, 텔레비전 음악, 애니메이션, 활기찬)
Elegy for Sakura (사쿠라를 위한 엘레지)	a music about the theme of devoted and beautiful Japanese women, classical, cello (헌신적이고 아름다운 일본 여성을 주제로 한 음악, 클래식, 첼로)	Instrumental, Classical, Romantic, Romantic classical, Piano, Cello (기악, 클래식, 로맨틱, 로맨틱 클래식, 피아노, 첼로)
Dreams of Stardust (스타더스트의 꿈)	a music about the theme of a belly dancer who dreams of becoming a movie star, iranian music (영화배우를 꿈꾸는 벨리 댄서를 주제로 한 음악, 이란 음악)	Instrumental, Arabesk, Turkish music, Regional music, West asian music, Asian music (기악, 아라베스크, 터키 음악, 지역 음악, 서아시아 음악, 아시아 음악)

[표 5-1]에서 볼 수 있듯이 프롬프트에는 캐릭터에 대한 설명 한 줄과 어떤 스타일의 음악을 원하는지 정도만 추가되어 있을 뿐이다. 음표를 볼 줄도 모르고 음악이 어떻게 만들어지는지 몰라도 특정 캐릭터에 맞는 BGM이나 주제가를 만드는 것이 전혀 어렵지 않은 것이다. 여기에 공개하는 프롬프트를 이용해서 여러분들도 직접 음악을 생성해보기 바란다. 똑같은 프롬프트를 쓰더라도 당연히 내가 만들어 사용하는 음악과는 다른 음악이 만들어질 것이다.

제목	프롬프트	음악 키워드
Majestic Pride (장엄한 자부심)	a music about the theme of an arrogant and haughty Indian princess, indian music (오만하고 거만한 인도 공주를 주제로 한 음악, 원주민 음악)	Instrumental, Hindustani classical music, Classical music, Hypnotic, South asian classical music (기악, 힌두스탄 클래식 음악, 클래식 음악, 최면, 남아시아 클래식 음악)
Maternal Prelude (모성 전주곡)	a music about theme of a young maid who wants to become a mother to children, classical, piano (아이들의 엄마가 되고 싶은 젊은 하녀를 주제로 한 음악, 클래식, 피아노)	Instrumental, Classical, Piano, Baroque music, Baroque suite, Classical music, Suite, Soothing, Acoustic, Instrumental, Passionate (기악, 클래식, 피아노, 바로크 음악, 바로크 모음곡, 클래식 음악, 모음곡, 진정, 어쿠스틱, 악기, 열정적인)
Sapphire Sophisticate (사파이어 소피스트)	a music about the theme of an attractive and smart woman from a rich family, jazz, piano (부유한 집안의 매력적이고 똑똑한 여성을 주제로 한 음악, 재즈, 피아노)	Instrumental, Jazz, Soft, Vocal jazz, Playful, Piano (기악, 재즈, 소프트, 보컬 재즈, 장난기, 피아노)
Heart's Armor (심장의 갑옷)	a music about the theme of a beautiful young woman who treats men roughly because she doesn't trust (남자를 믿지 못해 거칠게 대하는 아름다운 젊은 여성을 주제로 한 음악)	Instrumental, R&b, Contemporary r&b, Hip hop, Hip hop soul, Boom bap (기악, 알앤비, 컨템포러리 알앤비, 힙합, 힙합 소울, 붐밥)
Whispers of Affection (애정의 속삭임)	a music about the theme of a cute and gentle girlfriend who is loved, rock, soft rock, ballad (사랑받는 귀엽고 상냥한 여자 친구를 주제로 한 음악으로 록, 소프트 록, 발라드)	Instrumental, Rock, Pop rock, Pop, Melodic, Soft rock, Adult contemporary, Ballad, Passionate, Love, Melancholic, Contemporary r&b, Lush, Romantic, Cute (기악, 록, 팝 록, 팝, 멜로디, 소프트 록, 성인 컨템포러리, 발라드, 열정, 사랑, 우울, 컨템포러리 알앤비, 무성한, 로맨틱, 귀여운)

제목	프롬프트	음악 키워드
Velvet Queen (벨벳 여왕)	a music about the theme of a middle-aged woman with a voluptuous and beautiful body, pop, blues (풍만하고 아름다운 몸매를 가진 중년 여성을 주제로 한 음악, 팝, 블루스)	Instrumental, R&b, Funk, Contemporary r&b, Pop, Playful, Energetic, Melodic, Sensual, Romantic, Love, Sentimental, Passionate, Pop soul, Uplifting, Bittersweet, Longing, Blues (기악, 알앤비, 펑크, 컨템포러리 알앤비, 팝, 장난기, 활기찬, 멜로디컬, 관능, 로맨틱, 사랑, 감성, 열정, 팝 소울, 고양, 씁쓸한, 그리움, 블루스)
Admiration in Tones (톤의 감탄)	a music about theme of an office woman who adores a female boss, classical, piano (여성 상사를 좋아하는 직장 여성을 주제로 한 음악, 클래식, 피아노)	Instrumental, Classical, Piano, Romantic classical, Romantic (기악, 클래식, 피아노, 낭만주의 클래식, 로맨틱)
Elegance Unveiled (우아함 공개)	a music about theme of an attractive middle-aged woman who runs a massage parlor, classical, cello (마사지숍을 운영하는 매력적인 중년 여성을 주제로 한 음악, 클래식, 첼로)	Instrumental, Classical, Romantic, Romantic classical, Piano, Cello (기악, 클래식, 로맨틱, 로맨틱 클래식, 피아노, 첼로)

5.2.3 새로운 모델 및 LoRA 활용 방법

이전 프로젝트에서는 LoRA를 사용하지 않고 하나의 모델을 기반으로 13명 캐릭터들의 이미지를 프롬프트로만 생성했다. 그러다보니, 각 캐릭터의 개성을 표현하는 데 한계를 명확하게 느낄 수 밖에 없었다. 그래서 신규 프로젝트를 시작하면서 이번에는 일부러 캐릭터마다 적당한 LoRA를 선택해서 사용하기로 했다. 그렇지만 캐릭터들의 직업과 인종도 다양해져서 16명의 캐릭터들의 설정에 맞는 LoRA를 찾는 것도 어려운 일이었다. 벨리 댄서 캐릭터의 경우에는 적절한 LoRA를 찾기가 어려워 게임 개발 기간 동안 네 번쯤 이미 생성했던 이미지를 버리고 매번 새 LoRA로 수백 장씩 새로운 이미지를 생성해야 했다.

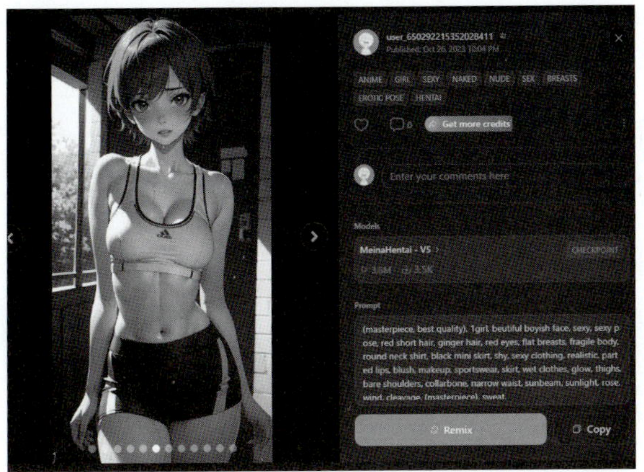

▲ **그림 5-14** LoRA 없이 기본 모델로만 생성한 캐릭터 이미지

LoRA를 잘 활용하면 동일한 모델을 사용하더라도 눈에 띄게 다른 스타일의 캐릭터를 만들어 낼 수 있는 장점이 있지만, LoRA에 따라 캐릭터의 동작이나 표정을 표현하는 데 한계가 있는 경우가 있어서 충분한 테스트가 필요하다.

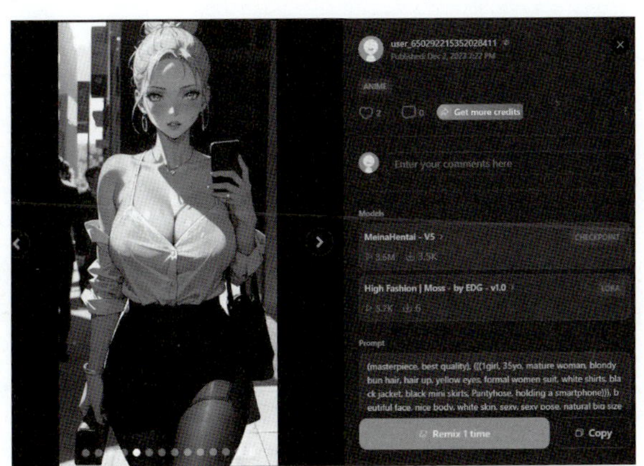

▲ **그림 5-15** LoRA를 사용하여 생성한 캐릭터 이미지

신규 프로젝트에서 캐릭터의 이미지를 생성하기 위해 사용한 모델과 LoRA는 [표 5-3]과 같다. 스타일이 조금 달라지는 문제가 있기는 하지만, 필요한 경우에는 하나의 캐릭터에 2개의 모델을 사용한 경우도 있다. 특히 인트로와 8개의 엔딩에 사용되

는 이벤트 CG의 경우에는 일부러 CalicoMix 모델을 사용해서 더 좋은 품질의 이미지를 생성했다. 원래 CalicoMix 모델은 7명의 기타 인물용 이미지 생성을 위해 사용하기 시작했는데, 결과물이 이전 모델보다 더 나은 것 같아서 프로젝트 중반부터는 공략 가능 캐릭터들 역시 혼합해서 사용하게 되었다.

▼ **표 5-3** 게임 캐릭터용 이미지 생성 모델 및 LoRA

캐릭터	기본 모델(체크 포인트)	LoRA
여성 사업가	MeinaHentai – V5	High Fashion | Moss – by EDG – v1.0
	CalicoMix – 7.5	High Fashion | Moss – by EDG – v1.0
항공기 승무원	MeinaHentai – V5	Russian Stewardess
	CalicoMix – 7.5	Russian Stewardess
경찰	MeinaHentai – V5	사용 안 함
	CalicoMix – 7.5	Policewoman Akiko – Oda Non / OC
인도 여성	MeinaHentai – V5	Indian Aishwarya – V2
	CalicoMix – 7.5	PhotoReal Indian Beauty – V1
대학생	MeinaHentai – V5	Sexy nurse outfit – v1
	CalicoMix – 7.5	Sexy nurse outfit – v1
벨리 댄서	CalicoMix – 7.5	sexy clothes – belly
메이드	CalicoMix – 7.5	Maid Bikini(Anime+Realistic) | Goofy Ai
일본 여성	MeinaHentai – V5	Elegant Kimono
	CalicoMix – 7.5	Kimono
편의점 직원	CalicoMix – 7.5	LoRA Rebecca Bluegarden / Eden Zero
게임방 직원	CalicoMix – 7.5	Saya Takagi(Highschool of the Dead)
커피숍 직원	CalicoMix – 7.5	Sinon(Sword Art Online)
의류점 직원	CalicoMix – 7.5	Cornelia li Britannia(Code Geass)
사무직 직원	CalicoMix – 7.5	Hinata Hyuuga(Naruto)
마사지사	CalicoMix – 7.5	Weiss Schnee(RWBY)
일반 여성	CalicoMix – 7.5	Fubuki(One Punch Man)

Tensor.Art에는 유명한 애니메이션이나 게임에 등장하는 캐릭터들에 대한 LoRA
를 만들어서 배포하는 사용자들을 쉽게 찾아볼 수 있다. 이렇게 만들어진 LoRA를 사
용하면, 특정한 스타일의 캐릭터를 손쉽게 만들어낼 수 있는 장점이 있다. 물론 해당
LoRA와 잘 어울리는 모델을 선택해야 한다. 복잡한 프롬프트를 작성하지 않고도 원
하는 스타일의 캐릭터 이미지를 생성할 수 있기 때문에 CalicoMix 모델과 캐릭터
LoRA를 조합해서 기타 캐릭터를 생성했다.

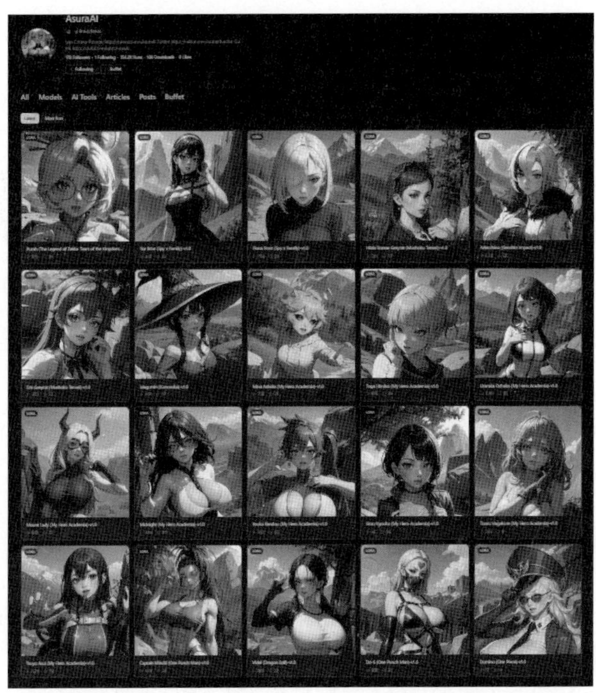

▲ **그림 5-16** 다양한 캐릭터들의 LoRA를 제공하는 사용자 프로필

이렇게 기본 모델(체크포인트)과 LoRA를 같이 사용해서 캐릭터 이미지를 생성할 때
주의할 점은, 특정 캐릭터를 위해 사용한 기본 모델(체크포인트)이나 LoRA가 언제든
지 변경되거나 삭제가 될 수 있다는 점이다. 그래서 가끔 예전에 사용한 생성 옵션을
더 이상 사용할 수 없는 경우도 있다. 또는 이미지를 생성할 때 사용한 프롬프트만 백
업을 해놓고, 당시 사용한 LoRA가 무엇이었는지 남겨놓지 않았을 때에는 나중에 추
가 작업을 할 수 없는 문제가 생기기도 한다.

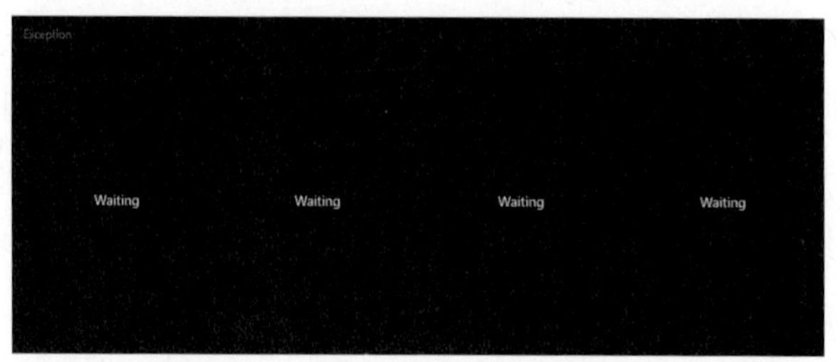

▲ **그림 5-17** 예전의 생성 옵션으로 동일하게 실행했는데 예외가 발생한 경우

게임 하나를 만들기 위해 16명의 캐릭터를 생성하다 보면 나 자신도 종종 헷갈릴 때가 있다. 그래서 어떻게 생성했는지에 대한 정보를 여러 방법으로 남겨놓았다. 보통의 경우 Tensor.Art의 포스트 기능을 이용했다. 중요한 이미지인 경우에는 어떤 프롬프트와 LoRA, 생성 옵션을 썼는지 알 수 있도록 공개해놓는다. 그러면 나중에라도 언제든지 Remix 기능을 이용해서 동일한 조건으로 새로운 이미지를 생성할 수 있기 때문이다.

밸리 댄서 캐릭터의 경우 한참 동안 마음에 드는 결과를 얻지 못해서 다양한 LoRA를 계속 테스트했는데, 어느 날 그나마 마음에 드는 결과를 얻게 되어 게임용 이미지 생성 및 후처리를 끝냈다. 그리고 한동안은 잊고 있었다. 그러다가, 앱 등록 시 등급 분류 정책에 맞게 해당 캐릭터 이미지도 수정을 해야 하는 상황이 발생했다.

Tensor.Art는 생성한 이미지를 3개월 동안만 보관하고, 그 이전에 생성한 이미지는 삭제한다. 해당 캐릭터 이미지는 3개월 전에 작업한 것이라 Tensor.Art에 남아 있지 않고, 오직 생성된 이미지를 다운로드한 것밖에 남아 있지 않았다. 일부만 수정하면 되는데, 어떤 LoRA를 썼는지 기억이 나지 않으니 수정 자체가 불가능한 상황이 벌어진 것이다. 결국 80장에 이르는 캐릭터 이미지를 새로 만들기로 결정하고 통째로 교체해야만 했다.

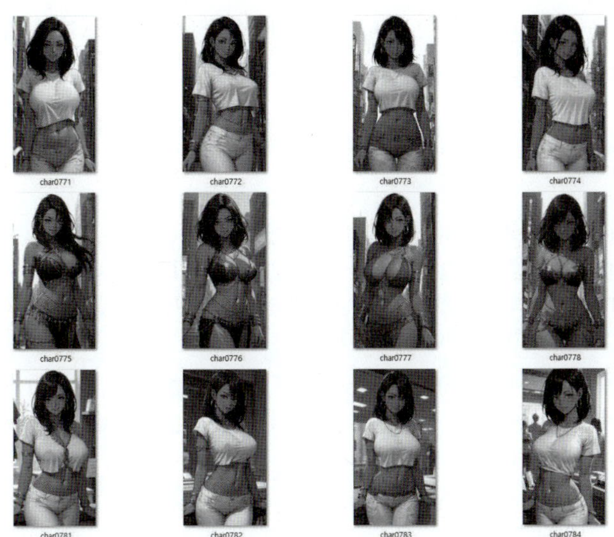

▲ 그림 5-18 사용한 LoRA를 기억하지 못해서 더 이상 사용하지 못했던 캐릭터 CG

하루에 몇백 장을 생성할 수 있다는 장점 때문에, 오히려 생성된 수만 장의 이미지에 대한 히스토리 관리가 어렵다는 단점이 존재한다. 굳이 모든 이미지의 생성 기록을 남길 필요는 없겠지만, 게임에 사용되는 중요한 이미지의 경우에는 어떤 형태로든 재생성할 수 있는 방법을 남겨놓을 필요가 있다.

5.2.4 앱스토어 검수 이슈

원작이 '청소년이용불가'였던 게임이라, 리메이크 버전이나 신작 게임도 원래 '청소년이용불가' 게임으로 기획, 개발했다. 그러나 앞서 언급했듯이 등급 분류 신청을 하려면 '게임물관리위원회' 전용 공인인증서가 필요하다는 것을 뒤늦게 알게 되었다. 독일에 거주하고 있기 때문에 대면/방문 발급만 가능한 게임물관리위원회 공인인증서 발급이 불가능한 상황이라, 어쩔 수 없이 오픈마켓 자체 등급 분류 판정을 받을 수 있는 '15세 이용가'로 수정해야 했다('청소년이용불가' 게임에 대해서는 '자체등급분류사업자'가 등급분류를 할 수 없으며 게임물관리위원회로부터 직접 등급 분류를 받아야 한다).

[프롬프트 질문 5-3]과 [프롬프트 답변 5-3]은 선정성 판정을 받을 확률이 높은 프롬프트 질문과 그 질문으로 생성된 이미지다.

(masterpiece, best quality), 1girl, 35yo, beautiful face, sexy, sexy pose, pink short hair, (Curly hair), pink eyes, natural big sized breasts, sports women, muscle, sexy clothing, tight training tank top, sports mini skirt, inside of sports shop background,

realistic, parted lips, blush, makeup, wet clothes, glow, thighs, bare shoulders, collarbone, narrow waist, sunbeam, sunlight, rose, wind, cleavage, (masterpiece), sweat

(걸작, 최고 품질), 소녀 한 명, 35세, 아름다운 얼굴, 섹시, 섹시한 포즈, 분홍색 단발머리, (곱슬머리), 핑크색 눈, 자연스러운 큰 가슴, 스포츠 여성, 근육, 섹시한 옷, 타이트한 트레이닝 탱크탑, 스포츠 미니 스커트, 스포츠 가게 내부 배경,

현실적인, 갈라진 입술, 홍당무, 화장, 젖은 옷, 빛, 허벅지, 맨 어깨, 쇄골, 좁은 허리, 햇살, 햇빛, 장미, 바람, 가슴골, (명작), 땀

이미 완성된 캐릭터 CG와 이벤트 CG, 스크립트를 등급 분류 기준에 맞게 수정하겠다고 나름대로 수정해서 앱 검증 진행을 요청했지만, 무려 1,200장이나 되는 게임 이미지와 13,000줄이 넘는 스크립트라서 미처 체크하지 못한 부분이 계속 나왔다. 결국 적지 않은 횟수의 검수 요청이 반려되었다. 원스토어의 경우, 15세 이용가 등급에 해당되는 '선정성' 기준은 다음과 같다.

1. **선정적인 신체 노출이 제한적으로 표현된 경우**
    a. 상반신 뒷면(등)이 보이는 착의 상태의 노출
    b. 가슴 부위(유두 비 노출)가 드러나는 착의 상태의 노출
    c. 여성의 유두가 돌출되어 보이거나, 가슴의 윤곽이 확연히 드러난 착의 상태의 노출
    d. 성기, 음모, 항문 등이 보이지 않는 착의 상태의 노출
    e. 몸에 밀착되어 둔부의 윤곽이 드러나는 착의 상태의 노출

2. **성을 연상시키는 요소가 표현된 경우**
    a. 일반인이 가벼운 키스 행위 이상으로 판단할 수 있는 혀의 접촉 또는 입의 크게 벌림이 있는 키스

결국 프롬프트를 다음과 같이 수정해서 거의 모든 이미지를 새로 생성했다. 그리고 게임에 적용한 다음에야 검증을 통과해서 원스토어에서 게임을 출시할 수 있었다. 가능한 몸매가 지나치게 드러나지 않도록 주의해서 선정적인 이미지를 생성할 가능성이 있는 프롬프트를 제거해주어야 한다.

- sexy, sexy pose, sexy clothing(섹시, 섹시한 포즈, 섹시한 옷) 프롬프트 제거
- wet clothes, sweat(젖은 옷, 땀) 프롬프트 제거
- cleavage(가슴골) 프롬프트 제거

[프롬프트 질문 5-4]와 [프롬프트 답변 5-4]는 선정성 판정을 받을 확률이 낮은 프롬프트 질문과 그 질문으로 생성된 이미지다.

(masterpiece, best quality), 1girl, 35yo, beautiful face, pink short hair, (Curly hair), pink eyes, natural big sized breasts, sports women, muscle, tight training tank top, sports skirt, inside of sports shop background, realistic, parted lips, blush, makeup, glow, thighs, bare shoulders, collarbone, narrow waist, sunbeam, sunlight, rose, wind, (masterpiece),

(명작, 최고 품질), 소녀 한 명, 35세, 아름다운 얼굴, 분홍색 단발머리, (곱슬머리), 분홍색 눈, 자연스러운 큰 가슴, 스포츠 여성, 근육, 타이트한 트레이닝 탱크톱, 스포츠 스커트, 스포츠 가게 내부 배경, 사실적인, 갈라진 입술, 홍조, 화장, 빛, 허벅지, 맨 어깨, 쇄골, 좁은 허리, 햇살, 햇빛, 장미, 바람, (명작),

그나마, 원스토어의 경우에는 검증 요청을 할 때마다 매번 꼼꼼하게 검증한 리포트를 제공해주고 다시 제출할 기회를 준다. 그래서 나중에라도 검증을 통과하게 되면 게임을 출시할 수 있지만, 구글 플레이스토어의 경우에는 검수를 통과하지 못하는 것으로만 끝나는 것이 아니라 앱 자체가 완전히 삭제되는 경우가 있기 때문에 주의해야 한다. 몇 개월에 걸쳐 만든 게임을 아예 출시조차 할 수 없는 상황이 되지 않도록, 기획 단계에서부터 이러한 부분에 대한 고려를 하고 프롬프트 작성에 조심할 필요가 있다.

두 번째 게임의 개발은 2개월 정도 밖에 걸리지 않았지만, 무려 한 달이 넘는 검수 과정을 거치며 총 1,940장의 이미지를 새로 생성하거나 수정해야 했다. 검수가 진행되던 한 달간은 매일 아침마다 원스토어에서 온 메일을 열고 반려 사유를 체크한 다음, '문제'라고 지적받은 부분을 수정하고 다시 검수를 요청하는 것이 일상이었다.

18번째 상품 검증결과 메일에서 마침내 승인 처분을 받아서 2024년 5월 30일에 두 번째 게임을 출시할 수 있었다. 포기하지 않고 출시할 수 있어서 기뻤지만, 한편으로는 매일 반복적으로 하던 수정 및 보완 작업을 더이상 하지 않아도 된다고 생각하니 왠지 아쉽기까지 했다.

5.3 개발 중인 게임 프로젝트 소개

앞서 출시했던 게임들은 현대를 배경으로 한 연애 시뮬레이션 게임이었지만, 한창 개발 중인 2개의 게임은 판타지 스타일의 육성/연애 시뮬레이션 게임이다. 이미지 생성형 AI가 쓸만한 이미지를 생성할 수 있는 분야가 판타지 캐릭터와 배경이기 때문에, 재미있고 흥미로운 도전이 되고 있다. 다만, 여러 종류의 게임용 이미지를 생성해보면서 현대물이나 판타지물과 같이 학습 데이터가 충분한 분야가 아닌, 역사를 다루는 게임과 같은 경우에는 공개된 모델(체크포인트)과 LoRA만으로는 충분히 만족스러운 이미지를 생성하기 어렵다는 것을 확인할 수 있었다. 우리가 만들고자 하는 게임에 맞는 전용 모델(체크포인트)을 만드는 것은 이 책의 범위를 넘어가는 일이기 때문에 여기서는 다루지 못하는 점에 대해서는 양해를 구한다.

5.3.1 판타지 육성 시뮬레이션 게임

생성형 AI를 이용해서 가장 먼저 판타지 캐릭터 이미지 생성 테스트를 해 본 게임은 2002년에 출시했던 판타지 육성 시뮬레이션 게임이었다. 용족 왕자를 육성하면서 모험과 사냥, 전쟁을 하고 14명의 여성 캐릭터(7명의 공주, 7명의 상인)와 호감도를 쌓으며 육성한 결과에 맞는 엔딩을 보는 게임이다. 이미 설정되어 있는 캐릭터들을 바탕으로 이미지를 생성해보기 좋았기 때문에, 7명의 여성 기사 캐릭터까지 추가해서 총 21명의 여성 캐릭터를 생성해봤다. 대부분의 캐릭터들은 어렵지 않게 종족별 개성이 잘 표현되도록 생성할 수 있었지만, 일부 캐릭터들은 몇 차례 시행 착오를 통해서 최종 캐릭터 이미지를 확정할 수 있었다.

▲ **그림 5-19** 판타지 육성 시뮬레이션 게임의 원작 스크린숏

원작 게임은 캐릭터 이미지 46장, 엔딩 이미지 26장, 이벤트 이미지 23장, 배경 이미지 12장, 아이템 이미지 108장 등과 BGM 21곡을 사용하고 있다. 약 3개월 동안 원화가(캐릭터, 배경), 2D CG 디자이너(채색), 3D CG 디자이너(캐릭터 애니메이션), 시나리오 작가, 음악 담당 및 개발자가 참여한 프로젝트였다. '딸기노트'라는 육성 시뮬레이션 게임의 성공에 힘입어서, 의욕적으로 개발해서 출시한 게임이었지만 판매 성적은 좋지 못했다.

▲ **그림 5-20** 판타지 육성 시뮬레이션 게임의 원작 캐릭터 이미지

하지만 생성형 AI를 이용해서 다양한 개성을 가진 캐릭터 이미지를 생성하기에는 아주 좋은 게임이라서, 20년만에 원작 주인공이 태어나기 전 시대를 다룬 프리퀄Prequel을 만들어보기로 했다. 두 번째 게임의 게임용 이미지가 1,200장 정도였는데, 세 번째 만드는 판타지 육성 시뮬레이션 게임에서 사용될 게임용 이미지는 2,000장이 넘을 예정이다(21명의 공략 가능 캐릭터 한 명 당 80장의 이미지 사용). 생성형 AI 덕분에 매번 더 욕심을 부리게 되는 것 같다.

▲ 그림 5-21 판타지 육성 시뮬레이션 게임용 캐릭터 생성 이미지

21명이나 되는 캐릭터를 만들어 내야 하기 때문에 종족(용족, 인간족, 토끼족, 고양이족, 엘프족, 고블린족, 데블족), 체형, 직업은 물론 머리 색깔과 모양, 의상과 액세서리 등이 중복되지 않도록 신경써서 프롬프트를 만들어내야 했다. 다른 사용자들이 생성한 이미지의 프롬프트를 리뷰하며, 도움이 될만한 프롬프트들을 수집하기도 했다. 앞서 출시한 두 개의 게임들이 검수 때문에 많은 고생을 했던 만큼, 예전에 생성해놓았던 1,900장의 이미지를 버리고 15세 이용가에 맞게 프롬프트를 수정해서 새로 생성하고 있는 중이다.

공략 가능한 여성 캐릭터를 설정해줘.

공략 가능한 여성 캐릭터 설정

이름	종족	역할	배경 및 설정
드라코니아	용족	귀부인	전쟁에서 전사한 귀족 기사의 미망인, 제노에게 호감을 가지고 있음
에레스	인간족	공주	인간족 왕국의 공주, 지혜롭고 용감하며 백성을 위해 헌신함
미야	고양이 족	공주	고양이족의 공주, 호기심이 많고 예측 불가능한 성격, 종족의 자긍심이 강 함
에메라	엘프족	공주	엘프족의 공주, 아름답고 지혜로우며 자연을 사랑함, 차분하고 도도한 성격
루나	큰귀부족	공주	큰귀부족의 공주, 온순하고 친절하며 정보력을 통해 족장의 역할을 수행
그롬샤	고블린족	공주	고블린족의 공주, 손재주가 뛰어나며 강한 성격을 가지고 있음
리린디아	데블족	공주	데블족의 공주, 간교하고 사악하지만 강한 리더십을 보유
블레이드리스	용족	상인	용족의 상인, 교섭 능력이 뛰어나며 용족의 상업을 주도, 제노에게 충성을 다짐함
아바니아	인간족	상인	인간족의 상인, 재치 있고 총명하며 무역을 통해 인간족의 부를 증대시킴
레아사		고양이족	고양이족의 상인, 거래에 능숙하고 교활함, 자신만의 상업 네트워크를 구축함
세레니아	엘프족	상인	엘프족의 상인, 자연 친화적이며 정직한 거래를 추구, 뛰어난 예술 감각 보유
미셀라	큰귀부족	상인	큰귀부족의 상인, 온순하고 친절하며 정보를 교환하는 능력이 뛰어남
그린다라	고블린	상인	고블린족의 상인, 교활하고 계산적이며 손재주가 좋아 다양한 물건을 제작
…			

게임용 스크립트의 경우, 예전에 무료 버전인 챗GPT 3.5를 이용해서 생성해 놓은 스크립트를 유료 버전인 챗GPT 4o로 다시 생성하고 있다. 생성되는 스크립트의 품질이 눈에 띄게 차이가 크다. 생성형 AI 때문에 눈높이가 계속 올라가고 있다. 챗GPT 4o나 클로드 3.5 소네트 정도면 쓸만한 게임용 스크립트를 생성할 수 있는데, 앞으로 1~2년 후에는 얼마나 더 나은 결과를 만들어낼 수 있을지 기대가 된다.

5.3.2 판타지 연애 시뮬레이션 게임

2005년 10월에 시나리오 작가 한 명, CG 디자이너 세 명과 함께 '팀 클로버'라는 팀을 만들어서 개발을 추진했던 '우당탕탕 마법학원'이라는 판타지 육성 시뮬레이션 게임이 있었다. 당시는 패키지 게임 시장의 끝물이라 예전처럼 정식 게임 프로젝트로 진행하지 못했다. 그로 인해 게임 시나리오만 완성되고, 게임용 CG는 설정 작업만 하고 일부만 마무리한 상태에서 프로젝트가 흐지부지되었다.

그러다가 20년이 다 되어 가는 현재 시점에 생성형 AI를 만나게 되었다. 그 덕에, 백업용 외장 하드에서 이 프로젝트를 꺼내서 다시 시작하게 되었다. 기본 뼈대가 되는 기본 시나리오는 어느 정도 완성된 상태이므로 그 내용을 바탕으로 캐릭터 설정 작업과 게임용 이미지 생성을 바로 진행할 수 있었다.

▲ 그림 5-22 판타지 시뮬레이션 게임에 등장하는 오리지널 주요 캐릭터 설정 이미지

원래는 마법학원에서 캐릭터를 육성하는 게임으로 기획되었으나, 기존 여성 주인공 캐릭터 3명에다가 공략 가능 캐릭터 7명을 추가해서 마법학원을 배경으로 한 연애 시뮬레이션 게임으로 변경했다. 처음에는 일부러 캐릭터마다 모델(체크포인트)을 다르게 지정해서 캐릭터 디자인을 했으나, 동일한 모델(체크포인트)과 LoRA를 사용하되 프롬프트만으로 캐릭터의 개성을 표현하는 방식으로 변경했다. 아무래도 모델(체크포인트)이 다르면 캐릭터의 일관성이 유지되지 않아서 품질이 떨어져 보이는 문제가 있기 때문이다.

▲ **그림 5-23** 판타지 연애 시뮬레이션 게임용 캐릭터 이미지

마음에 드는 스타일의 캐릭터 이미지를 생성하기 위해서 몇 차례 재작업을 하다보니 4,000장에 가까운 이미지를 생성했고, 그중에서 약 800장의 게임용 이미지를 완성할 수 있었다. 그리고 Udio를 이용해서 BGM 11곡과 주제가 2곡를 생성했다. 기존 게임 시나리오는 연애 시뮬레이션 게임에 맞게 게임 스크립트 작업을 진행하여 빠르게 개발이 진행되었다. 다만 메인 시나리오는 준비되었지만 각 캐릭터별 이벤트 스크립트는 새로 만들어야 하는 문제가 남아 있었다. 그래서 챗GPT를 이용하여 캐릭터별 이벤트 스크립트를 생성하던 도중, 원래 시나리오 작업을 담당했던 시나리오 작가와 연락이 되어 캐릭터별 이벤트 스크립트 작업을 챗GPT와 나눠서 하기로 했다.

▲ **그림 5-24** 판타지 연애 시뮬레이션 게임용 배경 이미지

생성형 AI가 아니었다면 완성되지 못했을 게임을 개발하는 것이나 예전에 같이 일했던 시나리오 작가를 무려 20년 만에 다시 만나서 함께 일하는 것은 불가능했을 것이다. 취소된 게임 프로젝트라는 것은, 누군가가 열심히 만들어 놓았지만 이런 저런 이유로 미처 시장에 출시되지 못했던 결과물이 있다는 의미도 된다. 그런 것에 다시 생명을 불어 넣는 과정 또한 새로운 게임을 만드는 것 못지 않게 재미있고 즐거운 일이다.

5.3.3 일제 강점기 배경 전략 시뮬레이션 게임

이미지 생성형 AI를 이용해서 현대물이나 판타지물 게임용 이미지를 생성하는 것에 문제가 없다는 것은, 앞서 진행한 4개의 프로젝트를 통해서 충분히 확인할 수 있었다.

그래서 이번에는 일부러 일제 강점기를 배경으로 한 전략 시뮬레이션 게임용 이미지를 생성해보기로 했다. 실제로 게임을 개발할 것인지의 여부는 생성형 AI의 결과에 따라 결정하기로 하고, 이전에 출시된 게임에 등장하는 캐릭터 이미지를 새로 생성해봤다.

결론적으로 말하면 원작의 캐릭터 217명 중에 캐릭터 99명을 생성했고, 20세기 초반의 복식을 완전히 재현할 수는 없었지만 유사하게 만드는 것은 가능하다는 결론을 내렸다. 그러나 일부러 일제 강점기 시대의 200명이 넘는 캐릭터 이미지를 생성하는 일 자체가 만만치 않은 일인데다가 결과물 또한 아주 마음에 드는 것도 아니라서 곧 흥미를 잃어버렸다. 그 덕에 캐릭터 디자이너가 그전에 얼마나 고생을 했는지를 새삼 깨달을 수 있었다.

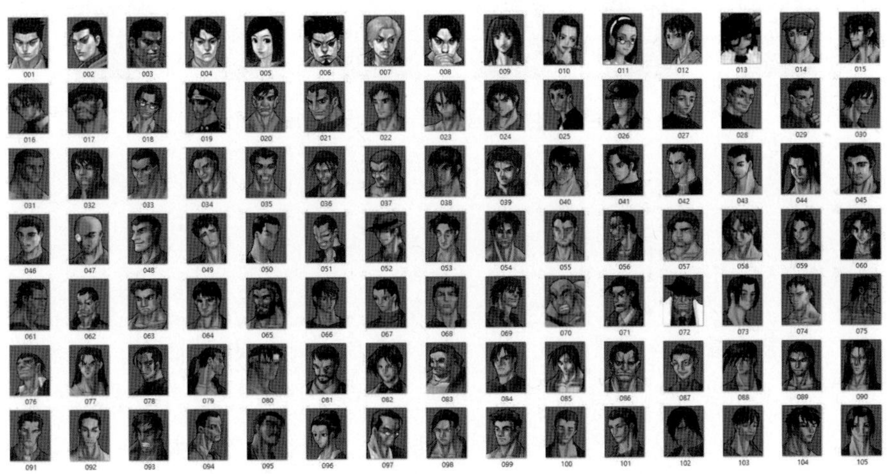

▲ **그림 5-25** 전략 시뮬레이션 게임용 오리지널 캐릭터 이미지

아직까지는 공개된 모델(체크포인트)이나 LoRA만으로 20세기 초반에 맞는 헤어 스타일, 복장과 액세서리 등을 표현하는 일은 쉽지 않았다. 충분한 학습 데이터 세트를 가지고 전용 모델(체크포인트)이나 LoRA를 만들어야 가능할 것이다. '한복'의 경우에도 '기모노'에 비해 아직까지는 쓸만한 LoRA가 많지 않아서 아쉽다. 만일 나중에 이 게임의 후속작을 만든다면, 직접 모델(체크포인트)을 만드는 것부터 시작해볼 계획이다.

▲ **그림 5-26** 생성형 AI로 새로 디자인한 캐릭터 이미지

5.3.4 　SF 비주얼 노블 게임

내가 생성형 AI를 처음 접했을 때, 가장 먼저 테스트를 해본 것이 바로 SF 비주얼 노블 게임용 이미지였다. 25년 전 게임 회사를 설립하고 의욕적으로 추진했던 프로젝트였지만, 결국 1999년에 첫 번째 출시된 게임은 그 다음에 기획되었던 게임 '리플레이'였다. 그래서 이 게임은 내게 밀린 숙제와 같은 느낌이라 중간에도 다시 프로젝트를 재개하려고 시도를 했었다.

▲ **그림 5-27** 생성한 게임용 이미지 V1(2023년 10월)

이 게임 역시 시나리오와 설정 자료가 준비된 상태라 시간이 되는 대로 잘 마무리해서 출시할 계획이다. 처음 기획 당시만 해도 꽤나 파격적인 내용이었는데, 시간이 한참 지난 지금은 평범한 스토리가 되버린 것도 밀린 숙제가 가지고 있는 장점일 것이다.

▲ **그림 5-28** 생성한 게임용 이미지 V2(2024년 5월)

지금까지 20대 후반부터 약 7년간 20여 종의 게임을 만들었던 경험을 가진 개발자가 난생 처음 생성형 AI를 사용해서 게임을 개발하면서 좌충우돌한 경험을 공유했다. 이미지 생성형 AI를 사용해서 첫 번째 이미지를 생성한지 1년이 지난 지금은, 이러한 시행착오를 겪었던 덕에 생성형 AI를 최대한 활용할 수 있는 나만의 방법을 찾게 되었고 열심히 게임을 만들고 있다.

이 책을 쓰게 된 가장 큰 이유는, 독자 여러분들도 본인이 좋아하고 관심이 있는 게임을 만들어 볼 수 있는 계기를 만들어주고 싶었기 때문이다. 내가 우연히 Tensor.Art에 대한 유튜브 영상을 보았던 덕에, 지금은 불과 1년 전까지만 해도 상상도 하지 못했던 삶을 살게 되었다. AI 스타트업에서 시니어 풀스택 엔지니어로 일하고 있고, 취미로 일주일에 한 개씩 게임을 만들어내고 있다.

생성형 AI가 여러분의 삶에 더해진다면 1년 후의 여러분은 어떤 모습일지 무척 궁금하지 않을까?

생성형 AI를 활용한 게임 프로젝트 진행하기

생성형 AI를 활용하는 방법과 생성형 AI를 이용하여 개발한 게임 사례에 대해서 살펴 봤다. 이제 앞서 다룬 배용을 바탕으로 생성형 AI를 활용하여 실제로 게임을 개발하는 방법을 알아보자. 이번 장에서 소개하는 게임은 소스코드와 게임 리소스가 모두 공개되며, 완성된 게임은 앱스토어에 등록해서 무료로 설치할 수 있다.

게임 기획 및 시나리오 작업

게임을 개발하는 데 있어서 가장 중요한 부분은 게임 기획과 시나리오 작업이다. 이 부분이 결정되면 누가 CG를 담당하는지, 음악을 담당하는지, 프로그램을 담당하는지에 상관없이 실제 게임을 만드는 것이 가능해진다. 따라서 어떤 게임 기획자, 게임 시나리오 작가를 찾느냐가 무엇보다 중요한 일이 된다. 이제는 이러한 중요한 작업을 챗GPT와 같은 LLM이 수행할 수 있게 되었다는 것은 이미 충분히 살펴봤다.

앞으로 실제 게임을 개발하기 위한 시나리오 작업은 유료 버전인 챗GPT 4o를 기준으로 설명하겠다. 무료 버전인 챗GPT 3.5는 이보다 떨어지는 결과물이 만들어질 수 있기 때문이다. 그렇지만 무료 버전이지만 챗GPT 4o보다 최신 버전인 클로드 3.5 소네트를 이용하면 챗GPT 4o와 유사한 수준의 결과물이 만들어질 수 있음을 감안하기 바란다.

6.1.1 게임에 등장하는 캐릭터 설정하기

게임 시나리오 작업은 사람이 해도 결코 만만한 일이 아니다. 그러니 최신 버전의 챗GPT가 아무리 대화의 맥락을 잘 이해한다고 하더라도, 일관성 있게 방대한 양의 시나리오를 작성하는 것 역시 쉽지 않다. 하지만 이 장에서는 챗GPT가 생성하는 결과물에 대해서는 일부러 거의 손을 대지 않고 그대로 사용하도록 하겠다. 일반적인 상업용 게임을 만드는 것이라면 충분한 후처리 작업을 통해서 게임의 품질을 높이는 것이 맞지만, 여기서는 생성형 AI의 장점과 단점을 누구나 쉽게 알 수 있게 하는 것이 목적이기 때문이다.

새로 챗Chat을 열고 다음과 같이 내가 만들고 싶은 게임에 대한 설명과 3명의 공략 가능한 여성 캐릭터 설정을 요청한 프롬프트를 입력한다.

나는 연애시뮬레이션 게임을 만들고 싶어.
게임의 배경은 K-pop 아이돌 스타를 발굴하는 서바이벌 형식의 예능 프로그램이야.
게임에는 남자 주인공과 3명의 공략 가능한 여성 캐릭터가 등장해.
게임은 한 달간 플레이 할 수 있고, 예능 프로그램에 출연하는 것으로 이야기가 시작해.
게임의 엔딩은 한 달 후가 배경이고, 이때 가장 호감도가 높은 여성 캐릭터와 해피엔딩을 볼 수 있어.
만일 호감도가 일정 이상 되는 여성 캐릭터가 한 명도 없으면 배드엔딩으로 끝나게 돼.
먼저 3명의 공략 가능한 여성 캐릭터에 대한 설정을 해줘.
이름과 나이, 외모, 성격, 취미, 특기, 좋아하는 것과 싫어하는 것, 장래 희망, 고민거리, 컴플렉스 등을 정리해줘.

프롬프트 답변 6-1

연애 시뮬레이션 게임의 공략 가능한 여성 캐릭터 설정을 아래와 같이 만들어 보았습니다.

캐릭터 1: 유아라 (Yoo Ara)

- **나이:** 20세
- **외모:** 긴 생머리에 자연스러운 갈색 톤, 큰 눈과 날씬한 체형, 스타일리시한 옷차림
- **성격:** 친절하고 다정하며, 타인에게 배려심이 많다. 하지만 내성적이고 낯을 가리는 편이다.
- **취미:** 독서, 그림 그리기, 카페 투어
- **특기:** 피아노 연주, 노래
- **좋아하는 것:** 따뜻한 차, 조용한 장소, 작은 동물들
- **싫어하는 것:** 큰 소음, 무례한 사람들
- **장래 희망:** 세계적인 음악 프로듀서
- **고민거리:** 무대 공포증으로 인해 대중 앞에서 노래 부르는 것에 대한 두려움
- **컴플렉스:** 어릴 적부터 있었던 소심한 성격

이름과 나이, 외모, 성격, 취미, 특기, 좋아하는 것과 싫어하는 것, 장래 희망, 고민거리, 컴플렉스 등의 항목에 대해서만 명시하고 각 캐릭터에 대한 세부적인 요구사항을 제시하지 않았는데도, 3명의 캐릭터들이 저마다 개성 있게 만들어졌다. 고민거리만 약간 비슷한 것 외에는 특별히 따질만한 부분이 거의 없으므로 이 설정을 그대로 사용해서 게임 시나리오를 만든다.

	유아라(Yoo Ara)	박지원(Park Ji-won)	김유진(Kim Yoo-jin)
나이	20세	22세	21세
외모	긴 생머리에 자연스러운 갈색 톤, 큰 눈과 날씬한 체형, 스타일리시한 옷차림	짧은 단발머리에 선명한 검은색, 뚜렷한 이목구비, 건강미 넘치는 체형	중간 길이의 웨이브 머리, 귀여운 외모, 통통한 체형
성격	친절하고 다정하며, 타인에게 배려심이 많다. 하지만 내성적이고 낯을 가리는 편이다.	활발하고 에너지가 넘치며, 항상 긍정적이다. 리더십이 강하고 자신감이 넘친다.	상냥하고 밝으며, 유머 감각이 뛰어나다. 사람들과 쉽게 친해지는 편이다.
취미	독서, 그림 그리기, 카페 투어	스포츠(특히 축구), 여행, 춤	요리, 코미디 쇼 보기, SNS 활동
특기	피아노 연주, 노래	다국어 구사, 즉흥적인 춤 추기	다양한 요리 만들기, 사람들을 웃게 하기
좋아하는 것	따뜻한 차, 조용한 장소, 작은 동물들	야외 활동, 새로운 도전, 맛있는 음식	달콤한 디저트, 친구들과의 수다, 따뜻한 날씨
싫어하는 것	큰 소음, 무례한 사람들	지루한 일상, 공평한 상황	엄격한 규칙, 부정적인 사람들
장래 희망	세계적인 음악 프로듀서	세계를 무대로 활동하는 K-pop 아이돌	자신만의 요리 프로그램을 가지는 셰프
고민거리	무대 공포증으로 인해 대중 앞에서 노래 부르는 것에 대한 두려움	너무 많은 기대와 책임감으로 인한 스트레스	대중 앞에서 실수를 할까 봐 항상 긴장함
컴플렉스	어릴 적부터 있었던 소심한 성격	너무 강해 보이는 외모와 성격 때문에 부드러운 면을 잘 보여주지 못함	자신이 체형 때문에 아이돌로서의 이미지에 적합하지 않다고 생각함

게임 시나리오 작업 시 가장 힘든 부분 중 하나가 이름을 짓는 일이다. 캐릭터 이름은 물론, 장소 이름, 게임 이름까지 유치하지 않으면서 괜찮은 이름을 찾는 것이 쉽지 않다. 그래서 내가 만들고 싶은 게임의 이름으로 무엇이 좋을지 물어봤다. 그랬더니 10개의 영문 이름을 제안해준다.

게임의 이름은 뭐가 좋을까?
몇 가지 후보를 알려줘.

게임의 이름으로 몇 가지 후보를 제안해 드립니다:

1. "Idol Dreams: Heartbeat"
2. "Star Struck Romance"
3. "K-pop Idol Journey"
4. "Starlight Serenade"
5. "Heartbeats & Spotlight"
6. "Idol Love Quest"
7. "Rising Stars: Love Story"
8. "Star-Crossed Idols"
9. "Melody of Hearts"
10 "Pop Star Paradise"

이 중에서 마음에 드는 이름을 선택하시거나, 조합하여 더 좋은 이름을 만들어 보세요!

딱히 마음에 드는 영어 이름이 없어서 이번에는 한글 이름으로 요청해봤다. 챗GPT가 10개의 한글 게임 이름을 제안해줬는데, 그중에서 '하트비트 아이돌'이라는 이름이 마음에 든다고 했더니 좋은 선택이라고 대답한다. 내가 게임을 만들면서 이렇게 쉽게 게임 이름을 정한 적은 처음이라고 해도 과언이 아닐 것이다. 이제 우리가 만들 게임의 이름은 '하트비트 아이돌'이 되었다.

한글 이름으로 후보를 말해줘.

다음은 한글 이름 후보들입니다:

1. "아이돌 꿈의 무대"
2. "스타를 향한 설렘"
3. "K-팝 연애 서바이벌"
4. "별빛 연가"
5. "설레는 아이돌 도전기"
6. "아이돌 사랑 이야기"
7. "빛나는 별들의 연애"
8. "스타와의 로맨스"
9. "하트비트 아이돌"
10. "아이돌 러브 퀘스트"

이 중에서 마음에 드는 이름을 선택하시거나, 조합하여 더 좋은 이름을 만들어 보세요!

하트비트 아이돌이 좋은것 같아.

"하트비트 아이돌" 좋은 선택입니다! 게임의 컨셉과 잘 어울리는 이름이네요. 이제 캐릭터 설정과 이름을 바탕으로 게임을 구체적으로 개발해 나가시면 좋을 것 같습니다. 추가로 필요한 설정이나 도움이 필요하시면 언제든지 말씀해 주세요!

6.1.2 게임 배경 설정하기

3명의 공략 가능한 캐릭터를 설정했으니, 이번에는 게임 내에 등장하는 배경 장소를 정해야 한다. 게임 내에서 발생하는 모든 이벤트 스크립트는 날짜와 시간, 장소가 필요하기 때문이다. 게임에서 어떤 장소가 등장하느냐에 따라 시나리오 방향이 달라질 수 있어서, 배경 설정은 캐릭터 못지 않게 중요한 요소다.

이 게임에서 등장할 수 있는 배경 장소 목록을 뽑아줘.

게임에서 등장할 수 있는 배경 장소 목록을 아래와 같이 제안드립니다:

1. 연습실
- 설명: 아이돌 연습생들이 춤과 노래를 연습하는 곳
- 특징: 거울이 벽에 붙어 있고, 스피커와 음향 장비가 설치되어 있으며, 바닥은 나무로 되어 있음

2. 녹음실
- 설명: 아이돌 연습생들이 노래를 녹음하는 곳
- 특징: 방음 장치가 되어 있으며, 마이크와 녹음 장비가 갖추어져 있음

3. 기숙사
- 설명: 연습생들이 생활하는 공간
- 특징: 침실, 공동 거실, 주방 등이 있음

4. 무대
- 설명: 공연이나 경연이 이루어지는 장소
- 특징: 화려한 조명과 큰 스크린, 넓은 무대와 객석이 있음

5. 방송국
- 설명: 예능 프로그램이 촬영되는 곳
- 특징: 다양한 세트와 촬영 장비, 대기실이 있음

6. 카페
- 설명: 연습생들이 쉬는 시간에 자주 방문하는 장소
- 특징: 아늑한 분위기, 다양한 음료와 디저트가 제공됨

7. 옷가게/스타일리스트 샵
- 설명: 연습생들이 의상을 고르고 스타일링을 받는 곳
- 특징: 다양한 의상과 악세서리, 거울과 피팅룸이 있음

이 게임에서 등장할 수 있는 장소 목록을 뽑아달라고 하니 다음과 같이 12개의 장소를 정해주는 것은 물론이고 각 장소에 대한 설명과 특징까지 붙여준다. 12개 장소가 모두 필요한지, 각 장소가 적절한지의 여부는 게임 시나리오를 모두 완성한 다음에야 알 수 있을 것이다. 이것은 게임 기획자, 시나리오 작가와 게임을 개발할 때도 마찬가

지인데, 프로젝트 초기에 충분한 기획 회의를 통해 장소를 정해 놓고 시나리오 작업에 들어가도 시나리오가 완성된 다음에 보면 특정 장소들은 아예 등장하지 않거나 사용 빈도가 낮은 경우가 자주 발생한다. 이것은 챗GPT로 기획 및 시나리오 작업을 진행할 때도 마찬가지다.

▼ 표 6-2 챗GPT가 생성한 12개의 배경 목록

No	이름	설명	특징
1	연습실	아이돌 연습생들이 춤과 노래를 연습하는 곳	거울이 벽에 붙어 있고, 스피커와 음향 장비가 설치되어 있으며, 바닥은 나무로 되어 있음
2	녹음실	아이돌 연습생들이 노래를 녹음하는 곳	방음 장치가 되어 있으며, 마이크와 녹음 장비가 갖추어져 있음
3	기숙사	연습생들이 생활하는 공간	침실, 공동 거실, 주방 등이 있음
4	무대	공연이나 경연이 이루어지는 장소	화려한 조명과 큰 스크린, 넓은 무대와 객석이 있음
5	방송국	예능 프로그램이 촬영되는 곳	다양한 세트와 촬영 장비, 대기실이 있음
6	카페	연습생들이 쉬는 시간에 자주 방문하는 장소	아늑한 분위기, 다양한 음료와 디저트가 제공됨
7	옷가게/스타일리스트 샵	연습생들이 의상을 고르고 스타일링을 받는 곳	다양한 의상과 악세서리, 거울과 피팅룸이 있음
8	연습생들의 학교	연습생들이 학업을 병행하는 학교	교실, 체육관, 운동장 등이 있음
9	공원	연습생들이 산책하거나 운동하는 장소	푸른 잔디, 산책로, 벤치 등이 있음
10	회사 회의실	연습생들과 회사 직원들이 회의를 하는 곳	큰 테이블과 의자, 화이트보드나 프로젝터가 있음
11	팬미팅 장소	연습생들이 팬들과 소통하는 장소	무대, 팬 좌석, 사인회 테이블 등이 있음
12	촬영 스튜디오	뮤직비디오나 화보 촬영이 이루어지는 장소	다양한 배경 세트와 조명 장비, 촬영 도구들이 있음

배경 장소에 대한 설명과 특징은 뒤에서 이벤트 CG용 이미지나 배경 이미지를 생성할 때 큰 도움이 된다. 공원이나 학교, 방송국 같이 쉽게 구분되는 장소는 부가 설명을 하지 않아도 원하는 이미지를 쉽게 만들 수 있지만, '기숙사'라고만 쓰는 것보다 "연습생들이 생활하는 공간이고 침실, 공동 거실, 주방 등이 있다"라는 세부적인 부가 설명을 더해주면 원하는 스타일의 이미지가 생성될 수 있는 경우도 있기 때문이다.

6.1.3 게임 이벤트 설정하기

캐릭터와 장소를 확정했으니, 게임에서 한 달 동안 발생하는 이벤트들을 생성할 차례다. 모든 캐릭터가 같이 등장하는 공통 이벤트와 캐릭터별로 발생하는 이벤트를 구분해서 이벤트 달력을 만들어달라고 요청했더니 생각보다 괜찮은 결과를 만들어 낸다.

2024년 7월 1일부터 7월 31일까지 한 달 동안 발생하는 이벤트 달력을 만들어줘.

매일 3명의 공략 가능한 캐릭터와 이벤트가 발생해야 하는데, 서로 다른 장소에서 이벤트가 발생해야 해.

7월 1일은 연습실에서 모두 모여서 공통 이벤트(첫만남)가 발생해야 해.

7월 31일은 무대에서 아이돌을 최종 선정하는 공통 이벤트가 발생해야 해.

매주 금요일은 방송국에서 예능 프로그램을 촬영하는 공통 이벤트가 발생해야 해.

공략 가능한 캐릭터 설정에 맞게 이벤트 내용을 정해 줘.

이벤트가 발생하는 장소는 12개의 배경 장소로 제한해 줘.

 **2024년 7월 이벤트 달력**

장소 목록:
연습실
녹음실
기숙사
무대
방송국
카페
옷가게/스타일리스트 샵
연습생들의 학교
공원
회사 회의실
팬미팅 장소
촬영 스튜디오

7월 1일 (월요일):
공통 이벤트: 연습실 – 첫 만남 이벤트

7월 2일 (화요일):
유아라: 녹음실 – 피아노 연주를 연습
박지원: 기숙사 – 아침 운동
김유진: 카페 – 디저트 만들기

7월 한 달 동안 6일은 공통 이벤트가 발생하고, 나머지 기간은 3명의 캐릭터들의 이벤트가 매일 중복되지 않은 장소에서 발생하도록 잘 배치된 것을 확인할 수 있다. 공략 가능한 캐릭터가 3명에 불과하기 때문에 어려워보이지 않지만, 만일 공략 가능한 캐릭터가 10명이나 20명이고 장소가 20개, 30개라면 이벤트 달력을 만드는 것 자체가 만만한 일이 아닐 것이다. 하지만 챗GPT를 이용한다면 공략 가능한 캐릭터가 몇 명이든 이벤트가 발생하는 장소가 몇 군데든, 한 달이 아니라 1년이라는 기간이라도 상관없이 손쉽게 이러한 이벤트 달력을 만들어 줄 것이다.

날짜(요일)	공통 이벤트	유아라	박지원	김유진
7월 1일 (월요일)	연습실 – 첫 만남 이벤트			
7월 2일 (화요일)		녹음실 – 피아노 연주를 연습	기숙사 – 아침 운동	카페 – 디저트 만들기
7월 3일 (수요일)		무대 – 노래 연습	학교 – 친구들과 운동	공원 – 산책
7월 4일 (목요일)		카페 – 림 그리기	옷가게 – 스타일링 받기	촬영 스튜디오 – 요리 촬영
7월 5일 (금요일)	방송국 – 예능 프로그램 촬영			
7월 6일 (토요일)		기숙사 – 책 읽기	회사 회의실 – 회사 관계자와 회의	팬미팅 장소 – 팬들과 소통
7월 7일 (일요일)		녹음실 – 노래 녹음	공원 – 축구 경기	카페 – 친구들과 수다
7월 8일 (월요일)		연습실 – 무대 공포증 극복 훈련	촬영 스튜디오 – 촬영	학교 – 요리 수업
7월 9일 (화요일)		기숙사 – 기타 연주 연습	무대 – 노래 연습	옷가게 – 상 선택
7월 10일 (수요일)		팬미팅 장소 – 팬미팅 준비	녹음실 – 다국어 노래 녹음	회사 회의실 – 요리 프로그램 회의
7월 11일 (목요일)		카페 – 작사 작업	학교 – 체육 수업	촬영 스튜디오 – 코미디 촬영
7월 12일 (금요일)	방송국 – 예능 프로그램 촬영			
7월 13일 (토요일)		연습실 – 노래 연습	기숙사 – 동료들과 게임	공원 – 운동
7월 14일 (일요일)		녹음실 – 피아노 녹음	옷가게 – 새로운 스타일링	카페 – 새로운 디저트 개발
7월 15일 (월요일)		무대 – 공연 리허설	학교 – 친구들과 연습	회사 회의실 – 요리 프로그램 준비

날짜(요일)	공통 이벤트	유아라	박지원	김유진
7월 16일 (화요일)		팬미팅 장소 – 팬과의 소통	공원 – 축구 연습	연습실 – 요리 수업
7월 17일 (수요일)		카페 – 팬과의 대화	녹음실 – 춤 연습	촬영 스튜디오 – 코미디 연습
7월 18일 (목요일)		기숙사 – 독서 시간	무대 – 댄스 연습	학교 – 체육 활동
7월 19일 (금요일)	방송국 – 예능 프로그램 촬영			
7월 20일 (토요일)		연습실 – 피아노 연습	옷가게 – 새로운 의상 선택	공원 – 친구들과의 피크닉
7월 21일 (일요일)		녹음실 – 녹음 작업	기숙사 – 휴식 시간	카페 – 새로운 요리 시도
7월 22일 (월요일)		무대 – 리허설	학교 – 스포츠 활동	회사 회의실 – 회의 참석
7월 23일 (화요일)		팬미팅 장소 – 팬 이벤트	공원 – 운동	연습실 – 요리 연습
7월 24일 (수요일)		카페 – 팬과의 대화	녹음실 – 노래 연습	촬영 스튜디오 – 요리 촬영
7월 25일 (목요일)		기숙사 – 독서	무대 – 연습	학교 – 수업
7월 26일 (금요일)	방송국 – 예능 프로그램 촬영			
7월 27일 (토요일)		연습실 – 음악 연습	옷가게 – 스타일링	공원 – 산책
7월 28일 (일요일)		녹음실 – 녹음	기숙사 – 휴식	카페 – 디저트 만들기
7월 29일 (월요일)		무대 – 리허설	학교 – 친구들과 운동	회사 회의실 – 요리 프로그램 준비
7월 30일 (화요일)		팬미팅 장소 – 팬미팅	공원 – 운동	연습실 – 요리 연습
7월 31일 (수요일)	무대 – 아이돌 최종 선정 이벤트			

여기까지는 챗GPT가 게임 시나리오와 관련된 작업을 꽤나 훌륭하게 해냈다. 솔직히 AI가 이 정도만 해줄 수 있다면, 시나리오 작가가 직접 시나리오 작업을 하는 경우라도 큰 도움이 될 것이다. 이 내용을 바탕으로 앞으로 진행할 이벤트 스크립트 작업은 대부분의 경우, 정해진 설정에 맞게 많은 양의 텍스트를 작성해야 하는 단순 반복 작업이기 때문이다. 만일 남아 있는 이벤트 스크립트 작업까지 완벽하게 해낸다면, 게임 시나리오 작업을 생성형 AI만으로 끝낼 수 있다고 할 수 있을 것이다.

사실, 게임 개발에 필요한 모든 파트는 '단순 반복'해야 하는 작업의 연속이다. 시나리오뿐만 아니라 CG 작업, 음악 작업이나 개발 업무 역시 마찬가지다. 충분한 시간을 들여 한 장의 일러스트를 그리는 것은 누구나 원하는 창작 과정이라고 할 수 있지만, 주어진 기간 안에 100장에 가까운 그림을 그려야 하는 것을 단순한 창작 과정이라고 부르기 힘들다. 어쩔 수 없이 CG 디자이너들은 분업을 통해 게임용 CG를 찍어내듯이 그려야 하고, 때로는 본인의 기준에 못미치는 수준의 품질이라고 하더라도 타협을 해야 하는 경우가 생긴다.

마찬가지로 주어진 기간 안에 수많은 캐릭터의 시나리오를 찍어내듯 쓰는 것은 참으로 고통스럽고 쉽지 않은 일이다. 최근에도 시나리오 작가 선발을 위해 적지 않은 시간을 투자해서 수많은 지원서를 받고 인터뷰를 한 다음, 사전 테스트까지 해서 어렵게 사람을 구했는데도 끝까지 자신이 맡은 작업을 완수하는 사람이 거의 없었다. 더욱이 게임 기획 및 시나리오는 다른 파트에 비해 먼저 시작해서 가능한 빨리 끝내야 하는 일이기 때문에, 생성형 AI를 사용해서 게임 시나리오 작업을 하는 것은 아주 현실적인 대안이 될 수밖에 없다.

6.1.4 게임 이벤트 스크립트 생성하기

먼저 6개의 공통 이벤트 스크립트를 생성해달라고 요청해보겠다. 앞으로 생성되는 이벤트 스크립트는 양이 많으므로 반드시 "다음"이라고 말하면 순서대로 스크립트를 작성해달라고 해야 한다. 그렇지 않으면 몇십 개의 스크립트가 주르륵 생성되는데, 생각보다 시간도 오래 걸릴 뿐만 아니라 무료 버전을 쓰는 경우에는 메시지 사용 제한에 걸릴 수도 있다.

앞에서 만든 이벤트 달력을 기반으로 공통 이벤트에 대한 이벤트 스크립트를 작성해 줘.

공통 이벤트에는 주인공과 공략 가능한 캐릭터 3명이 모두 등장해야 해.

이벤트 스크립트는 대화 형식으로 만들어줘.

공략 가능한 캐릭터의 말투는 캐릭터 설정에 맞게 반영되어야 해.

공통 이벤트 스크립트는 최소 50줄 이상이 되어야 해.

"다음"이라고 말하면 순서대로 다음 이벤트에 대한 스크립트를 작성해 줘.

하나의 이벤트 스크립트 작성이 끝나면 멈춰.

그리고 이것을 전체 공통 이벤트의 스크립트를 다 만들 때까지 계속해 줘.

모든 이벤트 스크립트에는 날짜와 장소를 가장 먼저 표시해 줘.

반드시 한글로 작성해 줘.

2024년 7월 1일 – 연습실: 첫 만남 이벤트

등장 인물:

- 주인공
- 유아라
- 박지원
- 김유진

장면:

연습실에 네 명의 연습생이 처음으로 한 자리에 모였다. 모두 긴장된 표정으로 서로를 바라보고 있다.

주인공: (밝게) 안녕하세요, 여러분! 저는 이번 서바이벌에 참가하게 된 주인공입니다. 잘 부탁드립니다!

유아라: (조용히) 안녕하세요. 저는 유아라라고 해요. 음악을 좋아해서 이번 기회가 너무 기대돼요.

박지원: (활기차게) 안녕! 나는 박지원이야. 이번 서바이벌에서 꼭 좋은 성과를 내고 싶어!

김유진: (밝게 웃으며) 안녕하세요! 저는 김유진이에요. 요리도 좋아하고 사람들과 어울리는 것도 좋아해요. 잘 부탁드려요!

주인공: 모두 각자 개성이 넘치네요! 그럼 우리 다 함께 힘내서 이번 서바이벌을 잘 해봅시다!

챗GPT는 내가 의도한 대로 주인공과 3명의 여성 캐릭터가 함께 등장하는 공통 이벤트 스크립트를 생성했다. 내용은 조금 유치하지만 그대로 사용해도 될 정도였다. 방송국 예능 프로그램 촬영 이벤트에서는 PD, 아이돌 최종 선정 이벤트에서는 MC라는 캐릭터를 추가로 넣어 자연스럽게 시나리오가 진행되도록 만들었다.

▼ 표 6-4 챗GPT가 생성한 공통 이벤트 스크립트 목록

날짜(요일)	장소	스크립트	장면
2024년 7월 1일 (월요일)	연습실	첫 만남 이벤트	연습실에 네 명의 연습생이 처음으로 한 자리에 모였다. 모두 긴장된 표정으로 서로를 바라보고 있다.
2024년 7월 5일 (금요일)	방송국	예능 프로그램 촬영	방송국에서 첫 예능 프로그램 촬영이 시작된다. 네 명의 연습생은 다소 긴장된 표정으로 스튜디오에 모여 있다.
2024년 7월 12일 (금요일)	방송국	예능 프로그램 촬영	방송국에서 두 번째 예능 프로그램 촬영이 시작된다. 네 명의 연습생은 지난 촬영보다 조금 더 여유로운 표정으로 스튜디오에 모여 있다.
2024년 7월 19일 (금요일)	방송국	예능 프로그램 촬영	방송국에서 세 번째 예능 프로그램 촬영이 시작된다. 네 명의 연습생은 이제 촬영에 익숙해진 표정으로 스튜디오에 모여 있다.
2024년 7월 26일 (금요일)	방송국	예능 프로그램 촬영	방송국에서 네 번째 예능 프로그램 촬영이 시작된다. 네 명의 연습생은 점점 더 서로에 대해 익숙해진 표정으로 스튜디오에 모여 있다.
2024년 7월 31일 (수요일)	무대	아이돌 최종 선정 이벤트	무대에서 최종 선정 이벤트가 진행된다. 네 명의 연습생은 긴장된 표정으로 무대 뒤에서 대기하고 있다.

공통 이벤트 스크립트 결과에 만족하며, 본격적으로 첫 번째 공략 캐릭터인 유아라의 이벤트 스크립트 생성을 요청했다. 정상적으로 처리된다면 앞서 완성한 이벤트 달력에 맞게 캐릭터들마다 25개의 이벤트 스크립트를 생성해야 한다. 하나의 이벤트 스크립트가 20줄 정도라고 하면 캐릭터 당 총 500줄의 스크립트가 만들어지게 되는 셈이다.

앞에서 만든 이벤트 달력을 기반으로 유아라의 이벤트에 대한 이벤트 스크립트를 작성해 줘.

캐릭터별 이벤트에 대한 이벤트 스크립트를 대화 형식으로 만들어줘.

공략 가능한 캐릭터의 말투는 캐릭터 설정에 맞게 반영되어야 해.

이벤트 스크립트는 최소 20줄 이상이 되어야 해.

"다음"이라고 말하면 순서대로 다음 이벤트에 대한 스크립트를 작성해 줘.

하나의 이벤트 스크립트 작성이 끝나면 멈춰.

그리고 이것을 해당 캐릭터의 이벤트의 스크립트를 다 만들 때까지 계속해 줘.

모든 이벤트 스크립트에는 날짜와 장소를 가장 먼저 표시해 줘.

반드시 한글로 작성해 줘.

2024년 7월 2일 – 녹음실: 유아라 피아노 연주 연습

등장 인물:

- 주인공
- 유아라

장면:

녹음실에서 유아라가 피아노 앞에 앉아 연주를 연습하고 있다. 주인공이 들어와 유아라를 바라본다.

주인공: (미소 지으며) 안녕, 아라 씨. 피아노 연습 중이네요?

유아라: (조용히) 네, 안녕하세요. 조금 더 연습하려고요. 피아노 연주는 저에게 정말 중요해요.

주인공: (관심을 보이며) 그렇군요. 어떤 곡을 연습 중이에요?

유아라: (부드럽게) 제가 작곡한 곡이에요. 아직 미완성이지만, 언젠가 완성해서 들려드리고 싶어요.

주인공: (감탄하며) 와, 아라 씨가 작곡도 하시는군요. 정말 대단해요. 한 번 들려줄 수 있나요?

유아라: (살짝 미소 지으며) 아직 완벽하지 않지만, 들어주시면 감사하죠. (연주를 시작하며) 이 곡은 제가 느꼈던 감정을 표현한 거예요.

숫자가 적어서 계획한 대로 이벤트 스크립트가 잘 생성되었던 공통 이벤트와 달리, 유아라 이벤트 스크립트의 경우에는 7월 18일, 7월 21일, 7월 25일의 이벤트가 누락되었다. 시나리오 작가가 작업을 하더라도 이 정도의 실수는 할 수 있기 때문에, 아직까지는 큰 문제라고 할 수는 없다. 챗GPT에 누락된 이벤트들에 대한 스크립트를 요청해서 채워 넣을 수 있겠지만, 앞서 말한 대로 지금 만드는 게임에서는 가능한 챗GPT가 생성한 그대로 사용할 생각이므로, 누락된 유아라의 이벤트 3개는 없는 대로 그냥 넘어간다.

▼ 표 6-5 챗GPT가 생성한 유아라 이벤트 스크립트 목록

날짜(요일)	설정된 이벤트	생성된 스크립트	장면
7월 2일 (화요일)	녹음실 – 피아노 연주를 연습	녹음실: 유아라 피아노 연주 연습	녹음실에서 유아라가 피아노 앞에 앉아 연주를 연습하고 있다. 주인공이 들어와 유아라를 바라본다.
7월 3일 (수요일)	무대 – 노래 연습	무대: 유아라 노래 연습	무대에서 유아라가 마이크를 잡고 노래 연습을 하고 있다. 주인공이 무대 뒤에서 유아라를 지켜보고 있다.
7월 4일 (목요일)	카페 – 그림 그리기	카페: 아라 그림 그리기	카페에서 유아라가 노트북과 스케치북을 펴놓고 그림을 그리고 있다. 주인공이 카페에 들어와 유아라를 발견하고 다가간다.
7월 6일 (토요일)	기숙사 – 책 읽기	기숙사: 유아라 책 읽기	기숙사에서 유아라가 소파에 앉아 책을 읽고 있다. 주인공이 기숙사에 들어와 유아라를 발견하고 다가간다.
7월 7일 (일요일)	녹음실 – 노래 녹음	녹음실: 유아라 노래 녹음	녹음실에서 유아라가 마이크 앞에 서서 노래 녹음을 준비하고 있다. 주인공이 녹음실에 들어와 유아라를 발견하고 다가간다.
7월 8일 (월요일)	연습실 – 무대 공포증 극복 훈련	연습실: 유아라 무대 공포증 극복 훈련	연습실에서 유아라가 무대 공포증을 극복하기 위해 거울 앞에서 연습하고 있다. 주인공이 연습실에 들어와 유아라를 발견하고 다가간다.
7월 9일 (화요일)	기숙사 – 기타 연주 연습	기숙사: 유아라 기타 연주 연습	기숙사에서 유아라가 기타를 들고 연주를 연습하고 있다. 주인공이 기숙사에 들어와 유아라를 발견하고 다가간다.

날짜(요일)	설정된 이벤트	생성된 스크립트	장면
7월 10일 (수요일)	팬미팅 장소 – 팬미팅 준비	팬미팅 장소: 유아라 팬미팅 준비	팬미팅 장소에서 유아라가 팬미팅 준비를 하고 있다. 주인공이 팬미팅 장소에 들어와 유아라를 발견하고 다가간다.
7월 11일 (목요일)	카페 – 작사 작업	카페: 유아라 작사 작업	카페에서 유아라가 노트북과 스케치북을 펴놓고 작사 작업을 하고 있다. 주인공이 카페에 들어와 유아라를 발견하고 다가간다.
7월 13일 (토요일)	연습실 – 노래 연습	연습실: 유아라 노래 연습	연습실에서 유아라가 마이크 앞에 서서 노래 연습을 하고 있다. 주인공이 연습실에 들어와 유아라를 발견하고 다가간다.
7월 14일 (일요일)	녹음실 – 피아노 녹음	녹음실: 유아라 피아노 녹음	녹음실에서 유아라가 피아노 앞에 앉아 녹음을 준비하고 있다. 주인공이 녹음실에 들어와 유아라를 발견하고 다가간다.
7월 15일 (월요일)	무대 – 공연 리허설	무대: 유아라 공연 리허설	무대에서 유아라가 공연 리허설을 하고 있다. 주인공이 무대 뒤에서 유아라를 바라본다.
7월 16일 (화요일)	팬미팅 장소 – 팬과의 소통	팬미팅 장소: 유아라 팬과의 소통	팬미팅 장소에서 유아라가 팬들과 소통하고 있다. 주인공이 팬미팅 장소에 들어와 유아라를 발견하고 다가간다.
7월 17일 (수요일)	카페 – 팬과의 대화	카페: 유아라 팬과의 대화	카페에서 유아라가 팬들과 함께 앉아 대화를 나누고 있다. 주인공이 카페에 들어와 유아라와 팬들을 발견하고 다가간다.
7월 18일 (목요일)	기숙사 – 독서 시간		
7월 20일 (토요일)	연습실 – 피아노 연습	연습실: 유아라 피아노 연습	연습실에서 유아라가 피아노 앞에 앉아 연습을 하고 있다. 주인공이 연습실에 들어와 유아라를 발견하고 다가간다.
7월 21일 (일요일)	녹음실 – 녹음 작업		
7월 22일 (월요일)	무대 – 리허설	무대: 유아라 리허설	무대에서 유아라가 리허설을 준비하고 있다. 주인공이 무대 뒤에서 유아라를 지켜보고 있다.

날짜(요일)	설정된 이벤트	생성된 스크립트	장면
7월 23일 (화요일)	팬미팅 장소 – 팬 이벤트	팬미팅 장소: 유아라 팬 이벤트	팬미팅 장소에서 유아라가 팬들과 함께 이벤트를 진행하고 있다. 주인공이 팬미팅 장소에 들어와 유아라와 팬들을 발견하고 다가간다.
7월 24일 (수요일)	카페 – 팬과의 대화	카페: 아라 팬과의 대화	카페에서 유아라가 팬들과 함께 앉아 대화를 나누고 있다. 주인공이 카페에 들어와 유아라와 팬들을 발견하고 다가간다.
7월 25일 (목요일)	기숙사 – 독서		
7월 27일 (토요일)	연습실 – 음악 연습	연습실: 유아라 음악 연습	연습실에서 유아라가 피아노 앞에 앉아 연습을 하고 있다. 주인공이 연습실에 들어와 유아라를 발견하고 다가간다.
7월 28일 (일요일)	녹음실 – 녹음	녹음실: 유아라 녹음 작업	녹음실에서 유아라가 마이크 앞에 서서 녹음을 준비하고 있다. 주인공이 녹음실에 들어와 유아라를 발견하고 다가간다.
7월 29일 (월요일)	무대 – 리허설	무대: 유아라 리허설	무대에서 유아라가 리허설을 준비하고 있다. 주인공이 무대 뒤에서 유아라를 지켜보고 있다.
7월 30일 (화요일)	팬미팅 장소 – 팬미팅	팬미팅 장소: 유아라 팬미팅	팬미팅 장소에서 유아라가 팬들과 함께 앉아 대화를 나누고 있다. 주인공이 팬미팅 장소에 들어와 유아라와 팬들을 발견하고 다가간다.

두 번째 공략 캐릭터인 박지원의 이벤트도 유아라와 동일한 프롬프트를 사용해서 생성해봤다. 비록 3개의 이벤트가 누락되긴 했어도 유아라의 이벤트 스크립트는 이벤트 달력과 동일한 날짜와 장소에서 이벤트가 발생했다. 그럼 앞으로 생성하는 다른 캐릭터들의 이벤트 스크립트도 거의 유사한 결과를 만들 것인지가 궁금해진다.

앞에서 만든 이벤트 달력을 기반으로 박지원의 이벤트에 대한 이벤트 스크립트를 작성해 줘.

캐릭터별 이벤트에 대한 이벤트 스크립트를 대화 형식으로 만들어줘.

공략 가능한 캐릭터의 말투는 캐릭터 설정에 맞게 반영되어야 해.

이벤트 스크립트는 최소 20줄 이상이 되어야 해.

"다음"이라고 말하면 순서대로 다음 이벤트에 대한 스크립트를 작성해 줘.

하나의 이벤트 스크립트 작성이 끝나면 멈춰.

그리고 이것을 해당 캐릭터의 이벤트의 스크립트를 다 만들 때까지 계속해 줘.

모든 이벤트 스크립트에는 날짜와 장소를 가장 먼저 표시해 줘.

반드시 한글로 작성해 줘.

2024년 7월 2일 – 기숙사: 박지원 아침 운동

등장 인물:

- 주인공
- 박지원

장면:

기숙사에서 박지원이 운동복을 입고 스트레칭을 하고 있다. 주인공이 기숙사에 들어와 박지원을 발견하고 다가간다.

주인공: (밝게) 안녕, 지원 씨! 아침부터 운동 중이네요?

박지원: (활기차게) 어, 안녕! 맞아, 아침 운동은 하루를 활기차게 시작하는 데 최고야. 같이 할래?

주인공: (호기심 가득) 좋지! 어떤 운동을 할 생각이야?

박지원: (신나게) 먼저 스트레칭 좀 하고, 그 다음엔 러닝을 할 거야. 체력도 키우고 몸도 유연하게 만들려고.

주인공: (감탄하며) 정말 열심히 하네. 그럼 나도 같이 스트레칭 해볼게.

박지원의 경우, 4일간의 이벤트를 제외하면 대부분의 이벤트들이 이벤트 달력에서 정해놓았던 장소가 아닌 다른 장소에서 일어나는 이벤트로 스크립트가 생성되었다. 원래 박지원의 이벤트 달력에는 팬미팅과 관련된 이벤트가 전혀 없었는데, 먼저 생성한 유아라의 이벤트 스크립트에 영향을 받은 탓인지 팬미팅과 관련된 이벤트가 3개나 추가되었다. 그리고 매주 금요일은 공통 이벤트가 발생하는 날이라 박지원의 이벤트가 발생하면 안 되지만, 2개의 이벤트가 금요일에 발생하는 것으로 만들어졌다. 유아라의 경우처럼 3일간 이벤트가 비는 날이 있으니, 금요일에 발생하는 2개의 이벤트는 그 날짜로 수정을 해야 한다.

▼ **표 6-6** 챗GPT가 생성한 박지원 이벤트 스크립트 목록

날짜(요일)	설정된 이벤트	생성된 스크립트	장면
7월 2일 (화요일)	기숙사 – 아침 운동	기숙사: 박지원 아침 운동	기숙사에서 박지원이 운동복을 입고 스트레칭을 하고 있다. 주인공이 기숙사에 들어와 박지원을 발견하고 다가간다.
7월 3일 (수요일)	학교 – 친구들과 운동	학교: 박지원 친구들과 운동	학교 운동장에서 박지원이 친구들과 함께 축구를 하고 있다. 주인공이 운동장에 들어와 박지원을 발견하고 다가간다.
7월 4일 (목요일)	옷가게 – 스타일링 받기	옷가게/스타일리스트 샵: 박지원 스타일링 받기	옷가게/스타일리스트 샵에서 박지원이 스타일링을 받고 있다. 주인공이 가게에 들어와 박지원을 발견하고 다가간다.
7월 6일 (토요일)	회사 회의실 – 회사 관계자와 회의	녹음실: 박지원 노래 연습	녹음실에서 박지원이 마이크 앞에 서서 노래 연습을 하고 있다. 주인공이 녹음실에 들어와 박지원을 발견하고 다가간다.
7월 7일 (일요일)	공원 – 축구 경기	카페: 지원과의 대화	카페에서 박지원이 음료를 마시며 앉아 있다. 주인공이 카페에 들어와 박지원을 발견하고 다가간다.
7월 8일 (월요일)	촬영 스튜디오 – 춤 촬영	연습실: 박지원 춤 연습	연습실에서 박지원이 거울 앞에서 춤 연습을 하고 있다. 주인공이 연습실에 들어와 박지원을 발견하고 다가간다.
7월 9일 (화요일)	무대 – 노래 연습	팬미팅 장소: 박지원 팬미팅 준비	팬미팅 장소에서 박지원이 팬미팅 준비를 하고 있다. 주인공이 팬미팅 장소에 들어와 박지원을 발견하고 다가간다.
7월 10일 (수요일)	녹음실 – 다국어 노래 녹음	학교: 박지원과의 공부 시간	학교의 도서관에서 박지원이 책상에 앉아 공부를 하고 있다. 주인공이 도서관에 들어와 박지원을 발견하고 다가간다.

날짜(요일)	설정된 이벤트	생성된 스크립트	장면
7월 11일 (목요일)	학교 – 체육 수업	녹음실: 박지원 녹음 준비	녹음실에서 박지원이 마이크 앞에 서서 녹음 준비를 하고 있다. 주인공이 녹음실에 들어와 박지원을 발견하고 다가간다.
7월 12일 (금요일)		연습실: 박지원 댄스 퍼포먼스 연습	연습실에서 박지원이 음악에 맞춰 춤을 연습하고 있다. 주인공이 연습실에 들어와 박지원을 발견하고 다가간다.
7월 13일 (토요일)	기숙사 – 동료들과 게임		
7월 14일 (일요일)	옷가게 – 새로운 스타일링	카페: 박지원과의 대화	카페에서 박지원이 음료를 마시며 앉아 있다. 주인공이 카페에 들어와 박지원을 발견하고 다가간다.
7월 15일 (월요일)	학교 – 친구들과 연습	무대: 박지원 리허설	무대에서 박지원이 리허설을 준비하고 있다. 주인공이 무대 뒤에서 박지원을 지켜보고 있다.
7월 16일 (화요일)	공원 – 축구 연습	팬미팅 장소: 박지원 팬미팅	팬미팅 장소에서 박지원이 팬들과 함께 앉아 대화를 나누고 있다. 주인공이 팬미팅 장소에 들어와 박지원을 발견하고 다가간다.
7월 17일 (수요일)	녹음실 – 춤 연습	학교: 박지원의 운동 연습	학교 운동장에서 박지원이 혼자 축구 연습을 하고 있다. 주인공이 운동장에 들어와 박지원을 발견하고 다가간다.
7월 18일 (목요일)	무대 – 댄스 연습	녹음실: 박지원의 기타 연습	녹음실에서 박지원이 기타를 들고 연습을 하고 있다. 주인공이 녹음실에 들어와 박지원을 발견하고 다가간다.
7월 19일 (금요일)		팬미팅 장소: 박지원 팬 이벤트	팬미팅 장소에서 박지원이 팬들과 함께 이벤트를 진행하고 있다. 주인공이 팬미팅 장소에 들어와 박지원을 발견하고 다가간다.
7월 20일 (토요일)	옷가게 – 새로운 의상 선택	연습실: 박지원과의 음악 연습	연습실에서 박지원이 피아노 앞에 앉아 연습을 하고 있다. 주인공이 연습실에 들어와 박지원을 발견하고 다가간다.
7월 21일 (일요일)	기숙사 – 휴식 시간	공원: 박지원과의 산책	공원에서 박지원이 벤치에 앉아 쉬고 있다. 주인공이 공원에 들어와 박지원을 발견하고 다가간다.

날짜(요일)	설정된 이벤트	생성된 스크립트	장면
7월 22일 (월요일)	학교 – 스포츠 활동		
7월 23일 (화요일)	공원 – 운동	기숙사: 박지원과 요리하기	기숙사 주방에서 박지원이 재료를 준비하고 있다. 주인공이 주방에 들어와 박지원을 발견하고 다가간다.
7월 24일 (수요일)	녹음실 – 노래 연습		
7월 25일 (목요일)	무대 – 연습	녹음실: 박지원 보컬 트레이닝	녹음실에서 박지원이 마이크 앞에 서서 보컬 트레이닝을 받고 있다. 주인공이 녹음실에 들어와 박지원을 발견하고 다가간다.
7월 27일 (토요일)	옷가게 – 스타일링	카페: 박지원과의 작사 작업	카페에서 박지원이 노트북과 노트를 펴놓고 작사 작업을 하고 있다. 주인공이 카페에 들어와 박지원을 발견하고 다가간다.
7월 28일 (일요일)	기숙사 – 휴식	기숙사: 박지원과의 영화 감상	기숙사 공용 공간에서 박지원이 소파에 앉아 영화 감상을 준비하고 있다. 주인공이 방에서 나와 박지원을 발견하고 다가간다.
7월 29일 (월요일)	학교 – 친구들과 운동	녹음실: 박지원 녹음 작업	녹음실에서 박지원이 마이크 앞에 서서 녹음을 준비하고 있다. 주인공이 녹음실에 들어와 박지원을 발견하고 다가간다.
7월 30일 (화요일)	공원 – 운동	학교: 박지원과의 공부 시간	학교의 도서관에서 박지원이 책상에 앉아 공부를 하고 있다. 주인공이 도서관에 들어와 박지원을 발견하고 다가간다.

시나리오 작가가 시나리오를 쓰더라도 초기 계획과 크게 다르게 쓸 수 있지만, 이처럼 큰 차이가 나도록 쓰지는 않는다. 그러므로 아무리 챗GPT의 성능이 좋아졌다고 해도, 이처럼 긴 대화에서 처음부터 끝까지 일관성을 유지하는 것이 쉽지 않다는 것을 알 수 있다. 지금까지 본 것처럼 게임 기획과 시나리오 작업은 꽤나 긴 맥락을 유지해야 하기 때문에 현재 수준의 LLM으로서는 한계가 있을 수 있는 것이다. 내가 걱정했던 부분이 결과로 드러났지만, 그렇다고 해서 아주 못 쓸 수준의 결과물은 아니라서 그대로 쓰기로 결정했다.

앞에서 만든 이벤트 달력을 기반으로 김유진의 이벤트에 대한 이벤트 스크립트를 작성해 줘.

캐릭터별 이벤트에 대한 이벤트 스크립트를 대화 형식으로 만들어줘.

공략 가능한 캐릭터의 말투는 캐릭터 설정에 맞게 반영되어야 해.

이벤트 스크립트는 최소 20줄 이상이 되어야 해.

"다음"이라고 말하면 순서대로 다음 이벤트에 대한 스크립트를 작성해 줘.

하나의 이벤트 스크립트 작성이 끝나면 멈춰.

그리고 이것을 해당 캐릭터의 이벤트의 스크립트를 다 만들 때까지 계속해 줘.

모든 이벤트 스크립트에는 날짜와 장소를 가장 먼저 표시해 줘.

반드시 한글로 작성해 줘.

2024년 7월 2일 – 카페: 김유진과의 대화

등장 인물:

- 주인공
- 김유진

장면:

카페에서 김유진이 노트북 앞에 앉아 작업을 하고 있다. 주인공이 카페에 들어와 김유진을 발견하고 다가간다.

주인공: (밝게) 안녕, 유진 씨! 여기서 뭐하고 있어?

김유진: (조용히) 어, 안녕. 오늘은 카페에서 작사 작업 좀 하려고 했어. 주인공 씨도 커피 한 잔 할래?

주인공: (호기심 가득) 좋아! 나도 커피 한 잔 마시면서 같이 이야기하고 싶어. 어떤 주제로 작사 중이야?

김유진: (생각하며) 요즘 느끼는 감정들을 가사로 표현해보고 있어. 좀 더 솔직하게 써보려고 노력 중이야.

주인공: (긍정적으로) 멋지다! 유진 씨가 쓰는 가사는 항상 감동적이야. 어려운 점은 없었어?

김유진: (미소 지으며) 고마워. 가끔 어떻게 표현해야 할지 막막할 때가 있어. 주인공 씨의 의견도 들어보고 싶어.

주인공: (따뜻하게) 물론이지! 내가 느끼는 감정을 이야기해볼게. 그걸 가사에 녹여보는 건 어때?

김유진: (살짝 웃으며) 좋은 생각이야. 주인공 씨의 이야기를 들어보고 싶어.

동일한 프롬프트로 생성된 김유진의 이벤트 스크립트 역시 원래 없던 팬미팅 이벤트가 들어 갔고, 이벤트가 누락된 날이 있거나 금요일에 이벤트가 발생하는 등 앞선 캐릭터들의 이벤트와 동일한 결과가 나왔다. 원래 계획했던 이벤트와 동일한 장소에서 발생하는 이벤트는 2개에 불과하니, 만일 더 많은 캐릭터가 있었다면 그 결과는 더 나빠지기만 했을 것이다.

▼ **표 6-7** 챗GPT가 생성한 김유진 이벤트 스크립트 목록

날짜(요일)	설정된 이벤트	생성된 스크립트	장면
7월 2일 (화요일)	카페 – 디저트 만들기	카페: 김유진과의 대화	카페에서 김유진이 노트북 앞에 앉아 작업을 하고 있다. 주인공이 카페에 들어와 김유진을 발견하고 다가간다.
7월 3일 (수요일)	공원 – 산책	학교: 김유진과의 그림 그리기	학교 운동장에서 김유진이 노트북과 스케치북을 펴놓고 그림을 그리고 있다. 주인공이 운동장에 들어와 김유진을 발견하고 다가간다.
7월 4일 (목요일)	촬영 스튜디오 – 요리 촬영		
7월 6일 (토요일)	팬미팅 장소 – 팬들과 소통	기숙사: 김유진의 책 읽기	기숙사 소파에서 김유진이 책을 읽고 있다. 주인공이 기숙사에 들어와 김유진을 발견하고 다가간다.
7월 7일 (일요일)	카페 – 친구들과 수다		
7월 8일 (월요일)	학교 – 요리 수업	연습실: 김유진의 피아노 연습	연습실에서 김유진이 피아노 앞에 앉아 연습을 하고 있다. 주인공이 연습실에 들어와 김유진을 발견하고 다가간다.
7월 9일 (화요일)	옷가게 – 의상 선택	카페: 김유진과의 작곡 작업	카페에서 김유진이 노트북과 악보를 펴놓고 작곡 작업을 하고 있다. 주인공이 카페에 들어와 김유진을 발견하고 다가간다.
7월 10일 (수요일)	회사 회의실 – 요리 프로그램 회의	팬미팅 장소: 김유진 팬미팅 준비	팬미팅 장소에서 김유진이 팬미팅 준비를 하고 있다. 주인공이 팬미팅 장소에 들어와 김유진을 발견하고 다가간다.
7월 11일 (목요일)	촬영 스튜디오 – 코미디 촬영		

날짜(요일)	설정된 이벤트	생성된 스크립트	장면
7월 12일 (금요일)		연습실: 김유진의 무대 공포증 극복 훈련	연습실에서 김유진이 거울 앞에 서서 무대 공포증 극복을 위한 훈련을 하고 있다. 주인공이 연습실에 들어와 김유진을 발견하고 다가간다.
7월 13일 (토요일)	공원 – 운동	카페: 김유진과의 대화	카페에서 김유진이 음료를 마시며 앉아 있다. 주인공이 카페에 들어와 김유진을 발견하고 다가간다.
7월 14일 (일요일)	카페 – 새로운 디저트 개발	연습실: 김유진의 기타 연습	연습실에서 김유진이 기타를 들고 연습을 하고 있다. 주인공이 연습실에 들어와 김유진을 발견하고 다가간다.
7월 15일 (월요일)	회사 회의실 – 요리 프로그램 준비		
7월 16일 (화요일)	연습실 – 요리 수업	팬미팅 장소: 김유진 팬미팅	팬미팅 장소에서 김유진이 팬들과 함께 앉아 대화를 나누고 있다. 주인공이 팬미팅 장소에 들어와 김유진을 발견하고 다가간다.
7월 17일 (수요일)	촬영 스튜디오 – 코미디 연습		
7월 18일 (목요일)	학교 – 체육 활동	기숙사: 김유진과의 요리 시간	기숙사 주방에서 김유진이 재료를 준비하고 있다. 주인공이 주방에 들어와 김유진을 발견하고 다가간다.
7월 19일 (금요일)		녹음실: 김유진의 보컬 트레이닝	녹음실에서 김유진이 마이크 앞에 서서 보컬 트레이닝을 받고 있다. 주인공이 녹음실에 들어와 김유진을 발견하고 다가간다.
7월 20일 (토요일)	공원 – 친구들과의 피크닉	학교: 김유진과의 공부 시간	학교의 도서관에서 김유진이 책상에 앉아 공부를 하고 있다. 주인공이 도서관에 들어와 김유진을 발견하고 다가간다.
7월 21일 (일요일)	카페 – 새로운 요리 시도	카페: 김유진과의 작곡 작업	카페에서 김유진이 노트북과 악보를 펴놓고 작곡 작업을 하고 있다. 주인공이 카페에 들어와 김유진을 발견하고 다가간다.
7월 22일 (월요일)	회사 회의실 – 회의 참석		

날짜(요일)	설정된 이벤트	생성된 스크립트	장면
7월 23일 (화요일)	연습실 – 요리 연습	공원: 김유진과의 산책	공원에서 김유진이 벤치에 앉아 쉬고 있다. 주인공이 공원에 들어와 김유진을 발견하고 다가간다.
7월 24일 (수요일)	촬영 스튜디오 – 요리 촬영	녹음실: 김유진의 기타 연습	녹음실에서 김유진이 기타를 들고 연습을 하고 있다. 주인공이 녹음실에 들어와 김유진을 발견하고 다가간다.
7월 25일 (목요일)	학교 – 수업	카페: 김유진과의 독서 시간	카페에서 김유진이 책을 읽고 있다. 주인공이 카페에 들어와 김유진을 발견하고 다가간다.
7월 27일 (토요일)	공원 – 산책	녹음실: 김유진의 노래 녹음	녹음실에서 김유진이 마이크 앞에 서서 노래를 녹음하고 있다. 주인공이 녹음실에 들어와 김유진을 발견하고 다가간다.
7월 28일 (일요일)	카페 – 디저트 만들기	연습실: 김유진의 댄스 연습	연습실에서 김유진이 음악에 맞춰 춤을 연습하고 있다. 주인공이 연습실에 들어와 김유진을 발견하고 다가간다.
7월 29일 (월요일)	회사 회의실 – 요리 프로그램 준비	기숙사: 김유진과의 저녁 식사	기숙사 주방에서 김유진이 저녁 식사를 준비하고 있다. 주인공이 주방에 들어와 김유진을 발견하고 다가간다.
7월 30일 (화요일)	연습실 – 요리 연습	녹음실: 김유진의 노래 녹음	녹음실에서 김유진이 마이크 앞에 서서 노래를 녹음하고 있다. 주인공이 녹음실에 들어와 김유진을 발견하고 다가간다.

우리는 살면서 수도 없이 많은 일을 시작하지만 그것을 끝까지 완수하는 경우는 생각보다 많지 않다. 나 역시 여지껏 50개가 넘는 게임을 출시해왔지만, 여러 이유로 끝을 맺지 못한 게임 프로젝트들이 존재한다. 일관성이 떨어지고 반복되는 내용이 많다고 해도, 어찌되었든 챗GPT를 사용하니 공통 이벤트는 물론 3명의 캐릭터에 대한 캐릭터별 이벤트 스크립트를 모두 생성할 수 있었다. 이 정도면 훌륭하게 자기 할 일을 해낸 것이라고 평가할 수 있고, 머지않아 이보다 더 나은 결과를 만들어 낼 것이라고 기대한다. 따라서 앞으로 여기서 챗GPT가 생성한 공통 및 캐릭터별 이벤트 스크립트를 바탕으로 게임을 개발하도록 하겠다.

게임용 이벤트 스크립트가 완성되었다면, 이를 기반으로 게임에 필요한 이벤트 CG 목록을 만들어야 한다. 이 작업을 통해서 게임 내에 총 몇 장의 이벤트 CG가 필요한지, 어떤 이미지들이 필요한지 일목 요연하게 파악할 수 있다.

원래 이벤트 CG 목록 역시 배경 목록처럼 게임 기획자나 시나리오 작가가 프로젝트 초기에 원화가나 CG 디자이너에게 CG 목록을 전달해줘야 한다. 그래서 시나리오 작가가 게임 시나리오를 쓰는 시간 동안, CG 디자이너들도 동시에 이벤트 CG 작업을 진행할 수 있는 것이다. 다만 게임 시나리오 작업을 진행하다 보면 초기에 정해졌던 이벤트 CG 목록이 불가피하게 변경이 될 수 밖에 없어서 애써 작업해놓은 이벤트 CG가 사용되지 못하거나 수정해야 하는 경우도 생기고 새로운 이벤트 CG를 추가로 작업해야 하는 문제가 발생하기도 한다.

그러나 여기서는 챗GPT로 불과 한두 시간 만에 게임에 필요한 모든 이벤트 스크립트를 완성했기 때문에, 완성된 이벤트 스크립트에서 필요한 이벤트 CG 목록을 추출하기만 하면 된다. 앞으로 우리가 이미지 생성형 AI를 이용해서 어떤 이미지를 생성해야 하는 지는 바로 이 이벤트 CG 목록을 기준으로 하면 된다. 챗GPT에게는 생성된 이벤트 스크립트를 바탕으로 필요한 이벤트 CG 목록을 뽑아달라고 요청해보자.

공통 이벤트 스크립트를 바탕으로 필요한 이벤트 CG 목록을 뽑아줘.

 **공통 이벤트 CG 목록**

1. **2024년 7월 1일 – 연습실: 첫 만남 이벤트**
   - 연습실에서 네 명의 연습생(주인공, 유아라, 박지원, 김유진)이 서로 인사하고 있는 모습
   - 네 명이 함께 스트레칭을 하는 장면

2. **2024년 7월 5일 – 방송국: 예능 프로그램 촬영(스피드 퀴즈 게임)**
   - 주인공이 설명자 역할을 하고, 유아라, 박지원, 김유진이 맞히는 장면
   - 네 명이 함께 웃으며 게임을 즐기는 모습

3. **2024년 7월 12일 – 방송국: 예능 프로그램 촬영(팀 빌딩 게임)**
   - 두 팀으로 나누어진 연습생들이 협동 퍼즐 맞추기 게임을 하는 모습
   - 주인공 팀과 유아라 팀이 각각 퍼즐을 맞추는 장면

4. **2024년 7월 19일 – 방송국: 예능 프로그램 촬영(가면 맞히기 게임)**
   - 주인공이 가면을 쓰고, 나머지 세 명이 질문을 통해 주인공을 맞히는 장면
   - 유아라, 박지원, 김유진이 각각 가면을 쓰고, 다른 연습생들이 질문하는 모습

5. **2024년 7월 26일 – 방송국: 예능 프로그램 촬영(팀워크 챌린지)**
   - 주인공과 김유진 팀, 유아라와 박지원 팀이 협동하여 문제를 해결하는 장면
   - 두 팀이 함께 퍼즐을 맞추는 모습

6. **2024년 7월 31일 – 무대: 아이돌 최종 선정 이벤트**
   - 네 명의 연습생이 무대 위에 서 있는 모습
   - MC가 최종 결과를 발표하는 장면
   - 유아라가 최종 선정자로 발표되어 기뻐하는 모습
   - 나머지 연습생들이 유아라를 축하하는 장면

내가 원했던 이벤트 CG 목록을 장면 설명까지 추가해서 만들었다. 공통 이벤트의 경우, 공략 가능한 3명의 캐릭터들이 동시에 등장하기 때문에 이미지 생성형 AI를 이용해서 적절한 이미지를 생성해야 한다. 챗GPT는 주인공까지 모두 이벤트 CG에 등장하는 것으로 묘사하고 있지만, 이 게임의 경우에는 주인공까지 굳이 이벤트 CG에 등장할 필요가 없다.

번호	날짜	이벤트	장면
1	7월 1일	연습실: 첫 만남 이벤트	• 연습실에서 네 명의 연습생(주인공, 유아라, 박지원, 김유진)이 서로 인사하고 있는 모습 • 네 명이 함께 스트레칭을 하는 장면
2	7월 5일	방송국: 예능 프로그램 촬영 (스피드 퀴즈 게임)	• 주인공이 설명자 역할을 하고, 유아라, 박지원, 김유진이 맞추는 장면 • 네 명이 함께 웃으며 게임을 즐기는 모습
3	7월 12일	방송국: 예능 프로그램 촬영 (팀 빌딩 게임)	• 두 팀으로 나누어진 연습생들이 협동 퍼즐 맞추기 게임을 하는 모습 • 주인공 팀과 유아라 팀이 각각 퍼즐을 맞추는 장면
4	7월 19일	방송국: 예능 프로그램 촬영 (가면 맞히기 게임)	• 주인공이 가면을 쓰고, 나머지 세 명이 질문을 통해 주인공을 맞추는 장면 • 유아라, 박지원, 김유진이 각각 가면을 쓰고, 다른 연습생들이 질문하는 모습
5	7월 26일	방송국: 예능 프로그램 촬영 (팀워크 챌린지)	• 주인공과 김유진 팀, 유아라와 박지원 팀이 협동하여 문제를 해결하는 장면 • 두 팀이 함께 퍼즐을 맞추는 모습
6	7월 31일	무대: 아이돌 최종 선정 이벤트	• 네 명의 연습생이 무대 위에 서 있는 모습 • MC가 최종 결과를 발표하는 장면 • 유아라가 최종 선정자로 발표되어 기뻐하는 모습 • 나머지 연습생들이 유아라를 축하하는 장면

같은 방법으로 유아라의 이벤트 목록을 요청하면 21개 이벤트에서 필요한 이벤트 CG 목록을 정리해준다.

유아라의 이벤트 스크립트를 바탕으로 필요한 이벤트 CG 목록을 뽑아줘.

프롬프트 답변 6-12

유아라의 이벤트 CG 목록

1. **2024년 7월 2일 – 녹음실: 피아노 연주 연습**
   - 유아라가 피아노 앞에 앉아 연주하는 모습
   - 주인공이 유아라의 연주를 감상하는 장면

2. **2024년 7월 3일 – 무대: 노래 연습**
   - 유아라가 무대에서 마이크를 잡고 노래하는 모습
   - 주인공이 무대 뒤에서 유아라를 지켜보는 장면

3. **2024년 7월 4일 – 카페: 그림 그리기**
   - 유아라가 카페에서 노트북과 스케치북을 펴놓고 그림을 그리는 모습
   - 주인공이 유아라에게 다가가 이야기를 나누는 장면

4. **2024년 7월 6일 – 기숙사: 책 읽기**
   - 유아라가 기숙사 소파에 앉아 책을 읽는 모습
   - 주인공이 유아라에게 다가가 대화하는 장면

5. **2024년 7월 7일 – 녹음실: 노래 녹음**
   - 유아라가 마이크 앞에서 노래를 녹음하는 모습
   - 주인공이 유아라의 녹음을 지켜보는 장면

7월 2일과 14일, 20일, 27일의 피아노 장면이나 7월 3일과 22일, 29일의 무대 위 노래 장면, 7월 4일과 11일의 카페 장면 등은 이벤트 CG 한 장으로 처리가 가능한 것을 알 수 있다. CG 디자이너가 작업을 하는 경우라면 작업량을 줄이기 위해 최대한 이벤트 CG를 재사용하는 방법을 선택할 것이지만, 이미지 생성형 AI를 사용하기 때문에 유사한 장면이라고 해도 일일이 생성해서 사용할 수 있다. 하지만 여기서는 게임의 용량을 최대한 줄이려는 목적으로, 공통 장면은 하나의 이벤트 CG를 사용한다.

▼ **표 6-9** 챗GPT가 생성한 유아라 이벤트 CG 목록

번호	날짜	이벤트	장면
1	7월 2일	녹음실: 피아노 연주 연습	• 유아라가 피아노 앞에 앉아 연주하는 모습 • 주인공이 유아라의 연주를 감상하는 장면
2	7월 3일	무대: 노래 연습	• 유아라가 무대에서 마이크를 잡고 노래하는 모습 • 주인공이 무대 뒤에서 유아라를 지켜보는 장면
3	7월 4일	카페: 그림 그리기	• 유아라가 카페에서 노트북과 스케치북을 펴놓고 그림을 그리는 모습 • 주인공이 유아라에게 다가가 이야기를 나누는 장면
4	7월 6일	기숙사: 책 읽기	• 유아라가 기숙사 소파에 앉아 책을 읽는 모습 • 주인공이 유아라에게 다가가 대화하는 장면
5	7월 7일	녹음실: 노래 녹음	• 유아라가 마이크 앞에서 노래를 녹음하는 모습 • 주인공이 유아라의 녹음을 지켜보는 장면
6	7월 8일	연습실: 무대 공포증 극복 훈련	• 유아라가 거울 앞에서 무대 공포증을 극복하기 위해 연습하는 모습 • 주인공이 유아라에게 응원하는 장면
7	7월 9일	기숙사: 기타 연주 연습	• 유아라가 기타를 들고 연주를 연습하는 모습 • 주인공이 유아라의 연주를 감상하는 장면
8	7월 10일	팬미팅 장소: 팬미팅 준비	• 유아라가 팬미팅 장소를 꾸미는 모습 • 주인공이 유아라를 도와주는 장면
9	7월 11일	카페: 작사 작업	• 유아라가 카페에서 노트북과 스케치북을 펴놓고 작사 작업을 하는 모습 • 주인공이 유아라와 함께 작사 작업을 하는 장면
10	7월 13일	연습실: 노래 연습	• 유아라가 연습실에서 마이크를 잡고 노래 연습을 하는 모습 • 주인공이 유아라의 노래를 감상하는 장면
11	7월 14일	녹음실: 피아노 녹음	• 유아라가 녹음실에서 피아노를 연주하며 녹음하는 모습 • 주인공이 유아라의 연주를 감상하는 장면
12	7월 15일	무대: 공연 리허설	• 유아라가 무대에서 리허설을 하는 모습 • 주인공이 무대 뒤에서 유아라를 지켜보는 장면

번호	날짜	이벤트	장면
13	7월 16일	팬미팅 장소: 팬과의 소통	• 유아라가 팬들과 함께 소통하는 모습 • 주인공이 팬미팅에 함께 참여하는 장면
14	7월 17일	카페: 팬과의 대화	• 유아라가 카페에서 팬들과 대화하는 모습 • 주인공이 팬들과 함께 대화에 참여하는 장면
15	7월 20일	연습실: 피아노 연습	• 유아라가 연습실에서 피아노 연습을 하는 모습 • 주인공이 유아라의 연주를 감상하는 장면
16	7월 22일	무대: 리허설	• 유아라가 무대에서 리허설을 하는 모습 • 주인공이 무대 뒤에서 유아라를 지켜보는 장면
17	7월 23일	팬미팅 장소: 팬 이벤트	• 유아라가 팬들과 함께 이벤트를 진행하는 모습 • 주인공이 팬미팅에 함께 참여하는 장면
18	7월 24일	카페: 팬과의 대화	• 유아라가 카페에서 팬들과 대화하는 모습 • 주인공이 팬들과 함께 대화에 참여하는 장면
19	7월 27일	연습실: 음악 연습	• 유아라가 연습실에서 피아노 연습을 하는 모습 • 주인공이 유아라의 연주를 감상하는 장면
20	7월 28일	녹음실: 녹음 작업	• 유아라가 녹음실에서 마이크 앞에서 노래를 녹음하는 모습 • 주인공이 유아라의 녹음을 지켜보는 장면
21	7월 29일	무대: 리허설	• 유아라가 무대에서 리허설을 하는 모습 • 주인공이 무대 뒤에서 유아라를 지켜보는 장면
22	7월 30일	팬미팅 장소: 팬미팅	• 유아라가 팬들과 함께 앉아 대화를 나누는 모습 • 주인공이 팬미팅에 함께 참여하는 장면

박지원의 이벤트 CG 목록도 동일한 프롬프트로 요청하면 된다. 원래 이렇게 이벤트 CG 목록을 작성하는 것도 시간이 걸리는 일인데, 챗GPT에 명령만 내리면 알아서 정리를 해주니 고마울 따름이다.

박지원의 이벤트 스크립트를 바탕으로 필요한 이벤트 CG 목록을 뽑아줘.

박지원의 이벤트 CG 목록

1. **2024년 7월 2일 – 기숙사: 아침 운동**
   - 박지원이 운동복을 입고 스트레칭을 하는 모습
   - 주인공과 박지원이 함께 스트레칭을 하는 장면

2. **2024년 7월 3일 – 학교: 친구들과 축구**
   - 박지원과 친구들이 축구를 하는 모습
   - 주인공과 박지원이 같은 팀으로 축구하는 장면

3. **2024년 7월 4일 – 옷가게/스타일리스트 샵: 스타일링 받기**
   - 박지원이 스타일리스트에게 스타일링을 받는 모습
   - 주인공과 박지원이 함께 스타일링 후 사진을 찍는 장면

4. **2024년 7월 6일 – 녹음실: 노래 연습**
   - 박지원이 마이크 앞에서 노래를 부르는 모습
   - 주인공이 박지원을 응원하는 장면

5. **2024년 7월 7일 – 카페: 대화**
   - 박지원과 주인공이 카페에서 음료를 마시며 대화하는 모습

6. **2024년 7월 9일 – 연습실: 춤 연습**
   - 박지원이 거울 앞에서 춤을 연습하는 모습
   - 주인공이 박지원과 함께 춤을 연습하는 장면

7. **2024년 7월 8일 – 팬미팅 장소: 팬미팅 준비**
   - 박지원과 주인공이 팬미팅 장소를 꾸미는 모습
   - 주인공과 박지원이 팬미팅 준비를 마치고 웃는 장면

박지원의 이벤트 CG의 경우 캐릭터의 특징을 살리기 위해 스트레칭을 하거나 축구를 하는 장면, 공원 산책 장면, 도서관 공부 장면 등이 새로 추가되었다. 하지만 대부분의 이벤트 CG는 유아라의 이벤트 CG와 유사하기 때문에 이미지를 생성할 때 동일한 프롬프트를 사용할 수 있을 것이다.

▼ **표 6-10** 챗GPT가 생성한 박지원 이벤트 CG 목록

번호	날짜	이벤트	장면
1	7월 2일	기숙사: 아침 운동	• 박지원이 운동복을 입고 스트레칭을 하는 모습 • 주인공과 박지원이 함께 스트레칭을 하는 장면
2	7월 3일	학교: 친구들과 축구	• 박지원과 친구들이 축구를 하는 모습 • 주인공과 박지원이 같은 팀으로 축구하는 장면
3	7월 4일	옷가게/스타일리스트 샵: 스타일링 받기	• 박지원이 스타일리스트에게 스타일링을 받는 모습 • 주인공과 박지원이 함께 스타일링 후 사진을 찍는 장면
4	7월 6일	녹음실: 노래 연습	• 박지원이 마이크 앞에서 노래를 부르는 모습 • 주인공이 박지원을 응원하는 장면
5	7월 7일	카페: 대화	• 박지원과 주인공이 카페에서 음료를 마시며 대화하는 모습
6	7월 9일	연습실: 춤 연습	• 박지원이 거울 앞에서 춤을 연습하는 모습 • 주인공이 박지원과 함께 춤을 연습하는 장면
7	7월 8일	팬미팅 장소: 팬미팅 준비	• 박지원과 주인공이 팬미팅 장소를 꾸미는 모습 • 주인공과 박지원이 팬미팅 준비를 마치고 웃는 장면
8	7월 10일	학교: 공부 시간	• 박지원과 주인공이 도서관에서 함께 공부하는 모습
9	7월 11일	녹음실: 노래 연습	• 박지원이 마이크 앞에서 노래를 부르는 모습 • 주인공이 박지원을 응원하는 장면
10	7월 12일	연습실: 댄스 퍼포먼스 연습	• 박지원이 음악에 맞춰 춤을 추는 모습 • 주인공이 박지원을 지켜보는 장면
11	7월 14일	카페: 대화	• 박지원과 주인공이 카페에서 음료를 마시며 대화하는 모습
12	7월 15일	무대: 리허설	• 박지원이 무대에서 노래와 춤을 리허설하는 모습 • 주인공이 박지원을 응원하는 장면
13	7월 16일	팬미팅 장소: 팬미팅	• 박지원이 팬들과 함께 이야기를 나누는 모습 • 주인공이 팬들과 함께 대화하는 장면

번호	날짜	이벤트	장면
14	7월 17일	학교: 운동 연습	• 박지원이 운동장에서 축구 연습을 하는 모습 • 주인공이 골키퍼 역할을 하며 박지원을 돕는 장면
15	7월 18일	녹음실: 기타 연습	• 박지원이 기타를 연주하는 모습 • 주인공이 박지원을 응원하는 장면
16	7월 19일	팬미팅 장소: 팬 이벤트	• 박지원이 팬들과 함께 이벤트를 진행하는 모습 • 주인공이 팬들과 함께 대화하는 장면
17	7월 20일	연습실: 음악 연습	• 박지원이 피아노를 연주하는 모습 • 주인공이 박지원을 응원하는 장면
18	7월 21일	공원: 산책	• 박지원과 주인공이 공원을 산책하는 모습 • 박지원과 주인공이 공원 벤치에서 대화하는 장면
19	7월 23일	기숙사: 요리하기	• 박지원과 주인공이 함께 요리를 준비하는 모습 • 박지원과 주인공이 완성된 요리를 바라보며 웃는 장면
20	7월 25일	녹음실: 보컬 트레이닝	• 박지원이 마이크 앞에서 노래 연습을 하는 모습 • 주인공이 박지원을 응원하는 장면
22	7월 28일	기숙사: 영화 감상	• 박지원과 주인공이 기숙사 소파에서 함께 영화를 보는 모습
23	7월 29일	녹음실: 녹음 작업	• 박지원이 마이크 앞에서 노래를 녹음하는 모습 • 주인공이 박지원을 응원하는 장면
24	7월 30일	학교: 공부 시간	• 박지원과 주인공이 도서관에서 함께 공부하는 모습

마지막으로 김유진의 이벤트 CG 목록을 생성하는 것으로 전체 이벤트 CG 목록 작성을 끝냈다.

김유진의 이벤트 스크립트를 바탕으로 필요한 이벤트 CG 목록을 뽑아줘.

김유진의 이벤트 CG 목록

1. **2024년 7월 2일 – 카페: 김유진과의 대화**
   - 김유진이 노트북 앞에서 작사 작업을 하는 모습
   - 주인공과 김유진이 함께 대화를 나누는 장면

2. **2024년 7월 3일 – 학교: 김유진과의 그림 그리기**
   - 김유진이 스케치북에 그림을 그리고 있는 모습
   - 주인공과 김유진이 함께 그림을 그리는 장면

3. **2024년 7월 6일 – 기숙사: 김유진의 책 읽기**
   - 김유진이 소파에 앉아 책을 읽고 있는 모습
   - 주인공과 김유진이 함께 책을 읽는 장면

4. **2024년 7월 8일 – 연습실: 김유진의 피아노 연습**
   - 김유진이 피아노를 연주하는 모습
   - 주인공과 김유진이 함께 피아노를 연주하는 장면

5. **2024년 7월 9일 – 카페: 김유진과의 작곡 작업**
   - 김유진이 노트북과 악보를 펴놓고 작곡하는 모습
   - 주인공과 김유진이 함께 작곡 작업을 하는 장면

6. **2024년 7월 10일 – 팬미팅 장소: 김유진 팬미팅 준비**
   - 김유진과 주인공이 팬미팅 장소를 꾸미는 모습
   - 주인공과 김유진이 팬미팅 준비를 마치고 웃는 장면

김유진의 이벤트 CG 역시 학교에서 그림을 그리는 장면을 제외한 나머지 이벤트 CG들은 다른 캐릭터들의 이벤트 CG와 동일한 프롬프트를 사용해서 만들 수 있을 것으로 보인다. 캐릭터들의 개성을 좀 더 살린 이벤트들이 만들어졌다면 더 좋았겠지만, 일단은 현재 생성된 이벤트들을 바탕으로 게임을 완성해보겠다.

▼ **표 6-11** 챗GPT가 생성한 김유진 이벤트 CG 목록

번호	날짜	이벤트	장면
1	7월 2일	카페: 김유진과의 대화	• 김유진이 노트북 앞에서 작사 작업을 하는 모습 • 주인공과 김유진이 함께 대화를 나누는 장면
2	7월 3일	학교: 김유진과의 그림 그리기	• 김유진이 스케치북에 그림을 그리고 있는 모습 • 주인공과 김유진이 함께 그림을 그리는 장면
3	7월 6일	기숙사: 김유진의 책 읽기	• 김유진이 소파에 앉아 책을 읽고 있는 모습 • 주인공과 김유진이 함께 책을 읽는 장면
4	7월 8일	연습실: 김유진의 피아노 연습	• 김유진이 피아노를 연주하는 모습 • 주인공과 김유진이 함께 피아노를 연주하는 장면
5	7월 9일	카페: 김유진과의 작곡 작업	• 김유진이 노트북과 악보를 펴놓고 작곡하는 모습 • 주인공과 김유진이 함께 작곡 작업을 하는 장면
6	7월 10일	팬미팅 장소: 김유진 팬미팅 준비	• 김유진과 주인공이 팬미팅 장소를 꾸미는 모습 • 주인공과 김유진이 팬미팅 준비를 마치고 웃는 장면
7	7월 12일	연습실: 김유진의 무대 공포증 극복 훈련	• 김유진이 거울 앞에서 무대 공포증 극복 훈련을 하는 모습 • 주인공이 김유진을 응원하는 장면
8	7월 13일	카페: 김유진과의 대화	• 김유진과 주인공이 카페에서 음료를 마시며 대화하는 모습
9	7월 14일	연습실: 김유진의 기타 연습	• 김유진이 기타를 연주하는 모습 • 주인공과 김유진이 함께 기타를 연주하는 장면
10	7월 16일	팬미팅 장소: 김유진 팬미팅	• 김유진이 팬들과 함께 이벤트를 진행하는 모습 • 주인공과 김유진이 팬들과 함께 대화하는 장면
11	7월 18일	기숙사: 김유진과의 요리 시간	• 김유진과 주인공이 함께 요리를 준비하는 모습 • 김유진과 주인공이 완성된 요리를 바라보며 웃는 장면
12	7월 19일	녹음실: 김유진의 보컬 트레이닝	• 김유진이 마이크 앞에서 노래를 연습하는 모습 • 주인공이 김유진을 응원하는 장면
13	7월 20일	학교: 김유진과의 공부 시간	• 김유진과 주인공이 도서관에서 함께 공부하는 모습

번호	날짜	이벤트	장면
14	7월 21일	카페: 김유진과의 작곡 작업	• 김유진이 노트북과 악보를 펴놓고 작곡하는 모습 • 주인공과 김유진이 함께 작곡 작업을 하는 장면
15	7월 23일	공원: 김유진과의 산책	• 김유진과 주인공이 공원을 산책하는 모습 • 김유진과 주인공이 공원 벤치에서 대화하는 장면
16	7월 24일	녹음실: 김유진의 기타 연습	• 김유진이 기타를 연주하는 모습 • 주인공과 김유진이 함께 기타를 연주하는 장면
17	7월 25일	카페: 김유진과의 독서 시간	• 김유진이 책을 읽고 있는 모습 • 주인공과 김유진이 함께 시를 읽고 대화하는 장면
18	7월 27일	녹음실: 김유진의 노래 녹음	• 김유진이 마이크 앞에서 노래를 녹음하는 모습 • 주인공이 김유진을 응원하는 장면
19	7월 28일	연습실: 김유진의 댄스 연습	• 김유진이 음악에 맞춰 춤을 추는 모습 • 주인공이 김유진을 지켜보는 장면
20	7월 29일	기숙사: 김유진과의 저녁 식사	• 김유진과 주인공이 함께 저녁 식사를 준비하는 모습 • 김유진과 주인공이 완성된 저녁 식사를 바라보며 웃는 장면
21	7월 30일	녹음실: 김유진의 노래 녹음	• 김유진이 마이크 앞에서 노래를 녹음하는 모습 • 주인공이 김유진을 응원하는 장면

이벤트 스크립트를 생성하기 전에 챗GPT는 12개의 배경 장소가 게임에 등장하도록 이벤트 달력을 만들었지만, 이벤트 스크립트를 모두 생성한 다음, 다시 확인해보니 회사 회의실과 촬영 스튜디오 등 2개의 장소는 이벤트 스크립트에서 사용되지 않았다. 따라서 이 장소를 제외한 10개의 배경 장소 목록도 최종 확정할 수 있게 되었다.

▼ **표 6-12** 생성된 이벤트 스크립트를 바탕으로 최종 확정된 배경 목록

	이름	설명	특징
1	연습실	아이돌 연습생들이 춤과 노래를 연습하는 곳	거울이 벽에 붙어 있고, 스피커와 음향 장비가 설치되어 있으며, 바닥은 나무로 되어 있음
2	녹음실	아이돌 연습생들이 노래를 녹음하는 곳	방음 장치가 되어 있으며, 마이크와 녹음 장비가 갖추어져 있음
3	기숙사	연습생들이 생활하는 공간	침실, 공동 거실, 주방 등이 있음
4	무대	공연이나 경연이 이루어지는 장소	화려한 조명과 큰 스크린, 넓은 무대와 객석이 있음
5	방송국	예능 프로그램이 촬영되는 곳	다양한 세트와 촬영 장비, 대기실이 있음
6	카페	연습생들이 쉬는 시간에 자주 방문하는 장소	아늑한 분위기, 다양한 음료와 디저트가 제공됨
7	옷가게/스타일리스트 샵	연습생들이 의상을 고르고 스타일링을 받는 곳	다양한 의상과 악세서리, 거울과 피팅룸이 있음
8	연습생들의 학교	연습생들이 학업을 병행하는 학교	교실, 체육관, 운동장 등이 있음
9	공원	연습생들이 산책하거나 운동하는 장소	푸른 잔디, 산책로, 벤치 등이 있음
10	팬미팅 장소	연습생들이 팬들과 소통하는 장소	무대, 팬 좌석, 사인회 테이블 등이 있음

이로써 이미지 생성형 AI로 만들어야 하는 배경 목록과 이벤트 CG 목록이 완성되었다. 보통 게임 시나리오 작업이라고 하면 시나리오를 쓰는 일만 생각하는데, 시나리오를 쓰는 것만큼 다른 파트에서 작업을 할 수 있는 문서를 작성하는 것도 중요한 일이다. 챗GPT를 이용해서 게임 시나리오 작업을 하면 시나리오 작성뿐만 아니라 관련된 모든 일을 챗GPT가 처리해줄 수 있다는 것을 확인했다.

6.1.6 게임 인트로 및 엔딩 스크립트 생성하기

앞에서 생성한 공통 이벤트와 캐릭터별 이벤트가 메인 시나리오라면, 게임 시작과 끝을 장식해주는 인트로Intro와 엔딩Ending 이벤트도 필요하다. 인트로 이벤트는 게임을 처음 시작할 때 주인공이 현재 어떤 상황이고 앞으로 어떤 이야기가 전개될 것인지를 알려주는 역할을 한다. 그리고 엔딩 이벤트는 게임이 종료되었을 때 게임 플레이 내용에 따라서 어떤 결과가 만들어졌는지 확인해주는 역할을 한다. 다른 이벤트와 달리 인트로와 배드엔딩 이벤트의 경우에는 대화 형식이 아니라 독백 형식으로 작성해도 된다.

프롬프트 질문 6-15

주인공의 인트로 이벤트 스크립트를 작성해 줘.
이벤트 스크립트를 주인공의 독백 형식으로 만들어줘.
새로운 도전과 새로운 사람들과의 만남에 대한 기대감과 걱정을 담은 내용이고, 연습실 문을 열고 들어가기 전까지를 다뤄주면 돼.
이벤트 스크립트는 최소 50줄 이상이 되어야 해.
반드시 한글로 작성해 줘.

프롬프트 답변 6-15

주인공의 인트로 이벤트

장소: 연습실 앞

장면:
주인공이 연습실 문 앞에서 잠시 멈추고, 새로운 도전과 만남에 대한 기대감과 걱정을 생각하며 독백한다.

주인공: (생각하며) 드디어 이 날이 왔구나. 내 인생의 새로운 시작점이 될 이 순간, 나는 과연 잘할 수 있을까? (살짝 떨리는 목소리로) 정말 떨린다. 처음으로 K-pop 아이돌 스타를 꿈꾸며 이 자리에 오기까지 얼마나 많은 시간이 걸렸는지 몰라.

주인공: (마음 속으로) 많은 사람들이 이 길을 걷고 싶어 하지만, 끝까지 도전하는 사람은 몇이나 될까? 그 중에 내가 포함되어 있다는 것이 기뻐. 하지만 동시에 두렵기도 해. (한숨을 쉬며) 만약 내가 잘하지 못하면 어떻게 하지?

주인공: (다짐하며) 그래도 여기까지 왔으니, 후회 없이 최선을 다해야지. 연습실 문을 열고 들어가면 새로운 사람들과 만나게 될 거야. 그 사람들도 나와 같은 꿈을 꾸며 여기까지 온 사람들일 테지. (웃으며) 나만 떨리는 건 아닐 거야. 모두가 긴장하고 있을 거야.

주인공: (결심하며) 지금까지의 노력이 헛되지 않도록, 정말 열심히 해야겠어. 연습실 안에서 만날 사람들과 함께 성장하고, 서로에게 힘이 되어줄 수 있기를. (살짝 미소 지으며) 새로운 친구들을 사귀고, 함께 꿈을 향해 나아갈 수 있을 거야.

주인공: (기대감에 차서) 이곳에서 어떤 추억들이 생길까? 어떤 도전들이 나를 기다리고 있을까? 정말 기대 돼. (깊게 숨을 쉬며) 연습실 문을 열고 들어가면 모든 게 시작될 거야.

주인공: (걱정하며) 하지만 새로운 도전은 언제나 쉽지 않아. 실수도 할 수 있고, 좌절도 겪을 수 있겠지. (자신을 다독이며) 그렇지만 실수는 성공으로 가는 길이라고 했어. 모든 경험이 나를 더 강하게 만들 거야.

주인공: (다짐하며) 내가 왜 이 자리에 있는지, 왜 이 길을 선택했는지 다시 한 번 생각해보자. 나는 노래를 사랑하고, 춤을 사랑해. 무대 위에서 빛나는 순간을 꿈꾸며 여기에 왔어. (자신에게 말하듯이) 나 자신을 믿고, 열심히 하면 분명 좋은 결과가 있을 거야.

게임을 플레이하면서 공략 가능한 캐릭터의 이벤트를 보게 되는 경우, 해당 캐릭터의 호감도를 정해진 만큼 증가시킨다. 게임이 끝났을 때 가장 호감도가 높은 캐릭터의 호감도가 일정 이상이면 해당 캐릭터의 해피엔딩이 실행되고, 만일 모든 캐릭터의 호감도가 일정 이하이면 배드엔딩이 실행되게 된다. 따라서 해피엔딩 이벤트는 캐릭터 수만큼 생성해야 하고, 배드엔딩 이벤트는 하나만 있어도 된다. 물론 게임 스타일에 따라서는 공략 가능 캐릭터별로 해피엔딩과 배드엔딩을 만들 수도 있겠지만, 여기서는 해피엔딩 3개와 배드엔딩 1개를 사용하도록 하겠다.

프롬프트 질문 6-16

유아라와의 해피엔딩에 대한 이벤트 스크립트를 작성해 줘.
이벤트 스크립트를 대화 형식으로 만들어줘.
공략 가능한 캐릭터의 말투는 캐릭터 설정에 맞게 반영되어야 해.
이벤트 스크립트는 최소 50줄 이상이 되어야 해.
반드시 한글로 작성해 줘.

 **유아라와의 해피엔딩 이벤트**

장소: 무대 뒤, 최종 선정 발표 후

장면:

유아라가 최종 선정자로 발표된 후, 무대 뒤에서 축하를 받으며 주인공과 단둘이 있는 순간을 맞이한다. 두 사람은 감격스러운 분위기 속에서 대화를 나눈다.

유아라: (눈물을 글썽이며) 주인공 씨, 정말 믿을 수가 없어. 내가 최종 선정자가 되다니... 이게 꿈은 아니겠지?

주인공: (따뜻하게) 아라 씨, 축하해요! 이건 꿈이 아니에요. 당신이 정말 열심히 노력한 결과예요.

유아라: (미소 지으며) 주인공 씨가 항상 옆에서 응원해줘서 힘을 낼 수 있었어요. 정말 고마워요.

주인공: (진심으로) 아라 씨의 노력과 재능 덕분이에요. 저는 그저 옆에서 응원했을 뿐이에요.

유아라: (살짝 웃으며) 그래도 주인공 씨의 응원이 없었다면 여기까지 올 수 없었을 거예요. 정말 고마워요.

주인공: (부드럽게) 아라 씨가 이룬 건 정말 대단해요. 이제 앞으로 더 많은 사람들이 아라 씨를 사랑하게 될 거예요.

유아라: (설레는 마음으로) 앞으로 더 많은 무대에서 팬들과 만날 생각에 벌써부터 가슴이 두근거려요.

주인공: (따뜻하게) 아라 씨의 무대는 언제나 감동적이에요. 팬들도 그 감동을 느낄 거예요.

유아라: (조용히) 주인공 씨, 정말 고마워요. 이제는 제가 주인공 씨에게 힘이 되고 싶어요.

주인공: (놀라며) 아라 씨가 나에게?

챗GPT가 생성한 배드엔딩 이벤트 스크립트는 꽤나 놀랍다. 생성된 독백 내용도 괜찮았지만, 3명의 공략 가능 캐릭터에 대한 이야기를 하는 부분은 기대하지 못했기 때문이다. 상용 게임에 사용해도 손색이 없을 만한 배드엔딩 이벤트 스크립트가 만들어졌다.

배드엔딩에 대한 이벤트 스크립트를 작성해 줘.
공략 캐릭터들의 호감도가 기준 이하라서 어느 누구와도 해피엔딩을 보지 못했을 경우에 사용될 꺼야.
이벤트 스크립트를 주인공의 독백 형식으로 만들어줘.
이벤트 스크립트는 최소 50줄 이상이 되어야 해.
반드시 한글로 작성해 줘.

배드엔딩 이벤트

장소: 연습실 밖, 마지막 날

장면:

주인공이 연습실 밖에서 혼자 앉아 생각에 잠겨 있다. 해피엔딩을 맞이하지 못한 주인공이 지난 한 달을 회상하며 독백한다.

주인공: (생각하며) 이렇게 끝나버렸구나. 한 달이라는 시간이 이렇게 빨리 지나갈 줄은 몰랐어. 처음 이곳에 왔을 때의 설렘과 기대는 어디로 갔을까? (한숨을 쉬며) 내가 과연 최선을 다했을까?

주인공: (마음 속으로) 분명히 열심히 했는데, 어딘가 부족했던 것 같아. 유아라, 박지원, 김유진... 그들과의 시간은 정말 소중했지만, 결국 아무도 나를 선택하지 않았어. (살짝 떨리는 목소리로) 정말 그들과 더 가까워지고 싶었는데...

주인공: (자책하며) 내가 부족했던 걸까? 아니면 노력의 방향이 잘못됐던 걸까? 그들에게 다가가고자 했지만, 어쩌면 내 마음이 충분히 전달되지 않았을지도 몰라. (슬프게) 그들의 웃음과 눈빛이 아직도 생생한데, 이제는 그들과 더 이상 함께할 수 없겠지.

주인공: (회상하며) 유아라와 함께 했던 연습 시간, 박지원과 축구를 하며 나눈 대화, 김유진과의 작곡 작업... 모두 좋은 추억이야. 하지만 그 좋은 추억만으로는 충분하지 않았나 봐. (눈을 감으며) 그들이 나를 어떻게 생각했을지, 이제와서 궁금해지네.

주인공: (슬프게) 아라 씨는 항상 밝고 열정적이었어. 그녀의 무대는 언제나 눈부셨지. 내가 더 많이 응원해주고, 그녀의 곁에 더 있어줬다면 어땠을까? (한숨을 쉬며) 아마 그녀도 나에게 더 많은 기대를 했겠지.

주인공: (박지원에 대해 생각하며) 지원 씨는 정말 든든한 친구였어. 그의 열정과 노력이 항상 나에게 큰 자극이 됐지. 하지만 나는 그의 기대에 부응하지 못한 것 같아. 더 많이 대화하고, 그의 고민을 들어줬어야 했는데...

이로써 게임에서 필요한 모든 이벤트 스크립트를 생성했다. 생성된 이벤트 스크립트는 구글 스프레드시트를 이용해서 정리해놓으면 나중에 게임용 스크립트를 작업할 때 도움이 된다. 인트로 이벤트 스크립트는 intro 시트에, 배드엔딩 이벤트 스크립트는 bad_ending 시트에, 공통 이벤트 스크립트는 common 시트에 붙여넣으면 된다. 공략 캐릭터들의 이벤트 스크립트와 해피엔딩 스크립트는 char1, char2, char3 시트에 나누어 저장한다. 여기서 지정해놓은 시트 이름은 나중에 Sqlite 데이터베이스 파일에 테이블로 형태로 임포트import하게 될 것이기 때문에 일부러 영문 이름으로 지정해놓았다.

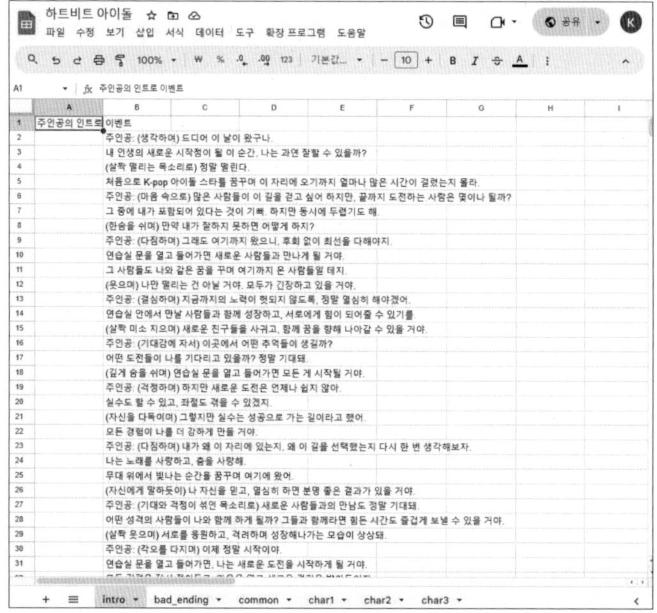

▲ **그림 6-1** 생성한 모든 이벤트 스크립트를 정리한 구글 스프레드시트 화면 예시

이렇게 구글 스프레드시트에 정리해놓은 문서를 엑셀 파일로 저장해두었다. 아래의 게임용 리소스 깃허브 리포지토리에서 다운로드할 수 있다.

* https://github.com/nashorn74/GenAIGameResource/blob/main/scripts/heartbeat_idol_V1.xlsx

이것으로 게임 개발을 위한 게임 시나리오의 모든 준비를 끝냈다. 이제 이 내용을 바탕으로 게임용 이미지와 BGM을 생성형 AI를 이용해서 본격적으로 만들어보자.

게임 리소스 생성하기

이제 준비된 게임 시나리오에 맞춰서 캐릭터와 배경 이미지를 생성하고, BGM과 주제가를 만들어볼 차례다. 하나의 캐릭터에서 대한 설정과 게임용 스크립트, 그리고 이미지와 BGM이 하나로 모이면, 그저 설정에 불과했던 캐릭터가 비로소 생명을 가지게 된다. 이렇게 생명력을 가진 하나의 캐릭터를 창작하는 일은 많은 노력과 시간이 투자되어야 하는 일인데, 생성형 AI를 사용함으로써 그 노력과 시간을 크게 줄일 수 있게 되었다.

6.2.1 설정된 캐릭터에 맞는 모델 및 LoRA 선택하기

게임에 사용되는 캐릭터 이미지는 캐릭터별로, 별도의 프롬프트를 만들기보다는 하나의 프롬프트와 선택한 LoRA만 변경함으로써 손쉽게 캐릭터별 이미지를 생성하는 방법을 택할 것이다. 우리가 만드는 게임에 최소 몇십 장에서 몇백 장, 몇천 장의 게임 이미지가 들어가야 하는데, 캐릭터마다 다른 프롬프트를 생성하는 것은 아무래도 관리가 어렵기 때문이다.

게임 CG는 사용자가 게임을 구매하는 데 있어서 아주 중요한 영향을 미친다. 내가 만들었던 패키지 게임들은 대형 마트의 게임 코너에서 판매되었는데, 매출에 직접적인 영향을 주는 것은 바로 게임 패키지 디자인이었다. 게임이 아무리 재미있어도, 게임 패키지가 예쁘지 않거나 게임 스크린숏이 예쁘지 않으면 구매로 이어지지 않을 수 있음을 여러 차례 경험했다. 따라서 캐릭터 이미지는 게임에서 가장 중요한 리소스이며, 게임에 가장 적합한 캐릭터 이미지를 생성하는 것은 우리가 만드는 게임 개발 과정에서 최소한 50% 정도의 비중을 차지한다고 볼 수 있다.

파란 하늘과 공원 배경으로 크게 웃고 있는 블라우스와 청바지를 입은 20세 여성 이미지를 생성하기 위해 다음과 같은 프롬프트를 사용하도록 하겠다. 특정 모델에 LoRA를 적용할 때, 중요한 점은 LoRA의 특징이 조화롭게 반영되는지, 동작이나 표정이 자연스러운지를 같이 테스트를 해봐야 하기 때문에, 앞모습과 뒷모습을 같이 생성해볼 필요가 있다.

(((solo, looking at viewer))), (masterpiece, best quality), 1girl, 20yo, beautiful face, (((blouse, jeans))), big smile, blue sky, park background, realistic, parted lips, blush, makeup, glow, thighs, bare shoulders, collarbone, narrow waist, sunbeam, sunlight, rose, wind, (masterpiece)

(((혼자, 보는 사람))), (명작, 최고품질, 여자 한 명, 20세, 예쁜 얼굴, (((블라우스, 청바지))), 활짝 웃는, 푸른 하늘, 공원 배경, 사실적인, 갈라진 입술, 블러셔, 화장, 광채, 허벅지, 맨 어깨, 쇄골, 좁은 허리, 햇살, 햇빛, 장미, 바람, (명작))

뒷모습용 프롬프트에는 다음과 같이 "back view"라는 단어만 추가해주면 된다. "looking at viewer"가 추가되어 있지 않으면 뒤통수만 나올수 있으니, 뒷모습 이미지를 생성하고자 할 때는 이 두 가지는 항상 붙여서 사용하는 것이 좋다.

(((solo, looking at viewer, back view))), (masterpiece, best quality), 1girl, 20yo, beautiful face, (((blouse, jeans))), big smile, blue sky, park background, realistic, parted lips, blush, makeup, glow, thighs, bare shoulders, collarbone, narrow waist, sunbeam, sunlight, rose, wind, (masterpiece)

(((혼자, 보는 사람, 뒷모습))), (명작, 최고화질, 여자 한 명, 20세, 예쁜 얼굴, (((블라우스, 청바지))), 활짝 웃는, 푸른 하늘, 공원 배경, 사실적인, 입술 갈라진, 블러셔, 화장, 광채, 허벅지, 맨 어깨, 쇄골, 좁은 허리, 햇살, 햇빛, 장미, 바람, (명작)))

동일한 프롬프트와 LoRA를 사용해서 6개의 모델로 이미지를 생성해서 비교해보면 [표 6-13]과 같다. 생각보다 모델마다 다른 스타일의 캐릭터 이미지를 생성하는 것을 확인할 수 있는데, 이 중에서 어떤 캐릭터 이미지가 게임에 가장 적합한지는 사람마다 의견이 다를 수 있다.

만, 이렇게 샘플 이미지를 생성하다 보면 앞모습과 뒷모습에 일관성이 없거나 머리 색깔이 다른 이미지가 가끔 생기는 경우가 있다. 따라서 캐릭터의 품질뿐만 아니라 이미지 생성 과정에 대한 비교 분석도 해야 한다. 아무리 스타일이 마음에 들어도 불량률이 높으면 게임용 이미지를 생성하는 데는 적합하지 않기 때문이다. 여기서는 CalicoMix 7.5 모델을 이용해서 캐릭터 이미지를 생성하기로 하겠다.

모델(체크포인트)	LoRA	생성된 이미지
CalicoMix 7.5	Seraphine (League of Legends) v1.0	
BulaMix V1	Seraphine (League of Legends) v1.0	
helloF3 v1.0a	Seraphine (League of Legends) v1.0	
MeinaMix V11	Seraphine (League of Legends) v1.0	

모델(체크포인트)	LoRA	생성된 이미지
Maggy v1	Seraphine (League of Legends) v1.0	
MeinaHentai V5	Seraphine (League of Legends) v1.0	

첫 번째 캐릭터인 유아라의 이미지를 생성해보면서 게임에서 사용할 모델(체크포인트)을 선정했으니, 이제는 동일한 프롬프트와 모델을 사용하고 LoRA만 바꾸면서 나머지 캐릭터인 박지원과 김유진을 위한 샘플 이미지를 생성해보도록 하겠다.

[표 6-14]를 보면 동일한 프롬프트를 사용하는데도 LoRA 종류에 따라서 앞모습/뒤모습을 생성할 때 머리카락 색깔이 바뀌거나, 프롬프트에는 1명의 이미지 생성을 지시했는데 2명이 생성되는 경우 등의 문제가 발생할 수 있다. 또는 세 번째 이미지처럼 머리카락이 지나치게 길게 생성되어 게임용으로 쓰기 힘들다고 판단될 수 있다. 따라서 가장 마음에 드는 결과를 만들어내는 LoRA를 찾기 위해 가능한 많은 LoRA를 테스트해야 한다.

모델	LoRA	생성된 이미지
CalicoMix 7.5	Tang Wutong (Douluo Dalu | Soul Land) v1.0	
CalicoMix 7.5	Shihouin Yoruichi (Bleach) v1.0	
CalicoMix 7.5	Himejima Akeno (Highschool DxD) v1.0	

LoRA만으로 원하는 캐릭터의 이미지를 만드는 것이 어렵다면, 해당 캐릭터에만 필요한 프롬프트를 추가해줘야 한다. 다음은 머리카락 색깔을 파란색으로 지정하기 위해 "blue color hair"라는 프롬프트를 추가한 경우다.

(((blue color hair, solo, looking at viewer))), (masterpiece, best quality), 1girl, 20yo, beautiful face, (((blouse, jeans))), big smile, blue sky, park background, realistic, parted lips, blush, makeup, glow, thighs, bare shoulders, collarbone, narrow waist, sunbeam, sunlight, rose, wind, (masterpiece)

(((파란색 머리카락, 혼자, 보는 사람))), (명작, 최고화질, 여자 한 명, 20세, 예쁜 얼굴, (((블라우스, 청바지))), 활짝 웃는, 푸른 하늘, 공원 배경, 사실적인, 입술 갈라진, 블러셔, 화장, 광채, 허벅지, 맨 어깨, 쇄골, 좁은 허리, 햇살, 햇빛, 장미, 바람, (명작)))

Videl이라는 캐릭터의 LoRA와 파란색 머리색을 지정해서 박지원의 캐릭터 이미지를 완성하고, Milly Ashford라는 캐릭터의 LoRA를 사용해서 김유진의 캐릭터 이미지도 결정했다. 이제 공략 가능한 캐릭터 3명의 캐릭터 이미지 스타일이 확정되었으니, 이를 바탕으로 게임에서 사용된 이벤트 CG를 생성하면 된다.

▼ 표 6-15 확정된 추가 캐릭터 이미지

모델	LoRA	생성된 이미지
CalicoMix 7.5	Videl (Dragon Ball) v1.0	
CalicoMix 7.5	Milly Ashford (Code Geass) v1.0	

겨우 3명의 캐릭터 이미지를 만드는 것도 이렇게 쉽지 않은데, 만일 캐릭터가 10명이나 20명이나 된다면 어떨까? 하나의 게임에 20명의 공략 가능한 캐릭터가 등장한다면 게임의 볼륨이 꽤나 커지고 작업량도 대폭 늘기 때문에 일반적인 게임 팀이라면 만만치 않은 도전이 된다. 하지만 생성형 AI를 이용한다면 단순 반복 작업이 늘어나고 시간이 더 걸릴 뿐 어렵지 않게 할 수 있는 일이다. 게다가 게임 스타일에 맞는 모델(체크포인트)을 잘 선택하고, 캐릭터 설정에 맞는 LoRA만 잘 찾았다면, 20명의 캐릭터에 저마다의 개성을 제대로 부여할 수 있다.

6.2.2 캐릭터별 이미지 생성하기

공략 캐릭터 3명의 이미지를 생성하기 위한 설정을 준비했으니, 앞서 챗GPT로 생성했던 이벤트 CG 목록을 바탕으로 캐릭터별 이벤트 CG 이미지를 생성할 차례다.

게임을 플레이할 때 대화용 텍스트와 함께 보여지는 이벤트 CG는 해당 캐릭터에게 생명을 불어넣는 중요한 요소다. 생성형 AI를 이용해서 그냥 예쁜 이미지를 생성하는 것과 게임에서 사용되는 캐릭터 이미지를 생성하는 것은 바로 이 부분에서 차이가 난다.

전자는 이미지 1장만을 멋지게 만들기 위해서 공을 들이면 되지만, 후자는 다양한 상황에서 동일한 캐릭터를 적절하고 일관성 있게 표현해 내는 것이 중요하다. 유아라에 해당하는 10장의 게임용 이미지를 얻기 위해 68장의 이미지를 생성한 다음, 신중하게 선택해야 했던 것은 바로 이런 이유 때문이다.

유아라의 22가지 이벤트 스크립트에서 사용되는 이벤트 CG 10장의 기본 프롬프트 내용은 캐릭터 설정에서 사용한 것과 동일하지만, 장소와 동작에 대한 프롬프트는 이벤트 내용에 맞게 수정한 것을 볼 수 있다.

"녹음실에서 피아노 앞에 앉아 피아노를 연주한다" "무대에서 마이크를 잡고 노래를 한다" "카페에 앉아 그림을 그린다" "기숙사의 소파에 앉아 책을 읽는다" "연습실의 거울 앞에 서 있는다" "기숙사의 소파에 앉아 기타를 연주한다" "팬미팅 장소에서 팬들에게 둘러싸여 이야기를 나눈다"와 같이 장소와 동작에 대한 프롬프트만 변경해줌으로써 그에 맞는 이미지를 생성할 수 있다.

하지만 이벤트 CG 번호가 010인 이미지와 같이 팬들에 둘러싸여 카페에서 이야기를 나누는 이미지는 원하는 대로 생성되지 않았다. 다수가 함께 등장하는 장면 연출이 쉽지 않기 때문에, 때로는 이 정도 수준에서 타협을 해야 하는 경우도 있다.

▼ **표 6-16** 유아라의 이벤트 CG 생성 목록

CG 번호	이벤트 번호	프롬프트	생성 이미지
001	1, 11, 15, 19	(((solo, Sitting in front of the piano, playing the piano passionately))), (masterpiece, best quality), 1girl, 20yo, beautiful face, (((blouse, jeans))), big smile, recording studio background, (((솔로, 피아노 앞에 앉아 열정적으로 피아노 연주))), (명작, 최고 품질)), 여자 한 명, 20세, 예쁜 얼굴, (((블라우스, 청바지))), 활짝 웃는 얼굴, 녹음실 배경, realistic, parted lips, blush, makeup, glow, bare shoulders, collarbone, narrow waist, sunbeam, sunlight, rose, wind, (masterpiece), seraphine 사실적인, 갈라진 입술, 홍당무, 화장, 빛, 맨손, 쇄골, 좁은 허리, 햇살, 햇빛, 장미, 바람, (걸작), 세라핀	
002	2, 16, 21	(((solo, sing a song, hold on to the mic))), (masterpiece, best quality), 1girl, 20yo, beautiful face, (((blouse, jeans))), big smile, stage background, (((솔로, 노래 부르기, 마이크 잡기))), (명곡, 최고 품질), 여자 한 명, 20대, 예쁜 얼굴, (((블라우스, 청바지))), 큰 미소, 무대 배경, realistic, parted lips, blush, makeup, glow, bare shoulders, collarbone, narrow waist, sunbeam, sunlight, rose, wind, (masterpiece), seraphine 사실적인, 갈라진 입술, 홍당무, 화장, 빛, 맨손, 쇄골, 좁은 허리, 햇살, 햇빛, 장미, 바람, (걸작), 세라핀	

CG 번호	이벤트 번호	프롬프트	생성 이미지
003	3, 9	(((solo, drawing, sitting, laptop))), (masterpiece, best quality), 1girl, 20yo, beautiful face, (((blouse, jeans))), big smile, cafe background, (((혼자, 그림, 앉아 있는, 노트북))), (명화, 최고 품질, 소녀 한 명, 20세, 아름다운 얼굴, (((블라우스, 청바지))), 활짝 웃는 얼굴, 카페 배경, realistic, parted lips, blush, makeup, glow, bare shoulders, collarbone, narrow waist, sunbeam, sunlight, rose, wind,(masterpiece), seraphine 사실적인, 갈라진 입술, 홍당무, 화장, 빛, 맨손, 쇄골, 좁은 허리, 햇살, 햇빛, 장미, 바람, (걸작), 세라핀	
004	4	(((solo, reading a book, sit on the sofa))), (masterpiece, best quality), 1girl, 20yo, beautiful face, (((blouse, jeans))), big smile, dormitory background, (((혼자, 책 읽기, 소파에 앉아))), (명화, 최고 품질), 여자 한 명, 20세, 예쁜 얼굴, (((블라우스, 청바지))), 활짝 웃는 얼굴, 기숙사 배경, realistic, parted lips, blush, makeup, glow, bare shoulders, collarbone, narrow waist, sunbeam, sunlight, rose, wind, (masterpiece), seraphine 사실적인, 갈라진 입술, 홍당무, 화장, 빛, 맨손, 쇄골, 좁은 허리, 햇살, 햇빛, 장미, 바람, (걸작), 세라핀	

CG 번호	이벤트 번호	프롬프트	생성 이미지
005	5, 10	(((solo, sing a song, recording microphone))), (masterpiece, best quality), 1girl, 20yo, beautiful face, (((blouse, jeans))), big smile, recording studio background, (((솔로, 노래 부르기, 녹음 마이크))), (명작, 최고 품질), 여자 한 명, 20대, 예쁜 얼굴, (((블라우스, 청바지))), 활짝 웃는 얼굴, 녹음실 배경, realistic, parted lips, blush, makeup, glow, bare shoulders, collarbone, narrow waist, sunbeam, sunlight, rose, wind, (masterpiece), seraphine 사실적인, 갈라진 입술, 홍당무, 화장, 빛, 맨손, 쇄골, 좁은 허리, 햇살, 햇빛, 장미, 바람, (걸작), 세라핀	
006	6	(((solo, stand in front of a mirror))), (masterpiece, best quality), 1girl, 20yo, beautiful face, (((blouse, jeans))), big smile, (((dancing practice room background, Mirrors are attached to the walls, speakers and sound equipment are installed, the floor is made of wood))), (((솔로, 거울 앞에 서 있음))), (명화, 최고급), 여자 한 명, 20세, 예쁜 얼굴, (((블라우스, 청바지))), 활짝 웃음, (((춤 연습실 배경, 벽에 거울이 붙어 있고 스피커와 음향 장비가 설치되어 있으며 바닥은 나무로 되어 있음)))), realistic, parted lips, blush, makeup, glow, bare shoulders, collarbone, narrow waist, sunbeam, sunlight, rose, wind, (masterpiece), seraphine 사실적인, 갈라진 입술, 홍당무, 화장, 빛, 맨손, 쇄골, 좁은 허리, 햇살, 햇빛, 장미, 바람, (걸작), 세라핀	

CG 번호	이벤트 번호	프롬프트	생성 이미지
007	7	(((solo, playing guitar, sit on the sofa))), (masterpiece, best quality), 1girl, 20yo, beautiful face, (((blouse, jeans))), big smile, dormitory background. (((솔로, 기타 연주, 소파에 앉아))), (명작, 최고 품질), 여자 한 명, 20세, 예쁜 얼굴, (((블라우스, 청바지))), 활짝 웃는 얼굴, 기숙사 배경, realistic, parted lips, blush, makeup, glow, thighs, bare shoulders, collarbone, narrow waist, sunbeam, sunlight, rose, wind, (masterpiece), seraphine 사실적인, 갈라진 입술, 홍당무, 화장, 빛, 허벅지, 맨 어깨, 쇄골, 좁은 허리, 햇살, 햇빛, 장미, 바람, (걸작), 세라핀	
008	8	(((solo, table decoration))), (masterpiece, best quality), 1girl, 20yo, beautiful face, (((blouse, jeans))), big smile, Fan meeting place background. (((솔로, 테이블 장식))), (명작, 최고 품질, 여자 한 명, 20세, 아름다운 얼굴, (((블라우스, 청바지))), 활짝 웃는, 팬미팅 장소 배경, realistic, parted lips, blush, makeup, glow, thighs, bare shoulders, collarbone, narrow waist, sunbeam, sunlight, rose, wind, (masterpiece), seraphine 사실적인, 갈라진 입술, 홍당무, 화장, 빛, 허벅지, 맨 어깨, 쇄골, 좁은 허리, 햇살, 햇빛, 장미, 바람, (걸작), 세라핀	

CG 번호	이벤트 번호	프롬프트	생성 이미지
009	13, 17	(((surrounded by fans, talking with fans))), (masterpiece, best quality), 20yo, beautiful face, (((blouse, jeans))), big smile, Fan meeting place background, (((팬들에게 둘러싸여, 팬들과 대화))), (명품, 최고급, 20대, 예쁜 얼굴, (((블라우스, 청바지))), 활짝 웃는 모습, 팬미팅장 배경, realistic, parted lips, blush, makeup, glow, bare shoulders, collarbone, narrow waist, sunbeam, sunlight, rose, wind, (masterpiece), seraphine 사실적인, 갈라진 입술, 홍당무, 화장, 빛, 맨손, 쇄골, 좁은 허리, 햇살, 햇빛, 장미, 바람, (걸작), 세라핀	
010	14, 18, 22	((((sitting, surrounded by fans, talking with fans))), (masterpiece, best quality), 20yo, beautiful face, (((blouse, jeans))), big smile, cafe background, (((앉아, 팬들에게 둘러싸여, 팬들과 대화))), (명작, 최고 품질), 20세, 아름다운 얼굴, (((블라우스, 청바지))), 활짝 웃는 모습, 카페 배경, realistic, parted lips, blush, makeup, glow, bare shoulders, collarbone, narrow waist, sunbeam, sunlight, rose, wind, (masterpiece), seraphine 사실적인, 갈라진 입술, 홍당무, 화장, 빛, 맨손, 쇄골, 좁은 허리, 햇살, 햇빛, 장미, 바람, (걸작), 세라핀	

박지원의 경우에는 72장의 이미지를 생성해서 16장의 게임용 이벤트 CG 이미지를 얻었다. 24개의 이벤트 스크립트를 생성했지만, 역시 6장의 이벤트 CG를 중복해서 사용할 수 있기 때문에 24장이 아닌 16장의 이미지만 생성하면 된다. 이 중 절반은 유아라의 이미지를 생성할 때 사용한 프롬프트를 재사용해서 생성했으므로 박지원 이벤트만을 위해 프롬프트를 작성해서 생성된 이미지는 8장에 불과하다. 운동을

좋아하는 캐릭터답게 스트레칭을 하거나 축구를 하는 이미지는 물론이고 옷가게에서 옷을 입어보는 이미지, 카페에서 음료를 마시는 이미지, 기숙사에서 요리하거나 쇼파에 앉아 영화를 보는 이미지 등이 생성한 이벤트 스크립트에 맞게 새로 만들어졌다.

▼ 표 6-17 박지원의 이벤트 CG 생성 목록

CG 번호	이벤트 번호	프롬프트	생성 이미지
101	1	(((blue color hair, solo, stretching on the ground))), (masterpiece, best quality), 1girl, 20yo, beautiful face, (((sportswear))), big smile, dormitory background, (((푸른색 머리, 솔로, 바닥에 스트레칭))), (명작, 최고 품질, 소녀 한 명, 20세, 아름다운 얼굴, (((운동복))), 활짝 웃는 얼굴, 기숙사 배경, realistic, parted lips, blush, makeup, glow, thighs, bare shoulders, collarbone, narrow waist, sunbeam, sunlight, rose, wind, (masterpiece), videl 현실적인, 갈라진 입술, 홍당무, 화장, 빛, 허벅지, 맨손, 쇄골, 좁은 허리, 햇살, 햇빛, 장미, 바람, (걸작), 비델.	
102	2, 14	(((blue color hair, solo, playing football))), (masterpiece, best quality), 1girl, 20yo, beautiful face, (((sportswear))), big smile, football field background, (((푸른색 머리, 솔로, 축구하는 중))), (명작, 최고 품질, 소녀 한 명, 20세, 아름다운 얼굴, (((운동복))), 활짝 웃는 얼굴, 축구장 배경, realistic, parted lips, blush, makeup, glow, thighs, bare shoulders, collarbone, narrow waist, sunbeam, sunlight, rose, wind, (masterpiece), videl 현실적인, 갈라진 입술, 홍당무, 화장, 빛, 허벅지, 맨손, 쇄골, 좁은 허리, 햇살, 햇빛, 장미, 바람, (걸작), 비델.	

CG 번호	이벤트 번호	프롬프트	생성 이미지
103	3	(((blue color hair, solo, fitting clothes))), (masterpiece, best quality), 1girl, 20yo, beautiful face, (((long dress))), big smile, inside of clothing store background, (((푸른색 머리, 솔로, 피팅 옷))), (명품, 최고 품질, 여자 한 명, 20대, 아름다운 얼굴, (((긴 원피스))), 활짝 웃는 얼굴, 옷가게 내부 배경, realistic, parted lips, blush, makeup, glow, thighs, bare shoulders, collarbone, narrow waist, sunbeam, sunlight, rose, wind, (masterpiece), videl 현실적인, 갈라진 입술, 홍당무, 화장, 빛, 허벅지, 맨손, 쇄골, 좁은 허리, 햇살, 햇빛, 장미, 바람, (걸작), 비델.	
104	4, 9, 20, 23	(((blue color hair, solo, sing a song, recording microphone))), (masterpiece, best quality), 1girl, 20yo, beautiful face, (((blouse, jeans))), big smile, recording studio background, (((푸른색 머리, 솔로, 노래 부르기, 녹음 마이크))), (명작, 최고 품질, 여자 한 명, 20대, 예쁜 얼굴, (((블라우스, 청바지))), 활짝 웃는 얼굴, 녹음실 배경, realistic, parted lips, blush, makeup, glow, thighs, bare shoulders, collarbone, narrow waist, sunbeam, sunlight, rose, wind, (masterpiece), videl 현실적인, 갈라진 입술, 홍당무, 화장, 빛, 허벅지, 맨손, 쇄골, 좁은 허리, 햇살, 햇빛, 장미, 바람, (걸작), 비델.	

CG 번호	이벤트 번호	프롬프트	생성 이미지
105	5, 11	(((blue color hair, solo, drinking a juice, sitting))), (masterpiece, best quality), 1girl, 20yo, beautiful face, (((blouse, jeans))), big smile, (((cafe background))), (((푸른색 머리, 솔로, 주스 마시고, 앉아 있는))), (명품, 최고급)), 여자 한 명, 20대, 예쁜 얼굴, (((블라우스, 청바지))), 활짝 웃는 얼굴, (((카페 배경)))), realistic, parted lips, blush, makeup, glow, thighs, bare shoulders, collarbone, narrow waist, sunbeam, sunlight, rose, wind, (masterpiece), videl 현실적인, 갈라진 입술, 홍당무, 화장, 빛, 허벅지, 맨손, 쇄골, 좁은 허리, 햇살, 햇빛, 장미, 바람, (걸작), 비델.	
106	6, 10	(((blue color hair, solo, dancing in front of a mirror))), (masterpiece, best quality), 1girl, 20yo, beautiful face, (((blouse, jeans))), big smile, (((dancing practice room background, Mirrors are attached to the walls, speakers and sound equipment are installed, the floor is made of wood))), (((푸른색 머리, 솔로, 거울 앞에서 춤추기))), (명작, 최고급), 여자 한 명, 20세, 예쁜 얼굴, (((블라우스, 청바지))), 큰 미소, (((춤 연습실 배경, 거울이 벽에 붙어 있고 스피커와 음향 장비가 설치되어 있으며 바닥은 나무로 되어 있음)))), realistic, parted lips, blush, makeup, glow, thighs, bare shoulders, collarbone, narrow waist, sunbeam, sunlight, rose, wind, (masterpiece), videl 현실적인, 갈라진 입술, 홍당무, 화장, 빛, 허벅지, 맨손, 쇄골, 좁은 허리, 햇살, 햇빛, 장미, 바람, (걸작), 비델.	

CG 번호	이벤트 번호	프롬프트	생성 이미지
107	7	(((blue color hair, solo, decorating table))), (masterpiece, best quality), 1girl, 20yo, beautiful face, (((blouse, jeans))), big smile, Fan meeting place background, (((푸른색 머리, 솔로, 테이블 장식))), (명품, 최고 품질, 소녀 한 명, 20대, 예쁜 얼굴, (((블라우스, 청바지))), 활짝 웃는 얼굴, 팬미팅장 배경, realistic, parted lips, blush, makeup, glow, thighs, bare shoulders, collarbone, narrow waist, sunbeam, sunlight, rose, wind, (masterpiece), videl 현실적인, 갈라진 입술, 홍당무, 화장, 빛, 허벅지, 맨손, 쇄골, 좁은 허리, 햇살, 햇빛, 장미, 바람, (걸작), 비델.	
108	8, 24	(((blue color hair, solo, sitting on the chair, studying hard, piled up books))), (masterpiece, best quality), 1girl, 20yo, beautiful face, (((blouse, jeans))), big smile, library background, (((푸른색 머리, 솔로, 의자에 앉아, 열심히 공부, 쌓인 책))), (명화, 최고급), 소녀 한 명, 20세, 예쁜 얼굴, (((블라우스, 청바지))), 활짝 웃는 얼굴, 도서관 배경, realistic, parted lips, blush, makeup, glow, thighs, bare shoulders, collarbone, narrow waist, sunbeam, sunlight, rose, wind, (masterpiece), videl 현실적인, 갈라진 입술, 홍당무, 화장, 빛, 허벅지, 맨손, 쇄골, 좁은 허리, 햇살, 햇빛, 장미, 바람, (걸작), 비델.	

CG 번호	이벤트 번호	프롬프트	생성 이미지
109	12	(((blue color hair, solo, sing a song, hold on to the mic))), (masterpiece, best quality), 1girl, 20yo, beautiful face, (((blouse, jeans))), big smile, stage background, (((푸른색 머리, 솔로, 노래 부르기, 마이크 잡기))), (명품, 최고 품질, 소녀 한 명, 20대, 예쁜 얼굴, (((블라우스, 청바지))), 큰 미소, 무대 배경, realistic, parted lips, blush, makeup, glow, thighs, bare shoulders, collarbone, narrow waist, sunbeam, sunlight, rose, wind, (masterpiece), videl 현실적인, 갈라진 입술, 홍당무, 화장, 빛, 허벅지, 맨손, 쇄골, 좁은 허리, 햇살, 햇빛, 장미, 바람, (걸작), 비델.	
110	13, 16	(((blue color hair, surrounded by fans, talking with fans))), (masterpiece, best quality), 20yo, beautiful face, (((blouse, jeans))), big smile, Fan meeting place background, (((푸른색 머리, 팬들에게 둘러싸여 팬들과 대화))), (명품, 최고급, 20세, 예쁜 얼굴, (((블라우스, 청바지))), 활짝 웃는 얼굴, 팬미팅장 배경, realistic, parted lips, blush, makeup, glow, thighs, bare shoulders, collarbone, narrow waist, sunbeam, sunlight, rose, wind, (masterpiece), videl 현실적인, 갈라진 입술, 홍당무, 화장, 빛, 허벅지, 맨손, 쇄골, 좁은 허리, 햇살, 햇빛, 장미, 바람, (걸작), 비델.	

CG 번호	이벤트 번호	프롬프트	생성 이미지
111	15	(((blue color hair, solo, playing guitar))), (masterpiece, best quality), 1girl, 20yo, beautiful face, (((blouse, jeans))), big smile, recording studio background, (((푸른색 머리, 솔로, 기타 연주))), (명작, 최고 품질, 여자 한 명, 20세, 예쁜 얼굴, (((블라우스, 청바지))), 활짝 웃는 얼굴, 녹음실 배경, realistic, parted lips, blush, makeup, glow, thighs, bare shoulders, collarbone, narrow waist, sunbeam, sunlight, rose, wind, (masterpiece), videl 현실적인, 갈라진 입술, 홍당무, 화장, 빛, 허벅지, 맨손, 쇄골, 좁은 허리, 햇살, 햇빛, 장미, 바람, (걸작), 비델.	
112	17	(((blue color hair, solo, Sitting in front of the piano, playing the piano passionately))), (masterpiece, best quality), 1girl, 20yo, beautiful face, (((blouse, jeans))), big smile, recording studio background, (((푸른색 머리, 솔로, 피아노 앞에 앉아 열정적으로 피아노 연주))), (명작, 최고 퀄리티)), 여자 한 명, 20세, 예쁜 얼굴, (((블라우스, 청바지))), 활짝 웃는 얼굴, 녹음실 배경, realistic, parted lips, blush, makeup, glow, thighs, bare shoulders, collarbone, narrow waist, sunbeam, sunlight, rose, wind, (masterpiece), videl 현실적인, 갈라진 입술, 홍당무, 화장, 빛, 허벅지, 맨손, 쇄골, 좁은 허리, 햇살, 햇빛, 장미, 바람, (걸작), 비델.	

CG 번호	이벤트 번호	프롬프트	생성 이미지
113	18	(((blue color hair, solo, looking at viewer))), (masterpiece, best quality), 1girl, 20yo, beautiful face, (((blouse, jeans))), big smile, blue sky, park background, (((푸른색 머리, 솔로, 보는 사람))), (명작, 최고 품질, 소녀 한 명, 20대, 아름다운 얼굴, (((블라우스, 청바지))), 활짝 웃는 얼굴, 푸른 하늘, 공원 배경, realistic, parted lips, blush, makeup, glow, thighs, bare shoulders, collarbone, narrow waist, sunbeam, sunlight, rose, wind, (masterpiece), videl 사실적인, 갈라진 입술, 홍당무, 메이크업, 빛, 허벅지, 맨손, 쇄골, 좁은 허리, 햇살, 햇빛, 장미, 바람, (걸작), 비델	
114	19	(((blue color hair, solo, cooking in the kitchen))), (masterpiece, best quality), 1girl, 20yo, beautiful face, (((blouse, jeans))), big smile, dormitory background, (((푸른색 머리, 솔로, 부엌에서 요리))), (명품, 최고급), 여자 한 명, 20세, 예쁜 얼굴, (((블라우스, 청바지))), 활짝 웃는 얼굴, 기숙사 배경, realistic, parted lips, blush, makeup, glow, thighs, bare shoulders, collarbone, narrow waist, sunbeam, sunlight, rose, wind, (masterpiece), videl 현실적인, 갈라진 입술, 홍당무, 화장, 빛, 허벅지, 맨손, 쇄골, 좁은 허리, 햇살, 햇빛, 장미, 바람, (걸작), 비델.	

CG 번호	이벤트 번호	프롬프트	생성 이미지
115	21	(((blue color hair, solo, drawing, sitting, laptop))), (masterpiece, best quality), 1girl, 20yo, beautiful face, (((blouse, jeans))), big smile, cafe background, (((푸른색 머리, 솔로, 그림, 앉아, 노트북))), (명화, 최고 품질, 소녀 한 명, 20세, 아름다운 얼굴, (((블라우스, 청바지))), 활짝 웃고 있는, 카페 배경, realistic, parted lips, blush, makeup, glow, thighs, bare shoulders, collarbone, narrow waist, sunbeam, sunlight, rose, wind, (masterpiece), videl 현실적인, 갈라진 입술, 홍당무, 화장, 빛, 허벅지, 맨손, 쇄골, 좁은 허리, 햇살, 햇빛, 장미, 바람, (걸작), 비델.	
116	22	(((blue color hair, solo, sit on the sofa))), (masterpiece, best quality), 1girl, 20yo, beautiful face, (((blouse, jeans))), big smile, dormitory background, (((푸른색 머리, 솔로, 소파에 앉아))), (명품, 최고급), 1여자, 20세, 예쁜 얼굴, (((블라우스, 청바지))), 활짝 웃는 얼굴, 기숙사 배경, realistic, parted lips, blush, makeup, glow, thighs, bare shoulders, collarbone, narrow waist, sunbeam, sunlight, rose, wind, (masterpiece), videl 현실적인, 갈라진 입술, 홍당무, 화장, 빛, 허벅지, 맨손, 쇄골, 좁은 허리, 햇살, 햇빛, 장미, 바람, (걸작), 비델.	

김유진은 76장을 생성해서 13장을 선택했다. 미술실에서 그림을 그리는 이벤트 CG를 제외한 나머지 이미지들은 박지원용 이벤트 CG를 생성할 때 사용한 프롬프트를 그대로 재활용할 수 있었다. 김유진 캐릭터 이미지를 위해 사용한 LoRA의 탓인지 동일한 프롬프트를 사용했는데도, 다른 캐릭터들에 비해 노출 수위가 높은 편이라 일부

이벤트 CG는 적당한 이미지가 생성될 때까지 계속 생성을 해야 했다. 박지원과 마찬가지로 공원 이벤트용 이미지는 앞에서 캐릭터 설정을 할 때 생성했던 이미지를 사용했다.

▼ **표 6-18** 김유진의 이벤트 CG 생성 목록

CG 번호	이벤트 번호	프롬프트	생성 이미지
201	1, 5, 14	(((solo, drawing, sitting, laptop))), (masterpiece, best quality), 1girl, 20yo, beautiful face, (((blouse, jeans))), big smile, cafe background, (((혼자, 그림, 앉아 있는, 노트북))), (명화, 최고 품질, 소녀 한 명, 20세, 아름다운 얼굴, (((블라우스, 청바지))), 활짝 웃는 얼굴, 카페 배경, realistic, parted lips, blush, makeup, glow, thighs, bare shoulders, collarbone, narrow waist, sunbeam, sunlight, rose, wind, (masterpiece), milly_ashford, blonde hair 현실적인, 갈라진 입술, 홍당무, 메이크업, 빛, 허벅지, 맨 어깨, 쇄골, 좁은 허리, 햇살, 햇빛, 장미, 바람, (걸작), 밀리 애쉬 포드, 금발 머리	
202	2	(((solo, painting on canvas, sitting in front of canvas))), (masterpiece, best quality), 1girl, 20yo, beautiful face, (((blouse, jeans))), big smile, art room of school background, (((솔로, 캔버스에 그림, 캔버스 앞에 앉아))), (걸작, 최고 품질), 소녀 한 명, 20세, 아름다운 얼굴, (((블라우스, 청바지))), 활짝 웃는 얼굴, 학교 배경의 미술실, realistic, parted lips, blush, makeup, glow, thighs, bare shoulders, collarbone, narrow waist, sunbeam, sunlight, rose, wind, (masterpiece), milly_ashford, blonde hair 현실적인, 갈라진 입술, 홍당무, 메이크업, 빛, 허벅지, 맨 어깨, 쇄골, 좁은 허리, 햇살, 햇빛, 장미, 바람, (걸작), 밀리 애쉬 포드, 금발 머리	

CG 번호	이벤트 번호	프롬프트	생성 이미지
203	3, 17	(((solo, reading a book, sit on the sofa))), (masterpiece, best quality), 1girl, 20yo, beautiful face, (((blouse, jeans))), big smile, dormitory background. (((혼자, 책 읽기, 소파에 앉아))), (명화, 최고 품질), 여자 한 명, 20세, 예쁜 얼굴, (((블라우스, 청바지))), 활짝 웃는 얼굴, 기숙사 배경. realistic, parted lips, blush, makeup, glow, thighs, bare shoulders, collarbone, narrow waist, sunbeam, sunlight, rose, wind, (masterpiece), milly_ashford, blonde hair 현실적인, 갈라진 입술, 홍당무, 메이크업, 빛, 허벅지, 맨 어깨, 쇄골, 좁은 허리, 햇살, 햇빛, 장미, 바람, (걸작), 밀리 애쉬 포드, 금발 머리	
204	4	(((solo, Sitting in front of the piano, playing the piano passionately))), (masterpiece, best quality), 1girl, 20yo, beautiful face, (((blouse, jeans))), big smile, recording studio background. (((솔로, 피아노 앞에 앉아 열정적으로 피아노 연주))), (명작, 최고 품질)), 여자 한 명, 20세, 예쁜 얼굴, (((블라우스, 청바지))), 활짝 웃는 얼굴, 녹음실 배경. realistic, parted lips, blush, makeup, glow, thighs, bare shoulders, collarbone, narrow waist, sunbeam, sunlight, rose, wind, (masterpiece), milly_ashford, blonde hair 현실적인, 갈라진 입술, 홍당무, 메이크업, 빛, 허벅지, 맨 어깨, 쇄골, 좁은 허리, 햇살, 햇빛, 장미, 바람, (걸작), 밀리 애쉬 포드, 금발 머리	

CG 번호	이벤트 번호	프롬프트	생성 이미지
205	6	(((solo, decorating table))), (masterpiece, best quality), 1girl, 20yo, beautiful face, (((blouse, jeans))), big smile, Fan meeting place background, (((솔로, 테이블 장식))), (명작, 최고 품질, 소녀 한 명, 20세, 예쁜 얼굴, (((블라우스, 청바지))), 활짝 웃는, 팬미팅 장소 배경, realistic, parted lips, blush, makeup, glow, thighs, bare shoulders, collarbone, narrow waist, sunbeam, sunlight, rose, wind, (masterpiece), milly_ashford, blonde hair 현실적인, 갈라진 입술, 홍당무, 메이크업, 빛, 허벅지, 맨 어깨, 쇄골, 좁은 허리, 햇살, 햇빛, 장미, 바람, (걸작), 밀리 애쉬 포드, 금발 머리	
206	7, 19	(((solo, dancing in front of a mirror))), (masterpiece, best quality), 1girl, 20yo, beautiful face, (((blouse, jeans))), big smile, (((dancing practice room background, Mirrors are attached to the walls, speakers and sound equipment are installed, the floor is made of wood))), (((솔로, 거울 앞에서 춤추기))), (명작, 최고급), 여자 한 명, 20세, 예쁜 얼굴, (((블라우스, 청바지))), 활짝 웃는 모습, (((춤 연습실 배경, 벽에 거울이 붙어 있고 스피커와 음향 장비가 설치되어 있으며 바닥은 나무로 되어 있습니다)))), realistic, parted lips, blush, makeup, glow, thighs, bare shoulders, collarbone, narrow waist, sunbeam, sunlight, rose, wind, (masterpiece), milly_ashford, blonde hair 현실적인, 갈라진 입술, 홍당무, 메이크업, 빛, 허벅지, 맨 어깨, 쇄골, 좁은 허리, 햇살, 햇빛, 장미, 바람, (걸작), 밀리 애쉬 포드, 금발 머리	

CG 번호	이벤트 번호	프롬프트	생성 이미지
207	8	(((solo, drinking a juice, sitting))), (masterpiece, best quality), 1girl, 20yo, beautiful face, (((blouse, jeans))), big smile, ((((cafe background))), (((혼자, 주스 마시는, 앉아있는))), (명작, 최고 품질), 여자 한 명, 20대, 예쁜 얼굴, (((블라우스, 청바지))), 활짝 웃는 얼굴, (((카페 배경)))), realistic, parted lips, blush, makeup, glow, thighs, bare shoulders, collarbone, narrow waist, sunbeam, sunlight, rose, wind, (masterpiece), milly_ashford, blonde hair 현실적인, 갈라진 입술, 홍당무, 메이크업, 빛, 허벅지, 맨 어깨, 쇄골, 좁은 허리, 햇살, 햇빛, 장미, 바람, (걸작), 밀리 애쉬 포드, 금발 머리	
208	9, 16	(((solo, playing guitar))), (masterpiece, best quality), 1girl, 20yo, beautiful face, (((blouse, jeans))), big smile, recording studio background, (((솔로, 기타 연주))), (명작, 최고 품질, 여자 한 명, 20세, 아름다운 얼굴, (((블라우스, 청바지))), 활짝 웃는 얼굴, 녹음실 배경, realistic, parted lips, blush, makeup, glow, thighs, bare shoulders, collarbone, narrow waist, sunbeam, sunlight, rose, wind, (masterpiece), milly_ashford, blonde hair 현실적인, 갈라진 입술, 홍당무, 메이크업, 빛, 허벅지, 맨 어깨, 쇄골, 좁은 허리, 햇살, 햇빛, 장미, 바람, (걸작), 밀리 애쉬 포드, 금발 머리	

CG 번호	이벤트 번호	프롬프트	생성 이미지
209	10	(((surrounded by fans, talking with fans))), (masterpiece, best quality), 20yo, beautiful face, (((blouse, jeans))), big smile, Fan meeting place background, (((팬들에게 둘러싸여, 팬들과 대화))), (명품, 최고급, 20대, 예쁜 얼굴, (((블라우스, 청바지))), 활짝 웃는 모습, 팬미팅장 배경, realistic, parted lips, blush, makeup, glow, thighs, bare shoulders, collarbone, narrow waist, sunbeam, sunlight, rose, wind, (masterpiece), milly_ashford, blonde hair 현실적인, 갈라진 입술, 홍당무, 메이크업, 빛, 허벅지, 맨 어깨, 쇄골, 좁은 허리, 햇살, 햇빛, 장미, 바람, (걸작), 밀리 애쉬 포드, 금발 머리	
210	11, 20	(((solo, cooking in the kitchen))), (masterpiece, best quality), 1girl, 20yo, beautiful face, (((blouse, jeans))), big smile, dormitory background, (((솔로, 부엌에서 요리))), (명품, 최고 품질), 여자 한 명, 20세, 아름다운 얼굴, (((블라우스, 청바지))), 활짝 웃는 얼굴, 기숙사 배경, realistic, parted lips, blush, makeup, glow, thighs, bare shoulders, collarbone, narrow waist, sunbeam, sunlight, rose, wind, (masterpiece), milly_ashford, blonde hair 현실적인, 갈라진 입술, 홍당무, 메이크업, 빛, 허벅지, 맨 어깨, 쇄골, 좁은 허리, 햇빛, 장미, 바람, (걸작), 밀리 애쉬 포드, 금발 머리	

CG 번호	이벤트 번호	프롬프트	생성 이미지
211	12, 18, 21	(((solo, sing a song, recording microphone))), (masterpiece, best quality), 1girl, 20yo, beautiful face, (((blouse, jeans))), big smile, recording studio background, (((솔로, 노래 부르기, 녹음 마이크))), (명작, 최고 품질), 여자 한 명, 20대, 예쁜 얼굴, (((블라우스, 청바지))), 활짝 웃는 얼굴, 녹음실 배경, realistic, parted lips, blush, makeup, glow, thighs, bare shoulders, collarbone, narrow waist, sunbeam, sunlight, rose, wind, (masterpiece), milly_ashford, blonde hair 현실적인, 갈라진 입술, 홍당무, 메이크업, 빛, 허벅지, 맨 어깨, 쇄골, 좁은 허리, 햇살, 햇빛, 장미, 바람, (걸작), 밀리 애쉬 포드, 금발 머리	
212	13	(((solo, sitting on the chair, studying hard, piled up books))), (masterpiece, best quality), 1girl, 20yo, beautiful face, (((blouse, jeans))), big smile, library background, (((혼자, 의자에 앉아, 열심히 공부, 쌓인 책))), (명화, 최고 품질),여자 한 명, 20세, 예쁜 얼굴, (((블라우스, 청바지))), 활짝 웃는 얼굴, 도서관 배경, realistic, parted lips, blush, makeup, glow, thighs, bare shoulders, collarbone, narrow waist, sunbeam, sunlight, rose, wind, (masterpiece), milly_ashford, blonde hair 현실적인, 갈라진 입술, 홍당무, 메이크업, 빛, 허벅지, 맨 어깨, 쇄골, 좁은 허리, 햇살, 햇빛, 장미, 바람, (걸작), 밀리 애쉬 포드, 금발 머리	

CG 번호	이벤트 번호	프롬프트	생성 이미지
213	15	(((solo, looking at viewer,))), (masterpiece, best quality), 1girl, 20yo, beautiful face, (((blouse, jeans))), big smile, blue sky, park background, (((혼자, 보는 사람,))), (명작, 최고 품질, 소녀 한 명, 20세, 아름다운 얼굴, (((블라우스, 청바지))), 활짝 웃는 얼굴, 푸른 하늘, 공원 배경, realistic, parted lips, blush, makeup, glow, thighs, bare shoulders, collarbone, narrow waist, sunbeam, sunlight, rose, wind, (masterpiece), milly_ashford, blonde hair 현실적인, 갈라진 입술, 홍당무, 메이크업, 빛, 허벅지, 맨 어깨, 쇄골, 좁은 허리, 햇살, 햇빛, 장미, 바람, (걸작), 밀리 애쉬 포드, 금발 머리	

이제 공략 가능한 캐릭터 3명의 게임용 이벤트 CG 이미지가 모두 준비되었다. 게임 시나리오를 작업할 때는 이벤트 스크립트가 가장 중요한 작업물이었다면, 게임 CG를 작업할 때는 이벤트 CG가 최종 결과물이라고 할 수 있다.

여기서는 총 39장의 이벤트 CG를 만들었지만, 본격적으로 게임을 개발한다면 최소 100장 이상을 작업해야 한다. 그러므로 재사용이 가능한 프롬프트를 사용할 필요가 있고, 차후 수정 작업을 감안해서 사용한 프롬프트는 잘 관리해야 한다. 나중에 게임을 등록하고 검수를 신청했을 때, 일부 이미지가 게임물 등급에 맞지 않다는 피드백을 받기라도 하면 그에 맞게 다시 이미지를 생성해서 수정해야 하기 때문이다.

6.2.3 메인 화면, 아이콘용 이미지 생성하기

구글 플레이스토어나 원스토어에 앱을 등록할 때 사용되는 아이콘 크기는 512×512픽셀이고, 앱스토어에 앱을 등록할 때 사용되는 아이콘 크기는 1024×1024픽셀이다. 우리는 안드로이드와 iOS를 동시에 지원하는 게임을 만들고 있으니, 1024×1024픽셀 크기의 원본 아이콘 이미지를 만들고, 필요한 해상도에 맞춰 줄여서 사

용하면 된다. 512×512픽셀뿐만 아니라 iOS용은 다양한 해상도의 아이콘 이미지가
필요하다.

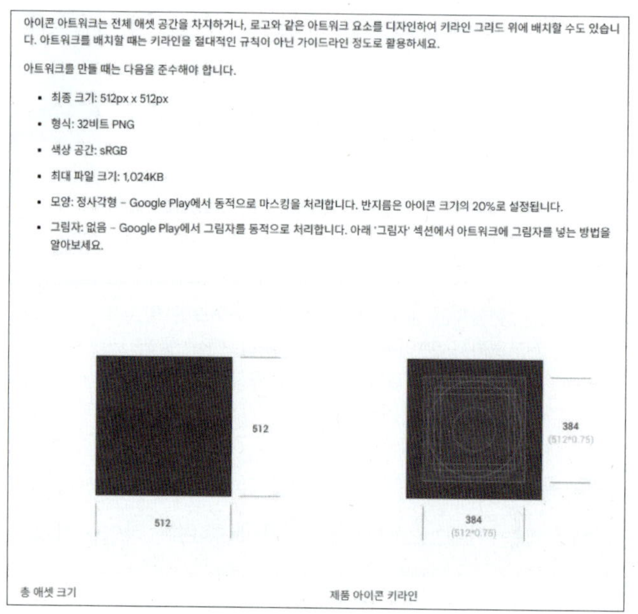

▲ **그림 6-2** 구글 플레이스토어의 아이콘 디자인 사양[1]

아이콘 이외에도 안드로이드 앱과 iOS 앱은 사소한 부분에서 조금씩 차이가 있다.
그러니 두 가지 플랫폼을 동시에 지원하고자 한다면 세부사항을 꼼꼼히 챙겨야 한다.
또한 매년 새로운 버전의 운영체제가 출시되면서 각 SDKSoftware Development Kit에 변
경사항이 많이 생길 수 있고, 앱스토어 자체도 수시로 정책이 바뀌고 필요한 정보들
이 추가될 수 있기 때문에 잘 모니터링해야 한다. 이 때문에 앱 개발은 일반적인 웹
개발에 비해 비용이 많이 들게 되는 것이다.

---

1 https://developer.android.com/distribute/google-play/resources/icon-design-specifications?hl=ko 참고

App icon sizes

iOS, iPadOS app icon sizes

For the App Store, create an app icon that measures 1024x1024 px.

You can let the system automatically scale down your 1024x1024 px app icon to produce all other sizes, or — if you want to customize the appearance of the icon at specific sizes — you can supply multiple versions such as the following.

@2x (pixels)	@3x (pixels) iPhone only	Usage
120x120	180x180	Home Screen on iPhone
167x167	–	Home Screen on iPad Pro
152x152	–	Home Screen on iPad, iPad mini
80x80	120x120	Spotlight on iPhone, iPad Pro, iPad, iPad mini
58x58	87x87	Settings on iPhone, iPad Pro, iPad, iPad mini
76x76	114x114	Notifications on iPhone, iPad Pro, iPad, iPad mini

▲ 그림 6-3 앱스토어 앱 아이콘 사양[2]

아이콘용 이미지를 만들려면 앞서 생성한 캐릭터 이미지들처럼 전신이 나올 필요가 없고, 상반신만 나와도 되니 프롬프트에 "upper body"를 추가해준다. 이렇게 하면 상반신만 클로즈업해서 이미지를 생성하기 때문에 아이콘에 사용하기 좋은 형태로 이미지가 만들어진다.

또한 이 이미지들은 게임을 실행하자마자 뜨는 메인 화면에서도 쓸 것이기 때문에 반드시 "선정적"이지 않도록 주의해서 프롬프트를 작성해야 한다. 나중에 게임 스크린숏을 만들 때 기본적으로 들어가는 화면 중 하나가 메인 화면 스크린숏이고, 스크린숏이 선정적이면 검수할 때 반려의 원인이 되기 때문이다.

---

[2] https://developer.apple.com/design/human–interface–guidelines/app–icons 참고

(((solo, looking at viewer, upper body))), (masterpiece, best quality), 1girl, 20yo, beautiful face, ((((blouse, jeans)))), big smile, blue sky, park background, realistic, parted lips, blush, makeup, glow, thighs, bare shoulders, collarbone, narrow waist, sunbeam, sunlight, rose, wind, (masterpiece), milly_ashford, blonde hair

(((혼자, 보는 사람, 상반신))), (명작, 최고 품질, 소녀 한 명, 20세, 아름다운 얼굴, (((블라우스, 청바지))), 활짝 웃는, 푸른 하늘, 공원 배경, 현실적인, 입술 갈라진, 블러셔, 화장, 광채, 허벅지, 맨 어깨, 쇄골, 좁은 허리, 햇살, 햇빛, 장미, 바람, (명작), 밀리_애쉬포드, 금발 머리

해상도를 올릴수록 Tensor.Art에서 이미지를 생성할 때마다 크레딧 소모가 심하지만, 아이콘이나 메인 화면에서 사용될 캐릭터 이미지를 1280×1920픽셀의 해상도로 생성해보겠다. 프롬프트 입력창 하단에 생성할 이미지에 대한 옵션을 지정할 수 있는데, 기본 해상도를 640×960픽셀로 선택한 다음, Upscale을 2×로 선택하면 최종적으로 1280×1920 크기의 이미지가 생성된다. 이 정도 크기로 이미지를 생성하면 1024×1024 크기의 아이콘을 만들기에 좋다.

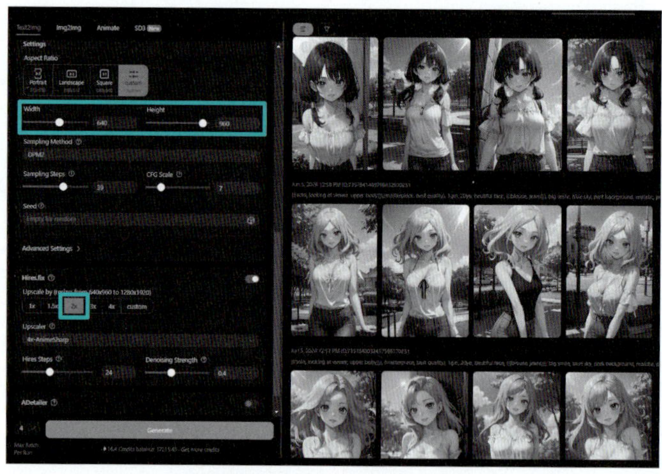

▲ 그림 6-4 아이콘용 캐릭터 이미지 생성

메인 화면용 캐릭터 이미지는 캐릭터당 1장만 있으면 되고, 아이콘용 이미지는 어떤 캐릭터든 상관없이 게임 하나에 1장만 있으면 되기 때문에 게임용 캐릭터 이미지 처럼 많이 생성할 필요는 없다. 캐릭터별 4장씩 총 12장을 생성한 다음, 메인 화면용 이미지 3장과 아이콘용 이미지 1장을 골라서 쓰면 충분할 것이다. 다만, 마음에 드는 이미지가 없다면 여느 때처럼 반복해서 괜찮은 이미지가 나올 때까지 생성해야 한다.

▲ **그림 6-5** 김프에서 생성된 이미지 열기

그래픽 편집 도구인 김프를 실행하고 생성한 이미지 파일을 불러온다. 아이콘으로 얼 굴 부분만 사용해서 만들 것이기 때문에, [이미지] → [캔버스 크기] 메뉴를 선택한다.

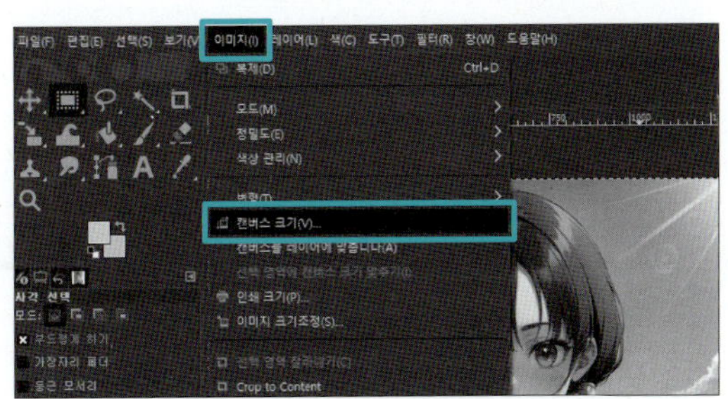

▲ **그림 6-6** 캔버스 크기 메뉴 선택

캔버스 크기 지정 창이 뜨면, 너비와 높이를 1024로 지정한다. 그러면 미리보기 창에 정사각형이 뜨는데, 아이콘 내에 캐릭터의 얼굴이 제대로 위치하도록 적절한 위치로 이동시킨 다음 [크기 조절(R)] 버튼을 눌러준다.

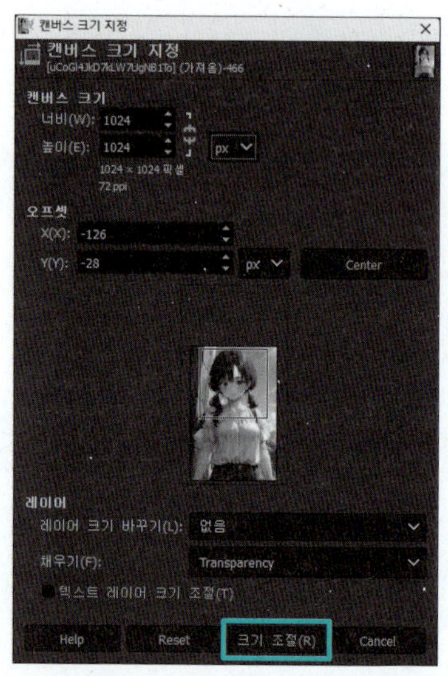

▲ **그림 6-7** 캔버스 크기 지정 창 화면

1024×1024픽셀 크기의 이미지가 준비되었으면 [파일] → [이미지 내보내기(Export As)] 버튼을 눌러서 해당 이미지를 파일로 저장한다. 이미지 파일은 PNG 파일이나 JPG 파일로 만들어야 하는데, 여기서는 PNG 파일 포맷으로 저장하겠다.

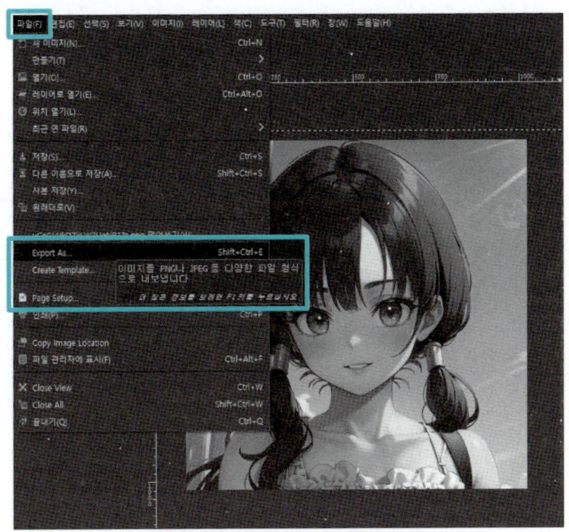

▲ **그림 6-8** [이미지 내보내기] 메뉴 선택

파일명은 icon1024.png라는 이름으로 입력하고 [내보내기] 버튼을 누른다. 아이콘 파일은 크기에 따라 파일 여러 개를 가지고 있어야 하므로 icon1024.png, icon512.png와 같이 픽셀 크기를 파일명에 포함하면 관리가 용이하다.

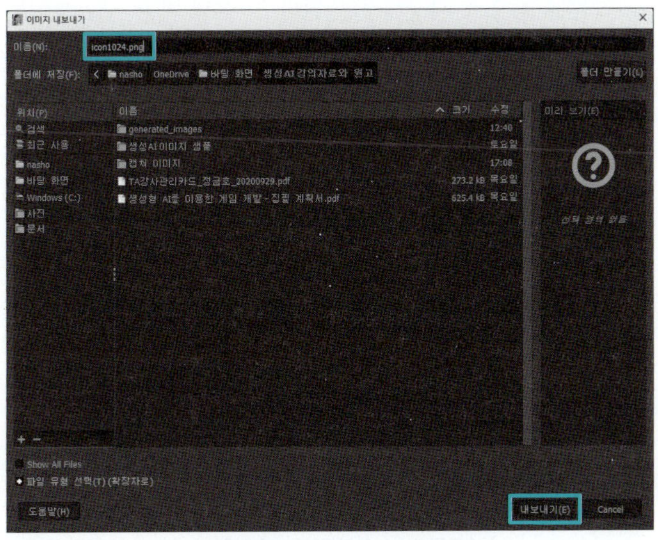

▲ **그림 6-9** 이미지 내보내기 창 화면

PNG 파일로 내보내기를 하면 다음과 같이 옵션 선택 창이 뜨는데, 기본값 상태로 [내보내기] 버튼을 누르면 지정한 파일명으로 저장이 완료된다.

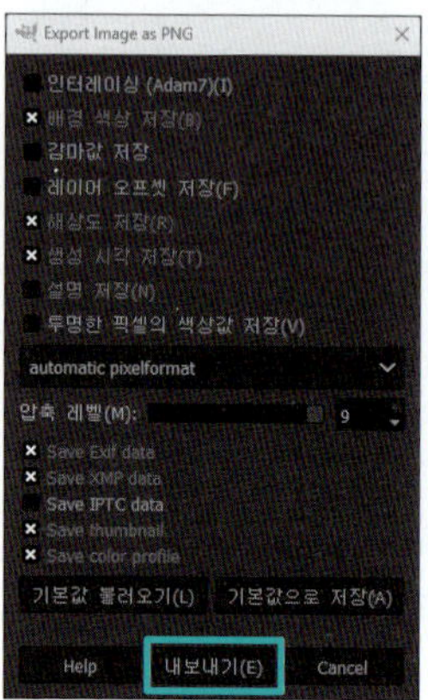

▲ 그림 6-10 PNG 파일 내보내기 창 화면

1024×1024픽셀 아이콘을 만들었으니, 이번에는 [이미지] → [이미지 크기 조정] 메뉴를 선택하고, 512×512픽셀 크기로 아이콘의 이미지 크기를 변경한 다음 icon512.png라는 이름으로 저장해주면 된다. 이로써 애플 앱스토어는 물론 구글 플레이스토어, 원스토어 등에서 앱을 등록하는 경우에 사용하는 아이콘 이미지가 준비되었다.

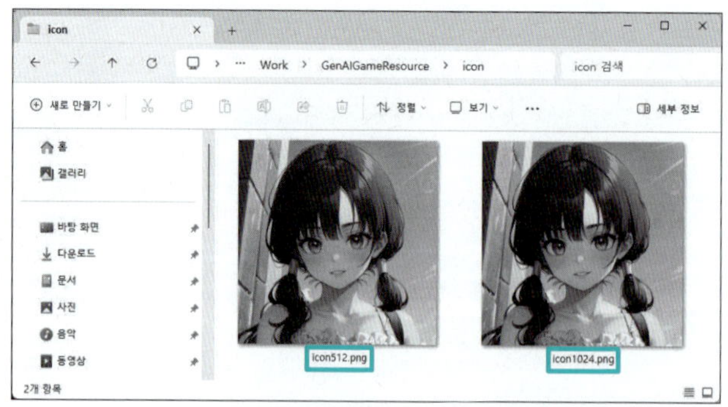

▲ 그림 6-11 아이콘 이미지 파일 화면

 게임 배경 이미지 생성하기

캐릭터 이미지 작업이 끝났으니, [표 6-12]에서 확정한 10개의 배경 장소 이미지를 생성해보자. 배경 이미지는 특정 장소로 이동했을 때 보여지게 되는데, 캐릭터 이미지와 달리 캐릭터 없이 배경 장소만 나와야 한다. 프롬프트에 캐릭터 정보가 없는데도, 경우에 따라서는 의도치 않게 캐릭터가 함께 생성되기도 한다. 프롬프트에는 특정 장소에 대한 영문 설명을 입력하는 것만으로 손쉽게 원하는 스타일의 배경 이미지를 생성해낼 수 있다.

▼ **표 6-19** 생성한 배경 이미지 목록

CG 번호	이름	프롬프트	생성 이미지
001	연습실	A place where idol trainees practice dancing and singing, Mirrors are attached to the walls, speakers and sound equipment are installed, the floor is made of wood, indoor, (masterpiece), (high quality), best quality, real, (realistic), super detailed, (full detail), (4k), 8k, 아이돌 연습생들이 춤과 노래를 연습하는 장소, 벽에 거울이 부착되어 있고 스피커와 음향 장비가 설치되어 있으며 바닥은 나무로 되어 있고, 실내, (명품), (고품질), 최고 품질, 리얼, (사실적인), 매우 디테일, (풀 디테일), (4K), 8K,	
002	녹음실	Where idol trainees record their songs, It is soundproofed and equipped with microphones and recording equipment, indoor, (masterpiece), (high quality), best quality, real, (realistic), super detailed, (full detail), (4k), 8k, 아이돌 연습생이 노래를 녹음하는 곳으로, 방음시설과 마이크 및 녹음 장비, 실내, (명품), (고화질), 최고급, 리얼, (실감나는), 초고화질, (풀 디테일), (4K), 8K,	

CG 번호	이름	프롬프트	생성 이미지
003	기숙사	Space where trainees live, Bedroom, shared living room, kitchen, etc., indoor, (masterpiece), (high quality), best quality, real, (realistic), super detailed, (full detail), (4k), 8k, 연수생이 생활하는 공간, 침실, 공동 거실, 주방 등, 실내, (명작), (고화질), 최고 품질, 리얼, (사실적), 매우 디테일, (풀 디테일), (4K), 8K,	
004	무대	A place where a performance or competition takes place, There are colorful lights, a big screen, a wide stage and audience seats, indoor, (masterpiece), (high quality), best quality, real, (realistic), super detailed, (full detail), (4k), 8k, 공연이나 대회가 열리는 장소, 화려한 조명, 대형 스크린, 넓은 무대와 객석, 실내, (명작), (고화질), 최고 품질, 리얼, (사실적), 매우 디테일, (풀 디테일), (4K), 8K	
005	방송국	Where entertainment programs are filmed, There are various sets, filming equipment, and waiting rooms, indoor, (masterpiece), (high quality), best quality, real, (realistic), super detailed, (full detail), (4k), 8k, 공연이나 대회가 열리는 장소, 화려한 조명, 대형 스크린, 넓은 무대와 객석, 실내, (명작), (고화질), 최고 화질, 리얼, (사실적), 매우 디테일, (풀 디테일), (4K), 8K,	
006	카페	cafe, A place that trainees often visit during break time, Cozy atmosphere, variety of drinks and desserts provided, indoor, (masterpiece), (high quality), best quality, real, (realistic), super detailed, (full detail), (4k), 8k, 카페, 훈련생들이 휴식 시간에 자주 찾는 곳, 아늑한 분위기, 다양한 음료와 디저트 제공, 실내, (명작), (고품질), 최고 품질, 진짜, (사실적인), 매우 세밀한, (전체 세부), (4k), 8k,	

CG 번호	이름	프롬프트	생성 이미지
007	옷가게/ 스타일리스트 샵	Clothing store/stylist shop, A place where trainees choose clothes and receive styling, There are various clothes and accessories, mirrors and fitting rooms., indoor, (masterpiece), (high quality), best quality, real, (realistic), super detailed, (full detail), (4k), 8k, 옷가게/스타일리스트 샵, 연습생들이 옷을 고르고 스타일링을 받는 곳, 다양한 옷과 액세서리, 거울과 피팅룸이 있는 곳, 실내, (명품), (고품질), 최고 품질, 리얼, (사실적인), 매우 디테일, (풀 디테일), (4k), 8k,	
008	연습생들의 학교	trainee's school, A school where trainees study concurrently, Classrooms, gymnasium, playground, etc.., indoor, (masterpiece), (high quality), best quality, real, (realistic), super detailed, (full detail), (4k), 8k, 훈련생의 학교, 훈련생들이 동시에 공부하는 학교, 교실, 체육관, 운동장 등, 실내, (명품), (고품질), 최고 품질, 실제, (사실적인), 매우 상세한, (전체 세부 사항), (4k), 8k,	
009	공원	park, A place where trainees walk or exercise, Green grass, walking paths, benches, etc., outdoor, (masterpiece), (high quality), best quality, real, (realistic), super detailed, (full detail), (4k), 8k, 공원, 훈련생들이 산책하거나 운동하는 장소, 푸른 잔디, 산책로, 벤치 등, 야외, (명작), (고품질), 최고 품질, 실제, (사실적인), 매우 상세한, (전체 세부 사항), (4k), 8k,	

CG 번호	이름	프롬프트	생성 이미지
010	팬미팅 장소	Fan meeting location, A place where trainees communicate with fans, There is a stage, fan seats, autograph table, etc., indoor, (masterpiece), (high quality), best quality, real, (realistic), super detailed, (full detail), (4k), 8k, 팬미팅 장소, 연습생들이 팬들과 소통하는 장소, 무대, 팬석, 사인 테이블 등 있음, 실내, (명품), (고화질), 최고화질, 리얼, (사실적), 초고화질, (풀 디테일), (4K), 8K,	

게임에는 개별 배경 장소의 이미지뿐만 아니라 전체 지도 역할을 하는 빌딩 건물의 이미지가 필요하다. 배경 이미지를 생성할 때, "CalicoMix" 모델(체크포인트)을 사용하는 것은 캐릭터 이미지와 동일하지만, "XSArchi_113FacadeOfMangaStyle Building"이라는 건물 이미지를 생성하려면 사용하는 LoRA를 같이 사용해야 한다는 것이 다르다.

프롬프트 질문 6-22

Broadcast stations, scenery, outdoors, motor vehicle, sky, car, tree, ground vehicle, cloud, building, road, window, street, walking, day, lamppost, blue sky, city, sign, crosswalk, (masterpiece), (high quality), best quality, real, (realistic), super detailed, (full detail), (4k), 8k,

방송국, 풍경, 야외, 자동차, 하늘, 자동차, 나무, 지상 차량, 구름, 건물, 도로, 창문, 거리, 걷기, 낮, 가로등, 푸른 하늘, 도시, 표지판, 횡단보도, (고품질), (최고 품질), 실제, (사실적인), 매우 상세, (전체 세부), (4k), 8k,

배경 장소용 이미지에 비해 마음에 꼭 드는 빌딩 이미지를 찾는 것은 쉽지 않아서 1장을 선택하기 위해서 20장을 생성해야 했다.

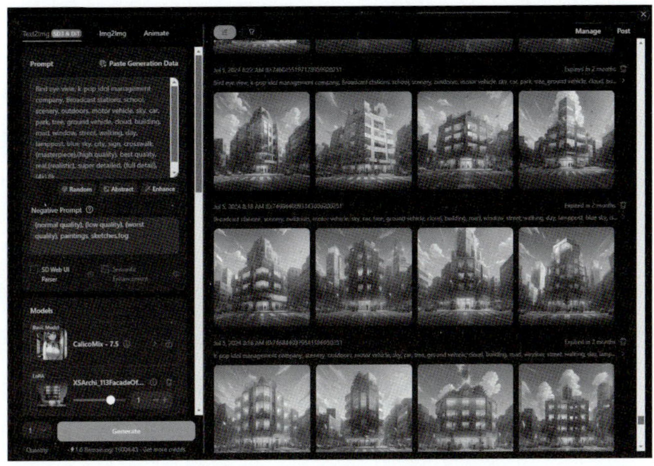

▲ 그림 6-12 빌딩 건물 이미지 생성 화면

이로써 이미지 생성형 AI를 이용해서 400장이 넘는 캐릭터 및 배경 이미지를 생성했다. 하나의 게임을 개발하려면 최소 400~500장 정도의 이미지를 생성하게 되는데, 하루에 100장 정도 이미지를 생성한다면, 약 4~5일 정도 걸려서 생성해야 한다는 의미다. 즉, Tensor.Art의 유료 구독자라면 1주일 정도면 충분하게 게임 하나에 필요한 이미지들을 생성할 수 있다.

▲ 그림 6-13 생성한 전체 이미지 파일 목록

 김프를 이용해서 게임용 이미지 가공하기

내 경우에는 iOS와 안드로이드에서 사용되는 게임용 이미지의 크기를 414×736픽셀 크기로 만들어서 사용한다. 이것은 iPhone 8+의 해상도 규격으로 최신폰뿐만 아니라 어느 정도의 구형폰에서도 적당하게 사용될 수 있는 해상도라서 계속 사용하고 있다.

이 책에서는 414×736픽셀로 통일해서 사용하지만, 여러분이 원하는 해상도로 변경해도 무방하다. 다만, 여러분들이 고해상도의 폰을 사용한다고 해도 굳이 게임용 이미지의 해상도까지 높일 필요는 없다. 여기서 사용하는 414×736픽셀 정도만 되어도 깨끗하게 보여지며, 더 높은 해상도로 저장할 경우 손실 압축 방식의 JPG 파일이라고 해도 파일 크기가 커져서 게임 파일의 전체 크기가 더 커지는 문제가 있을 수 있다(구글 플레이스토어의 앱 크기 제한은 200MB다).

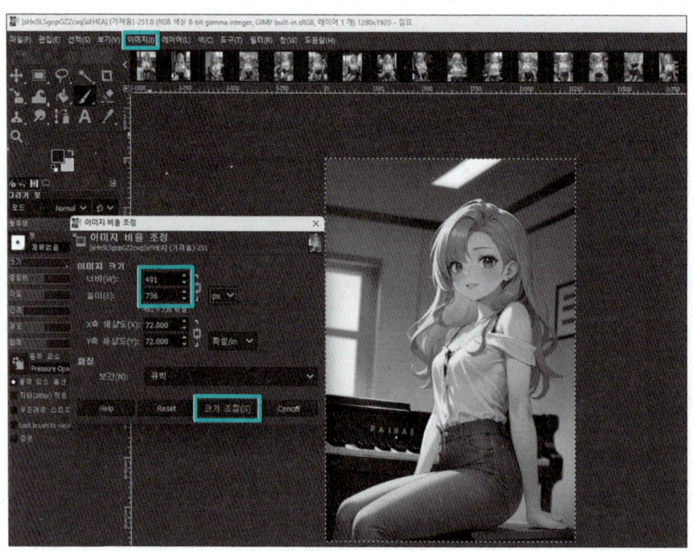

▲ **그림 6-14** 캐릭터 이미지 비율 조정 화면

[이미지] → [이미지 비율 조정] 메뉴를 선택하고, 높이를 736픽셀로 변경한다. 그러면 자동으로 너비는 491픽셀로 변경되는데, [크기 조정] 버튼을 눌러 해당 크기로 이미지를 변경한다.

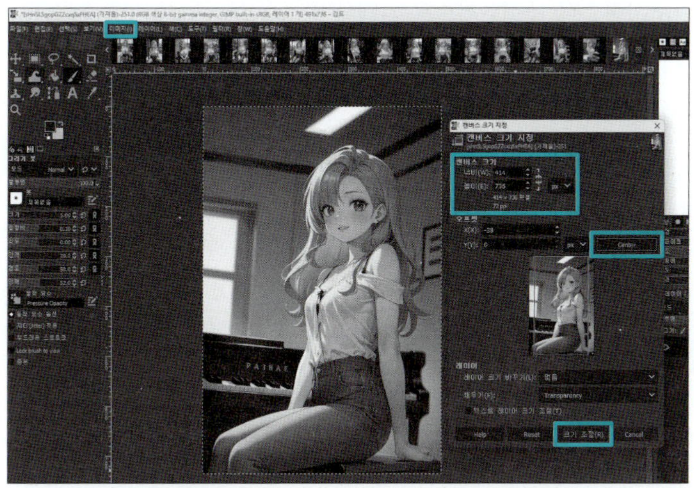

▲ 그림 6-15 캐릭터 이미지 캔버스 크기 지정 화면

[이미지] → [캔버스 크기 지정] 메뉴를 선택한 다음, 캔버스 너비를 414픽셀로 변경하고 [Center] 버튼을 눌러 가운데로 정렬한다. 미리보기 화면에서 좌우가 적당하게 잘려 나가는지 확인하고 [크기 조절] 버튼을 눌러서 이미지 크기를 414×736픽셀 크기로 완성한다.

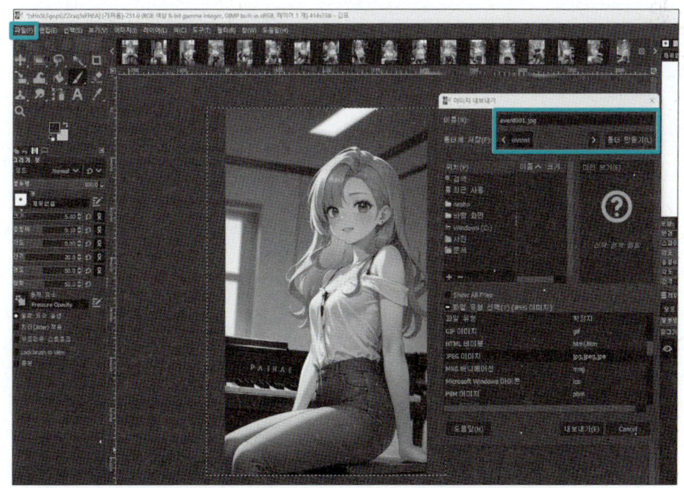

▲ 그림 6-16 캐릭터 이미지 내보내기 화면

[파일] → [이미지 내보내기] 메뉴를 선택하고 event001.jpg와 같은 형식의 파일명으로 내보내기를 한다. 게임의 전체 크기를 최적화하기 위해서, 아이콘이나 투명 배경이 있는 이미지만 PNG 파일로 저장을 하고 캐릭터나 배경 이미지는 반드시 JPG 파일로 저장해야 한다. JPG 파일로 저장하면 JPG 파일 저장 옵션이 뜨는데, 화질은 90으로 맞춰서 저장하면 된다.

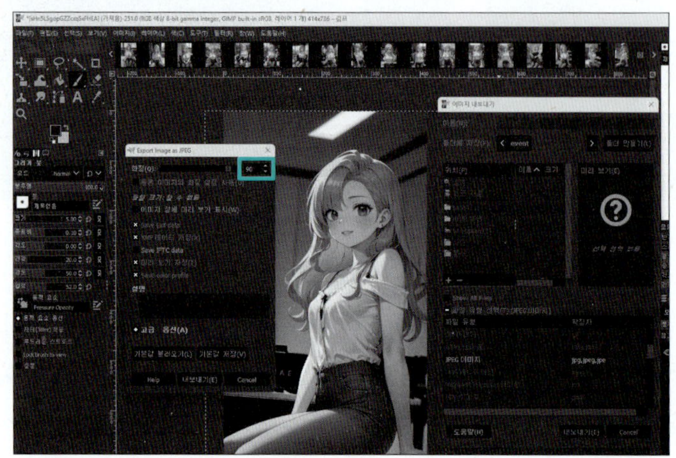

▲ **그림 6-17** JPG 파일 저장 옵션 화면

배경 이미지도 캐릭터 이미지처럼 생성된 이미지를 414×736픽셀 크기로 변경해서 JPG 파일로 저장하면 된다.

▲ 그림 6-18 배경 이미지 편집 화면

[이미지] → [이미지 비율 조정] 메뉴를 선택한 다음, 높이를 736픽셀로 변경하고 [크기 조정] 버튼을 눌러 배경 이미지 크기를 바꾼다.

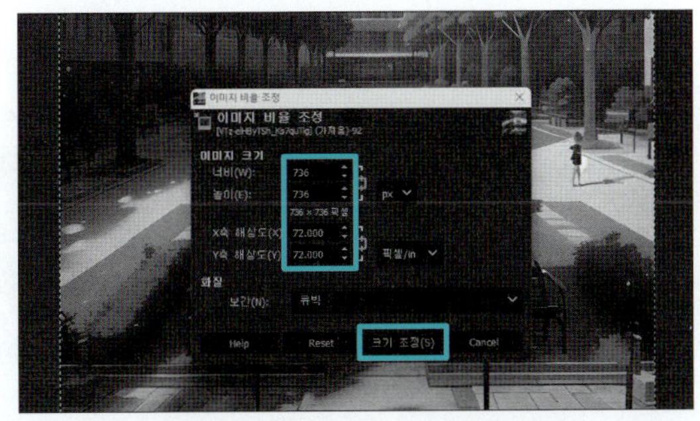

▲ 그림 6-19 배경 이미지 비율 조정 화면

[이미지] → [캔버스 크기 지정] 메뉴를 선택한 다음, 너비를 414픽셀로 변경하고 [Center] 버튼을 누른다. 생성된 캐릭터, 배경 이미지 모두 좌우를 잘라내고 가운데 부분을 사용하면 되지만, 간혹 왼쪽이나 오른쪽에 맞춰 잘라 내야 하는 경우도 있다.

미리 보기 화면에서 확인한 다음 [크기 조절] 버튼을 눌러서 게임용 크기인 414×
736픽셀의 배경 이미지로 만든다.

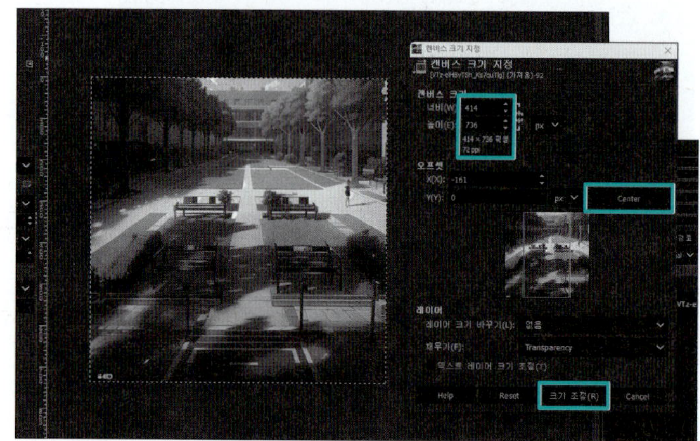

▲ 그림 6-20 배경 이미지 캔버스 크기 지정 화면

완성된 게임용 배경 이미지는 bg001.jpg와 같은 형식으로 내보내기를 한다. 배경
이미지 번호는 게임 시나리오 작업 시에 만든 배경 목록의 번호를 참고하면 된다.

▲ 그림 6-21 배경 이미지 내보내기 화면

이런 방식으로 완성된 48장의 이벤트 CG 파일과 11장의 배경 CG 파일은 게임 리
소스용 깃허브 리포지토리에서 확인할 수 있다.

- https://github.com/nashorn74/GenAIGameResource/tree/main/event

여기서는 60장 정도의 이미지만 작업하면 되지만, 앞에서 소개한 사례에서는
600~1,200장 정도의 이미지를 이런 방식으로 작업했다. 또한 운이 좋게도 큰 후처
리 작업 없이 생성된 이미지에서 괜찮은 이미지만 골라서 이미지 크기 변경 작업을
할 수 있었다. 그래서 전체 작업량이 많지 않았지만, 만일 손가락이나 팔의 오류를 수
정해야 하는 경우가 중간중간에 있다면 게임용 이미지 작업에 적지 않은 시간이 소요
되었을 것이다.

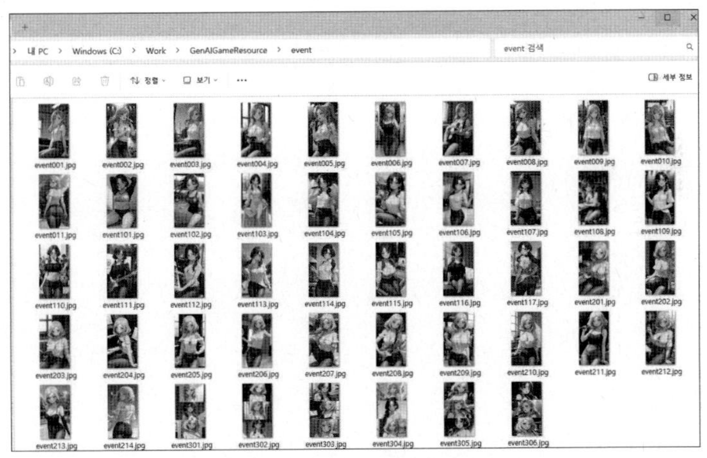

▲ **그림 6-22** 완성한 게임용 이미지 목록

게임 시나리오에 맞게 이미지 생성형 AI를 이용해서 게임용 이미지 작업을 마쳤으니,
이제 게임용 음악 작업과 게임용 스크립트 작업만 남았다. 다음에는 게임용 음악 작
업을 진행해보겠다.

6.2.6 게임용 음악 생성하기

이 게임에는 주제가 2곡과 BGM 4곡 등 총 6곡을 Udio를 이용하여 생성한다. 첫 번째 주제가는 게임 초기 화면에서 플레이되고, 두 번째 주제가는 게임 엔딩(해피엔딩/배드엔딩)에서 플레이된다. 그리고 각각의 캐릭터는 자신의 BGM을 사용해서 해당 캐릭터의 이벤트가 발생했을 때 플레이하고, 남은 하나의 BGM은 공통 이벤트에서 사용된다.

프롬프트 질문 6-23

이 게임 초기 화면에 들어가 주제가 가사를 만들어줘.

프롬프트 답변 6-23

1절: 새로운 꿈을 향해 나아가
어둠 속에서도 빛을 찾아
희망의 노래를 불러보자
우리의 이야기는 이제 시작

Pre-Chorus: 함께한 시간 속에
우리가 나눈 그 순간들
잊지 못할 추억들
마음 속 깊이 간직해

Chorus: 눈부신 무대 위에서
리의 꿈을 펼쳐가
서로의 손을 잡고
함께라면 두렵지 않아

2절: 넘어져도 다시 일어나
포기하지 않고 달려가
서로의 응원을 느끼며
끝없는 도전을 이어가

Pre-Chorus: 함께한 시간 속에
우리가 나눈 그 순간들
잊지 못할 추억들
마음 속 깊이 간직해

첫 번째 주제가를 위해 챗GPT에게 가사를 만들어 달라고 했더니, 위와 같이 1절과 2절, Chorus, Bridge, Outro를 적절하게 배치한 가사를 만들어주었다. 앞서 Udio를 이용해서 가사가 있는 음악을 만들어 보았듯이, Udio는 기본적으로 30초 단위 트랙을 생성할 수 있기 때문에 가사를 적절하게 쪼개서 30초 단위로 생성을 해야 한다. 그리고 서로 다른 30초짜리 트랙들이 자연스럽게 연결되어야 하므로 주어진 가사로 주제가를 만드는 것이 쉽지는 않다. 주제가의 길이와 자연스러운 연결 작업을 위해 2절 가사를 제외하고 완성된 주제가는 다음 사이트에서 확인할 수 있다.

- https://www.udio.com/songs/7Rwpq29K9WZBj8HZ6b6Psq

▼ **표 6-20** 생성한 게임용 BGM/주제가 목록

제목	프롬프트	음악 키워드
Dreaming Together (함께 꿈꾸기)	a song about k-pop idol. Heartbeats Idol. k-pop (케이팝 아이돌에 관한 노래. 하트비트 아이돌. 케이팝)	Female vocalist, Pop, K-pop, Contemporary r&b, Dance-pop, Electropop, Playful, Dance, Electronic, House (여성 보컬리스트, 팝, 케이팝, 컨템포러리 알앤비, 댄스 팝, 일렉트로 팝, 유쾌한, 댄스, 일렉트로닉, 하우스)
Whispered Grace (속삭이는 은혜)	Theme music for a woman who is kind, gentle and considerate to others but is also introverted and shy, j-pop, (친절하고 상냥하며 타인을 배려하지만 내성적이고 수줍음이 많은 여성을 위한 테마 음악, 제이팝)	Pop, J-pop, Pop rock, Melodic, Rock, Television music, Energetic, Uplifting, Instrumental (팝, 제이팝, 팝 록, 멜로디, 록, 텔레비전 음악, 활기찬, 경쾌한, 기악곡)
Radiant Dynamo (빛나는 발전)	Theme music of a woman who is active, energetic and always positive with strong leadership and confidence, j-pop, anime (강한 리더십과 자신감으로 활동적이고 활기차고 항상 긍정적인 여성의 테마 음악, 제이팝, 애니메이션)	J-pop, Pop, Melodic, Pop rock, Rock, Uplifting, Happy, Instrumental (제이팝, 팝, 멜로디, 팝 록, 록, 경쾌한, 행복, 기악곡)
Radiant Heart (빛나는 마음)	Theme music for a woman who is kind, bright, has a great sense of humor and easily gets along with people, j-pop, anime (친절하고 밝고 유머 감각이 뛰어나고 사람들과 쉽게 어울리는 여성을위한 테마 음악, 제이팝, 애니메이션)	J-pop, Pop, Melodic, Television music, Uplifting, Instrumental (제이팝, 팝, 멜로디, 텔레비전 음악, 경쾌한, 기악곡)
Rise and Shine (상승과 빛)	A song to increase the likeability of the characters and the journey to become the best idol as a finalist, k-pop (캐릭터의 호감도를 높이는 노래와 최고의 아이돌이 되기 위한 여정을 담은 파이널 진출곡, 케이팝)	Female vocalist, Male vocalist, Pop, K-pop, Dance-pop, Electropop, Playful, Dance, Uplifting, Electronic, Passionate (여성 보컬리스트, 남성 보컬리스트, 팝, 케이팝, 댄스 팝, 일렉트로 팝, 장난기, 댄스, 경쾌한, 일렉트로닉, 열정적인)

제목	프롬프트	음악 키워드
Serene Starlight (고요한 별빛)	Theme music for the protagonist who is calm but has a passion for K-pop idols, k-pop (차분하지만 케이팝 아이돌, 케이팝에 대한 열정을 가진 주인공을 위한 테마 음악)	Electronic, Electropop, Rhythmic, Melodic, Androgynous vocals, Uplifting, Synthpop, Bittersweet, Passionate, Optimistic, Anthemic, Triumphant, Calm, K-pop, Instrumental (일렉트로닉, 일렉트로 팝, 리드미컬, 멜로디컬, 남성 보컬, 신스팝, 신스 팝, 씁쓸한, 열정, 낙관적, 애국가, 승리, 차분한, 케이팝, 인스트루멘탈)

두 번째 주제가는 Udio에서 가사까지 자동으로 생성하도록 했는데, 영어로 부르는 k-pop 스타일의 주제가가 나름 들을만 한데다가 엔딩 장면에서 사용하기에도 적합한 노래로 만들어졌다.

- https://www.udio.com/songs/cd38EaVtFNv7LjYAcGhTxv

첫 번째 주제가를 제외한 나머지 음악들은 모두 1분 38초짜리인데, 이것은 30초짜리 트랙 3개(Intro + Section + Outro)를 연결해서 하나로 만들었다는 것을 의미한다. 경험상 이벤트가 발생하거나 평소에 플레이되는 배경 음악은 이 정도면 충분하고, 게임에서 사용하기에 파일 크기도 부담이 없다. 가사가 있는 메인 주제가의 경우에만 4~5개의 트랙을 연결해서 2~3분짜리로 만든다.

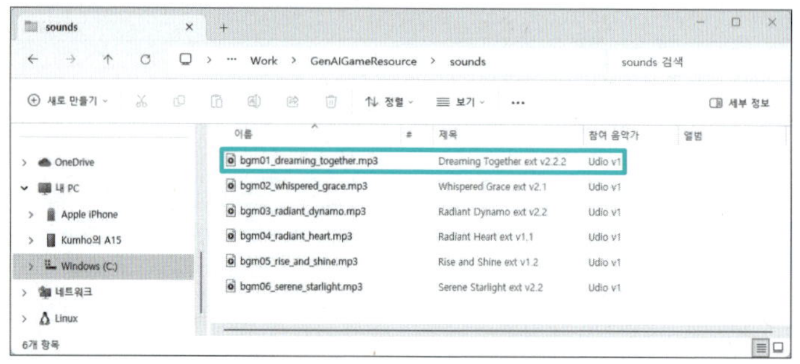

▲ **그림 6-23** 다운로드한 음악 파일 목록

Udio에서 완성된 음악을 다운로드하면, 'Dreaming Together ext v2.2.2.mp3' 와 같이 음악의 타이틀과 확장한 버전을 파일명으로 사용한다. 안드로이드에서는 mp3 파일이나 ogg 파일 같은 음악 파일을 리소스로 사용하려면, 파일명이 ID 역할을 해야 하기 때문에 적절하게 파일명을 변경해야 한다. 그래서 [그림 6-23]을 보면, 'bgm01_dreaming_together.mp3'라는 이름으로 바꾸어 준 것을 확인할 수 있다.

최소 몇백 장씩 생성해야 하는 이미지 생성형 AI나 수천 줄이 넘는 게임용 스크립트를 생성해야 하는 챗GPT에 비하면 겨우 몇 곡의 게임용 음악을 생성하는 것은 상대적으로 수월한 일이다. 이런 이유 때문에 내 경우에는 Tensor.Art와 챗GPT는 유료 구독을 해서 사용하고 있지만, Udio는 여전히 무료로 사용하고 있다. 무료로 제공되는 크레딧만으로 1~2일이면 충분히 원하는 음악을 생성할 수 있기 때문이다.

이제 남은 것은 생성형 AI를 이용해서 게임을 만들 때, 가장 손이 많이 가는 게임용 스크립트 작업이다. 생성된 이미지의 후처리도 단순 반복해야 하는 작업이지만, 게임용 스크립트 작업은 이보다도 더 단순 반복적인 작업을 해야 하는 데다가 재미까지 없어서 더 고통스럽다. 하지만 완성한 이미지와 음악과 함께 최종 완성해주는 것이 바로 이 게임용 스크립트이기 때문에 무척 중요한 일이기도 하다.

 캐릭터별 이벤트 스크립트 작업하기

앞서 챗GPT로 게임용 이벤트 스크립트를 생성한 후, 구글 스프레드시트에 정리를 해야 한다고 했다. 그래야 실제 게임에서 사용되는 이벤트 스크립트 형식으로 바꾸는 것이 수월하고 이렇게 만들어진 이벤트 스크립트는 SQLite 데이터베이스 파일에 저장되어 게임에서 사용되기 때문이다. 게임용 이벤트 스크립트는 다음과 같은 형식으로 작성해야 한다.

- col_1, col_2, col_3, col_4 등 4개의 컬럼을 사용한다.
- 첫 번째 컬럼에는 이벤트의 발생 조건을 입력한다.
- 두 번째 컬럼에는 화면에 보여질 이벤트 CG의 파일명이나 배경 CG의 파일명을 입력한다.
- 세 번째 컬럼에는 말하는 화자의 이름을 입력한다.
- 네 번째 컬럼에는 대사를 넣어준다. 이 부분은 챗GPT가 생성한 텍스트를 이름과 대사로 나누어 입력한다.

col_1	col_2	col_3	col_4
[번호:날짜:장소]	이벤트 CG/배경 CG	이름	대사

첫 번째 컬럼의 이벤트 발생 조건은 캐릭터별 이벤트 번호, 이벤트가 발생하는 날짜, 이벤트가 발생하는 장소 번호를 조합해서 만든다. 캐릭터별 이벤트 번호는 1부터 시작해서 증가하게 만들면 되는데 중복되면 안 된다. 해당 캐릭터의 이벤트가 발생했는지 여부를 이 번호를 이용해서 체크하기 때문이다. 이벤트 장소 번호는 [표 6-12]의 장소 번호를 참조해서 넣으면 된다.

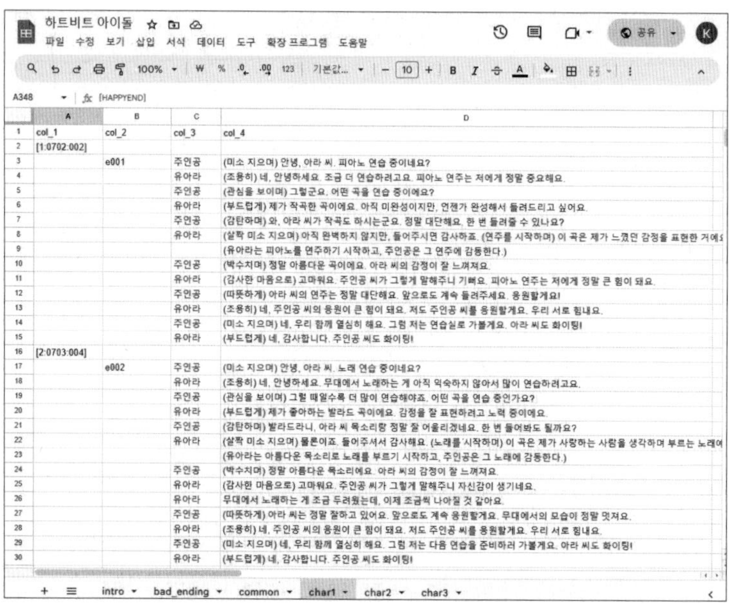

하트비트 아이돌

파일 수정 보기 삽입 서식 데이터 도구 확장 프로그램 도움말

A348   fx [HAPPYEND]

	A	B	C	D
1	col_1	col_2	col_3	col_4
2	[1:0702:002]			
3		e001	주인공	(미소 지으며) 안녕, 아라 씨. 피아노 연습 중이네요?
4			유아라	(조용히) 네, 안녕하세요. 조금 더 연습하려고요. 피아노 연주는 저에게 정말 중요해요.
5			주인공	(관심을 보이며) 그럴군요. 어떤 곡을 연습 중이에요?
6			유아라	(부드럽게) 제가 작곡한 곡이에요. 아직 미완성이지만, 언젠가 완성해서 들려드리고 싶어요.
7			주인공	(감탄하며) 와, 아라 씨가 작곡도 하시는군요. 정말 대단해요. 한 번 들려줄 수 있나요?
8			유아라	(살짝 미소 지으며) 아직 완벽하지 않지만, 들어주시면 감사하죠. (연주를 시작하며) 이 곡은 제가 느꼈던 감정을 표현한 거예요
9				(유아라는 피아노를 연주하기 시작하고, 주인공은 그 연주에 감동한다.)
10			주인공	(박수치며) 정말 아름다운 곡이에요. 아라 씨의 감정이 잘 느껴져요.
11			유아라	(감사한 마음으로) 고마워요. 주인공 씨가 그렇게 말해주니 기뻐요. 피아노 연주는 저에게 정말 큰 힘이 돼요.
12			주인공	(따뜻하게) 아라 씨의 연주는 정말 대단해요. 앞으로도 계속 들려주세요. 응원할게요!
13			유아라	(조용히) 네, 주인공 씨의 응원이 큰 힘이 돼요. 저도 주인공 씨를 응원할게요. 우리 서로 힘내요.
14			주인공	(미소 지으며) 네, 우리 함께 열심히 해요. 그럼 저는 연습실로 가볼게요. 아라 씨도 화이팅!
15			유아라	(부드럽게) 네, 감사합니다. 주인공 씨도 화이팅!
16	[2:0703:004]			
17		e002	주인공	(미소 지으며) 안녕, 아라 씨. 노래 연습 중이네요?
18			유아라	(조용히) 네, 안녕하세요. 무대에서 노래하는 게 아직 익숙하지 않아서 많이 연습하려고요.
19			주인공	(관심을 보이며) 그럴 때일수록 더 많이 연습해야죠. 어떤 곡을 연습 중인가요?
20			유아라	(부드럽게) 제가 좋아하는 발라드 곡이에요. 감정을 잘 표현하려고 노력 중이에요.
21			주인공	(감탄하며) 발라드라니, 아라 씨 목소리랑 정말 잘 어울리겠네요. 한 번 들어봐도 될까요?
22			유아라	(살짝 미소 지으며) 물론이죠. 들어주셔서 감사해요. (노래를 시작하며) 이 곡은 제가 사랑하는 사람을 생각하며 부르는 노래여
23				(유아라는 아름다운 목소리로 노래를 부르기 시작하고, 주인공은 그 노래에 감동한다.)
24			주인공	(박수치며) 정말 아름다운 목소리예요. 아라 씨의 감정이 잘 느껴져요.
25			유아라	(감사한 마음으로) 고마워요. 주인공 씨가 그렇게 말해주니 자신감이 생기네요.
26			유아라	무대에서 노래하는 게 조금 두려웠는데, 이제 조금씩 나아질 것 같아요.
27			주인공	(따뜻하게) 아라 씨는 정말 잘하고 있어요. 앞으로도 계속 응원할게요. 무대에서의 모습이 정말 멋져요.
28			유아라	(조용히) 네, 주인공 씨의 응원이 큰 힘이 돼요. 저도 주인공 씨를 응원할게요. 우리 서로 힘내요.
29			주인공	(미소 지으며) 네, 우리 함께 열심히 해요. 그럼 저는 다음 연습을 준비하러 가볼게요. 아라 씨도 화이팅!
30			유아라	(부드럽게) 네, 감사합니다. 주인공 씨도 화이팅!

intro   bad_ending   common   char1   char2   char3

▲ **그림 6-24** 게임용 이벤트 스크립트 작업 화면

게임용 이벤트 스크립트 양식으로 작성한 내용은 다음을 참고하면 된다.

- https://github.com/nashorn74/GenAIGameResource/blob/main/scripts/heartbeat_idol_V2.xlsx

이전에 만든 heartbeat_idol_V1.xlsx 파일과 비교해보면 챗GPT로 생성한 이벤트 스크립트를 어떤 식으로 변환하면 되는지를 알 수 있다. 완성된 게임용 스크립트를 이용해서 이벤트 발생 장소를 체크해보니 [표 6-21]처럼 일부 캐릭터의 이벤트가 같은 날, 다른 캐릭터들과 동일한 장소에서 발생하는 것을 발견했다. 이것은 챗GPT가 만든 실수지만, 양이 많지 않아서 중복되지 않은 다른 장소 번호로 직접 바꾸어 준다.

날짜	char1	char2	char3	날짜	char1	char2	char3
0702	002	003	006	0716	010	010 → 005	010 → 004
0703	004	008	008 → 003	0717	006	008	002
0704	006	007		0718		002	003
0706	003	002	003 → 006	0720	001	001 → 002	008
0707	002	006		0721		009	006
0708	001	010	001 → 002	0722	004	010	
0709	003	001	006	0723	010	003	009
0710	010	008	010 → 004	0724	006		002
0711	006	002	001	0725		002	006
0713	001	001 → 004	006	0727	001	006	002
0714	002	006	001	0728	002	003	001
0715	004	004 → 010		0729	004	002	003
				0730	010	008	002

이로써 게임용 이벤트 스크립트 작업이 모두 끝났다. 이제 구글 스프레드시트에서 각각의 시트를 CSV 파일로 내보낸다. 각 시트를 선택한 다음 [파일] → [다운로드] → [쉼표로 구분된 값(.csv)] 메뉴를 누르면 CSV 파일로 다운로드할 수 있다.

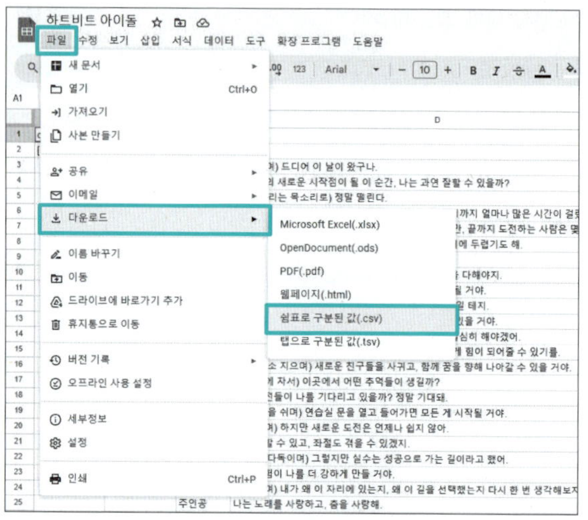

▲ 그림 6-25 게임용 이벤트 스크립트 CSV 파일 다운로드 화면

다운로드한 CSV 파일들은 다음과 같이 시트명으로 파일명을 변경한 다음 임의의 폴더에 모아 놓는다. CSV 파일 목록은 게임 리소스용 깃허브 리포지토리에서도 확인할 수 있다.

- https://github.com/nashorn74/GenAIGameResource/tree/main/csv

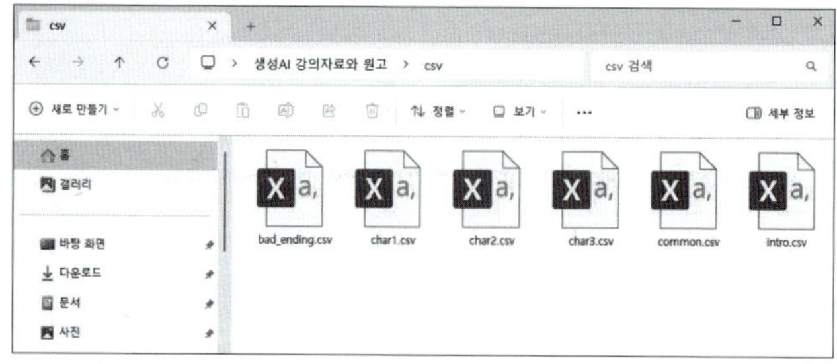

▲ 그림 6-26 다운로드한 CSV 파일 목록

 Sqlite로 게임용 데이터베이스 파일 생성하기

DB Browser for SQLite는 윈도우즈나 리눅스, 맥에서 SQLite 데이터베이스를 관리할 수 있는 무료 프로그램이다. 다음 웹사이트에 접속해서 가장 최신 버전을 다운로드해서 설치한다.

- https://sqlitebrowser.org/dl/

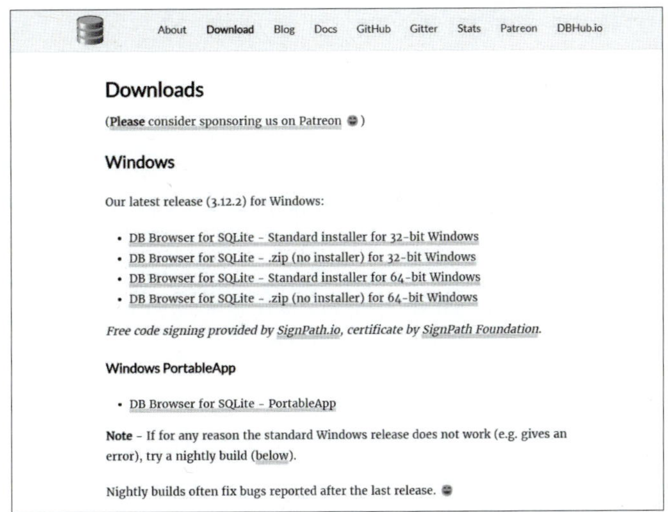

▲ **그림 6-27** DB Browser for SQLite 다운로드 페이지 화면

설치한 DB Browser for SQLite를 실행하면 다음과 같은 화면이 뜬다.

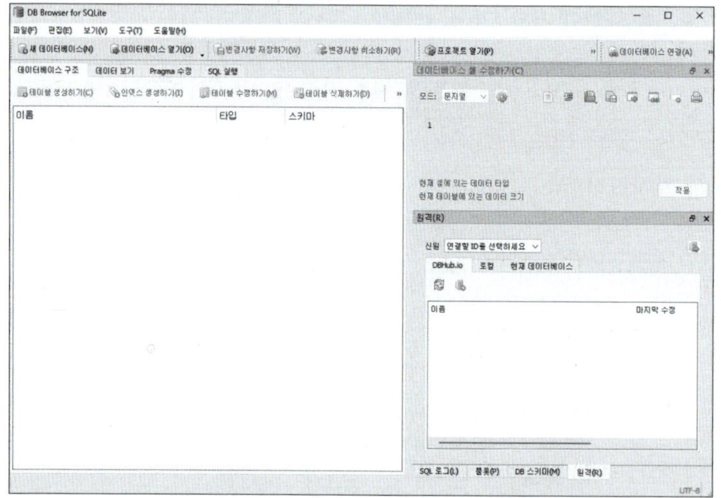

▲ 그림 6-28 DB Browser for SQLite 실행 화면

[파일] → [새 데이터베이스] 메뉴를 선택하면 다음과 같이 저장하려는 파일명을 입력하는 창이 뜬다. heartbeats_idol이라는 파일명을 입력하고 [저장] 버튼을 누른다.

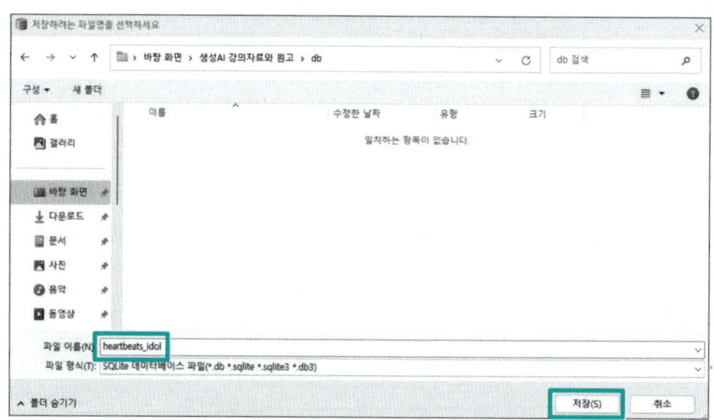

▲ 그림 6-29 새 데이터베이스 저장 화면

heartbeats_idol.db 파일을 생성한 후 파일을 열면 첫 번째 테이블을 생성하는 창이 뜬다. 여기서 만드는 SQLite 데이터베이스 파일은 안드로이드와 iOS에서 동시에 사용할 것이다. 하지만 안드로이드에서 SQLite 데이터베이스를 사용할 경우에는 반드시 android_metadata 테이블이 존재해야 한다. 그래서 테이블명에 android_metadata를 입력한 다음, 이름이 locale이고 타입이 TEXT인 필드를 하나 추가하고 [확인] 버튼을 누른다.

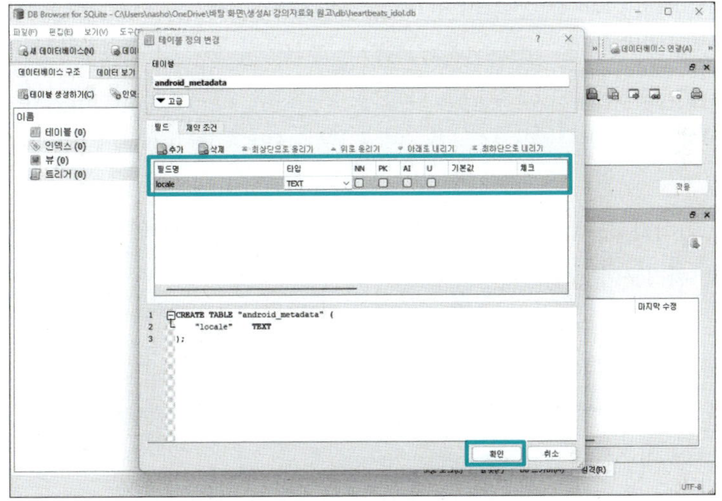

▲ **그림 6-30** 테이블 정의 변경 화면

그러면 데이터베이스 구조 탭에 'android_metadata'라는 테이블이 생성된 것을 확인할 수 있다.

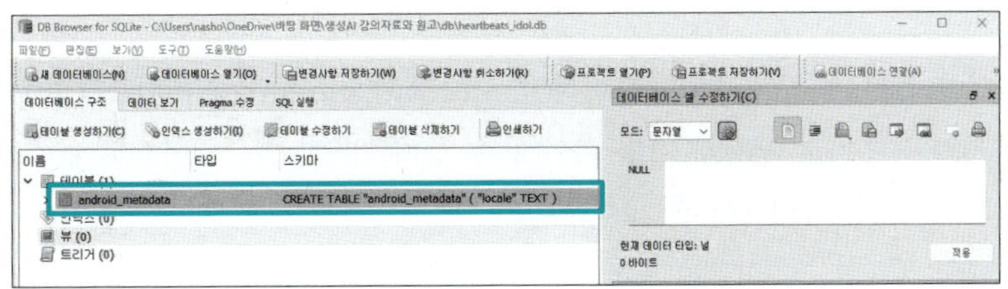

▲ **그림 6-31** 데이터베이스 구조 화면

[SQL 실행] 탭을 누른 후 아래의 쿼리문을 입력하고 실행한다. 이 쿼리문은 앞서 만든 android_metadata 테이블에 en_US라는 값을 입력하는 쿼리문과 게임용 이벤트 스크립트 테이블 6개를 생성하는 쿼리문이다. 테이블 이름은 게임용 이벤트 스크립트의 시트명(CSV 파일명)과 동일해야 한다.

```
01  insert into android_metadata(locale) values('en_US');
02
03  create table intro(col_1 TEXT, col_2 TEXT, col_3 TEXT, col_4 TEXT);
04  create table bad_ending(col_1 TEXT, col_2 TEXT, col_3 TEXT, col_4 TEXT);
05  create table common(col_1 TEXT, col_2 TEXT, col_3 TEXT, col_4 TEXT);
06  create table char1(col_1 TEXT, col_2 TEXT, col_3 TEXT, col_4 TEXT);
07  create table char2(col_1 TEXT, col_2 TEXT, col_3 TEXT, col_4 TEXT);
08  create table char3(col_1 TEXT, col_2 TEXT, col_3 TEXT, col_4 TEXT);
```

쿼리문을 입력하고, 탭 바에 있는 [전체 또는 선택한 SQL 실행] 아이콘을 클릭하면 해당 SQL 쿼리문이 실행된다.

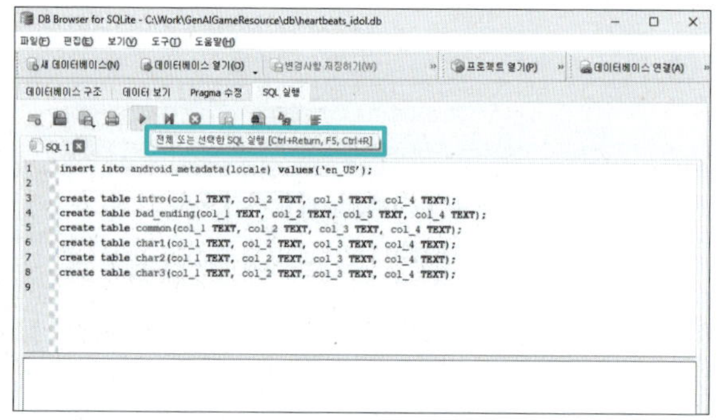

▲ **그림 6-32** 데이터베이스 SQL 쿼리 실행

다시 [데이터베이스 구조] 탭을 클릭하면, android_metadata 테이블뿐만 아니라, 테이블 6개가 추가로 생성된 것을 확인할 수 있다. 방금 만든 테이블 6개는 col_1, col_2, col_3, col_4의 컬럼을 가지고 있다.

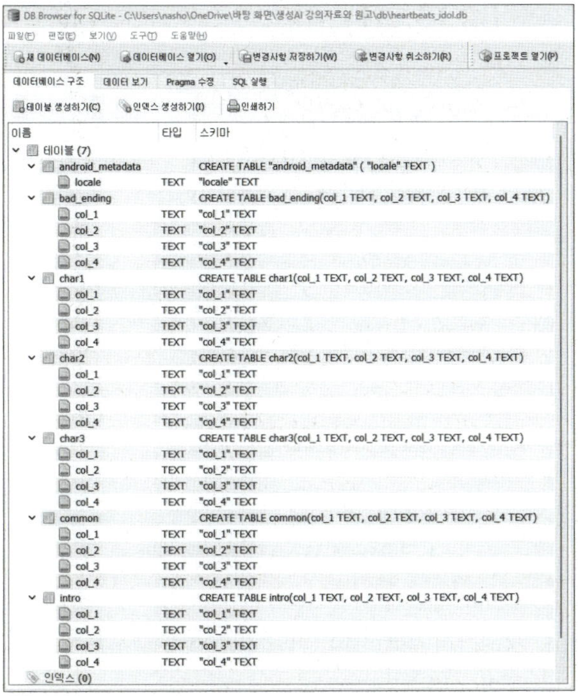

▲ 그림 6-33 데이터베이스 구조 화면

SQLite 데이터베이스 파일이 준비되었으니, 앞서 만든 6개의 게임용 이벤트 스크립트 CSV 파일들을 데이터베이스로 가져와야 한다. [파일] → [가져오기] → [CSV 파일에서 테이블 가져오기] 메뉴를 클릭한다.

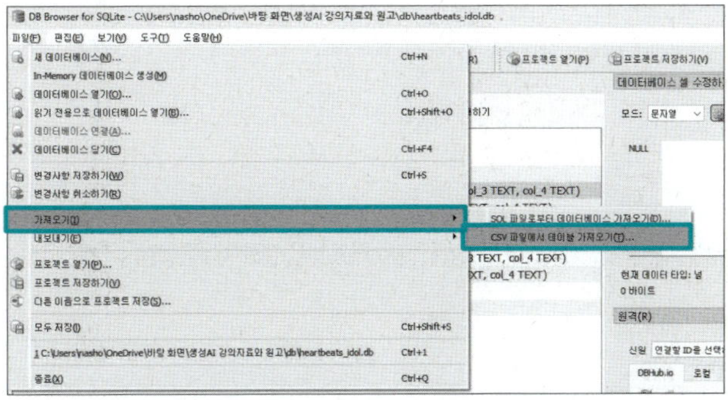

▲ 그림 6-34 CSV 파일에서 테이블 가져오기 메뉴

그 다음 CSV 파일들이 저장된 폴더로 이동해서 CSV 파일을 하나씩 선택하고 [열기] 버튼을 누른다.

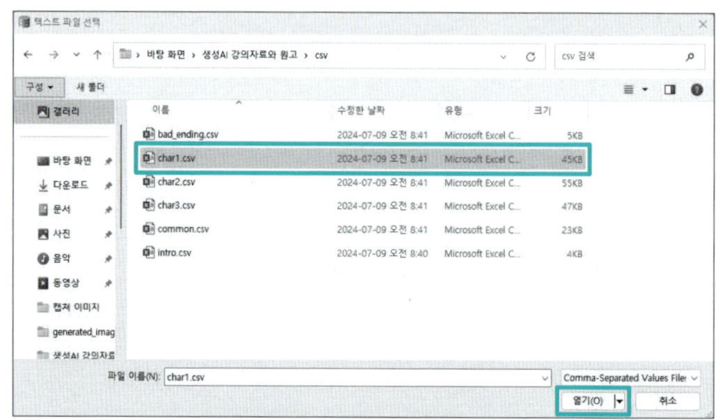

▲ **그림 6-35** 텍스트 파일 선택 화면

char1.csv 파일을 선택하면 CSV 파일 가져오기 창에 테이블 이름이 char1으로 들어 있고, 일부 데이터가 어떻게 테이블에 저장될지 보여 준다. 구글 스프레드시트에서 게임용 이벤트 스크립트 작업을 할 때, 첫 번째 행에 필드명을 입력했기 때문에, "첫 행에 필드명 포함" 항목을 반드시 체크해줘야 한다. 나머지 항목들은 기본값으로 선택된 상태 그대로 두고 [확인] 버튼을 누른다.

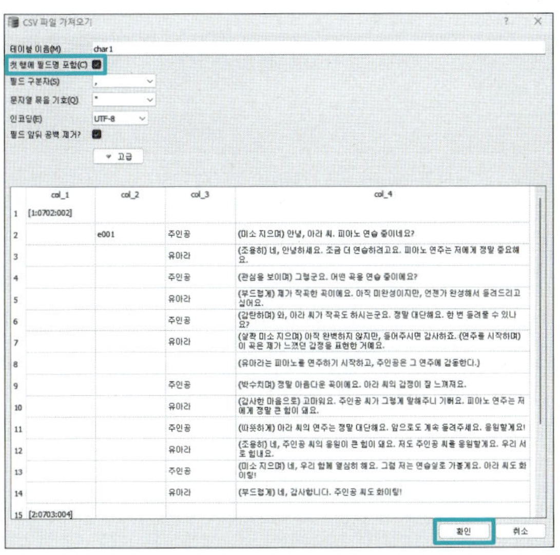

▲ 그림 6-36 CSV 파일 가져오기 화면

이미 SQL 쿼리문으로 char1이라는 테이블을 생성했기 때문에, 테이블이 이미 존재한다는 창이 뜬다. 여기서 [모두 예(A)] 버튼을 클릭하면 CSV 파일에 저장되어 있는 모든 게임용 이벤트 스크립트가 char1 테이블에 저장된다.

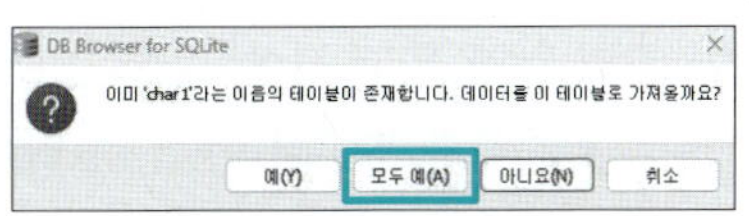

▲ 그림 6-37 테이블 존재 확인 창

[데이터 보기] 탭을 누르고 char1 테이블을 선택하면, CSV 파일에서 가져온 게임용 이벤트 스크립트 데이터가 정상적으로 저장된 것을 확인할 수 있다. 구글 스프레드시트에서 내용 없이 비어 있던 부분은 NULL로 표시된다. 이런 식으로 남은 5개의 CSV 파일도 해당되는 테이블에 가져오기를 하고, 제대로 가져왔는지 확인하면 모든 작업이 끝난다.

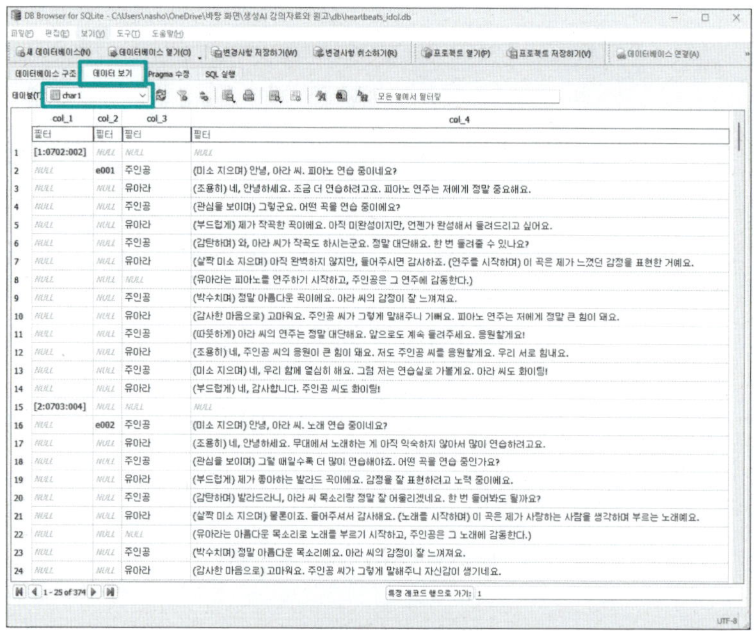

▲ 그림 6-38 데이터 보기 화면

모든 테이블의 가져오기 작업이 끝나면, [파일] → [변경사항 저장하기] 메뉴를 선택해서 작업한 내용을 저장하고 프로그램을 종료한다. 이제 모든 게임용 이벤트 스크립트는 heartbeats_idol.db 파일 안에 모두 저장되었다. 이제 안드로이드나 아이폰용 게임에서는 이 데이터베이스 파일을 사용해서 이벤트 스크립트를 실행하게 될 것이다.

▲ 그림 6-39 SQLite 데이터베이스 파일

완성된 SQLite 데이터베이스 파일은 게임 리소스용 깃허브 리포지토리에서 다운로
드할 수 있다.

* https://github.com/nashorn74/GenAIGameResource/tree/main/db

MUSIC
PHOTOS
생성형
AI를
활용한
게임 개발

게임 프로젝트 프로그래밍하기

우리가 만들 게임에서 사용할 게임용 시나리오 스크립트, 캐릭터와 배경 이미지 및 BGM과 주제가까지 모두 준비되었으니, 하나의 게임으로 만들 준비가 끝났다. 여기서는 직접 게임 프로그램을 만드는 것이 아니라, 예제 샘플을 이용해서 손쉽게 게임을 만드는 방법을 알아볼 것이다. 그러므로 이를 바탕으로 여러분이 원하는 기능을 가진 게임으로 확장할 수도 있다.

7.1 게임 프로그래밍하기

본격적인 프로그래밍에 앞서 어떤 종류의 게임을 만들지를 미리 정해야 한다. 여기서 주로 스마트폰에서 실행하는 모바일 게임을 만들 예정이므로 모바일 게임 제작에 필요한 특징과 개발 방법부터 이해하자.

7.1.1 모바일 게임에 대한 이해

일반적으로 모바일 게임 개발이라고 하면, 2D 게임이든 3D 게임이든 상관없이 대부분 유니티Unity(C# 언어)와 언리얼Unreal(C++ 언어)과 같은 게임 엔진을 이용해서 개발하게 된다. 그렇지만 이 책에서 다루는 게임은 2D 연애 시뮬레이션 게임이므로 굳이 무거운 게임 엔진을 사용할 필요가 없다. 그래서 일반적인 안드로이드(자바 언어) 앱이나 iOS(스위프트 언어) 앱으로 만들었다. 이러한 방식의 장점은 게임 엔진이 가진 제약에 종속되지 않고 다양한 형태의 플랫폼으로 확장이 가능하다는 것이다. 여기서는 안드로이드나 iOS와 같은 모바일 게임으로만 만들지만, 필요하다면 웹 게임이나 PC용 게임, 콘솔 게임 등으로 손쉽게 만들 수도 있다는 뜻이다.

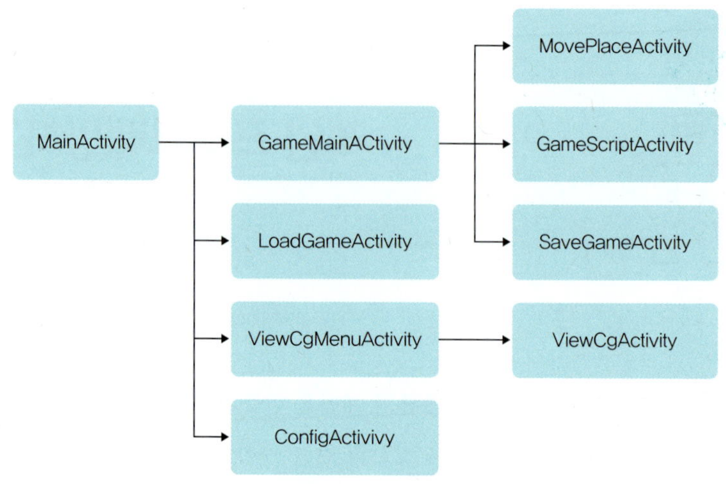

▲ **그림 7-1** 안드로이드용 게임 프로그램 구조

모바일 앱에서는 효율적인 메모리 관리를 위해서 화면 단위로 컴포넌트를 만들어서
사용해야 하는데, 안드로이드에서는 액티비티Activity라고 부르고 iOS에는 뷰 컨트롤
러ViewController라고 부른다. 액티비티는 클래스 파일과 레이아웃 파일로 구성되는데,
클래스 파일은 코틀린Kotlin이나 자바Java로 구현되며 레이아웃 파일은 XML 형식으로
작성된다.

안드로이드용 게임 프로그램은 9개의 액티비티로 구성되어 있으며, 게임을 실행할
때 MainActivity가 가장 먼저 실행된다. MainActivity의 역할은 게임 초기 화면을
화면에 보여주고 새로운 게임을 시작하거나 이전에 저장한 게임을 불러올 수 있게 해
준다. 게임을 플레이할 때 해당하는 이벤트 CG가 있을 경우에는 [이벤트 CG 보기]
메뉴로 다시 볼 수 있고, [환경 설정] 메뉴를 이용해서 BGM이나 효과음을 On/Off
할 수 있다.

액티비티 명 (클래스 파일)	레이아웃 파일	용도	사용하는 게임 리소스
MainActivity	acrtivity_main.xml	게임 메뉴 화면	주제가
GameMainActivity	activity_game_main.xml	게임 기본 화면	배경 이미지, BGM
GameScriptActivity	activity_game_script.xml	게임 스크립트 실행 화면	스크립트, 캐릭터/ 배경 이미지, BGM
MoveActivity	activity_move.xml	장소 이동 화면	
SaveGameActivity	activity_save_game.xml	게임 저장 화면	
LoadGameActivity	activity_load_game.xml	게임 불러오기 화면	
ViewCgMenuActivity	activity_view_cg_menu.xml	이벤트 CG 메뉴 화면	
ViewCgActivity	activity_view_cg.xml	이벤트 CG 보기 화면	캐릭터 이미지, BGM
ConfigActivity	activity_config.xml	환경 설정 화면	

생성형 AI를 사용해서 만든 게임 리소스를 직접적으로 사용하는 액티비티들은 MainActivity, GameMainActivity, GameScriptActivity, ViewCgActivity 정도다. 나머지 액티비티들은 별다른 수정 없이 사용할 수 있다. 만일, 제공되는 예제보다 좀더 다양한 기능을 게임에 넣고 싶다면 게임 기본 화면을 처리하는 GameMainActivity와 게임 스크립트를 실행하는 GameScriptActivity만 수정하면 된다.

7.1.2 안드로이드 스튜디오 설치 및 실행하기

안드로이드 앱을 개발하기 위해 사용되는 안드로이드 스튜디오Android Studio와 iOS 앱을 개발하기 위해 사용되는 XCode는 무료로 제공된다. 윈도우즈/맥 모두에서 실행되는 안드로이드 스튜디오로 개발할 수 있는 안드로이드 앱과 달리, iOS 앱 개발은 반드시 MacOS에서 실행되는 XCode로만 개발할 수 있는 것이 다르다. 이 책에서 사용할 안드로이드 스튜디오는 안드로이드 개발자 사이트에 접속해서 최신 버전을 다운로드해서 설치하면 된다.

- https://developer.android.com/studio?hl=ko

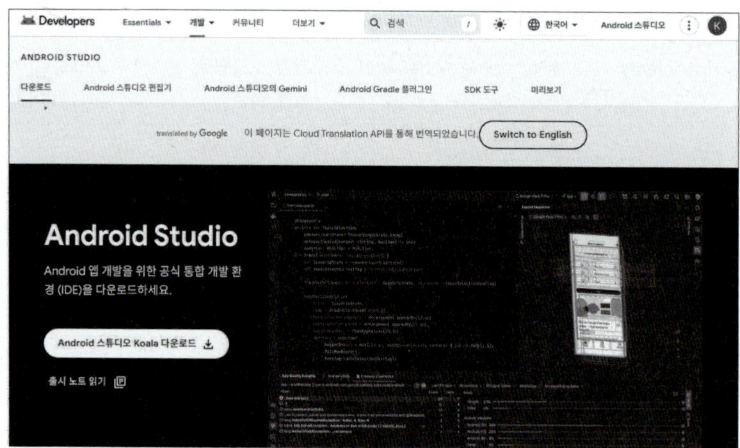

▲ 그림 7-2 안드로이드 스튜디오 다운로드 페이지

1GB가 조금 넘는 안드로이드 스튜디오 설치 파일의 다운로드가 완료되면, 더블 클릭해서 설치를 시작하면 된다.

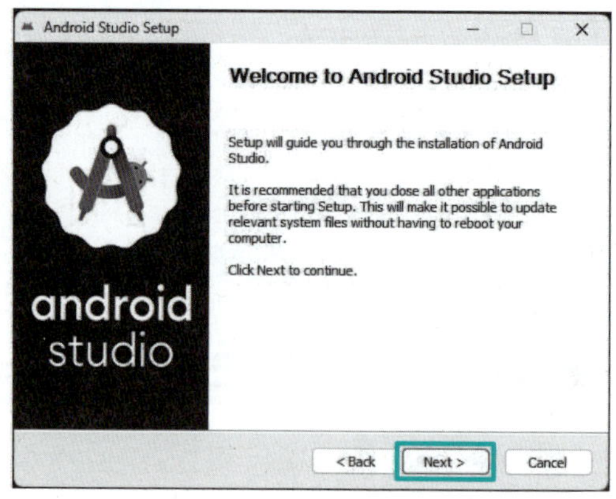

▲ 그림 7-3 안드로이드 스튜디오 설치 화면

안드로이드 스튜디오 기본 설치가 끝나면 "Android Studio Setup Wizard" 화면이 뜬다. 이 화면이 뜨면 설치가 끝났다고 오해할 수 있는데, 아직 설치 과정이 끝난 것이 아니고 안드로이드 스튜디오의 개발 환경 설정 작업을 진행해야 비로소 전체 설치 과정이 끝나게 된다.

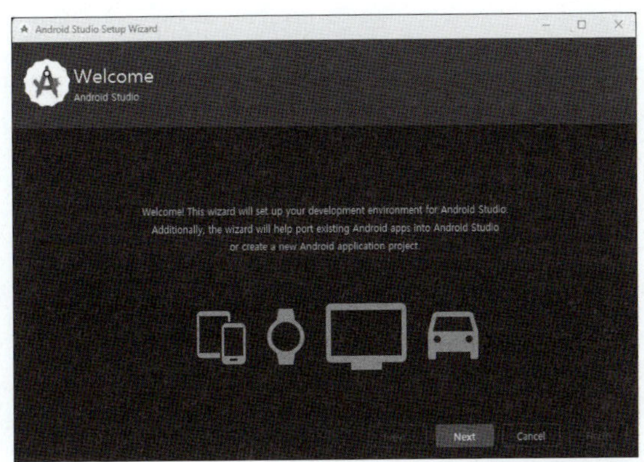

▲ 그림 7-4 안드로이드 스튜디오 설치 위자드 화면

모든 설치 과정이 끝나면 "Welcome to Android Studio" 화면이 뜨고, 'New Project' 'Open' 'Get from VCS' 중에서 하나를 선택해서 안드로이드 앱을 개발할 수 있게 된다.

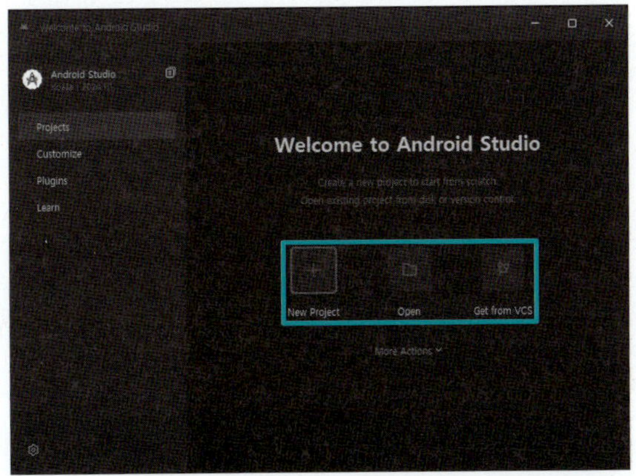

▲ 그림 7-5 Welcome to Android Studio 화면

‘New Project’를 누르면 다음 그림과 같이 다양한 스타일의 안드로이드 앱 프로젝트를 만들 수 있다. ‘No Activity’를 제외한 나머지 프로젝트 템플릿은 코틀린을 무조건 기본으로 사용하게 되고, ‘No Activity’를 선택해서 프로젝트를 생성하면 자바를 사용할 것인지 코틀린을 사용할 것인지를 선택할 수 있다.

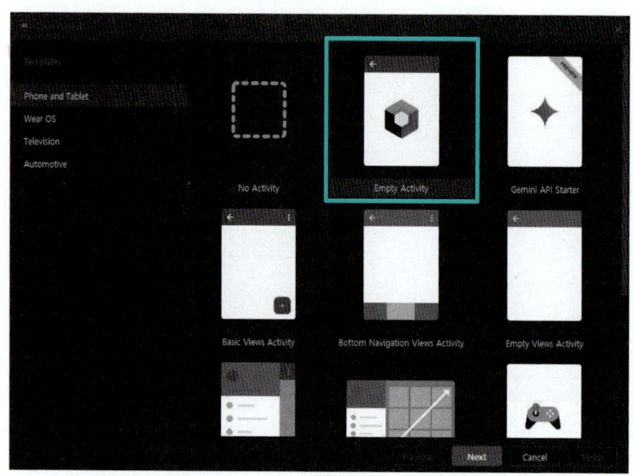

▲ 그림 7-6 New Project 화면

‘Open’을 누르면 기존에 생성해놓은 안드로이드 앱 프로젝트를 불러올 수 있다. 우리는 이미 완성된 샘플 예제를 가져와서 수정해서 사용할 것이므로, ‘New Project’나 ‘Open’이 아닌 ‘Get from VCS’를 눌러서 깃허브에 저장되어 있는 게임 프로젝트 소스를 가져와야 한다. VCS는 Version Control System의 머리글자로 깃이나 SVN과 같이 소스코드의 버전 관리를 하는 도구를 의미한다. 깃허브, 깃랩GitLab이나 비트버킷Bitbucket 등은 깃을 이용하여 소스코드를 관리하고 있다.

7.1.3 기본 프로그램 예제 불러오기

깃허브에 이미 등록되어 있는 안드로이드용 게임 예제는 ZIP으로 압축된 파일로, 다운로드할 수도 있고, 안드로이드 스튜디오에서 깃을 사용해서 자신의 컴퓨터에 예제 소스를 복사할 수도 있다.

- https://github.com/nashorn74/GenAIAndroidGameExam

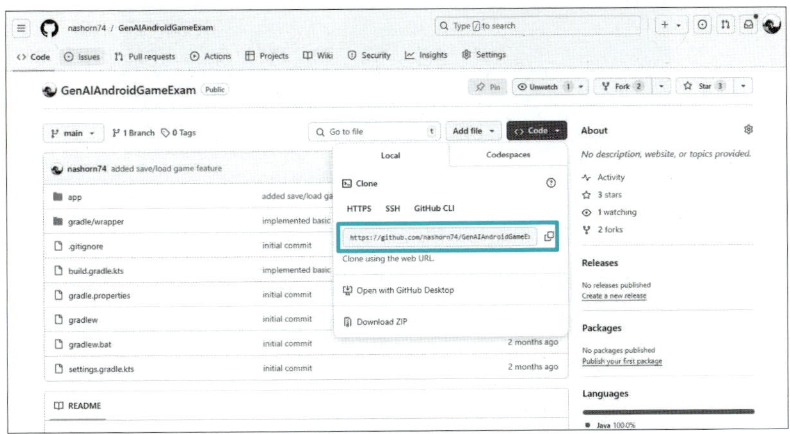

▲ **그림 7-7** 안드로이드 예제 소스 깃허브 리포지토리 화면

깃허브 페이지의 초록색 [Code] 버튼을 클릭하면 [그림 7-7]처럼 팝업이 뜬다. [Local] 탭의 'Clone' 항목에서 HTTPS를 선택하고 오른쪽의 [복사] 버튼을 누르면 [그림 7-7]과 같은 URL이 복사된다. 이것을 "Get from VCS" 화면의 URL에 붙여넣기를 한 다음 [Clone] 버튼을 눌러서 복사를 해온다.

만일 컴퓨터에 깃이 설치되어 있지 않으면 깃을 설치하라는 문구가 먼저 뜨는데, 반드시 깃을 설치해야 소스코드를 복사할 수 있게 된다.

- https://github.com/nashorn74/GenAIAndroidGameExam.git

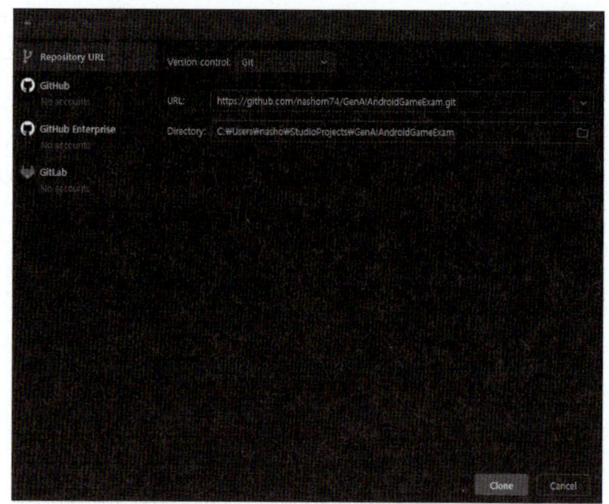

▲ **그림 7-8** Get from VCS 화면

깃허브에서 소스코드를 가져오면, 안드로이드 스튜디오에서 복사한 소스코드를 빌드하는 과정을 자동으로 진행하게 된다. 문제 없이 빌드가 끝나면 왼쪽의 Project 창에 'Android' 항목이 선택되면서 안드로이드용 게임 소스 구조를 트리 형식으로 조회할 수 있게 된다.

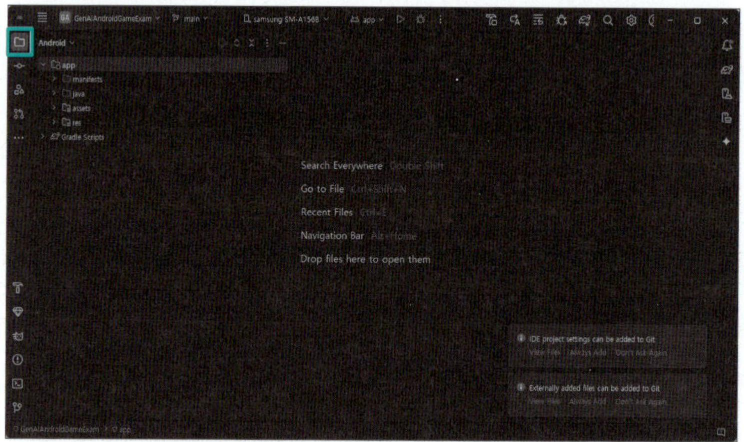

▲ **그림 7-9** 안드로이드용 예제 소스코드를 불러온 화면

Project 창에서 [app] → [java] → [com.omworldgame.genaiandroid
gameexam]을 클릭하면 액티비티 클래스와 공통 클래스 목록을 확인할 수 있고,
[Gradle Scripts-build.grade.kts(Module:app)]을 클릭하면 게임 프로젝트의
빌드 파일을 열수 있다.

여기서 자바 패키지명이 com.omworldgame.genaiandroidgameexam이고,
빌드 파일 안에 namespace와 applicationId 값 역시 com.omworldgame.
genaiandroidgameexam이라는 것을 확인할 수 있다.

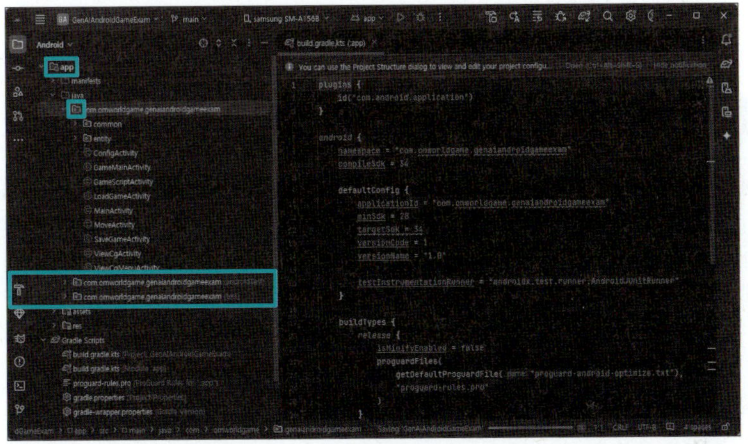

▲ **그림 7-10** build.gradle.kts 파일 내용 화면

이것을 안드로이드에서는 '패키지 네임Package name'이라 부르고, iOS에서는 '번들 아
이디Bundle Identifier'라고 부른다. 이는 구글 플레이스토어, 원스토어와 애플 앱스토어
와 같은 플랫폼에서 앱을 배포할 때 고유한 ID 값으로 사용되기 때문에 반드시 중복
되지 않도록 정의해야 한다. 즉, com.omworldgame.genaiandroidgameexam
이라는 패키지 이름은 이 게임 프로그램의 고유한 ID 값이기 때문에, 여러분이 이 소
스코드를 바탕으로 여러분의 게임을 만들어 배포하려면 반드시 이것부터 변경해야
한다는 의미다.

먼저 고유한 패키지 네임(또는 번들 아이디)을 정하는 방법부터 살펴 보자. 전 세계 누구든 패키지 네임(또는 번들 아이디)을 지정할 수 있기 때문에 중복될 확률이 낮은 이름으로 정하는 것은 생각보다 쉽지 않다. 그래서 '역방향 도메인 이름 표기법'을 이용해서 고유한 이름을 만드는 것을 권장한다.

현재 여러분이 사용하고 있는 도메인 이름이 있다면 그것을 사용할 수 있고(전 세계에서 해당 도메인을 사용하는 사람이 한 사람임을 의미한다), 별도로 사용하고 있는 도메인 이름이 없다고 하더라도 임의로 자신의 도메인 이름을 만들어 사용하게 되면 중복될 확률이 낮아질 수 있다. 패키지 네임은 반드시 소문자와 밑줄(_)만을 사용해야 한다.

내 경우에는 nashorn.org라는 임의의 도메인 이름을 이용해서 고유한 패키지 네임(또는 번들 아이디)을 만들어보겠다. 먼저 nashorn.org라는 도메인 이름을 역방향으로 표기하면 org.nashorn이 된다. 여기에 임의의 게임 이름인 game_name을 붙여주면, org.nashorn.game_name이라는 패키지 네임(또는 번들 아이디)이 완성된다.

이렇게 완성된 고유한 이름은 안드로이드용 게임 프로젝트뿐만 아니라 아이폰용 게임 프로젝트에서 동일하게 사용할 수 있다. 새로운 패키지 네임이 정해졌으니, 깃허브에서 복사한 게임 프로젝트의 기존 패키지 네임을 새로운 패키지 네임으로 변경한다.

이후에 완성하는 게임을 원스토어를 비롯한 앱스토어에 등록하려면 반드시 이 작업이 선행되어야 한다. com.omworldgame.genaiandroidgameexam이라는 패키지 네임으로 만들어진 게임이 이미 앱스토어에 등록되어 있고, 동일한 패키지 네임을 사용하는 다른 게임은 등록될 수 없기 때문이다. org.nashorn.game_name이라는 패키지 네임은 어디까지나 한 가지 예시일 뿐이므로, 여러분은 반드시 여러분에게 맞는 고유한 패키지 네임을 정해야 한다.

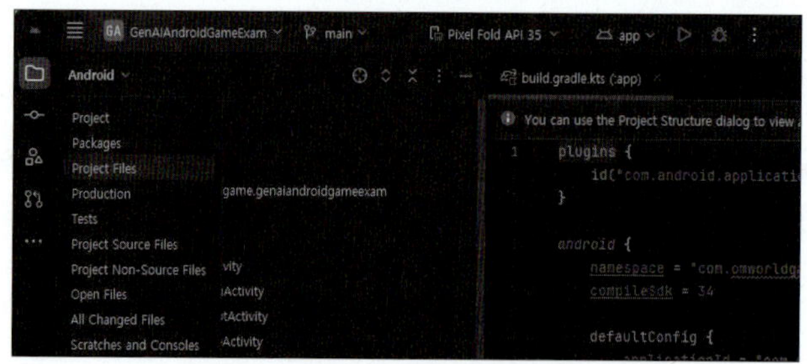

▲ 그림 7-11 Project 창 모드 변경

현재 Android 모드로 선택되어 있는 'Project' 창을 'Project Files' 모드로 변경
해준다. com.omworldgame.genaiandroidgameexam이라고 표시되는 패키
지 네임이 하나의 문자열이 아니라 com\comworldgame\genaiandroidgame
exam이라는 구조의 폴더로 구성되어 있어서 한 번에 변경할 수 없기 때문이다.
Project Files 모드로 변경하면 해당 폴더들의 이름을 개별적으로 변경할 수 있다.

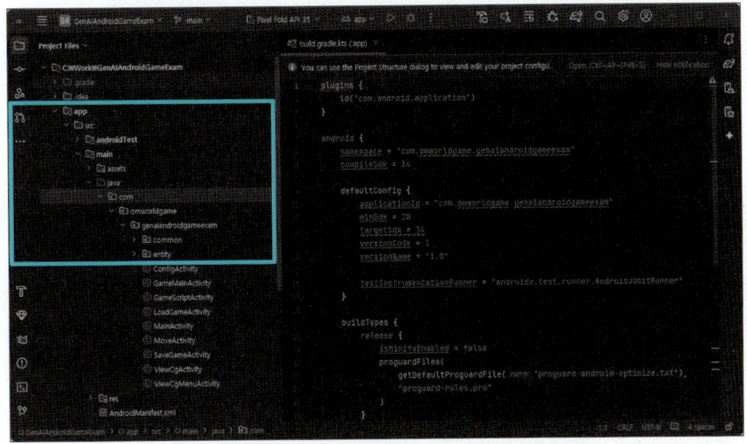

▲ **그림 7-12** 패키지 네임 폴더 화면

'Project files' 모드의 Project 창에서 [app] → [src] → [main] → [java]를 클
릭하면 com\omworldgame\genaiandroidgameexam의 폴더 구조를 확인할
수 있다. 먼저 com 폴더를 마우스로 클릭하고 오른쪽 버튼을 눌러서 메뉴를 띄운 다
음, [Refactor] → [Rename] 메뉴를 선택한다.

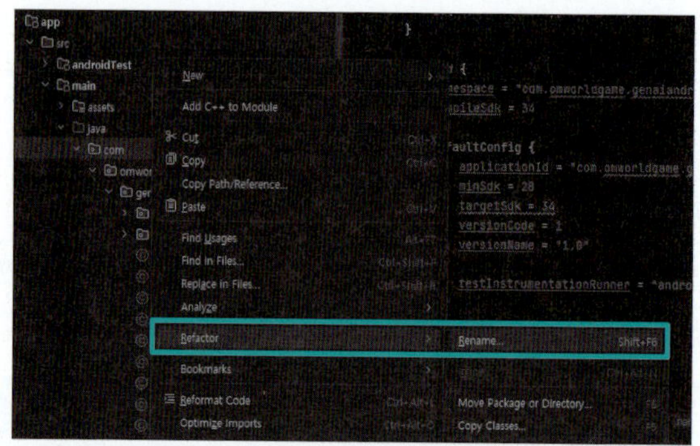

▲ 그림 7-13 com 폴더 이름을 변경하기 위한 메뉴 선택 화면

연관된 다수의 폴더가 있기 때문에 [그림 7-14]와 같은 확인 창이 뜨는데, 여기서 [All Directories] 버튼을 눌러준다.

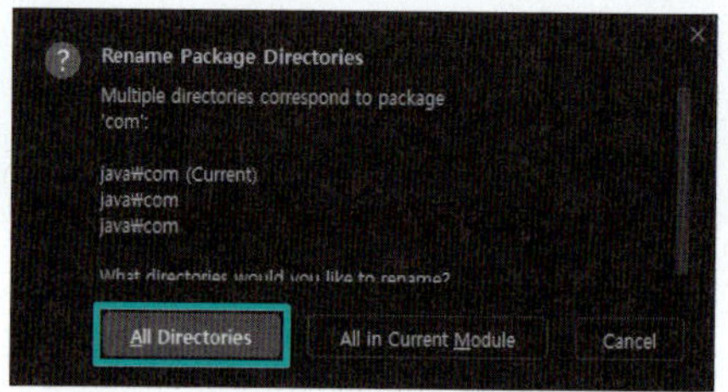

▲ 그림 7-14 패키지 폴더명이 변경되었는지 확인하는 팝업 화면

그러면 com이라는 폴더명을 변경할 수 있는 이름 변경 창이 나오는데, 앞에서 정한대로 com 대신 org라고 입력한다. 그러면 [Refactor] 버튼이 활성화되고, [Refactor] 버튼을 누르면 변경 작업이 진행된 다음 com 폴더가 org 폴더로 바뀐 것을 볼 수 있다.

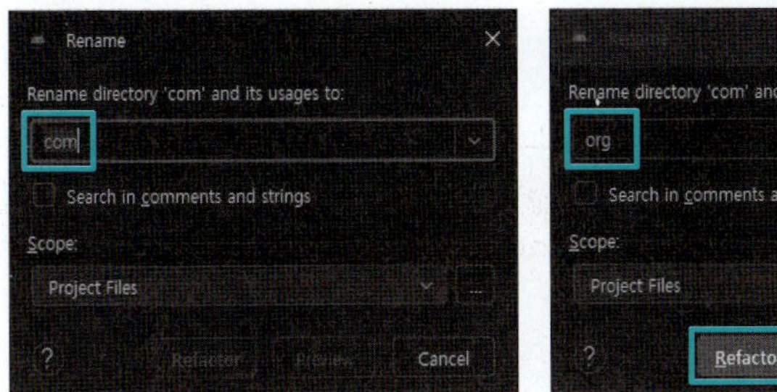

▲ 그림 7-15 패키지 폴더명 변경 팝업 화면

같은 방식으로 omworldgame 폴더를 nashorn 폴더로, genaiandroidgame exam 폴더를 game_name 폴더로 변경해주면 [그림 7-16]처럼 org\nashorn\game_name 패키지 폴더 구조로 변경된 것을 확인할 수 있다.

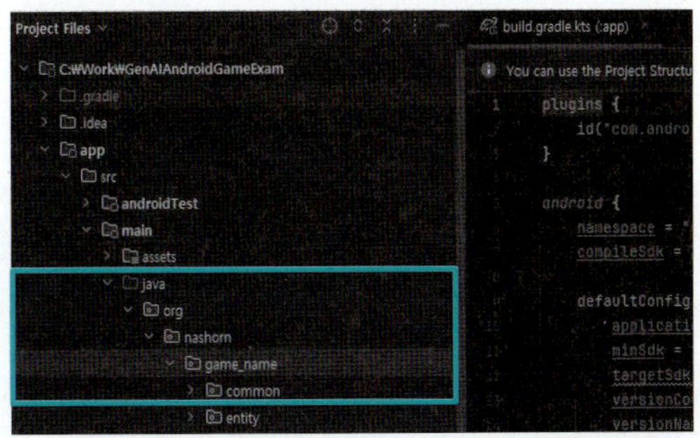

▲ 그림 7-16 변경된 패키지 폴더 구조 화면

Project 창을 Project files 모드에서 다시 Android 모드로 바꿔 주면, 패키지 네임이 org.nashorn.game_name으로 변경되었음을 알 수 있다. build.gradle.kts(Module:app) 파일을 열고, com.omworldgame.genaiandroid gameexam으로 여전히 되어 있는 namespace와 appicationId 항목의 값을 org.nashorn.game_name으로 변경해준다(다른 항목은 건드리지 않도록 주의해야 한다). 빌드 파일의 내용이 변경되었기 때문에, "Sync Now"라는 문구가 빌드 파일 내용 창의 상단에 뜨는데, 이것을 눌러주어 게임 프로젝트를 다시 빌드해준다.

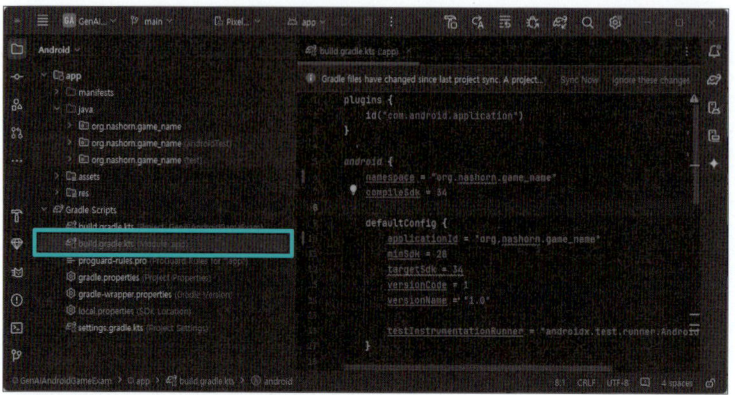

▲ **그림 7-17** 빌드 파일 수정 화면

이제 전체 프로젝트 파일 중에 기존 패키지 네임이 여전히 사용되는 부분이 있는지 확인하기 위해, 안드로이드 스튜디오의 메인 메뉴에서 [Edit] → [Find] → [Replace in Files] 메뉴를 선택한다.

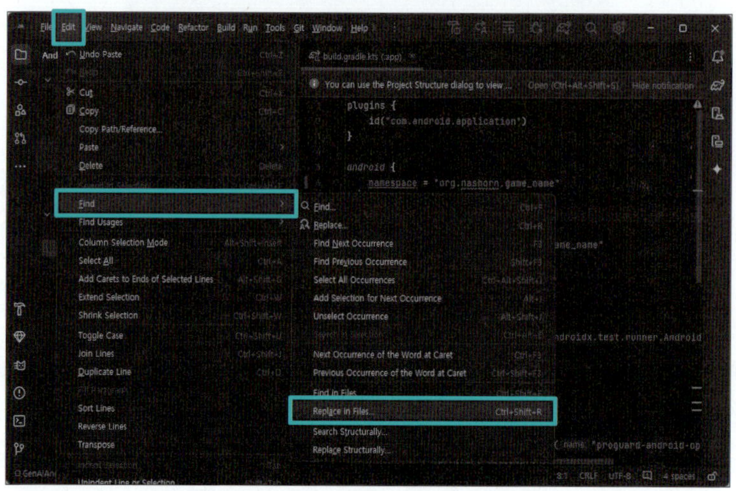

▲ **그림 7-18** Replace in Files 메뉴 선택 화면

첫 번째 검색 항목에 기존 패키지 네임인 com.omworldgame.genaiandroid gameexam을 입력하고, 두 번째 변경 항목에 새로 만든 패키지 네임인 org. nashorn.game_name을 입력하면 다음과 같이 기존 패키지 네임을 사용하는 곳의 목록이 뜬다. 하단의 [Replace All] 버튼을 눌러 준다.

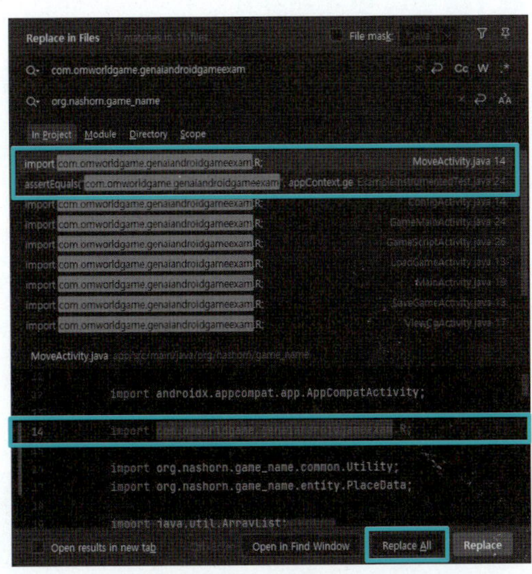

▲ **그림 7-19** 패키지 네임 변경 창 화면

총 11개의 기존 패키지 네임을 새 패키지 네임으로 변경할 것인지 확인하는 창이 뜨는데, [Replace] 버튼을 눌러주면 된다.

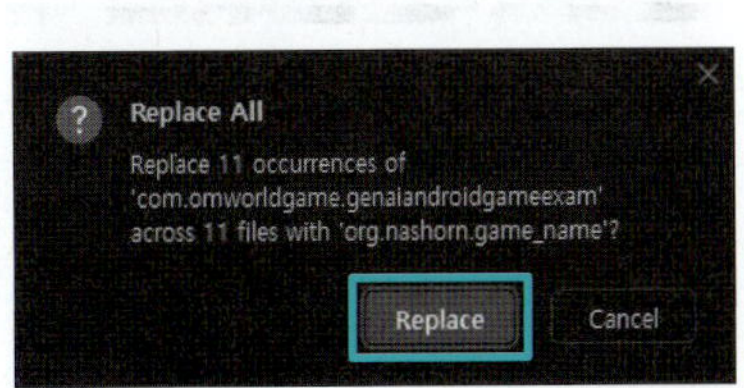

▲ **그림 7-20** 패키지 네임 변경 확인 창 화면

이로써, 가장 중요한 패키지 네임(또는 번들 아이디) 변경 작업을 완료했다. 변경된 패키지 네임(또는 번들 아이디)을 사용하는 게임 프로젝트를 완성하면 그대로 앱스토어에 등록할 준비가 된 것이다.

 ## 7.1.4 기본 프로그램 빌드 및 실행하기

안드로이드 스튜디오를 이용하여 안드로이드 앱을 실행하는 방법은 두 가지다. 만일 안드로이드폰을 사용하고 있다면, '개발자 옵션'을 활성화하고 개발자 옵션 내의 'USB 디버깅'을 켠 다음 안드로이드폰에서 실행하는 것을 권장한다. 안드로이드폰 제조사마다 개발자 옵션을 활성화하는 방법이 다를 수 있기 때문에 제조사의 매뉴얼을 참고하여, 사용하는 안드로이드폰 모델에 맞게 활성화해줘야 한다. 또한 충전 전용 케이블의 경우에는 컴퓨터에서 안드로이드폰을 제대로 인식하지 못할 수 있기 때문에, 가급적 구입할 때 같이 들어있는 연결 케이블을 사용하는 것이 좋다.

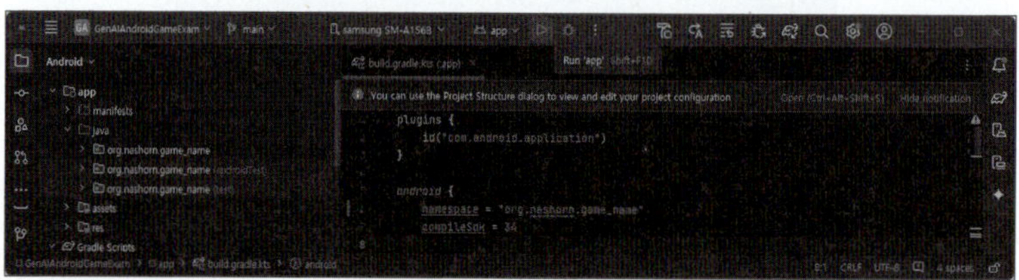

▲ **그림 7-21** 연결된 안드로이드폰에서 앱 실행하기

안드로이드폰이 없는 경우엔 안드로이드 에뮬레이터를 이용해서 앱을 실행할 수 있다. 'Pixel Fold API 35' 디바이스가 기본 에뮬레이터로 설정되어 있는데, 여기서 만드는 게임 프로그램은 폴딩이 되는 모델을 지원하지 않으므로, Pixel 8 Pro와 같이 일반 안드로이드 디바이스를 추가해서 실행하는 것이 좋다.

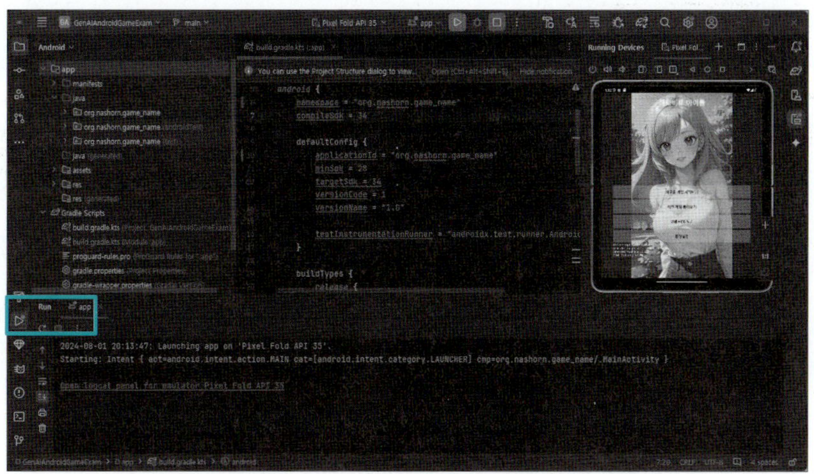

▲ **그림 7-22** 에뮬레이터에서 앱 실행하기

안드로이드 스튜디오의 상단에서 안드로이드폰이나 에뮬레이터(가상 디바이스)를 선택한 다음, 오른쪽에 있는 [Run] → [app] 버튼을 클릭하거나 Shift+F10을 눌러 앱을 실행한다. 소스코드에 문제가 없으면 빌드가 실행된 다음, 선택한 안드로이드폰이나 에뮬레이터에 앱을 설치하고 실행을 하게 된다. 앱 실행 중에는 [Stop] → [app] 버튼이 활성화되고, [Stop] 버튼을 누르거나 Ctrl+F2를 누르면 실행 중인 앱이 강제로 종료된다.

7.1.5 생성한 게임 리소스를 프로그램에 적용하기

복사한 게임 프로젝트에 여러분이 직접 만든 게임 리소스를 적용하기 위해서 수정하거나 추가해야 하는 부분은 크게 java 폴더의 소스코드, assets 폴더의 이미지와 스크립트 데이터베이스 파일 그리고 res 폴더의 drawable, raw, values 폴더 등이다.

▼ **표 7-2** 게임 리소스를 수정해야 하는 폴더/파일 목록

상위 폴더	폴더나 파일	설명
java\패키지 네임	common\Constant	데이터베이스 파일 이름, 이벤트 CG 배열 수정
	GameMainActivity	BGM 관련 수정, (필요 시) 게임 엔딩 조건 수정
	GameScriptActivity	BGM 관련 수정
	ViewCgActivity	BGM 관련 수정
	ViewCgMenuActivity	공략 캐릭터 이름 수정
assets	bg	배경 CG 파일 수정
	event	이벤트 CG 파일 수정
	heartbeats_idol.db	데이터베이스 파일 수정
res	drawable	캐릭터 아이콘, 메인 이미지 수정
	layout	(필요 시) 레이아웃 XML 파일 수정
	raw	BGM 파일 수정
	values\strings.xml	게임 이름, 주인공 이름, 장소 이름, BGM 이름 수정

이미지 생성형 AI로 만든 배경 CG 파일과 이벤트 CG 파일들은 assets 폴더의 bg 폴더와 event 폴더에 덮어써야 하고, 파일명은 bg???.jpg, event???.jpg 형식으로 반드시 지정되어 있어야 한다.

챗GPT로 생성하고 DB Browser for SQLite로 정리한 게임용 이벤트 스크립트 데이터베이스 파일은 assets 폴더 루트에 저장되어야 한다.

heartbeats_idol.db 파일은 예제용이니 삭제하고 직접 만든 *.db 파일을 저장해서 사용하면 된다. 음악 생성형 AI로 만든 주제가나 BGM의 mp3 파일들은 res 폴더의 raw 폴더에 복사해야 하고, 기존에 저장되어 있는 bgm??_*.mp3 파일들은 모두 삭제해야 한다.

앞서 만들어둔 이미지 파일이나 음악 파일 등을 안드로이드 스튜디오에서 작업 중인 게임 프로젝트에 추가할 때 주의할 점은, 추가할 파일을 드래그 앤 드롭으로 복사하지 말고 반드시 Ctrl+C(복사)와 Ctrl+V(붙여넣기)를 이용해서 복사해야 한다는 것이다. 배경 CG 이미지들을 선택한 다음 Ctrl+C를 눌러 복사하고, assets\bg 폴더를 클릭한 다음 Ctrl+V를 눌러서 붙여넣기를 한다. 만일 기존에 동일한 파일명을 가진 파일이 있다면 모두 덮어쓰기를 해주면 된다.

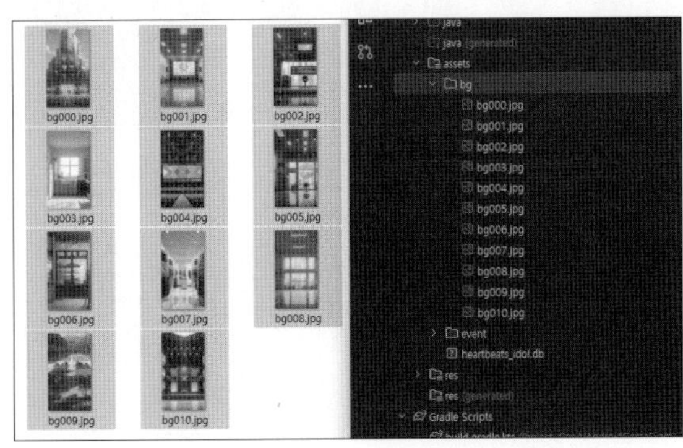

▲ **그림 7-23** 배경CG 이미지 파일 복사하기

이미지 파일 중에 가장 많은 숫자를 가진 이벤트 CG 이미지 파일 역시 한꺼번에 선택해서 복사한 후, assets\event 폴더를 클릭하고 붙여넣기를 해준다. 안드로이드의 assets 폴더는 APK와 같이 배포를 위해 만드는 패키지 파일 안에 이미지 파일과 같은 게임 리소스 파일을 포함하고자 할 때 사용된다. 지금 만드는 게임에서는 배경/이벤트 CG 이미지 파일과 게임용 이벤트 스크립트 데이터베이스 파일을 저장하는 용도로 사용되고 있다. 이미지 파일은 프로그램 내에서 직접 불러서 화면에 보여주고, 데이터베이스 파일은 게임을 실행할 때 앱 내부의 폴더에 복사해서 사용하도록 구현되어 있다.

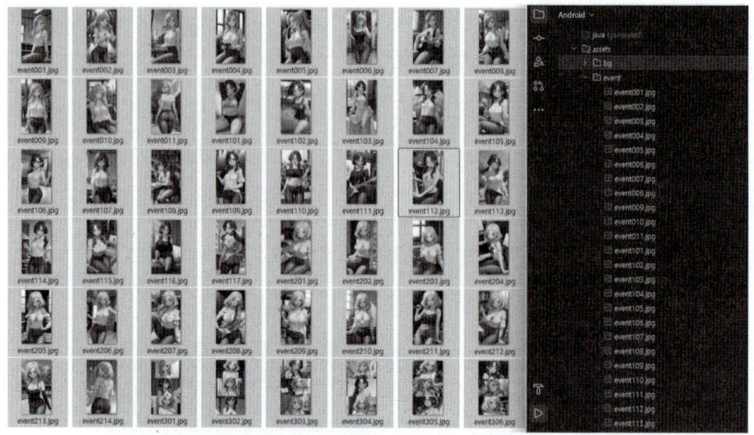

▲ 그림 7-24 이벤트 CG 이미지 파일 복사하기

여러분이 만든 이벤트 스크립트 데이터베이스 파일명이 기존의 데이터베이스 파일명
과 다를 경우, 기존 heartbeats_idol.db 파일을 삭제한 다음 직접 만든 db 파일을
복사해서 assets 폴더에 붙여넣기를 해준다. 나중에 Constant 클래스에 정의되어
있는 DB_NAME이라는 상수값을 변경한 파일명으로 바꿔줘야 한다.

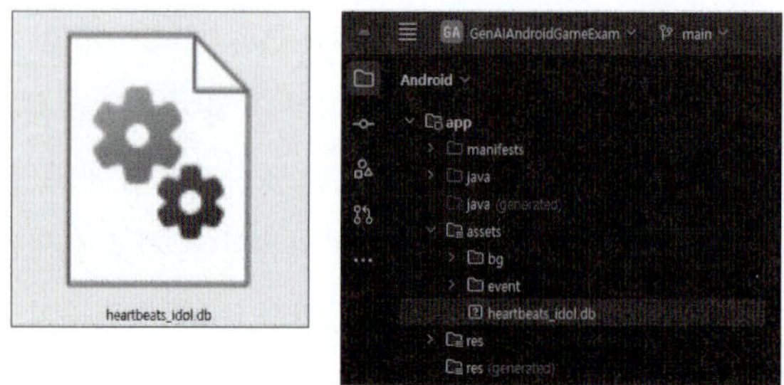

▲ 그림 7-25 게임용 이벤트 스크립트 데이터베이스 파일 복사하기

assets 폴더에 저장하는 파일명도 소문자와 숫자만 사용하고 공백 대신 밑줄을 사용
했지만, res 폴더에 복사되는 파일명은 프로그램 내에서 고유한 아이디로 사용이 되
기 때문에 반드시 소문자, 숫자, 밑줄만 사용해야 되는 것은 기본이고 파일명이 숫자

로 시작되면 절대 안 된다. Udio에서 생성한 음악을 mp3로 다운로드하려면 타이틀이 파일명으로 자동 저장되는데, 반드시 bgm??_*.mp3와 같은 형식의 파일명으로 변경해줘야 한다. res\raw 폴더에 저장된 mp3 파일들이 있다면 삭제하고, 새로 생성해서 다운로드한 mp3 파일들을 복사하고 붙여넣기를 해준다.

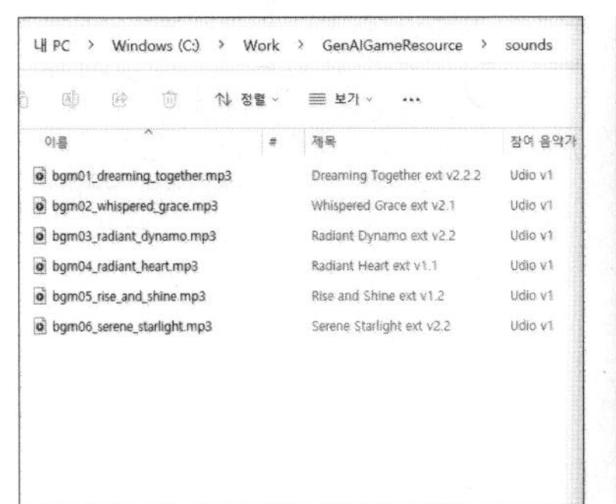
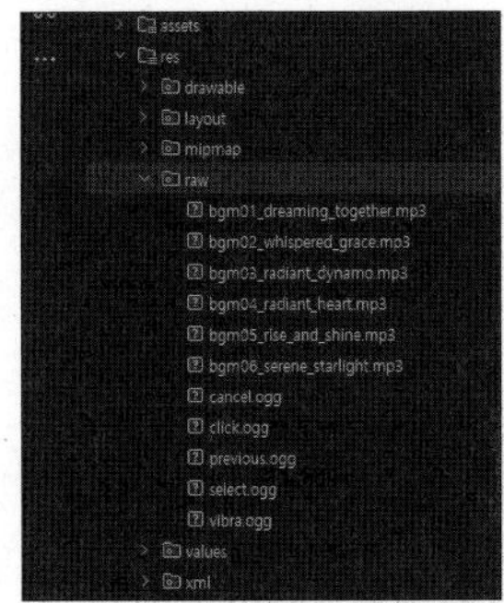

▲ **그림 7-26** 주제가/BGM 음악 파일 복사하기

먼저 res\drawable 폴더에 배경 이미지 중에 전체 지도 역할을 하는 bg000.jpg 파일을 복사해준다. 이 파일은 assets\bg 폴더에 다른 배경 CG 이미지 파일들과 같이 저장되어 있지만, 액티비티의 레이아웃 XML 파일에서 사용되어야 하기 때문에 일부러 res\drawable 폴더에도 복사해줘야 한다.

char_icon?.png 파일은 지도에서 표시되는 장소에 특정한 캐릭터의 이벤트가 존재하는지를 표시할 때 사용하는 캐릭터 이미지 파일이다.

char_icon1.png, char_icon2.png, char_icon3.png 파일은 공략 캐릭터들의 이벤트용이고, char_icon4.png는 공통 이벤트용이라 주인공 얼굴이 들어가 있다.

main??.jpg 파일들은 게임이 처음 실행되는 초기 화면에 보여지는 공략 캐릭터들의 이미지 파일(414×736픽셀)이며 액티비티가 보여지는 상태가 될 때마다 랜덤하게 보여지게 된다.

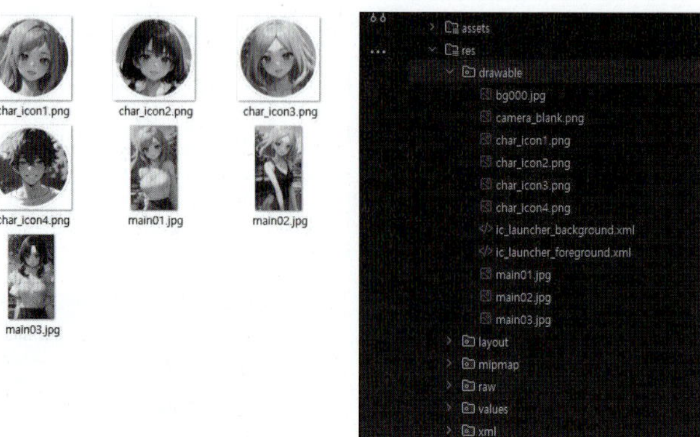

▲ **그림 7-27** 게임용 이미지 파일 복사하기

안드로이드 앱의 아이콘 이미지를 바꾸려면 Image Asset 설정 기능을 이용해야 한다. res 폴더를 클릭한 상태에서 마우스 오른쪽 버튼을 누르고 [New] → [Image Asset] 메뉴를 실행하면 된다.

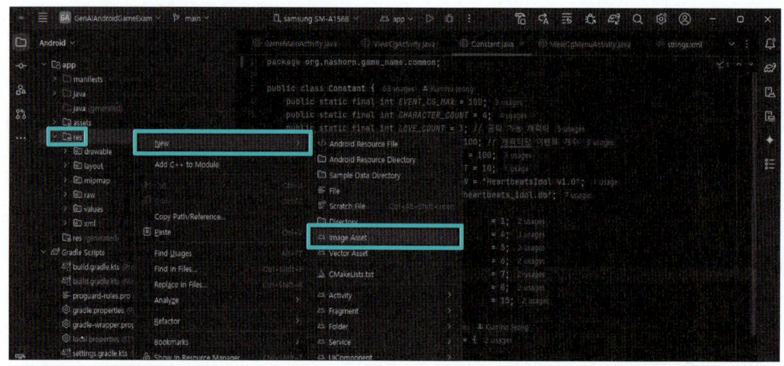

▲ **그림 7-28** 아이콘 이미지 변경을 위해 Image Asset 메뉴 실행 화면

'Configure Image Asset' 창이 뜨면, 안드로이드 기본 아이콘으로 만들어진 미리 보기를 볼 수 있다. 화면 왼쪽 중간쯤에 있는 'Source Asset' 항목의 Path 오른쪽에 있는 폴더 아이콘을 클릭하면, 미리 만들어둔 아이콘 이미지 파일(1024×1024픽셀 또는 512×512픽셀)을 선택할 수 있다.

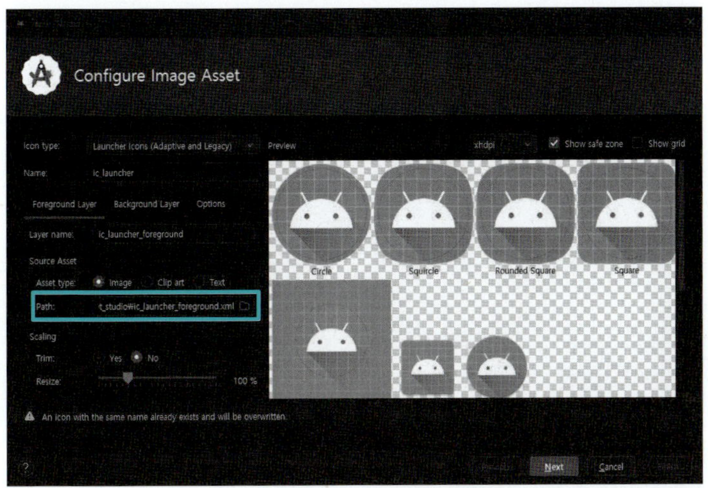

▲ 그림 7-29 이미지 에셋 편집 화면

게임 앱의 아이콘으로 만든 png 파일(또는 jpg 파일)을 찾아서 선택한 다음, [OK]
버튼을 눌러준다.

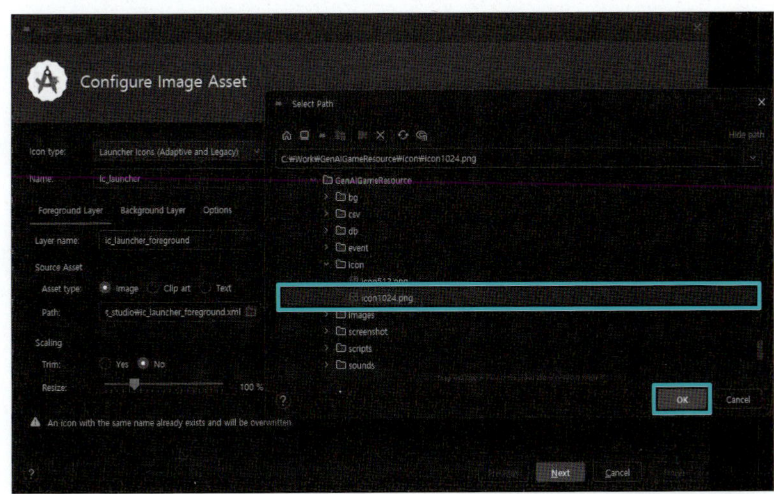

▲ 그림 7-30 아이콘 이미지 파일 선택 화면

선택한 아이콘 이미지를 이용해서 다양한 형태의 아이콘 모습이 미리보기에 출력된다.

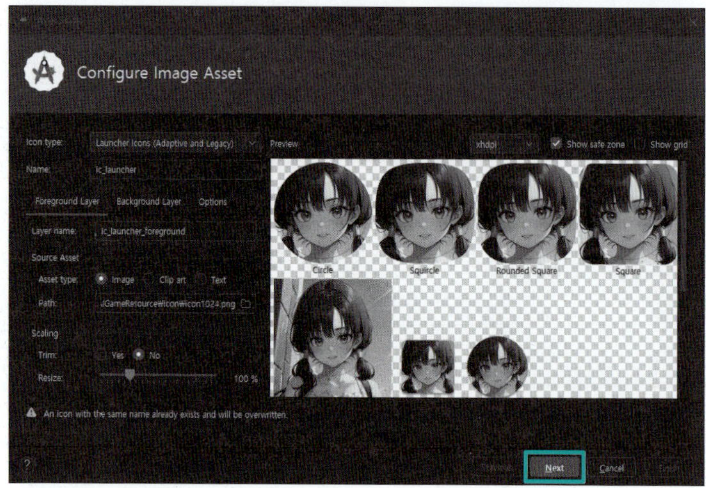

▲ **그림 7-31** 선택된 아이콘 이미지가 적용된 이미지 에셋 화면

아이콘 이미지가 적절하게 적용이 되는 것을 확인했다면, 활성화된 [Next] 버튼을 누른다. 그러면 어떤 형식으로 아이콘 파일이 생성될 것인지를 미리 살펴볼 수 있다. 여기서 [Finish] 버튼을 누르면 게임 프로젝트에 새로운 앱 아이콘이 적용된다.

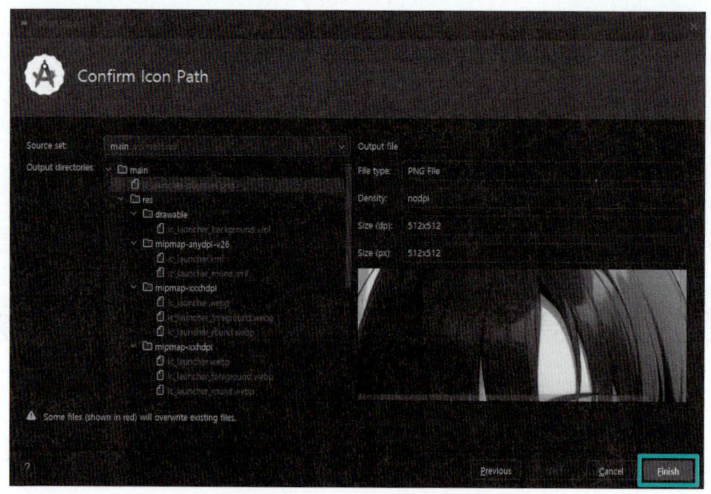

▲ **그림 7-32** 아이콘 이미지 확인 화면

안드로이드 앱에서 사용되는 모든 문자열(이름, 메시지 등)은 res\values\strings.xml 파일에 저장되어 있다. 이렇게 하나의 strings.xml 파일에 특정 언어로 작성된 텍스트가 모두 들어 있으면, 언어별로 strings.xml을 작성해서 손쉽게 다국어 지원을 구현할 수 있는 장점이 있다. app_name(게임 이름)과 default_name(주인공 이름), place_?_name(장소 이름), bgm_?_name(BGM 이름) 등의 문자열을 자신의 게임에 맞게 수정해주면 된다.

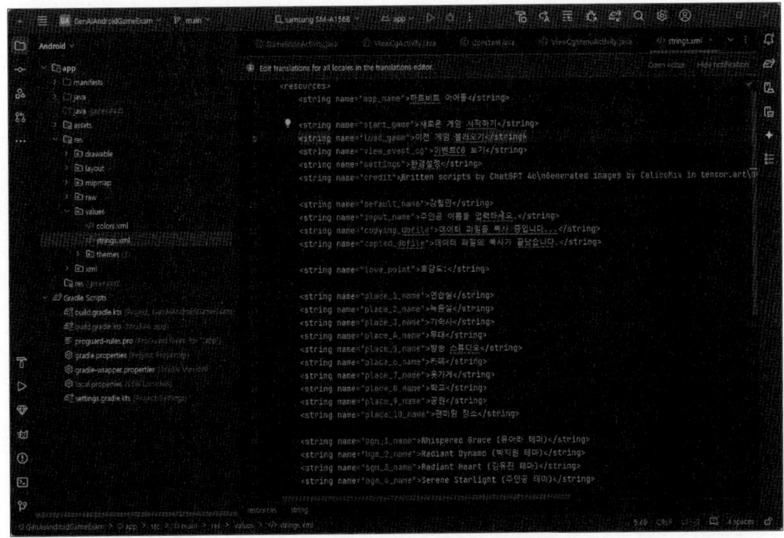

▲ **그림 7-33** 문자열 리소스 수정 화면

게임 리소스의 적용이 끝나면 자바 소스코드를 적용한 게임 리소스에 맞게 수정해줘야 한다. Constant 클래스에는 GAME_VERSION과 DB_NAME이라는 문자열 상수가 있는데, 게임 이름에 맞게 GAME_VERSION을 수정하고 데이터베이스 파일명을 바꿨다면 DB_NAME의 값도 바뀐 데이터베이스 파일명으로 바꿔줘야 한다. 해당 데이터베이스 파일은 반드시 assets 폴더 루트에 저장되어 있어야 한다([코드 7-1]에서 〈1〉 08행).

샘플 게임에는 총 48장의 이벤트 CG를 사용하고 있는데, 문자열 배열인 EVT에 파일명 중에 숫자 부분만 문자열로 저장해놓았다. 이것은 ViewCgActivity 클래스에서 캐릭터별 이벤트 CG 목록을 보여줄 때 사용된다. START_POINT, END_POINT 정수 배열에는 EVT 배열에서 시작 위치와 마지막 위치를 저장해놓고, 선택된 캐릭터의 이벤트 CG만 추출하기 위해 사용한다. 따라서 이벤트 CG 이미지 파일의 개수가 변경되면 그에 맞게 배열을 수정해야 한다([코드 7-1]에서 〈2〉 2행).

[코드 7-1] app\java\패키지네임\common\Constant

```
01   public class Constant {
02       public static final int EVENT_CG_MAX = 100;
03       public static final int CHARACTER_COUNT = 4;
04       public static final int LOVE_COUNT = 3;       // 공략 가능 캐릭터
05       public static final int EVENT_COUNT = 100;   // 캐릭터당 이벤트 개수
06       public static final int VARIABLE_COUNT = 100;
07       public static final int SAVE_FILE_COUNT = 10;
08       public static final String GAME_VERSION = "HeartbeatsIdol v1.0";   //<1>
09       public static final String DB_NAME = "heartbeats_idol.db";
10
11       public static final int GM_INTRO                = 1;
12       public static final int GM_ENDING               = 4;
13       public static final int GM_PLAY                 = 5;
14       public static final int GM_MOVE                 = 6;
15       public static final int GM_LOAD                 = 7;
16       public static final int GM_SAVE                 = 8;
17       public static final int GM_CONFIG               = 15;
18
19       public static class EventData {
20           private static final String[] EVT = {   //<2>
21                   // 유아라 11
22                   "001", "002", "003", "004", "005", "006", "007", "008",
                   "009", "010", "011",
23                   // 박지원 17
24                   "101", "102", "103", "104", "105", "106", "107", "108",
                   "109", "110",
25                   "111", "112", "113", "114", "115", "116", "117",
26                   // 김유진 14
27                   "201", "202", "203", "204", "205", "206", "207", "208",
                   "209", "210",
```

```java
28              "211", "212", "213", "214",
29              // 공통 6
30              "301", "302", "303", "304", "305", "306",
31          };
32
33      public static final int[] START_POINT = {
34              -1,
35              11 - 1,
36              11 + 17 - 1,
37              11 + 17 + 14 - 1,
38          };
39
40      public static final int[] END_POINT = {
41              11,
42              11 + 17,
43              11 + 17 + 14,
44              11 + 17 + 14 + 6,
45          };
46
47      public static String getEventData(int num) {
48          return EVT[num];
49      }
50
51      public static int getEventDataSize() {
52          return EVT.length;
53      }
54    }
55  }
```

샘플 게임에서는 이벤트 스크립트 데이터베이스에서 특정 날짜와 특정 장소에 해당하는 특정 캐릭터의 이벤트를 찾고 해당 이벤트가 아직 실행되지 않은 경우에는, 해당 캐릭터의 이벤트가 실행되었다고 표시하고 해당 캐릭터의 호감도를 5만큼 증가시킨 다음 이벤트 스크립트를 실행시키도록 되어 있다([코드 7-2]에서 〈1〉 43행).

또한 게임은 7월 1일부터 시작해서 7월 31일까지 하루 단위로 증가하는데, 만일 7월 31일이 끝나면 가장 호감도가 높은 캐릭터를 찾아낸 다음 해당 캐릭터의 호감도가 90 이상이면 해당 캐릭터의 해피엔딩 스크립트를 실행하고 그렇지 않으면 배드엔딩 스크립트를 실행한다([코드 7-2]에서 〈2〉 99행).

게임의 마지막 날이 아닐 경우에는 다음날로 넘어가면서 장소를 무조건 '기숙사' 로 이동한다. 샘플 게임에는 10개의 배경이 있고 기숙사의 번호가 3번이기 때문에 setCurPlace() 함수를 이용해서 장소 번호를 3으로 설정하게 되어 있다([코드 7-2] 에서 〈3〉 126행).

게임 내에서 발생하는 이벤트 숫자나 원하는 게임 난이도에 따라서, 이벤트가 발생할 때 증가하는 호감도를 조정하거나 해피엔딩을 위한 호감도 조건을 변경하려면 이 부분을 수정하면 된다. 여러분의 게임에 등장하는 배경 목록은 샘플 게임과 다르고 매일 시작하는 장소도 다를 수 있기 때문에 setCurPlace() 함수에 원하는 장소의 번호를 넘겨줄 수 있다. 특별한 이벤트가 없는 평소에 플레이 되는 BGM을 바꾸기를 원하면 [코드 7-2]에서 〈4〉 13행의 mp3 파일명을 수정해준다.

[코드 7-2] app\java\패키지네임\GameMainActivity

```
01   public class GameMainActivity extends AppCompatActivity {
02
03       private GameEngine gameEngine = new GameEngine();
04
05       :
06       :
07
08       private void playBackgroundMusic() {
09           if(preferences.getBoolean("BGM", true)) {
10               if(mediaPlayer != null) {
11                   mediaPlayer.release();
12               }
13               mediaPlayer =
                 MediaPlayer.create(this, R.raw.bgm06_serene_starlight); //<4>
14               mediaPlayer.setLooping(true);
15               mediaPlayer.start();
16           }
17       }
18
19       :
20       :
21
22       void performEvent() {
23           String[] filenames = {"char1", "char2", "char3", "common"};
```

```java
24      String outFileName = getFilesDir().getAbsolutePath() +
        "/" + Constant.DB_NAME;
25
26      for(int i = 0; i < filenames.length; i++) {
27          try(SQLiteDatabase db =
28          SQLiteDatabase.openDatabase(outFileName, null,
            SQLiteDatabase.OPEN_READONLY)) {
29              Cursor cursor =
                db.query(filenames[i], new String[]{"*"}, null, null,
                null, null, null);
30
31              while(cursor.moveToNext()) {
32                  String character = cursor.getString(0);
33
34                  if(character !=
                    null && character.startsWith("[") &&
                    character.length() > 1) {
35                      character =
                        character.substring(1, character.length() - 1);
                        // Remove the brackets
36                      String[] array = character.split(":");
37                      if(array.length == 3) {
38                          int nscene = Integer.parseInt(array[0]);
39                          int nmonth = Integer.parseInt(array[1].substring(0, 2));
40                          int nday = Integer.parseInt(array[1].substring(2, 4));
41                          int nplace = Integer.parseInt(array[2]);
42
43                          if(nmonth == gameEngine.getCurMonth() && //<1>
44                              nday == gameEngine.getCurDay() &&
45                              nplace == gameEngine.getCurPlace() &&
46                              !gameEngine.getEvent(i, nscene - 1)) {
47                              Utility.playWaveFromDAT(R.raw.vibra);
48                              gameEngine.setEvent(i,  nscene-1, true);
49                              int lovePoint = -1;
50                              if(i < Constant.LOVE_COUNT) {
51                                  gameEngine.setCharLove
                                    (i, gameEngine.getCharLove(i)+5);
52                                  lovePoint = gameEngine.getCharLove(i);
53                              }
54
55                              Intent intent =
                                new Intent(GameMainActivity.this,
```

```java
56                                          GameScriptActivity.class);
                                            intent.putExtra("etNameValue",
                                            gameEngine.getName());
57                                          intent.putExtra("etScriptValue", filenames[i]);
58                                          intent.putExtra("etScriptIndexValue",
                                            cursor.getString(0));
59                                          intent.putExtra("love", lovePoint);
60                                          startActivityForResult(intent,
                                            Constant.GM_PLAY);
61                                          break;
62                                  }
63                              }
64                          }
65                      }
66              } catch(Exception e) {
67                  Toast.makeText(this, "ERROR IN CODE:" +
                    e.toString(), Toast.LENGTH_LONG).show();
68              }
69          }
70      }
71
72      @Override
73      protected void onActivityResult(int requestCode, int resultCode,
        @Nullable Intent data) {
74          super.onActivityResult(requestCode, resultCode, data);
75          if(requestCode == Constant.GM_PLAY) {
76              if(resultCode == RESULT_OK) {
77                  performMovePlace();
78              } else {
79                  finish();
80              }
81          } else if(requestCode == Constant.GM_INTRO) {
82              if(resultCode == RESULT_OK) {
83                  performMovePlace();
84              } else {
85                  finish();
86              }
87          } else if(requestCode == Constant.GM_ENDING) {
88              finish();
89          } else if(requestCode == Constant.GM_MOVE) {
```

```java
90                if(resultCode == RESULT_OK) {
91                    int placeNum = data.getIntExtra("place_num", 0);
92
93                    if(gameEngine.getCurPlace() == placeNum) {
94                        performMovePlace();
95                        performEvent();
96                    } else if(placeNum == 9998) { // 이동 종료
97                        //Utility.playWaveFromDAT(R.raw.select);
98                        // 마지막 날인지 체크
99                        if(gameEngine.getCurMonth() ==
                           7 && gameEngine.getCurDay() == 31) { //<2>
100                            int maxlove = 0;
101                            int maxlovegirl = -1;
102                            for(int i = 0; i < Constant.LOVE_COUNT; i++) {
103                                if(gameEngine.getCharLove(i) > maxlove) {
104                                    maxlove = gameEngine.getCharLove(i);
105                                    maxlovegirl = i;
106                                }
107                            }
108
109                            if(maxlove >= 90) { // 해피엔딩
110                                String filename[] = {
111                                        "char1", "char2", "char3"
112                                };
113                                Intent i =
                                   new Intent(GameMainActivity.this,
                                   GameScriptActivity.class);
114                                i.putExtra("etNameValue", gameEngine.getName());
115                                i.putExtra("etScriptValue", filename[maxlovegirl]);
116                                i.putExtra("etScriptIndexValue", "[HAPPYEND]");
117                                startActivityForResult(i, Constant.GM_ENDING);
118                            } else { // 배드엔딩
119                                Intent i =
                                   new Intent(GameMainActivity.this,
                                   GameScriptActivity.class);
120                                i.putExtra("etNameValue", gameEngine.getName());
121                                i.putExtra("etScriptValue", "bad_ending");
122                                i.putExtra("etScriptIndexValue", "[BADEND]");
123                                startActivityForResult(i, Constant.GM_ENDING);
```

```java
124                        }
125                    } else {
126                        gameEngine.setCurDay(gameEngine.getCurDay() + 1); //<3>
127                        gameEngine.setCurPlace(3);
128                        performMovePlace();
129                    }
130                } else {
131                    //Utility.playWaveFromDAT(R.raw.walk);
132
133                    gameEngine.setCurPlace(placeNum);
134                    performMovePlace();
135                    performEvent();
136                }
137            }
138        } else if(requestCode == Constant.GM_SAVE) {
139            if(resultCode == RESULT_OK) {
140                int saveNum = data.getIntExtra("save_num", 0);
141                Utility.saveGame(gameEngine, saveNum);
142                Toast.makeText
                    (getBaseContext(), getResources().getString
                    (R.string.saved_game_message), Toast.LENGTH_LONG).show();
143            }
144        }
145    }
146 }
```

GameScriptActivity 클래스는 지정된 캐릭터가 임의의 이벤트를 실행할 때 사용되는데, 여기서는 인트로, 엔딩, 캐릭터별 이벤트일 경우에 어떤 음악을 플레이할 것인지만 수정해주면 된다([코드 7-3]에서 ⟨1⟩ 57행).

만일 여러분이 자바 프로그래밍을 할 수 있다면, GameScriptActivity 클래스를 개선해서 이벤트 스크립트에 선택이나 분기 기능을 추가할 수 있고 어떤 선택을 했느냐에 따라서 호감도를 증가시키는 것뿐만 아니라 감소시킬 수도 있을 것이다.

```java
01  public class GameScriptActivity extends AppCompatActivity {
02
03          :
04          :
05
06      @Override
07      protected void onCreate(Bundle savedInstanceState) {
08          super.onCreate(savedInstanceState);
09          setContentView(R.layout.activity_game_script);
10
11          :
12
13          int orientation = this.getResources().getConfiguration().orientation;
14
15          ImageView charImage =(ImageView)findViewById(R.id.char_image);
16          charImage.setVisibility(View.GONE);
17
18          ImageView interfaceImage =
                (ImageView)findViewById(R.id.interface_image);
19          interfaceImage.setVisibility(View.VISIBLE);
20
21          preferences = PreferenceManager.getDefaultSharedPreferences(this);
22          if(orientation == ActivityInfo.SCREEN_ORIENTATION_PORTRAIT) {
23              Utility.loadEventData();
24
25              Intent intent = getIntent();
26
27              name = intent.getStringExtra("etNameValue");
28              scriptFilename = intent.getStringExtra("etScriptValue");
29              scriptIndex = intent.getStringExtra("etScriptIndexValue");
30
31              TextView lovePointText =(TextView)findViewById(R.id.love_point);
32              TextView lovePointValueText =
                    (TextView)findViewById(R.id.love_point_value);
33              int lovePoint = intent.getIntExtra("love", -1);
34              if(lovePoint != -1) {
35                  lovePointText.setVisibility(View.VISIBLE);
36                  lovePointValueText.setVisibility(View.VISIBLE);
37                  lovePointValueText.setText(lovePoint + "");
38              } else {
```

```java
39          lovePointText.setVisibility(View.GONE);
40          lovePointValueText.setVisibility(View.GONE);
41      }

43  Button skipButton =(Button)findViewById(R.id.skip_button);
44  skipButton.setVisibility(View.GONE);
    // 릴리즈모드에서는 활성화(디버깅용 버튼)
45  skipButton.setOnClickListener(new View.OnClickListener() {

47      @Override
48      public void onClick(View v) {
49          // TODO Auto-generated method stub
50          if(bEvent)
51          {
52              performEndScript();
53          }
54      }
55  });

57  if(preferences.getBoolean("BGM", true)) { //<1>
58      if(scriptFilename.equals("bad_ending") ||
        scriptIndex.equals("[HAPPYEND]")) {
59          mediaPlayer =
            MediaPlayer.create(this, R.raw.bgm05_rise_and_shine);
60      } else if(scriptFilename.equals("intro") ||
        scriptFilename.equals("common")) {
61          mediaPlayer =
            MediaPlayer.create(this, R.raw.bgm06_serene_starlight);
62      } else if(scriptFilename.equals("char1")) {
63          mediaPlayer =
            MediaPlayer.create(this, R.raw.bgm02_whispered_grace);
64      } else if(scriptFilename.equals("char2")) {
65          mediaPlayer =
            MediaPlayer.create(this, R.raw.bgm03_radiant_dynamo);
66      } else if(scriptFilename.equals("char3")) {
67          mediaPlayer =
            MediaPlayer.create(this, R.raw.bgm04_radiant_heart);
68      }

70      if(mediaPlayer != null) {
71          mediaPlayer.setLooping(true);
72          mediaPlayer.start();
```

```
73                    }
74                }
75
76            performETCScript();
77        }
78    }
79
80    :
81    :
82 }
```

ViewCgActivity 클래스는 선택된 캐릭터의 이벤트 CG 중에서 게임 플레이 도중에 봤던 이벤트 CG만 보여주는 기능을 구현했다. 이때 선택된 캐릭터의 BGM을 들으면서 이벤트 CG를 조회하도록 되어 있기 때문에 이 역시 변경된 BGM 파일명에 맞게 수정해주기만 하면 된다([코드 7-4]에서 〈1〉 39행).

Constant 클래스에 정의된 START_POINT, END_POINT를 이용해서 선택된 캐릭터의 이벤트 CG 목록을 추출해서 보여주는 부분이 여기에 구현되어 있다([코드 7-3]에서 〈2〉 26행).

[코드 7-4] app\java\패키지네임\ViewCgActivity

```
01    public class ViewCgActivity extends AppCompatActivity {
02
03        :
04        :
05
06        @Override
07        protected void onCreate(Bundle savedInstanceState) {
08            super.onCreate(savedInstanceState);
09            setContentView(R.layout.activity_view_cg);
10
11            :
12
13            Intent intent = getIntent();
14            char_num = intent.getIntExtra("charNum", -1);
15            TextView bgmTitleView =(TextView)findViewById(R.id.bgm_title);
16            preferences = PreferenceManager.getDefaultSharedPreferences(this);
```

```java
        String[] bgmTitles = {
                getResources().getString(R.string.bgm_1_name),
                getResources().getString(R.string.bgm_2_name),
                getResources().getString(R.string.bgm_3_name),
                getResources().getString(R.string.bgm_4_name),
        };
        bgmTitleView.setText("BGM: "+bgmTitles[char_num]);
        viewCGNum = Constant.EventData.START_POINT[char_num]+1;

        boolean exist = false; //<2>
        for(int i =
        viewCGNum; i < Constant.EventData.END_POINT[char_num]; i++) {
            if(Utility.isViewEvent(i) == true) {
                exist = true;
                viewCGNum = i;
                break;
            }
        }
        if(exist == true) {
            //Utility.playWaveFromDAT(R.raw.previous);
            displayEventCG();
        }

        if(preferences.getBoolean("BGM", true)) { //<1>
            if(char_num == 0) {
                mediaPlayer =
                MediaPlayer.create(this, R.raw.bgm02_whispered_grace);
            } else if(char_num == 1) {
                mediaPlayer =
                MediaPlayer.create(this, R.raw.bgm03_radiant_dynamo);
            } else if(char_num == 2) {
                mediaPlayer =
                MediaPlayer.create(this, R.raw.bgm04_radiant_heart);
            } else if(char_num == 3) {
                mediaPlayer =
                MediaPlayer.create(this, R.raw.bgm06_serene_starlight);
            }
        }

        if(mediaPlayer != null) {
            mediaPlayer.setLooping(true);
            mediaPlayer.start();
```

```
54          }
55      }
56
57      :
58      :
59  }
```

ViewCgMenuActivity 클래스에서는 공략 캐릭터의 이름을 표시하는 부분만 여러분이 만드는 게임에 맞게 수정해주면 된다([코드 7-5]에서 〈1〉 14행).

Constant 클래스에 정의된 START_POINT, END_POINT를 이용해서 각 캐릭터의 전체 이벤트 CG 개수와 게임 플레이 중에 본 이벤트 CG 개수를 구하는 부분이 여기에 구현되어 있다([코드 7-5]에서 〈2〉 23행).

[코드 7-5] app\java\패키지네임\ViewCgMenuActivity

```
01  public class ViewCgMenuActivity extends AppCompatActivity {
02
03      int[] counts = {
04              0, 0, 0, 0,
05      };
06
07      @Override
08      protected void onCreate(Bundle savedInstanceState) {
09          super.onCreate(savedInstanceState);
10          setContentView(R.layout.activity_view_cg_menu);
11
12          :
13
14          String[] names = {  //<1>
15                  "유아라", "박지원", "김유진", "공통",
16          };
17          int nameIds[] = {
18                  R.id.char1_name, R.id.char2_name, R.id.char3_name, R.id.char4_name,
19          };
20
21          Utility.loadEventData();
22          for(int i = 0; i < Constant.EventData.START_POINT.length; i++) {
```

```
23              int total =  //<2>
                Constant.EventData.END_POINT[i] -
                (Constant.EventData.START_POINT[i]+1);
24              int count = 0;
25              for(int j =
                Constant.EventData.START_POINT[i]+1; j <
                Constant.EventData.END_POINT[i]; j++) {
26                  if(Utility.isViewEvent(j)) {
27                      count = count + 1;
28                  }
29              }
30              counts[i] = count;
31              TextView nameTextView =(TextView)findViewById(nameIds[i]);
32              nameTextView.setText(names[i]+"\n"+count+"/"+total);
33              // Log.e("view_cg", names[i]+"\n"+count+"/"+total);
34          }
35      }
36
37      :
38      :
39  }
```

이것으로 생성한 게임 리소스에 맞게 안드로이드 게임 프로젝트를 수정하는 부분을 모두 살펴봤다. 최소한의 수정만으로도 여러분의 게임을 완성할 수 있게 했지만, 처음에는 만만한 일이 아닐 것이다. 안드로이드 프로그래밍이나 자바 프로그래밍을 몰라도 게임 리소스 적용이나 소스코드를 수정할 수 있지만, 어느 정도의 시행 착오는 감안해야 할 것이다.

첫 번째 프로젝트에서는 큰 욕심을 부리지 말고, 정해진 게임 형식을 그대로 따르며 처음부터 끝까지 완수하는 것이 무엇보다 중요하다. 처음부터 내가 원하는 게임을 만들려고 하면 그렇지 않아도 해야 할 일이 많은데, 프로그램 수정까지 해야 하기 때문에 결국에는 완성하지 못하고 포기할 확률이 높기 때문이다.

따라서 충분히 이해를 하지 못했더라도, 이 책의 내용을 따라가며 자신의 게임을 일단 완성해내는 것을 목표로 해야 한다. 처음 한 번은 어렵고 힘들지만 두 번째부터는 좀 더 수월해질 것이고, 익숙해지고 능숙해지면 그때부터는 원하는대로 조금씩 개선해 나가는 것도 어렵지 않게 될 것이다.

처음에는 "왜 게임 엔진을 사용하지 않았느냐" "왜 연애 시뮬레이션 게임을 예제로 사용했느냐" 등의 질문을 할 수 있겠지만 이렇게 한 번이라도 처음부터 끝까지 직접 게임을 만들고 앱스토어에 출시까지 하게 되면, 게임 엔진 사용 유무나 게임의 장르 는 그다지 중요하지 않다는 것을 깨닫게 될 것이다.

내가 머릿속으로 구상한 아이디어를 생성형 AI를 이용하여 현실화하고 구체화하는 경험을 하는 것뿐만 아니라, 유료든 무료든 사용자들이 여러분이 만든 게임을 구입하 여 플레이하고 좋은 평가든 나쁜 평가든 피드백을 주는 경험을 하는 것은 아무나 쉽 게 얻을 수 있는 것이 아니기 때문이다. 무엇이든 첫 시작은 초라할 수 밖에 없지만, 그 초라한 시작이 있어야만 다음 기회가 존재할 수 있다.

7.1.6 프로그램 테스트 및 마무리

지금까지 우리가 게임을 만든 순서를 정리하면 다음과 같다.

1. 게임 기획 생성(캐릭터/배경 설정, 이벤트 달력)
2. 게임 시나리오 생성(이벤트 시나리오 스크립트, 이벤트 CG 목록)
3. 이벤트 CG 이미지 생성 및 편집
4. 배경 CG 이미지 생성 및 편집
5. 주제가/BGM 생성
6. 이벤트 스크립트 편집 및 저장
7. 이벤트 스크립트 데이터베이스 생성
8. 소스코드 복사 및 패키지 네임 변경
9. 게임 앱 실행(안드로이드폰, 에뮬레이터)
10. 게임 리소스 적용(이미지, 음악, 스크립트 데이터베이스)
11. 소스코드 수정

여기까지 큰 문제없이 진행했다면, 안드로이드폰이나 에뮬레이터(가상 디바이스)에 서 게임 리소스를 적용하고 소스코드를 수정한 게임 앱을 실행할 수 있을 것이다. 하 지만 여러분이 아무리 신중하게 7장의 내용을 처음부터 지금까지 그대로 따라했다고 하더라도 예상치 못한 문제가 발생할 수 있다.

이때 가장 중요한 것은, 내가 뭔가 잘못했다고 인정하고 차근차근 원인을 찾는 태도다. 개발 경험이 적은 사람들의 경우, 대부분 "나는 제대로 했는데 도대체 왜 안 되는 건지 모르겠다"라는 이야기를 하는데, 이런 식의 태도로는 절대로 자신의 실수를 볼 수 없다. 사람은 보고 싶은 대로만 보기 때문에, 이 문제는 내 탓이 아니라고 생각하는 순간, 더 이상 그 문제 원인을 볼 수 없기 때문이다. 이것은 현업 개발자들 사이에서도 흔하게 벌어지는 일이다.

게임 프로그램이 빌드가 안 되고 실행이 안 되는 경우에는 안드로이드 스튜디오에서 보여주는 오류 메시지를 흘려버리지 말고 잘 읽어보자. 대부분의 문제는 오류 메시지만 잘 읽어도 금방 해결할 수 있다. 보통의 경우 오류 메시지가 영어로 표시되기 때문에 눈에 들어오지 않아서 놓치는 경우가 많다.

그럴 때에는 다음 항목을 점검해보자.

1. res 폴더의 하위 폴더에 복사-붙여넣기하는 이미지, 음악 파일의 파일명은 반드시 소문자, 숫자, 밑줄만 사용해야 하고 절대로 숫자로 시작하면 안 된다.
2. 소스코드를 수정할 때 오타나 실수 때문에 자바 문법을 어긴 경우가 있을 수 있다. 에러 메시지나 주의warning 메시지를 제대로 읽어보자.
3. 기존 음악 파일을 삭제하고 새로운 음악 파일을 추가했을 때, 기존 음악 파일을 사용하는 소스코드 역시 새로운 음악 파일을 사용하도록 수정해주어야 한다.
4. res\drawable 폴더에 복사하는 이미지 파일이 main01.jpg 파일이어야 하는데 main1.jpg와 같이 조금 다른 이름으로 저장된 경우에도 파일을 찾지 못해 에러가 발생할 수 있다.
5. 패키지 네임 변경 작업이 완전하게 마무리가 안 된 경우에도 빌드가 되지 않는다. 소스코드를 다시 클론clone한 다음, 처음부터 다시 시작하는 것이 빠를 수도 있다.
6. 안드로이드 스튜디오를 사용할 때 실수로 의도하지 않게 특정 폴더나 파일을 삭제해버리는 경우도 발생할 수 있다. 이런 경우에도 복구하려고 애쓰지 말고 처음부터 다시 시작하자.
7. 소스코드나 자바 언어를 충분히 이해하지 못한 상태에서 코드를 수정하는 경우, 의도치 않은 문제가 발생할 수 있다. 이런 경우에는 챗GPT나 구글링을 통해서 직접 해결해야 한다.

게임 프로그램이 문제 없이 빌드가 되어 안드로이드폰이나 에뮬레이터에서 실행된다고 해서 끝난 것은 아니다. 빌드가 안 되는 문제는 정확히 어디가 문제인지 쉽게 찾아낼 수 있지만, 게임 프로그램 실행 중에 발생하는 런타임 오류는 그 원인을 찾는 것이 더 어렵다. 이 부분은 충분한 경험이 쌓이기 전까지는 여러 테스트를 해보며 문제의 근본 원인을 추적해나가는 방법 밖에 없다.

1. assets 폴더에 저장되는 이미지 파일이나 데이터베이스 파일명에 문제가 있으면 이미지가 보이지 않거나 이벤트 스크립트가 실행되지 않을 수 있다. 배경/이벤트 이미지 파일의 확장자는 반드시 jpg이어야 하고, jpeg, png 등의 다른 확장자를 사용하면 안 된다.

2. assets 폴더에 저장된 데이터베이스 파일명과 Constant 클래스의 DB_NAME의 문자열과 다른 경우에도 이벤트 스크립트가 실행되지 않는다.

3. 배경 CG 파일명은 반드시 bg001.jpg, bg002.jpg와 같이 bg???.jpg 형식이어야 한다.

4. 이벤트 CG 파일명 반드시 event001.jpg, event002.jpg와 같이 event???.jpg 형식이어야 한다.

5. 데이터베이스 파일이 정상적으로 저장되어 있고, Constant 클래스의 DB_NAME에도 정확하게 입력했는데도 이벤트 스크립트가 실행되지 않는다면, 게임용 이벤트 스크립트 작업이 정확하게 안 되어 있을 수 있다.

   a. 모든 이벤트는 [1:0701:001]과 같이 [이벤트번호:날짜:장소번호] 형식으로 시작해야 한다. 게임은 7월 1일부터 7월 31일까지 진행되는데, 이벤트 날짜가 10월 1일로 되어 있으면 당연히 이벤트는 발생하지 않는다.

   b. 장소 번호는 001, 002, 003과 같이 3자리 숫자로 입력해야 한다. 이것은 배경 CG 파일 이름인 bg001.jpg, bg002.jpg, bg003.jpg와 매치되어야 한다.

   c. 두 번째 컬럼에 e001 또는 b001과 같이 이벤트 CG 번호 또는 배경 CG 번호가 입력되어 있어야 한다. e001은 event001.jpg 파일을 의미하며, b001은 bg001.jpg 파일을 의미한다. event001이나 bg001과 같이 입력하면 이미지가 정상적으로 표시되지 않는다.

   d. 모든 스크립트 파일(csv 파일)은 col_1, col_2, col_3, col_4라는 컬럼명으로 시작되어야 하며, 첫 번째 컬럼에는 이벤트 실행 조건, 두 번째 컬럼에는 배경/이벤트 CG, 세 번째 컬럼에는 말하는 사람 이름, 네 번째 컬럼에는 대사가 들어가야 한다.

   e. intro.csv 파일에는 [INTRO]로 시작되는 이벤트 스크립트가 저장된다.

f. bad_ending.csv 파일에는 [BADEND]로 시작되는 이벤트 스크립트가 저장된다.

g. char1.csv, char2.csv, char3.csv 파일에는 캐릭터별 이벤트 스크립트가 저장되며, 가장 마지막에 [HAPPYEND]로 시작되는 이벤트 스크립트가 들어 있어야 한다.

h. common.csv 파일에는 공통 이벤트 스크립트가 저장된다.

i. 게임용 이벤트 스크립트 데이터베이스 파일에는 android_metadata, char1, char2, char3, common, intro, bad_ending 등 총 7개의 테이블이 만들어져야 한다.

j. 테이블 이름이나 인덱스에 오타가 없는지 다시 한번 더 확인해보자.

안드로이드폰이나 에뮬레이터(가상 디바이스)에서 게임 앱을 실행 한 후 모든 캐릭터의 이벤트를 모두 실행해보면서 이미지는 제대로 나오는지, BGM은 제대로 플레이되는지, 대화 내용은 정상적으로 표시되는지를 처음부터 끝까지 확인해본다. 이미지, BGM, 스크립트가 모두 정상적으로 나온다면, 마지막 날 호감도가 가장 높은 캐릭터의 해피엔딩이 정상적으로 나오는지 확인하는 것은 물론, 일부러 이벤트를 보지 않고 마지막 날까지 가서 배드엔딩이 잘 나오는지도 확인해야 한다.

가장 많은 문제가 생길 수 있는 부분은, 매일 공략 가능한 캐릭터들의 이벤트가 서로 다른 장소에서 발생해야 하는데, 챗GPT에서 이벤트 달력을 생성하거나 이벤트 스크립트를 생성할 때 의도치 않게 서로 다른 캐릭터의 이벤트가 같은 날 같은 장소에서 발생하게 되는 경우가 있다. 따라서 매일 캐릭터들의 이벤트가 서로 다른 장소에서 발생하는지를 일일이 체크하고, 특정 날짜의 특정 장소에서 2~3명의 캐릭터 이벤트가 동시에 발생하는 경우가 있다면 스크립트 파일을 수정하고 다시 데이터베이스 파일을 업데이트해야 한다.

소프트웨어 개발에 있어서, 생각보다 경력과 경험의 차이가 크게 나는 부분이 바로 이 테스트 및 디버깅 업무다. 경험이 충분하지 않으면 어쩔수 없이 많은 시간과 노력을 투자해야 하는 부분이기 때문에, 좌절하지 말고 인내심을 가지면서 끊임 없이 반복해야 한다. 일단 테스트를 하면서 발견한 문제들은 목록으로 만들어서 정리를 해놓고, 하나하나 지워가면서 해결해 나가야 한다. 테스트 도중에 발견한 문제를 그때그때 정리를 해놓지 않으면 금방 잊어버릴 수 있기 때문이다. 이렇게 가능한 많은 시간을 투자해서 더 이상 눈에 띄는 문제가 보이지 않고, 이 정도면 충분히 테스트했다고 판단된다면 이제 남은 것은 앱스토어에 출시하는 것뿐이다.

사소한 실수든 미처 발견하지 못해서든 상관없이, 우리가 하는 테스트만으로는 모든 문제를 발견할 수 없다. 항상 내가 보지 못했던 사소한 문제들이 다른 사람 눈에는 금방 띄기 마련이다. 앱스토어에 출시된 이후에 사용자로부터 버그에 대해 피드백을 받으면, 신속하게 수정해서 업데이트하는 것이 중요하다.

모든 소프트웨어에는 버그가 존재할 수 있지만, 좋은 소프트웨어란 발견된 버그를 신속하게 수정하여 업데이트하는 소프트웨어를 말하기 때문이다. 따라서 처음부터 완벽한 소프트웨어를 만들려고 지나치게 많은 노력을 하기보다는 적당한 시간과 노력을 들여 최선의 결과를 만들어 낸 다음, 꾸준한 수정과 보완 작업을 통해 더욱 안정적인 소프트웨어로 만들어내려는 자세가 필요하다.

게임 프로젝트 출시하기

게임의 기획부터, 게임 캐릭터, 배경, 이벤트, CG, BGM 제작 등 다양한 게임 리소스를 생성한 후 프로그래밍 과정을 거쳐서 생성형 AI를 활용한 첫 번째 게임을 만들었다. 축하한다. 그렇지만 아직 끝이 아니다. 이제 내가 만든 게임을 세상에 알릴 차례가 아직 남아 있다. 구글 플레이스토어와 원스토어에 등록해서 이 게임을 배포해야만, 그 지난한 과정에 마침표를 찍는 것이다.

이제 우리가 만든 게임을 어떻게 배포해야 하는지 알아보자.

게임 출시 준비하기

게임 리소스를 게임 프로그램에 제대로 적용하고, 안드로이드폰이나 에뮬레이터(가상 디바이스)에서 정상적으로 실행되는 것을 확인했다면, 앱스토어에 출시하기 위한 준비를 해야 한다.

8.1.1 출시를 위한 패키지 빌드하기

안드로이드 앱을 배포하려면 앱 개발자에 대한 정보를 포함하고 있는 암호화된 파일인 '키스토어KeyStore'가 필요하다. 따라서 구글 플레이스토어나 원스토어에 안드로이드 앱을 배포하려면 반드시 키스토어를 이용해서 서명한 APK 파일이나 Bundle 파일을 사용해야 한다. 또한 해당 앱의 업데이트 버전을 배포하고자 할 때에도 반드시 동일한 키스토어를 사용해서 서명한 APK 파일 또는 Bundle 파일만 재배포가 가능하다. 이를 통해서 다른 개발자가 임의로 타인이 서명한 앱을 배포하지 못하게 되기 때문에, 특정 앱을 사용할 때 서명한 키스토어는 절대로 분실되지 않도록 주의해야 한다.

안드로이드 스튜디오에서 게임 앱 개발 도중 안드로이드폰이나 에뮬레이터(가상 디바이스)에 앱을 설치하고 실행할 때에는 디버그용 키스토어(debug.keystore)를 사용해서 임의로 서명한 후 배포하게 된다. 그렇기 때문에 개발할 때는 번거롭게 키스토어로 서명하는 작업을 할 필요가 없는 것이다. 대신 디버그용 키스토어는 유효기간이 1년이기 때문에, 절대로 디버그용 키스토어로 서명한 APK나 Bundle 파일을 앱스토어에 등록하면 안 된다.

안드로이드 스튜디오의 [Main Menu]를 클릭하고 [Build] → [Generate Signed
App Bundle/APK …] 메뉴를 클릭하면 완성한 게임 프로그램을 키스토어를 이용
하여 서명한 APK 파일이나 Bundle 파일을 만들 수 있다.

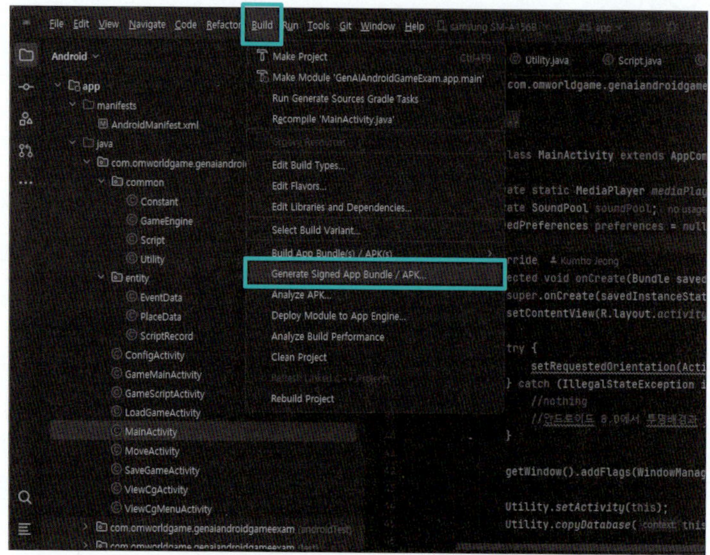

▲ **그림 8-1** 서명한 앱 Bundle/APK 생성 메뉴 화면

안드로이드 앱은 'Android App Bundle' 파일이나 APK 파일 중에 하나를 선택해
서 빌드하고 배포할 수 있는데, 여기서는 APK 파일을 선택하겠다.

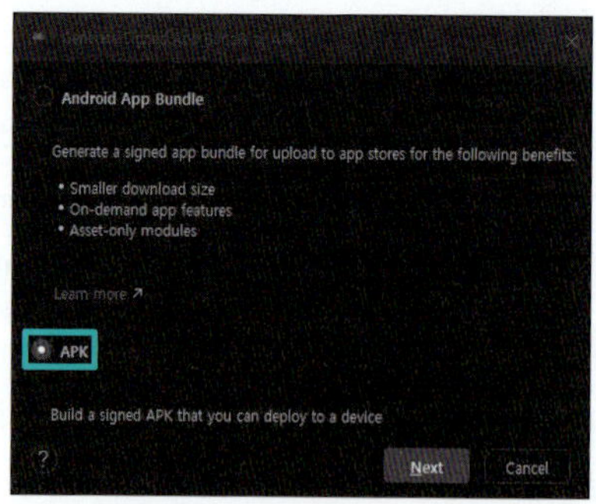

▲ **그림 8-2** 생성할 앱의 종류 선택 화면

서명할 키스토어를 선택하는 창이 뜨는데, 처음 서명된 앱을 빌드할 때에는 아직 선택된 키스토어 파일이 없어서 모든 항목이 비어있다. 가운데쯤 있는 [Create New] 버튼을 눌러서 새 키스토어를 만든다.

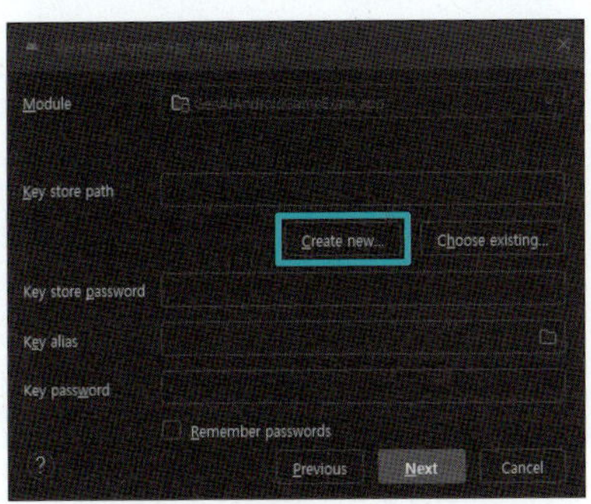

▲ **그림 8-3** 서명할 키스토어 선택 화면

앞서 이야기한 대로 앱스토어에 배포하기 위해 사용되는 키스토어 파일은 업데이트할 때 반드시 필요하므로 분실하면 안 된다. 게임 프로젝트와 같이 관리를 하거나 별도의 키스토어 관리 폴더를 만들어서 잘 관리할 필요가 있다. 임의의 폴더에 heartbeats_idol.jks와 같은 이름을 가진 키스토어 파일을 생성한 다음 키스토어용 암호와 Key alias(키 이름)와 Key alias(키 이름)용 암호를 입력해준다. 유효기간은 기본 25년으로 설정되어 있는데, 25년이면 충분하다. Certificate 항목에는 개발자 정보를 기재해주면 된다. 개발자 이름, 회사 이름이나 부서 이름, 도시, 국가 코드 등을 필요한 항목만 입력해준다.

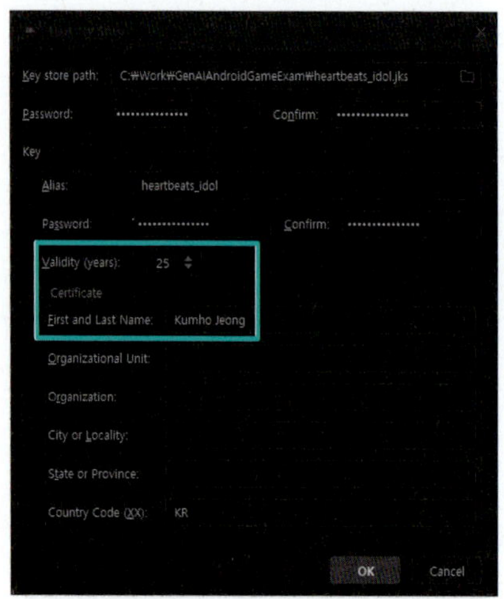

▲ 그림 8-4 키스토어 생성 화면

키스토어를 생성하면 키스토어 암호, 키 이름(Key Alias), 키 암호가 자동으로 채워진다. 'Remember passwords' 항목을 체크해서 다음에 빌드할 경우 굳이 암호를 직접 입력하지 않아도 되게 해준다.

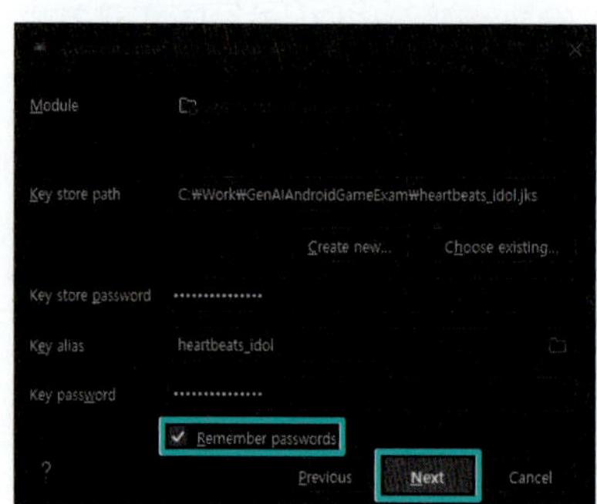

▲ 그림 8-5 새로 만든 키스토어가 선택된 화면

키스토어 선택 후 [Next] 버튼을 누르면, 생성된 APK 파일이 저장될 폴더 위치와
빌드 종류를 선택하는 창이 뜬다. 앱스토어 배포를 위해 빌드하는 것이니 당연히 '릴
리즈(release)' 버전을 선택하고 [Create] 버튼을 누른다.

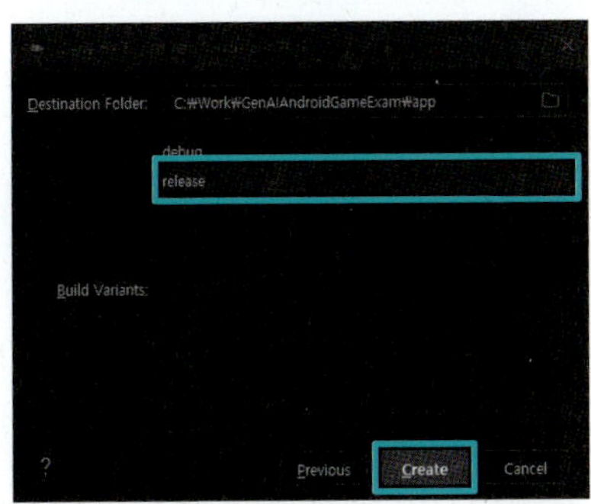

▲ **그림 8-6** 빌드 위치와 종류 선택 화면

안드로이드 스튜디오의 오른쪽 하단에 "빌드 중"이라는 표시가 되고, 빌드가 끝나면
[그림 8-7]처럼 서명된 APK 파일이 생성되었다는 알림이 뜬다. 여기서 'locate' 링
크를 클릭하면 빌드한 APK 파일이 있는 폴더를 파일 탐색기로 띄워준다.

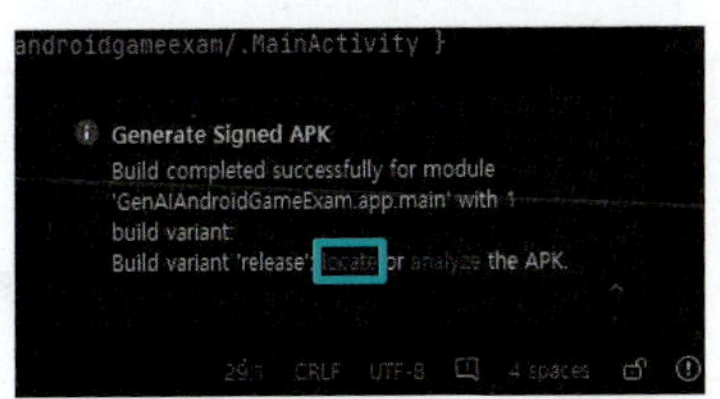

▲ **그림 8-7** 빌드 완료 메시지 화면

파일 탐색기에서 app-release.apk 파일을 볼 수 있는데, 바로 이 파일이 앱스토어
에 업로드해야 하는 파일이다.

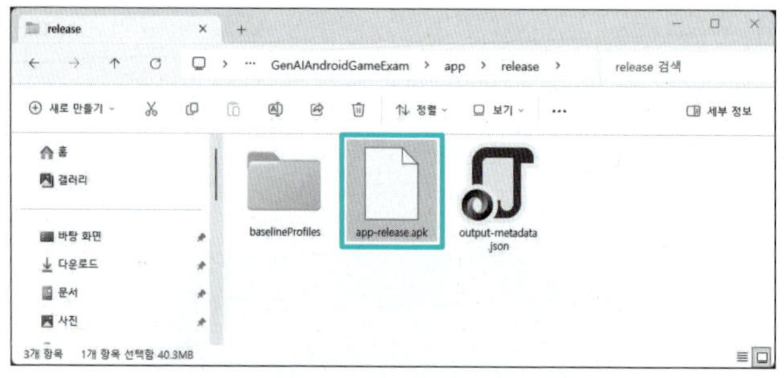

▲ **그림 8-8** 생성된 APK 파일이 위치한 폴더의 파일 탐색기 화면

APK 파일의 크기는 생성형 AI로 만든 이미지 파일(약 7MB)이나 음악 파일(약 24MB) 때문에 약 40MB 정도가 된다. 참고로 게임용 이벤트 스크립트 데이터베이스 파일은 300KB 정도 밖에 안 되기 때문에 큰 영향을 주지 않는다.

8.1.2 게임 출시를 위한 추가 이미지 생성하기

게임 자체에는 사용되지 않지만, 앱스토어에 등록할 때 필요한 이미지가 하나 있다. 구글 플레이스토어에는 1024×500픽셀 크기이고, 원스토어에는 1024×578픽셀 크기의 게임 소개용 이미지다. 구글 플레이스토어와 원스토어 양쪽에 출시하려면 일단 1024×578픽셀 크기의 이미지로 만든 다음, 구글 플레이스토어용으로 1024×500픽셀 크기로 잘라서 사용하면 된다.

김프를 실행하고, [파일] → [새 이미지] 메뉴를 클릭하면 [그림 8-9]와 같은 '새 이미지 만들기' 창이 뜬다. 여기서 너비로 1024를, 높이로 578을 입력한 다음 [확인] 버튼을 누르면 1024×578픽셀 크기의 캔버스가 만들어진다.

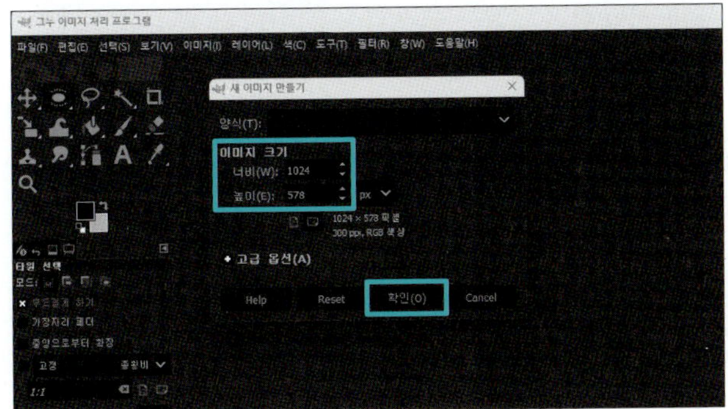

▲ **그림 8-9** 새 이미지 만들기 화면

다음과 같이 이미지 생성형 AI로 만든 3명의 캐릭터들의 이미지를 레이어로 붙여 넣고, 위쪽에 게임 이름을 텍스트로 넣어서 앱스토어용 이미지를 완성해주면 된다.

▲ **그림 8-10** 완성된 앱스토어용 이미지 화면

깃허브에 김프에서 사용할 수 있는 앱스토어용 이미지 파일이 업로드되어 있으니 참고하자.

- https://github.com/nashorn74/GenAIGameResource/blob/main/images/appstore_image.xcf

- https://github.com/nashorn74/GenAIGameResource/blob/main/images/appstore_image.jpg

8.1.3 스크린숏 캡쳐하기

안드로이드폰이나 에뮬레이터(가상 디바이스)에서 게임 앱을 테스트할 때, 메인 화면이나 인트로, 이벤트 화면, 지도 화면 등 게임 플레이 도중에 앱스토어에 등록하기 위한 스크린숏을 찍어 두는 것이 좋다. 안드로이드폰 제조사에 따라서 화면 캡처 방법이 다를 수 있지만, 삼성의 갤럭시폰일 경우에는 측면 버튼과 음량(하) 버튼을 동시에 누르면 된다.

▲ 그림 8-11 안드로이드폰에서 화면 캡처한 스크린숏 이미지들

안드로이드폰의 해상도가 높기 때문에 화면을 캡처한 이미지들의 크기도 작은 편이 아니다. 앱스토어에 따라서는 스크린숏 이미지의 크기가 너무 크거나 용량이 너무 커도 등록이 안 되는 경우가 있기 때문에, 높이를 1300픽셀 정도로 크기를 줄여서 저장하는 것이 좋다.

8.1.4 게임 설명 작성하기

챗GPT를 이용해서 게임 이름, 캐릭터/배경 설정, 이벤트 달력 및 이벤트 스크립트까지 모두 생성했기 때문에 앱스토어에 게임을 등록하기 위해 필요한 게임 설명을 만드는 것은 어려운 일이 아니다.

프롬프트 질문 8-1

앱스토어에 게임을 등록하기 위해 필요한 게임 설명을 만들어줘.

프롬프트 답변 8-1

게임 설명

게임 제목: 하트비트 아이돌 (Heartbeats Idol)

설명:

"하트비트 아이돌 (Heartbeats Idol)"은 당신을 K-pop 아이돌 스타를 발굴하는 서바이벌 예능 프로그램의 주인공으로 초대합니다. 매력적인 연습생들과 함께 꿈을 향해 나아가며, 설레는 연애와 치열한 경쟁을 경험해보세요!

주요 특징:

- **스토리 중심 게임플레이:** 당신의 선택에 따라 달라지는 다양한 이야기 전개! 매일매일 새롭게 펼쳐지는 이벤트를 통해 연습생들과의 관계를 발전시켜보세요.
- **매력적인 캐릭터들:** 개성 넘치는 세 명의 공략 가능한 여성 캐릭터와 함께 하는 달콤한 로맨스와 우정! 각 캐릭터마다 독특한 성격과 배경 이야기가 기다리고 있습니다.
- **리얼한 예능 프로그램 체험:** 실제 예능 프로그램을 보는 듯한 생동감 넘치는 에피소드와 촬영 현장! 매주 금요일마다 펼쳐지는 예능 프로그램 촬영에서 최고를 향한 도전을 즐겨보세요.
- **다양한 배경 장소:** 연습실, 녹음실, 기숙사, 무대, 방송국, 카페, 옷가게/스타일리스트 샵, 학교, 공원, 회사 회의실, 팬미팅 장소, 촬영 스튜디오 등 다양한 장소에서 펼쳐지는 이벤트!
- **감동적인 주제가:** 게임 속 이야기를 더욱 풍성하게 만들어줄 감동적인 주제가! 아름다운 멜로디와 가사로 당신의 마음을 울립니다.

앱스토어에 등록되는 게임은 10개의 키워드를 등록할 수 있는데, 이 또한 챗GPT를 이용하면 어렵지 않게 생성할 수 있다.

앱스토어에 게임을 등록하기 위해 필요한 게임 키워드 10개를 한글로 만들어줘.

1. 연애 시뮬레이션
2. K-pop
3. 아이돌
4. 서바이벌
5. 로맨스
6. 예능 프로그램
7. 연습생
8. 드라마틱
9. 스토리 게임
10. 청춘

이로써 앱스토어에 우리가 만든 게임 앱을 등록하기 위해 필요한 APK 파일과 앱스토어용 이미지 파일, 스크린숏 이미지 파일들과 게임 설명 문구와 키워드까지 준비되었다.

8.2 게임 출시하기

이 책에서는 '원스토어'에 게임을 출시하는 방법을 다룬다. 구글 플레이스토어보다 상대적으로 회원 가입 및 앱 등록이 더 쉬울 뿐만 아니라, 여기서 만든 연애 시뮬레이션 게임에 대한 수요가 구글 플레이스토어보다 많기 때문이다. 게임의 장르에 따라서 구글 플레이스토어가 더 많이 판매되는 경우가 있고, 원스토어에서 더 많이 판매되는 경우가 있다. 예를 들어, 역사 시뮬레이션인 '삼국전쟁'이나 '임진전쟁'과 같은 게임은 구글 플레이스토어에서 상대적으로 많이 판매되었고, '리플레이' 시리즈와 같은 연애 시뮬레이션 게임들은 원스토어에서 상대적으로 많이 판매되었다.

8.2.1 앱스토어 계정 만들기 및 로그인

먼저 원스토어 개발자 사이트(https://dev.onestore.co.kr/)에 접속해서, 다른 일반 웹사이트와 같이 회원 가입을 한다. 유료 앱 판매를 위해서는 계좌 정보 등을 회원으로 가입한 다음에 추가로 등록해야 한다. 구글 플레이스토어나 애플 앱스토어는 앱 출시를 위한 개발자로 등록할 때는 일정 비용을 지불해야 하지만, 원스토어는 무료 가입이 가능하기 때문에 부담이 덜하다.

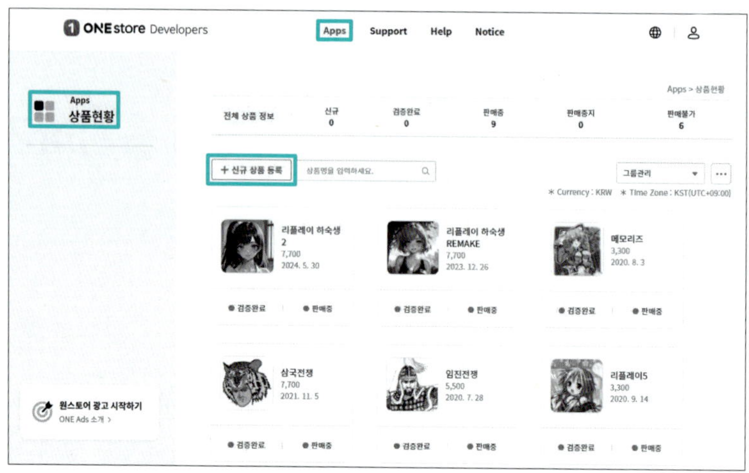

▲ **그림 8-12** 원스토어 개발자 사이트의 상품 현황 페이지

로그인을 하고 [Apps] → [상품 현황] 메뉴를 선택하면 현재 판매 중인 앱의 정보와 [신규 상품 등록] 버튼을 볼 수 있다. 현재는 비어 있지만, 앞으로 여러분이 등록하는 모든 앱들은 여기에서 조회 및 관리를 할 수 있게 된다.

8.2.2 상품 정보 생성 및 등록하기

상품 현황 페이지에서 [신규 상품 등록] 버튼을 누르면, [그림 8-13]과 같은 상품 등록 창이 뜬다. 상품 제목에는 게임 이름(한글)을 입력하고, 기본 언어 설정에는 '한국어'를 선택한다. 패키지 네임에 여러분이 만든 게임의 패키지 네임을 입력하고 '중복 체크'를 누르면 사용 가능 여부를 알려준다.

다시 한번 강조하지만 예제 게임의 기본 패키지 네임인 com.omworldgame.genaiandroidgameexam은 절대로 사용하지 말고, 자신만의 패키지 네임을 만들어서 사용해야 한다.

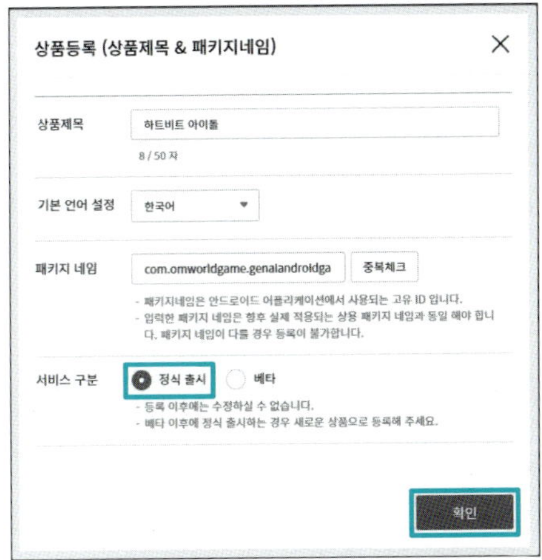

▲ 그림 8-13 상품 등록 창 화면

서비스 구분에서 '정식 출시'를 선택한 상태에서 [확인] 버튼을 누르면, 새로운 상품이 등록되면서 자동으로 상품 현황의 상품 정보 페이지로 이동한다.

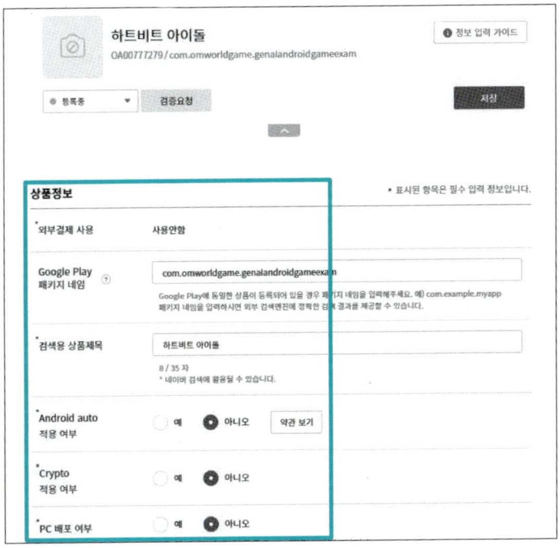

▲ 그림 8-14 상품 정보 페이지 화면

상품 정보 페이지의 '외부 결제 사용'은 '사용안함'을 선택하고, 'Google Play 패키지 네임'은 앞서 등록한 패키지 네임과 동일하게 입력해주면 된다. '검색용 상품제목'은 게임 이름과 동일하게 놔두고 'Android auto 적용 여부' 'Crypto 적용 여부' 'PC 배포 여부' '광고 SDK' '확률형 아이템 포함 여부' 등의 항목들도 '아니오'를 선택한 상태로 둔다.

한국에서 게임을 출시할 때 가장 중요한 것이 바로 '이용등급' 분류인데, 원스토어는 자체 등급 분류가 가능하기 때문에 18세 이용가가 아닌 이상 [등급 분류 설문 작성] 버튼을 누르고 등록하는 게임에 맞게 질문지에 대한 답변을 제출하면 자동으로 등급 분류가 된다. 원스토어 담당자들이 검증 요청을 한 앱을 검수할 때 여기서 등록된 등급 분류와 맞지 않다고 판단되는 경우에는 앱 등록을 거부할 수 있다.

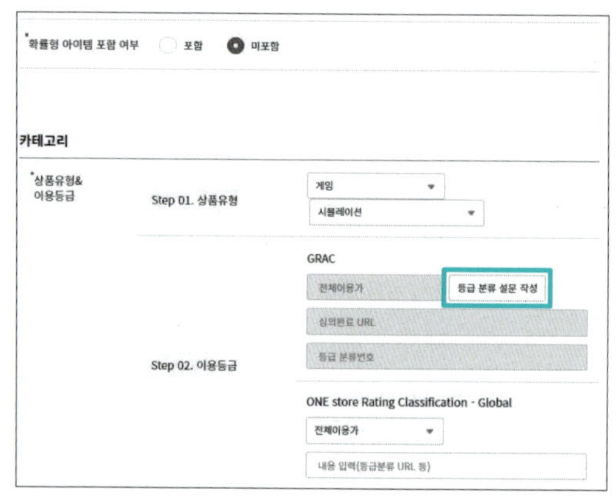

▲ 그림 8-15 상품 유형 및 이용 등급 항목 화면

우리가 등록하려는 게임은 위치 정보를 수집하거나 활용하지 않고, 개인 정보를 수집하거나 활용하지 않으며 타인의 지식재산권 정보를 사용하고 있지 않기 때문에 모두 '아니오'를 선택해준 다음 상단에 있는 [저장] 버튼을 눌러서 지금까지 입력한 내용을 저장한다.

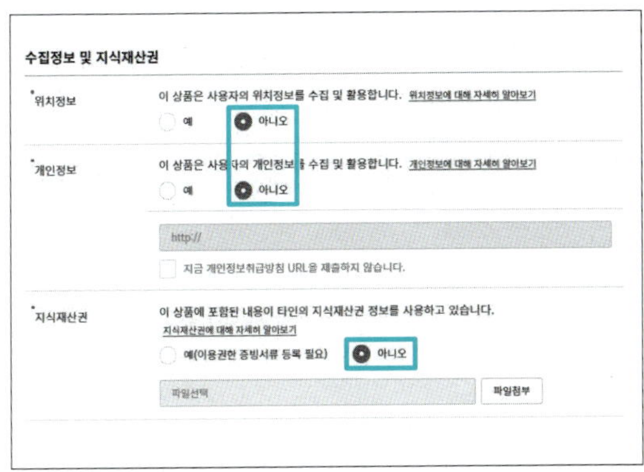

▲ **그림 8-16** 수집 정보 및 지식재산권 항목 화면

8.2.3 앱스토어 규정에 맞게 추가 정보 등록하기

상품 현황의 '기본 정보' 입력이 모두 끝났으니, 왼쪽 메뉴에서 '판매 정보'를 클릭한다. 처음에 입력했던 게임 이름이 상품 제목에 이미 입력되어 있지만, '한줄설명'과 '상품설명'은 직접 입력해야 한다. '상품설명'은 챗GPT가 생성해 준 게임 설명 내용을 복사해서 붙여 넣으면 되고, '한줄설명'에는 게임 설명 내용 중에 한 줄로 게임을 설명할 수 있는 문장만 복사해서 붙여 넣어준다. 필수 항목으로 등록해야 하는 '그래픽 이미지'에 앞서 김프로 만든 1024×578픽셀 크기의 이미지 파일을 선택해서 등록해준다.

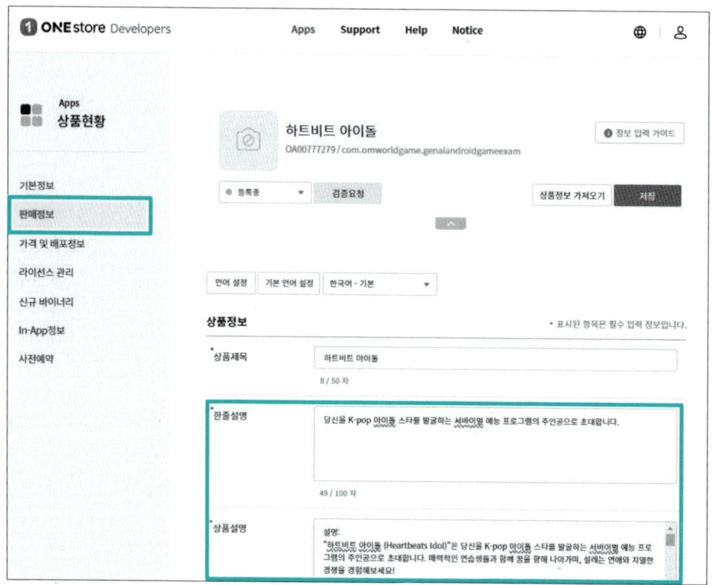

▲ 그림 8-17 상품 정보 입력 화면

대표 아이콘에는 512×512픽셀 크기의 이미지 파일을, '스크린 샷'에는 2장 이상의 스크린숏 이미지 파일들을 등록해준다. 스크린숏의 해상도는 1300×1300픽셀 이하이어야 한다.

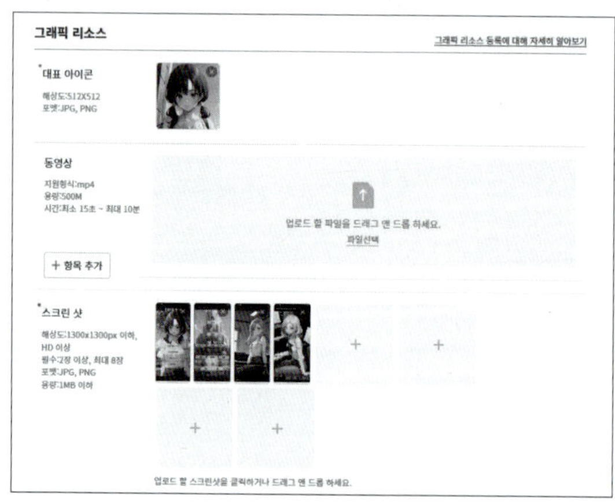

▲ 그림 8-18 그래픽 리소스 입력 화면

키워드 항목에도 역시 챗GPT가 생성 했던 게임 소개용 10개의 키워드를 넣은 다음, 상단에 있는 [저장] 버튼을 눌러 준다.

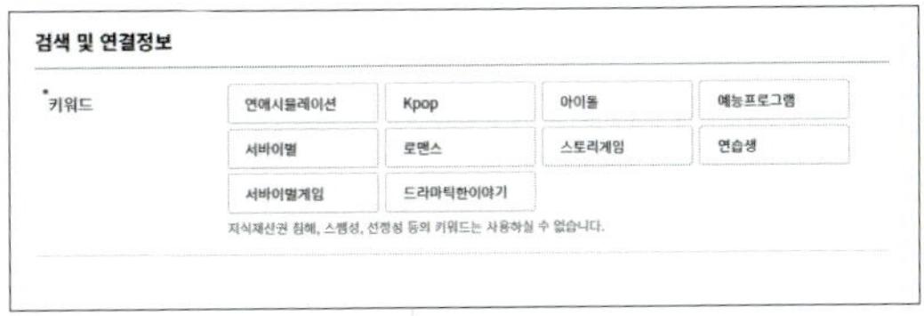

▲ **그림 8-19** 검색 및 연결 정보 입력 화면

앱스토어에 노출되는 게임의 판매 정보를 입력했으니, 게임의 가격과 배포 정보를 입력할 차례다. 상품 현황의 세 번째 메뉴인 '가격 및 배포정보'를 선택하고, '배포 국가/지역'은 '대한민국', '기본가격'은 '무료'로 선택한 다음 [저장] 버튼을 누른다. 만일 유료로 판매하고 싶다면 '유료' 항목을 선택하고 원하는 '판매가격'을 입력해준다. 1,000원에 판매하고 싶다면 판매 가격의 10%인 부가세 100원을 합해서 1,100원을 입력하면 된다. 유료 판매를 위해서는 정산 금액을 송금 받기 위한 사용자의 계좌 정보를 반드시 입력해야 한다.

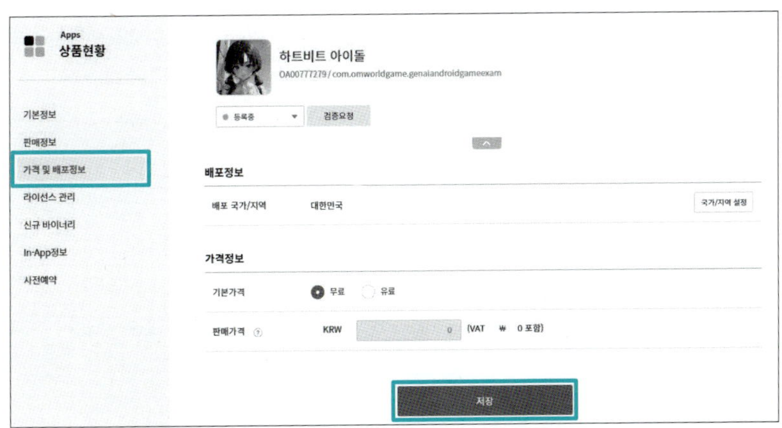

▲ **그림 8-20** 가격 및 배포 정보 입력 화면

 ## 빌드된 최종 패키지 업로드하기

우리가 만든 게임은 '라이선스 관리' 'In-App 정보' 및 '사전예약' 메뉴는 필요 없으
니, 이제 남은 것은 '신규 바이너리' 메뉴 뿐이다. 별도의 서명 키를 등록하지 않고, 이
미 서명한 APK 파일을 등록하는 것이기 때문에, '바이너리 유형'은 'APK' '서명키'
는 '앱 서명 사용안함'을 선택하고 [완료] 버튼을 누른다.

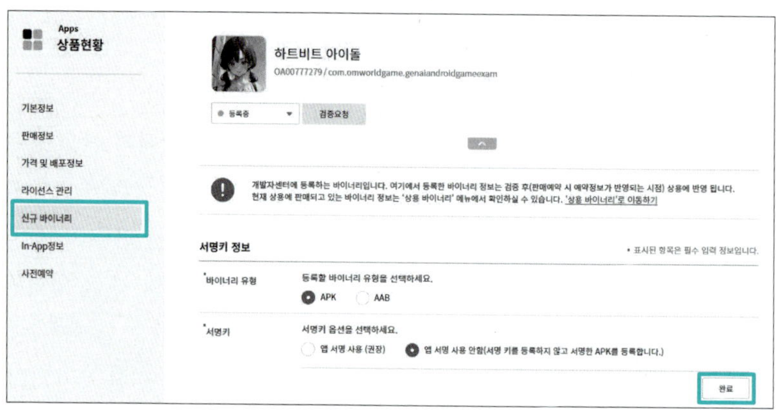

▲ **그림 8-21** 신규 바이너리 페이지 화면

신규 APK 업로드 화면에 앞서 빌드한 서명한 APK 파일(app-release.apk)을 드래
그 & 드롭을 하거나 파일 찾기를 눌러서 해당 APK 파일을 선택해준다.

▲ **그림 8-22** 신규 APK 업로드 화면

'파일 찾기' 링크를 누른 경우에는 신규 바이너리 등록 창이 뜨는데, [파일 찾기] 버튼을 눌러서 app-release.apk 파일이 있는 위치로 이동해서 해당 APK를 선택해준다.

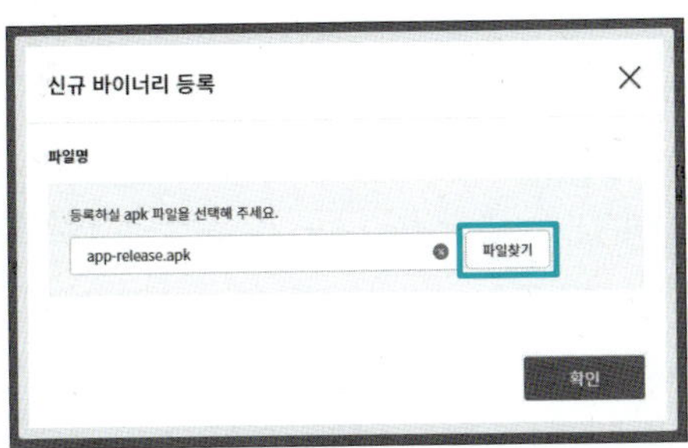

▲ 그림 8-23 신규 바이너리 파일 선택 화면

등록할 APK 파일을 선택하고 [확인] 버튼을 누르면 [그림 8-24]처럼 해당 파일이 업로드 되는 상황을 진행 바Progress Bar로 보여준다.

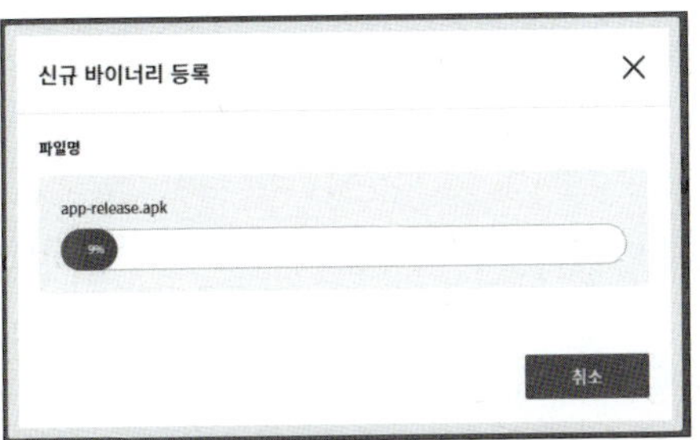

▲ 그림 8-24 신규 바이너리 파일 업로드 화면

업로드가 끝나면 등록된 바이너리의 정보를 보여주고, 필요할 경우 다시 APK 파일을 등록할 수 있는 페이지로 이동한다. 검증 요청하기 전에 게임 프로그램 수정을 했다면 다시 빌드한 다음 [파일 찾기] 버튼을 눌러서 새로 빌드한 APK를 선택해서 등록해주면 된다.

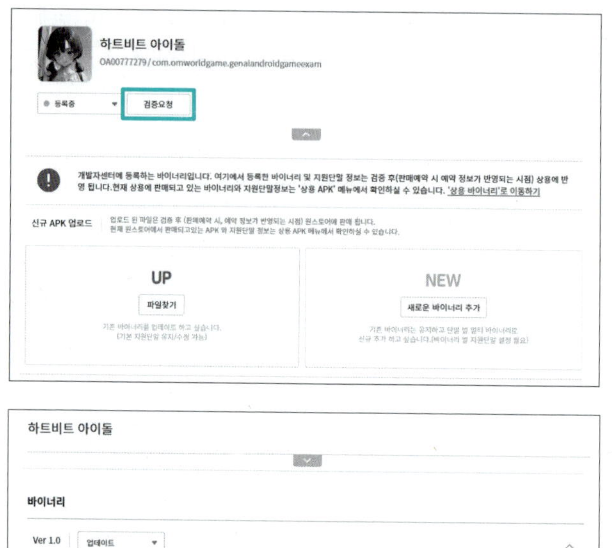

▲ **그림 8-25** 바이너리 등록 화면

지금까지 등록한 기본 정보, 판매 정보, 가격 및 배포 정보 그리고 바이너리까지 문제가 없다면 페이지 상단에 있는 [검증요청] 버튼을 누른다.

8.2.5 검수 요청하기

바이너리 등록 후, [검증요청] 버튼을 눌렀다면 [그림 8-26]과 같은 검증 요청 화면으로 이동한다. 옵션 항목은 '검증완료 시, 판매 및 APK정보를 즉시 적용합니다'를 선택하고 하단의 [저장] 버튼을 눌러준다.

▲ 그림 8-26 검증 요청 화면

검증 요청 확인 창이 떴을 때 '예'를 누르면, 검증 요청이 전송되고 검증 정보 페이지
로 이동한다.

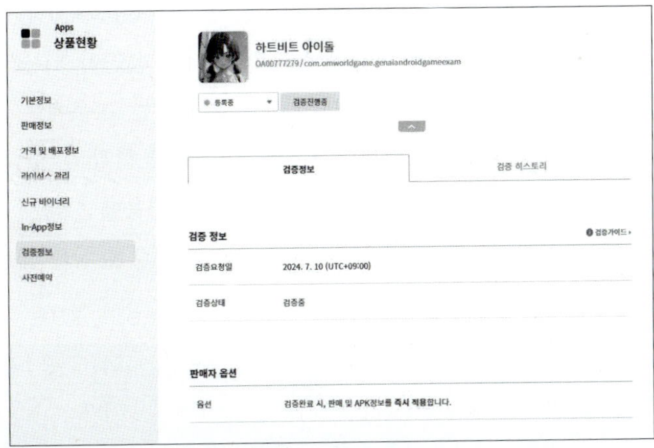

▲ 그림 8-27 검증 정보 화면

회원 가입할 때 입력한 이메일 주소로 검증 요청이 접수 되었다는 이메일이 수신되었으면 정상적으로 검증 요청이 처리된 것이다. [Apps] → [상품현황] 메뉴를 누르면, 아무 앱도 등록되어 있지 않던 화면에 새로 등록한 게임 앱 정보가 보이고, 현재 '검증 중'이라는 상태가 표시된다.

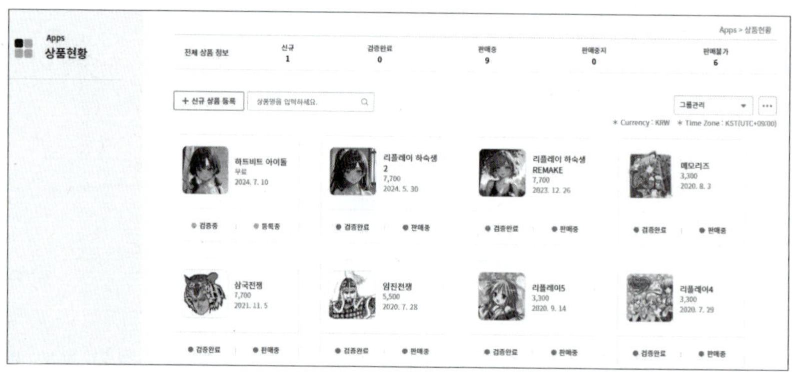

▲ 그림 8-28 검증 중인 앱 정보가 포함된 상품 현황 화면

원스토어의 경우, 근무일 기준 검증 요청 후 1~2일 이내에 신속하게 검증 결과가 나온다. 등록한 게임이나 상품정보에 특별한 문제가 없어서 승인이 되는 경우 곧바로 원스토어에서 노출되어 판매가 된다. 만일, 등록이 거부되는 경우에는 거절 이유를 이메일로 통지해주는데, 검증 정보 화면에서 거절 이유를 조회할 수 있다. 이 문제를 해결하기 위해서 게임 이미지나 게임 스크립트를 수정한 다음에는 다시 게임 프로그램에 적용하고 빌드한 다음에 다시 바이너리를 등록하고 검증 요청을 해야 한다.

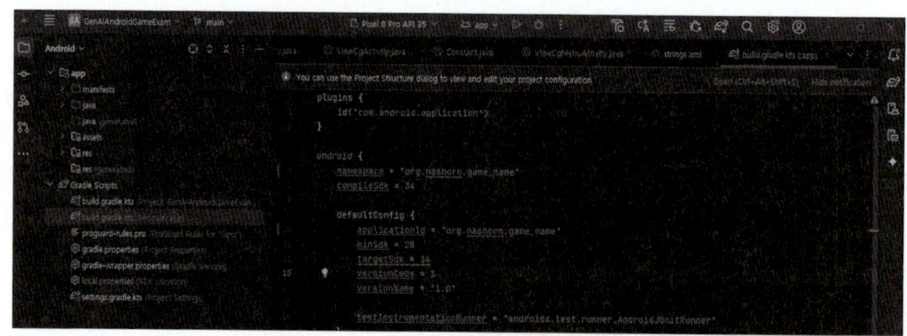

▲ 그림 8-29 빌드 파일의 버전 코드와 버전 이름

등록이 거부되어 수정하고 다시 등록해야 하거나, 정상적으로 등록되어 승인된 게임 앱을 업데이트 하기 위해서는 build.gradle.kts(Module:app) 파일에서 versionCode와 versionName을 수정해줘야 한다. versionCode는 1부터 시작해서 1씩 계속 증가되어야 하고, versionName은 '1.01' '1.02' 또는 '1.1' '1.2'와 같이 버전 넘버를 수정해주면 된다.

생성형
AI를
활용한
게임 개발
MUSIC
PHOTOS

생성형 AI를 이용한 게임 개발의 장단점

6~8장에 걸쳐 생성형 AI를 이용해서 직접 게임 개발을 해봤다. 생성형 AI를 이용해서 게임 하나를 만드는 것은, 생성형 AI로 이미지 한 장을 생성하는 것이나 음악 한 곡을 작곡해보는 것과는 전혀 다른, 레벨의 난이도가 높은 작업이라는 것을 어렵지 않게 깨달았을 것이다. 그리고 이런 과정을 통해서 우리는 생성형 AI의 장단점에 대해서 직접적으로 경험해 볼 수도 있었다. 이제 전체적인 마무리를 할 단계다. 이번 장에서는 생성형 AI를 이용해서 게임 개발을 할 때의 장점과 단점에 대해 정리한다.

생성형 AI를 이용한
게임 개발의 장점

지난 1년간 생성형 AI를 이용하여 25종 이상의 게임을 직접 개발하고 출시해오면서 느낀 장점은 다음과 같다.

9.1.1 높은 생산성

처음 생성형 AI를 이용해서 게임을 만들 때는 시행착오를 겪으며 활용 방법을 익히느라 게임 하나당 2~3개월 정도나 걸렸지만, 나만의 생성형 AI의 게임 제작 프로세스를 만든 지금에는 며칠이면 게임 하나를 뚝딱 개발해서 앱스토어에 출시할 수 있게 되었다.

새로운 게임 아이디어가 떠오르면, 챗GPT로 게임을 설정하고 스테이블 디퓨전으로 설정한 내용대로 이미지를 만들어본다. 적절한 캐릭터 설정이 끝나면 곧바로 이벤트 달력과 몇천 줄의 이벤트 스크립트, 수백 장의 이벤트 CG를 생성해낸 다음, 엑셀로 게임용 이벤트 스크립트 데이터베이스를 완성하는 데 하루이틀이면 충분하다.

그리고 배경 CG와 BGM/주제가를 생성하는 것으로 게임 리소스 준비가 모두 끝나면 새로운 게임 앱 프로젝트를 만들어서 게임 리소스를 적용한 게임 앱을 마무리하면 된다.

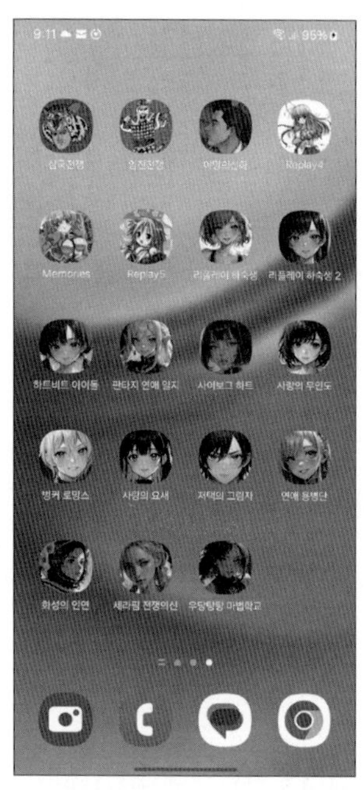

▲ 그림 9-1 필자가 직접 만든 게임 아이콘으로 가득한 홈 화면

게임의 장르가 한정되어 있고 게임 볼륨이 크지 않다고 해도, 지금은 한달에 5~10 개 정도의 게임을 앱스토어에 출시하는 것을 시도하고 있다. 게임 프로그램을 제외한 모든 게임 리소스는 높은 생산성을 보장하는 생성형 AI로 만들어내기 때문에 가능한 일이다.

[그림 9-1]의 홈 화면에 있는 게임 중에 9개의 게임은 불과 한 달 정도의 기간 동안에 완성한 것들이다. 모든 게임에는 중복되지 않은 시나리오, 이미지와 음악을 사용하고 있는데도 이렇게 빠르게 하나의 게임을 만들어 낼 수 있는 것은 생성형 AI 덕이다. 생성형 AI를 쓰지 않고는 불가능하다.

300개의 모바일 앱을 만들고 퇴사한 개발자의 이야기에 영감을 받아서 개인적인 목표로 앞으로 몇 년간 300개의 모바일 게임을 만들어보고자 한다. 현재까지 내가 출시한 모바일 게임이 25개 이상이니 앞으로 최소 275개만 더 만들면 된다. 물리적으로 300개의 게임을 만드는 것은 생성형 AI를 이용한다면 시간 문제일 뿐이지만, 벌써부터 소재가 고갈되어 고민이다. 그동안 즐겨보았던 수많은 영화나 소설, 만화 등에서 소재를 발굴해야 할 듯 하다.

9.1.2 높은 품질

지금까지 살펴본 것처럼 생성형 AI를 이용한다면 특정 게임 스토리에 맞는 이미지와 음악을 만들어 내는 것은 더 이상 어려운 일이 아니다. 비록 AI로 만든 이미지나 음악이라는 것이 티가 난다고 하더라도, 상대적으로 적은 시간과 비용을 들여서 이 정도의 품질을 가진 결과물을 만드는 다른 방법은 존재하지 않는다. 게다가 생성형 AI의 발전 속도는 굉장히 빨라서, 더 좋은 품질을 가진 결과물을 생성할 수 있게 될 확률이 높다.

생성형 AI를 사용하는 방법 자체가 어렵지 않을 뿐만 아니라, 생성형 AI로 결과물을 만드는 방법을 쉽게 공유할 수 있어서 높은 품질의 결과물을 손쉽게 만들어낼 수 있다는 것도 장점이다. 내가 생성형 AI를 이용해서 만든 모든 게임의 이미지를 생성한 모델(체크포인트), LoRA와 프롬프트는 Tensor.Art의 포스트 기능을 이용해서 모두 공개하고 있다. 게임에 사용한 캐릭터 이미지는 물론 배경 이미지와 게임에서 사용된 모든 주제가와 배경음악의 프롬프트도 역시 공개해 놓았으니 아래 URL을 참고하기 바란다.

- https://tensor.art/u/650292215352028411

- https://www.udio.com/creators/nashorn74

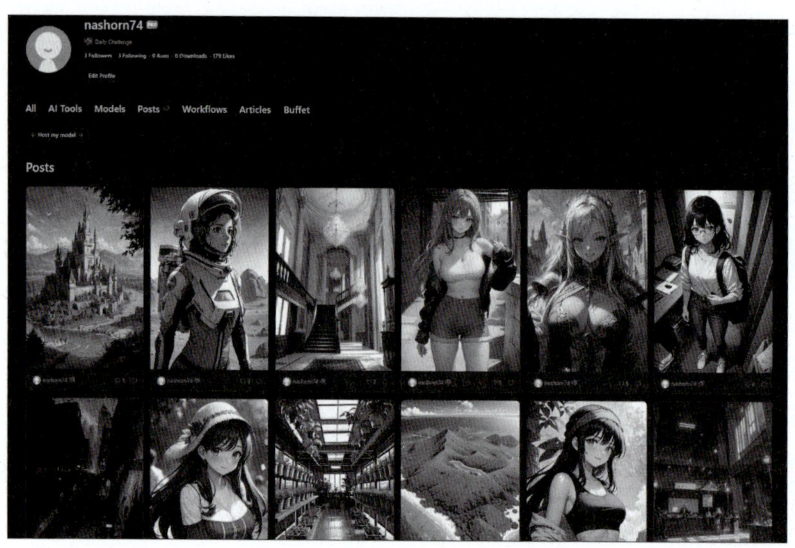

▲ 그림 9-2 필자가 공개한 Tensor.Art 프로필 화면

9.1.3 단점을 커버하는 물량 공세

현재 수준의 챗GPT나 클로드를 이용하여 게임 시나리오를 작성하는 것은 생각보다 작업량이 많아서 오버헤드가 발생하는 큰 작업이다. 이벤트 스크립트를 생성하다 보면 스스로 설정했던 내용이나 맥락이 유지되지 못해서, 앞에서 설정한 내용을 끊임없이 참조해서 작업을 지시해야 하고 그렇게 명령을 내려도 이벤트 스크립트 도중에 천연덕스럽게 전혀 다른 내용으로 바꿔버리기도 한다. 이러한 한계를 감안해서 작업을 하더라도 꽤나 만만치 않은 일이라 단순한 구조의 시나리오라면 어떻게 해서든 완성할 수 있지만, 아직까지는 복잡한 구조의 시나리오 생성은 만만치 않아 보인다.

[그림 9-3]은 '연애 용병단'이라는 게임의 이벤트 달력과 실제 생성된 이벤트 스크립트를 정리해놓은 엑셀 시트다. 챗GPT가 초반에 생성한 이벤트 달력에 맞춰 이벤트 CG와 이벤트 스크립트를 생성했는데, 막상 생성된 이벤트 스크립트 중에 이벤트 달력 내용과 다른 부분이 많이 존재하는 것을 발견했다. 그래서 이벤트 스크립트를

생성할 때에는 일부러 이벤트 달력의 내용까지 프롬프트에 포함했지만 6명의 캐릭터 스크립트 중에 3명의 캐릭터 스크립트가 지시한 대로 생성되지 않았다. 잘못 생성된 스크립트만 다시 생성시켜도 원하는 대로 결과가 나오지 않아서, 결국 생성된 스크립트를 적절하게 직접 수정해서 마무리해야 했다.

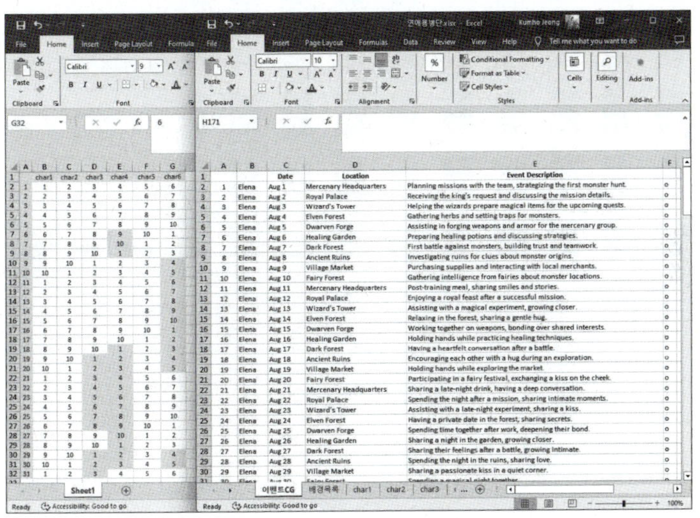

▲ **그림 9-3** 6명의 공략 캐릭터가 등장하는 게임의 이벤트 달력 화면

이제는 나름 노하우가 생겨서 평균적으로 게임용 이미지 한 장을 얻기 위해 4장의 이미지를 스테이블 디퓨전으로 생성하고 있다. 게임 시나리오는 챗GPT를 이용해서 생성하고 게임 시나리오에 맞는 이미지나 음악을 생성하기 위한 프롬프트 역시 챗GPT로 손쉽게 만들어 내고 있다. 때로는 원하는 이미지나 음악이 쉽게 생성되지 않아서 마음에 드는 결과물이 나올 때까지 생성해야 하는 경우도 있지만, 대부분의 경우에는 게임에 사용하기에 무난한 결과물을 만들수 있다.

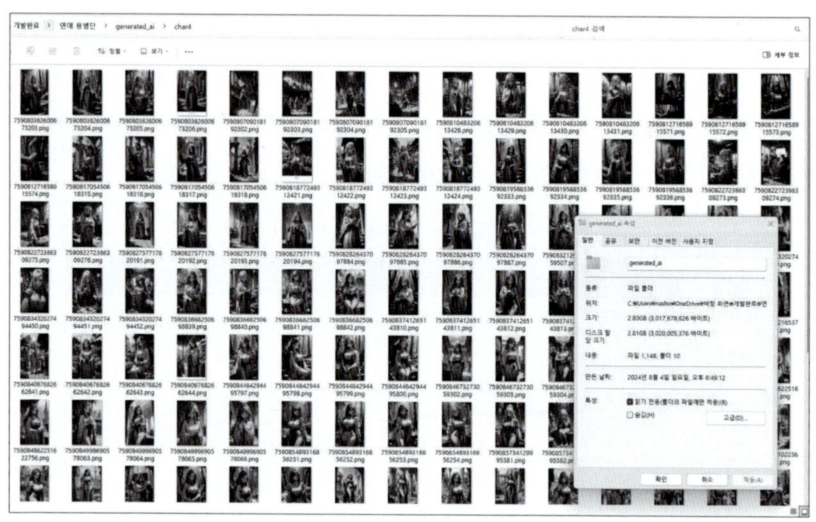

▲ **그림 9-4** 200장의 게임 이미지를 얻기 위해 1,100장(2.8GB)의 이미지를 생성한 화면

9.1.4 다양한 실험과 시도가 가능

게임 하나를 2~3개월 정도 걸려서 만들 때도, 개발 일정에 쫓길 수 밖에 없어서 다양한 시도를 하는 것이 쉽지 않았다. 그런데 아이러니하게도 며칠에 하나씩 찍어내듯 게임을 만드는 지금은 오히려 다양한 실험과 시도가 가능해졌다. 판타지 배경, 현실 배경, 미래 배경 등의 시대 배경을 마음대로 잡을 수 있고, 비행기가 추락한 무인도, 핵전쟁 이후의 벙커, 좀비 아포칼립스의 아지트, 먼지 폭풍에 파괴된 화성 기지, 사이보그 연구소, 용병단 본거지 등의 배경 장소 역시 제한 없이 정할 수 있기 때문이다.

다양한 소재를 이용하여 게임 시나리오를 쓰려면 일단 관련된 배경 지식이 충분히 있어야 하기 때문에, 다양한 소재를 넘나들면서 게임을 만든다는 것은 쉬운 일이 아니다. 그러나 지금 우리에게는 챗GPT와 같이 탄탄한 배경 지식을 갖춘 AI 도구가 있기 때문에, 특정 분야에 대해 특별히 공부하지 않고도 어렵지 않게 게임 시나리오를 만들어낼 수 있게 되었다. 물론 해당 게임 시나리오에 맞는 이미지를 생성하는 것 또한 도전이기는 하지만, 아주 특이한 소재가 아닌 한 어느 정도는 소화해낼 수 있다.

몇 개의 작은 게임들을 출시하고 나니 자신감이 붙어서 탐정이 등장해서 범인을 추리하는 게임 시나리오를 만들어봤다. 공략 가능한 3명의 여성 캐릭터뿐만 아니라 다회차 플레이를 지원하기 위해 3명의 범인이 등장하는 3개의 시나리오를 준비해서, 각각의 증거를 토대로 범인을 추리해내는 게임을 완성했다. 첫 번째 시도라 아쉬운 부분이 많지만, 챗GPT를 이용해서 단순한 시나리오만 만드는 것이 아니라 이처럼 복잡한 구조의 시나리오도 생성할 수 있다는 것을 확인할 수 있었다. 이 게임은 앞으로도 탐정 시리즈로 만들어서 계속 업그레이드 해 볼 생각이다.

생성형 AI를 이용해서 만드는 게임 장르를 현재는 '연애 시뮬레이션'으로 국한하고 있지만, '육성 시뮬레이션'이나 '전략 시뮬레이션'과 같이 다양한 장르로 확대하는 것 또한 시도해 볼 예정이다.

▲ **그림 9-5** 화성 표면에서 우주복을 입은 캐릭터 이미지

9.1.5 창고에 쌓아 두었던 기획서들을 다시 꺼내야 할 때

생성형 AI로 만드는 게임 중에는 20년 전에 작업했던 게임 시나리오를 이용해서 개발 중인 게임이 있다. 추가적인 시나리오 작업을 위해 20년 만에 당시 시나리오를 담당했던 작가에게 연락을 했고, 정말 오랜만에 게임 출시를 위해 같이 작업을 진행 중이며 일부 게임 시나리오 작업은 챗GPT를 이용하고 있다. 시나리오는 아직 미완성이지만, 게임에 사용할 이미지 800장과 음악 13곡은 이미 준비된 상태다. 즉, 시나리오만 완성되면 금방 게임 출시가 가능한 상황인 것이다.

생성형 AI 덕에 마음에 드는 시나리오 작가, 캐릭터 디자이너, 음악 스튜디오 등을 찾지 않아도 되고, 기껏 찾아서 계약한 사람들이 프로젝트 중간에 중도 포기하면서 투자한 시간과 비용을 날리고 프로젝트 자체가 중단될 일은 더 이상 없게 되었다. 이제는 정말 창고에 쌓여 있는 오래된 게임 기획서들을 꺼내서 중단되었던 게임 프로젝트들을 다시 부활시켜야 할 때가 되었다.

생성형 AI를 이용한 게임 개발의 단점

모든 기술에는 장점만 있는 것이 아니라 당연히 단점도 존재한다. 여기서는 생성형 AI를 이용해서 게임을 개발할 때의 단점이라고 느낀 부분에 대해서 살펴보겠다.

9.2.1 생성형 AI에 대한 사용자의 거부감

게임을 개발하는 개발자 입장에서만 보면, 생성형 AI는 그동안 경험했던 수많은 이슈를 해결해주는 좋은 도구일 수 있다. 하지만 그렇게 만들어진 게임을 즐기는 사용자 입장에서는 전혀 다른 관점을 가질 수 있다.

내가 생성형 AI를 이용해서 만든 첫 번째 게임을 출시했을 때, 가장 놀란 점은 해당 이미지가 생성형 AI에 의해 만들어진 것이라는 걸 금방 알아채는 사용자들의 피드백이었다. 애초에 조금만 관심이 있는 사람이라면 생성형 AI에 의해 생성한 이미지라는 것을 알아낼 수 있기는 하지만, 생성형 AI로 만든 이미지를 사용하는 것 자체에 대해서 거부감을 가질 것이라고는 미처 생각하지 못했다.

특히 내가 25년 전부터 만들어왔던 게임은 셀화 캐릭터가 등장하는 2D 게임이었기 때문에, 오랫 동안 내가 만든 게임을 즐기던 사용자 입장에서는 일종의 배신감을 느낄 수 있을 것이다. 이런 게임을 좋아하는 사용자 중에는 비슷한 분야에서 활동하는 작가나 디자이너들의 비율이 높을 수 있기 때문에 어찌보면 당연한 반응일 수 있다. 한창 발전하고 있는 생성형 AI 분야는 여전히 윤리적 문제, 저작권 이슈 등의 근본적인 문제점과 한계를 가지고 있기 때문에 이런 이슈를 풀기에는 더욱 어려울 수 있다.

최근 사용자 수가 엄청나게 늘었음에도 AI 업계가 '수익 창출'에 대한 비즈니스적인 한계에 맞닥뜨린 상황인데도, 생성형 AI의 유료 구독료는 무척 저렴할 뿐만 아니라 적당한 품질에 생산성까지 높은 것이 사실이다. 이를 감안한다면 생성형 AI에 대한 사용자들의 거부감과는 상관없이 향후 게임 개발에 생성형 AI의 활용도는 더욱 높아질 수 밖에 없다.

더불어서 그렇지 않아도 고용 불안이 심한 게임 업계에서 일하는 노동자들의 입지는 더욱 약화될 수 밖에 없을 것이다. 이러한 변화에 대한 사회적인 공감대가 쌓이는 데에는 아무래도 적지 않은 시간이 걸릴 것이고, 그때까지는 생성형 AI를 사용해서 개발한 게임(또는 콘텐츠)이 가지는 한계도 여전할 것이다.

9.2.2 학습 데이터가 부족한 분야에 대한 제한

5장에서 살펴본 것처럼, 스테이블 디퓨전 모델(체크포인트)의 학습 데이터가 부족한 경우에는 원하는 이미지를 생성하는 것이 쉽지 않다. 그래서 역사 시대물과 같은 소재의 게임을 만들기 위해서는 먼저 도움이 되는 모델(체크포인트)이나 LoRA가 있는지 확인해야 한다. 다행히 원하는 이미지를 만들기 위한 모델(체크포인트)이나 LoRA가 있다고 해도, 다양하게 이미지를 생성하면서 원하는 결과를 만들어낼 수 있는지도 테스트를 해봐야 한다. 그렇지 않다면 직접 모델(체크포인트)을 만들어서 사용해야 할 것이다.

예를 들어 '조선 시대'를 배경으로 한 게임을 만든다면, 설령 캐릭터는 한복 LoRA 등을 이용해서 어떻게든 생성할 수 있다고 해도 당시 시대 상황을 반영하는 배경을 만드는 것은 만만한 일이 아니다. 이런 경우에는 스테이블 디퓨전의 이미지 변환 기능을 사용해서, 조선 시대 건물들의 사진을 입력으로 넣어서 배경 이미지를 생성하는 방법도 있다.

또는 캐릭터들이 말을 타고 달리는 이미지를 생성하고 싶다면 어떨까? 말이 캐릭터보다 너무 크거나 캐릭터가 자연스럽게 말을 타는 이미지가 생성되지 않을 수 있다. 군중신 이미지처럼 운이 좋아야 하거나 수백 장을 생성해보고도 원하는 이미지를 얻지 못할 수도 있는 것이다.

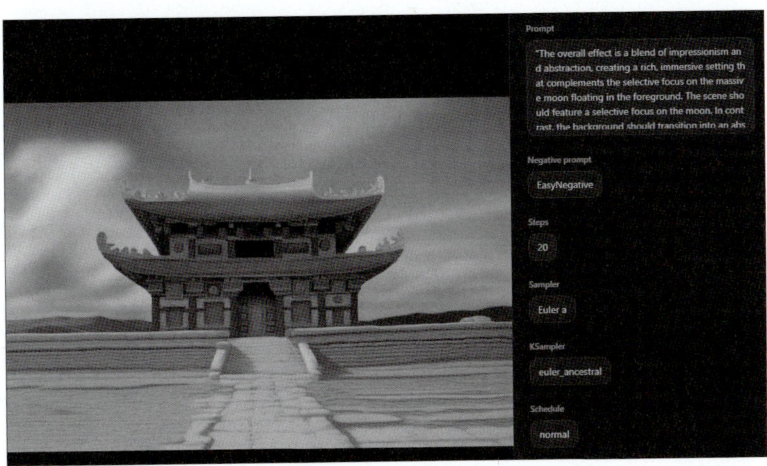

▲ **그림 9-6** 스테이블 디퓨전의 이미지 변환 기능을 이용해서 생성한 경복궁 이미지

9.2.3　최종 결과물을 얻기 위한 수율이 낮음

생성형 AI로 게임 시나리오, 이미지, 음악을 생성할 때 기준을 어디에 두느냐에 따라서 난이도가 달라질 수 있다. 내 경우에는, 일단 내가 원하는 결과물이 생성되면 완벽하지 않아도 적절한 수준에 맞춰 게임을 완성하는 편이라 어렵지 않게 마무리할 수 있었다. 특히 챗GPT가 생성하는 시나리오 스크립트 내용은 다소 아쉬운 점이 있어도 손대지 않고 그대로 사용하고 있다. 가급적 중복되지 않는 내용으로 게임용 이벤트 스크립트를 생성하도록 하는데도, 일정한 패턴에 의해 만들어지다보니 단순하게 반복되는 문장이 있을 수 있다.

하지만 여러분이 현 시점의 생성형 AI를 이용해서 높은 품질을 가진 게임을 만들려고 한다면, 기획한 게임을 완성하는 것이 쉽지 않을 것이다. 예를 들어, 챗GPT나 클로드를 이용해서 완벽한 게임 시나리오를 만들려고 하거나, 스테이블 디퓨전으로 모든 경우에 완벽하게 들어 맞는 이미지를 생성하려고 한다면 끝맺음을 하기 어렵다는 이야기다. 이것은 시나리오 작가나 캐릭터 디자이너와 같이 일을 할 때에도 마찬가지인데, 게임이라는 상품을 완성하기 위해서는 시간과 비용은 물론 품질에 대한 타협이 필요하기 때문이다.

생성형 AI를 이용해서 게임을 개발하는 것 역시 처음부터 완벽하게 만들기보다는 가능한 완성을 하는 데 목표를 두고 진행해야 한다. 한두 번 게임을 완성하다 보면 나름의 노하우가 생기고 더 나은 결과물을 만드는 방법을 배울 수 있기 때문이다. 한 번이라도 이렇게 끝맺음을 해 본 경험이 있는 것과 그렇지 않은 것에는 아주 큰 차이가 있다. 나 역시 생성형 AI를 이용해서 2개의 게임을 출시한 다음에서야 비로소 효율적으로 활용할 수 있는 방법을 배우게 되었고, 지금은 며칠에 하나씩 게임을 완성할 수 있게 된 것이다.

<h3>9.2.4　높은 생산성으로 인한 지나친 욕심</h3>

어떤 아이디어든 게임 시나리오를 손쉽게 생성할 수 있고, 하루에도 수백 장의 이미지와 수십 곡의 음악을 생성하는 것이 가능하다 보니 때로는 지나치게 욕심을 부리는 일도 생긴다. 이 때문에 처음에는 600장의 이미지를 사용하는 게임을 출시했고, 두 번째에는 1,200장의 이미지를 사용하는 게임을 출시했다. 그 이후에 만들고 있던 게임은 무려 2,000장이 넘는 이미지를 사용해서 게임의 용량이 지나치게 커지는 문제가 발생했다. 구글 플레이스토어에서는 앱의 크기를 200MB로 제한하기 때문에, 게임에서 사용되는 이미지와 음악의 숫자를 줄여야 하는 상황이 벌어진 것이다.

'재미 있는 게임'을 만들기 위한 방법 중 하나는 풍부한 콘텐츠를 제공하는 것이라, 가능한 많은 게임 시나리오, 이미지와 음악을 게임에 집어 넣는 것 또한 필요한 경우가 있다. 생성형 AI를 사용하지 않는다면, 게임 프로젝트에 참여하는 개발 인력의 실력이나 경험, 작업 속도나 작업 스타일에 맞춰서 계획을 수립하고 작업량을 조절해야 한다. 그러나 생성형 AI를 사용해서 게임 리소스를 작업하면, 투입되는 시간과 AI 서비스에 지불해야 하는 비용 외에는 별다른 한계가 없기 때문에 욕심을 부리게 될 수밖에 없다.

따라서 생성형 AI를 이용해서 게임을 개발할 때는 적당한 분량의 게임 리소스를 정해서 그에 맞게 작업하려는 노력이 필요하다. 다만, '재미있는 게임'을 만드는 것이 생각보다 어려운 일인 것처럼, 적당한 작업량을 정하는 것도 쉬운 일은 아니므로 경험과 노하우를 쌓아가면서 만들고자 하는 게임에 맞는 분량을 찾아가야 할 것이다.

9.2.5 결국 사람의 손으로 해야 하는 마무리

생성형 AI 없이 혼자서 게임을 만들어야 하는 경우에는, 게임 기획이나 시나리오 작업은 물론 게임에 사용되는 모든 이미지들을 직접 그려야 하는 데다가 게임 프로그래밍까지 직접 해야 한다. 이 때문에 아무리 작은 크기의 게임이라고 해도 꽤나 많은 작업을 혼자 해야 하고, 그만큼 많은 시간이 소요되기 마련이다. 뿐만 아니라 글쓰기, 그리기, 프로그래밍 등 저마다 다른 분야에 골고루 재능이 있어야 하기 때문에 현실적으로 혼자 게임을 만든다는 것은 쉽지 않은 일이다.

현재에는 챗GPT와 클로드로는 게임 시나리오를, 스테이블 디퓨전으로는 게임 이미지를, 그리고 Udio로는 게임 음악을 생성할 수 있게 되었다. 그런데도 게임 하나를 만들기 위해 용도에 맞게 각각의 생성형 AI를 사용하는 것은 물론이고 그렇게 만들어진 결과물들을 모아서 하나의 게임으로 패키징하는 것은 여전히 사람이 해야 할 일이다. 즉, 여전히 사용하는 사람에 따라서 같은 생성형 AI를 사용하더라도 천차만별의 품질을 가진 게임을 만들어 낼 수 있다는 얘기다.

나중에는 최소의 작업으로 게임 하나를 뚝딱 만들어낼 수 있는 AI 서비스가 나올지도 모르겠지만, 그 전까지는 여러가지 생성형 AI를 도구로 사용해서 게임을 비롯한 다양한 콘텐츠를 생성하는 것이 중요한 기술이 될 수도 있을 것이다.

생성형 AI를 사용하지 않으면 곧 도태될 것이라는 이야기가 나오는 세상이지만, 막상 생성형 AI를 사용해보려고 해도 이것으로 무엇을 해야 할지 막막한 것이 사실이다. 평소 내가 즐겨했던 게임이나 영화, 만화 등의 내용을 소재로 해서 직접 게임으로 만들어 보는 것은, 별다른 용도가 쉽게 떠오르지 않는 생성형 AI를 부담없이 활용해보는 한 가지 방법이 될 수 있다.

생성형 AI를 이용하여 개발한 게임 소개

이 책의 6~8장 내용을 바탕으로 내가 직접 개발해서 출시한 게임들은 물론 일주일 동안 진행된 특강에서 수강생들이 출시한 게임들을 소개한다. 어떤 소재든 3명의 공략 캐릭터가 등장하는 같은 스타일의 게임이라면, 내 경우에는 최소 2~3일이면 완성해서 출시할 수 있게 되었고 난생 처음해보는 수강생들도 5일 정도면 완성해서 출시할 수 있다는 것을 충분히 확인해볼 수 있었다. 여러분도 어느 정도의 시행 착오와 지루한 반복 작업을 각오한다면 어렵지 않게 게임 하나를 완성할 수 있을 것이다.

- 공략 가능한 캐릭터 3명

- 등장 장소 10곳

- 한달 동안 공략 캐릭터와 매일 발생하는 이벤트 스크립트

- 100장 이내의 이벤트 CG

- 11장 정도의 배경 CG

- 주제가 2곡(오프닝, 엔딩)

- BGM 4곡(주인공, 공략 캐릭터 3명)

- 게임 아이콘 이미지

- 메인 화면 이미지

- 케릭터 아이콘 이미지

이 정도의 게임 리소스를 준비하고, 예제 프로그램을 바탕으로 새로운 게임을 하나 만들면 약 50MB 정도의 APK 파일을 만들어낼 수 있다. 굳이 캐릭터 3명, 배경 10곳, 한 달 동안의 플레이 타임 등으로 제한을 둔 것은 현재의 챗GPT나 클로드(유료/

무료 상관없이)의 성능으로 게임 시나리오를 생성하기에 적당한 수준이기 때문이다. 이보다 더 많아진다면 그만큼 더 생성하기가 어려워질 것이다.

여기에 소개하는 수강생들의 게임은 유료/무료로 원스토어에 판매 중이라 링크를 클릭하면 해당 게임의 상품 정보를 조회할 수 있다. 수강생마다 다르지만 최소 5일에서 2주 정도의 시간을 이용해서 개발하고 출시를 완료했다. 수업에 참여한 모든 수강생들이 직접 게임을 출시한 경험이 전무한 상태에서, 이번 특강을 통해서 처음으로 직접 게임을 출시해본 것이다.

[스마일 드림 스프린트(김길주)]

https://m.onestore.co.kr/mobilepoc/apps/appsDetail.omp?prodId=0000777620

[현실에서는 그저 오타쿠인 내가 게임 세계에서는 인기 여주인공이라고??(이치헌)]

https://m.onestore.co.kr/mobilepoc/apps/appsDetail.omp?prodId=0000777465

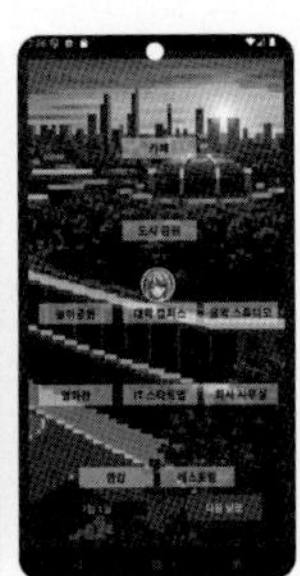

[New Eden Colony(류보경)]

https://m.onestore.co.kr/mobilepoc/apps/appsDetail.omp?prodId=0000777472

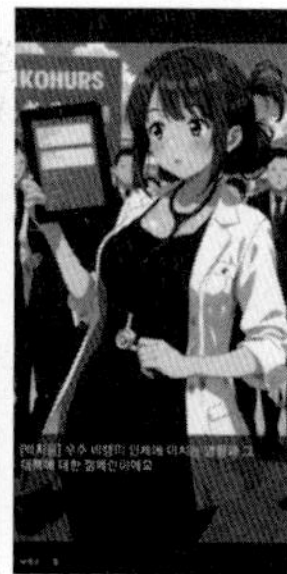

[조선의 세자 - 세자빈 선발전 - (변재민)]

https://m.onestore.co.kr/mobilepoc/apps/appsDetail.omp?prodId=0000777624

[권성징악(gksasla9900)]

https://m.onestore.co.kr/mobilepoc/apps/appsDetail.omp?prodId=0000777613

[Piano Notes(김석희)]

https://m.onestore.co.kr/mobilepoc/apps/appsDetail.omp?prodId=0000777464

[LostHeirs(진윤지)]

https://m.onestore.co.kr/mobilepoc/apps/appsDetail.omp?prodId=0000777470

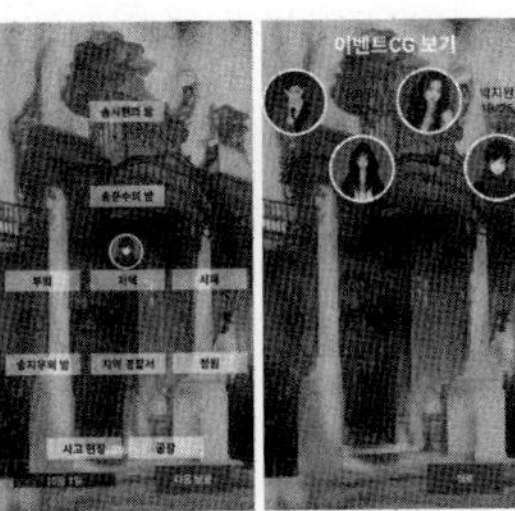

[Transform Together(조가영)]

https://m.onestore.co.kr/mobilepoc/apps/appsDetail.omp?prodId=0000777617

비록 짧은 시간동안 동일한 게임 프로그램을 이용해서 게임용 리소스(시나리오, 이미지, 음악)만 변경해서 만든 게임들이지만, 만드는 사람에 따라서 눈에 띄게 차이가 있는 결과물을 만든다는 것을 금방 알 수 있다. 그리고 이 게임들의 판매량이나 평가를 보면 그저 강의를 듣고 만든 단순한 포트폴리오 수준이라고 하기 힘들다. 분명히 잘 만든 게임으로 보이거나 무료인데도 판매량이 많지 않은 경우가 있고, 가격에 상관없이 생각보다 많이 판매된 게임도 있다. 게임을 만드는 것의 장점 중 하나는, 이렇게 직접 사용자의 피드백을 받을 수 있다는 것이다.

여러분도 부디 이 책을 통해서 자신만의 모바일 게임을 직접 만들어 보고, 직접 만든 게임을 앱스토어를 통해서 출시한 다음, 판매를 하거나 사용자의 피드백을 받아 볼 수 있는 기회를 얻었으면 한다.

스마트폰이 대중화되어 앱스토어를 통해서 자신의 앱으로 수익을 창출하기 쉬운 세상이 된지 오래다. 생성형 AI의 대중화를 통해 게임 앱 자체를 만드는 것 또한 쉬운 세상이 되었으니 더 이상 망설일 이유가 없지 않겠는가?

그것을 위해서 여러분이 해야 할 일은 생성형 AI 서비스에 가입하고 사용하는 것 뿐이다. 다양한 종류의 재테크가 유행하는 요즘, 생성형 AI를 이용해서 만든 게임으로 재테크를 해보는 것도 생각해볼만 할 것이다.

끝으로 내가 만든 게임을 소개하면 이 책을 마칠까 한다.

구글 플레이 스토어

- https://play.google.com/store/apps/developer?id=(주)오픈마인드월드

원스토어

- https://m.onestore.co.kr/ko-kr/web/apps/appsDetail/more/sellerOtherProduct.omp?sellerKey=IF14230234082200912082 02457&prodId=0000779510&categoryId=DP01